Glenn Gould    Briefe

# Glenn Gould
# Briefe

Herausgegeben
von John P. L. Roberts und
Ghyslaine Guertin

Aus dem Englischen von
Harald Stadler

Piper
München Zürich

Die Originalausgabe erschien 1992 unter dem Titel
»Selected Letters« bei Oxford University Press, Toronto.

Die deutsche Ausgabe wurde gegenüber der Originalausgabe
leicht gekürzt.

ISBN 3-492-03936-7

Satz: Uwe Steffen, München
Druck und Bindung: Kösel, Kempten
Printed in Germany

# Inhalt

# Vorwort I

Seit Glenn Goulds Tod im Jahre 1982 sind im englischen
Sprachraum etliche Bücher über ihn erschienen, wovon einige
auch in andere Sprachen übersetzt wurden. Es gibt zahllose
Artikel in den unterschiedlichsten Publikationen überall auf
der Welt, ebenso wie Fernseh- und Radiosendungen und
Dokumentarfilme. Gould tauchte als Figur in einem Roman
auf, nämlich in *Der Untergeher* des Österreichers Thomas
Bernhard. Er war auch Thema einer populären Ausstellung,
die unter dem Titel »Retrospective Glenn Gould« in Paris und
anderen europäischen Städten zu sehen war. Die Glenn Gould
Foundation hat eine renommierte internationale Auszeich-
nung, den Glenn-Gould-Preis, in der Sparte Musik und Kommunikation gestiftet und zahlreiche Gould-Projekte gefördert,
darunter die »Exhibition Glenn Gould«, die von der National
Library of Canada organisiert und in ganz Kanada sowie in
Tokio ausgestellt wurde. All dies trägt bei zum Glenn-Gould-
Phänomen, wie ich es nenne. Und dieses Phänomen besteht
darin, daß das Interesse an Glenns Leben und Werk noch
immer wächst, nicht nur unter eingefleischten Musiklieb-
habern, sondern auch bei der jüngeren Generation.
Pilger reisen um die halbe Welt, um sein Grab auf dem Mount
Pleasant Cemetery in Toronto zu besuchen. Bei der Glenn-
Gould-Stiftung trifft eine unablässige Flut von Briefen ein, aus
denen hervorgeht, wieviel Goulds Einspielungen (die von
Sony Classical ausgesprochen lebendig bewahrt werden) den
Absendern bedeuten. Auch die Glenn-Gould-Gesellschaft in
den Niederlanden spielt eine wichtige Rolle als Herausgebe-
rin des *Bulletin of the Glenn Gould Society*, das Informationen
über Goulds Leben und Werk sowie wissenschaftliche Arbeiten enthält.
Am vertrautesten mit allen Gould-Projekten ist zweifellos Stephen Posen, der Verwalter des Gould-Nachlasses. Als er mich

bat, die Verantwortung für ein Buch mit Glenns Briefen zu übernehmen, willigte ich gerne ein, denn ich war überzeugt, daß es nach solch einem Projekt regelrecht verlangte. Als Mitherausgeberin gewann ich kurz danach Ghyslaine Guertin, die mir als Veranstalterin einer hochkarätigen internationalen Konferenz, dem »Glenn Gould Pluriel« in Montreal, bekannt war.

Als ich an der Seite des schwerkranken und bewußtlosen Gould ganze Tage auf der Intensivstation des Toronto General Hospital verbrachte, hätte ich kaum gedacht, daß ich eines Tages ein Buch mit seinen Briefen herausgeben würde. Ich hoffte natürlich auf ein Wunder, durch das er seine Gesundheit wiedererlangen würde, um sich in einem neuen Abschnitt seiner Laufbahn dem Dirigieren widmen zu können. Doch es sollte nicht sein.

Ich lernte Glenn 1955 kennen, als ich als junger Musikproduzent für die Canadian Broadcasting Corporation (CBC) in Winnipeg arbeitete. Unsere Freundschaft vertiefte sich ab 1957, nachdem ich als Koordinator der neu gegründeten Musikabteilung des landesweiten Programms der CBC nach Toronto gezogen war. Mitte der sechziger Jahre, als Leiter der CBC-Musikabteilung, tat ich etwas, was nicht ganz legal war: Ich gab Glenn ein kleines Büro in der Musikabteilung, wodurch es ihm möglich wurde, sich enger mit CBC-Produzenten und -Technikern auszutauschen und sein technisches Wissen im Bereich Rundfunkaufzeichnung und -übertragung zu vertiefen. Hier fand er sich auch in nächster Nähe zu den Kollegen vom Fernsehen und anderen kreativen Köpfen in den Medien.

Ich denke, es sollte betont werden, daß Glenn Glück hatte, zum richtigen Zeitpunkt und am richtigen Ort gelebt zu haben. In Kanada wurde sein Genie sehr schnell erkannt. 1955, im Jahr seiner legendären Debüts in New York und Washington, galt er in seiner Heimat bereits als namhafter Bühnen- und Studiokünstler. In Toronto ließ die CBC Gould freie Hand, ein Repertoire ganz nach seinem Interesse zu senden und seine Ansichten über musikalische und außermusikalische Themen in verschiedenen Serien zu äußern. Die CBC bot ihm außerdem die Möglichkeit, die Grenzen der Rundfunkreportage zu erweitern und innovative Fernsehprojekte umzusetzen. In ähnlicher Weise bot ihm auch die Firma Columbia Records (später CBS Records, heute Sony Classical) beinahe unbegrenzte Möglichkeiten, kommerzielle Einspielungen eines Repertoires ganz nach seinen Wünschen zu machen, auch in Toronto, als das Reisen nach New York beschwerlich wurde. Leider sind einige aufregende Plattenprojekte wegen seines Todes unvollendet geblieben.

In meiner Anfangszeit in Toronto war ich häufig Gast im Haus von Glenns Eltern im Southwood Drive Nr. 32. Dort erlebte ich in nächtlichen Sitzungen im Musikzimmer, wie Glenn – auswendig – ganze Wagner-Opern, Beethovens *Fidelio* und Orchesterwerke von Schönberg und Webern wiedergab. Ganz anders als in seinen späteren Lebensjahren, in denen er selten für Freunde spielte, war er damals regelrecht darauf erpicht, zahllose Werke vorzuführen und zu diskutieren, von Bachs *Kunst der Fuge* über Werke von William Byrd bis zu zeitgenössischer Musik. Später half ich ihm bei seiner langwierigen Suche nach einem Haus. Um nicht erkannt zu werden, erzählte er verschiedenen Hausbesitzern, er sei »John Roberts« und bezeichnete mich mit einem schelmischen Grinsen als »Mr. Gould«. Wenn ich nicht dabeisein konnte, nahm derjenige, der Glenn begleitete, die Rolle des »Mr. Gould« an. Einmal hatte sich Glenn – wie aus einem seiner Briefe hervorgeht – in ein irrsinnig großes Landhaus verguckt, das er dann für kurze Zeit mietete. Ein andermal bewohnte er zwei Suiten in dem inzwischen geschlossenen Windsor Arms Hotel sowie zwei weitere Apartments, die er aber wieder aufgab. Schließlich fand er in der St. Clair Avenue West in Toronto ein Penthouse mit einem riesigen Wohnzimmer, in dem er den Steinway-Flügel – ein Geschenk seiner Eltern – und ein altes Chickering-Klavier unterbrachte. Hier traf sich oft ein kleiner Kreis, der sich »Lower Rosedale Shakespeare Reading Society« nannte. Wir lasen nicht nur Stücke von Shakespeare und anderen Dramatikern, sondern beschäftigten uns auch mit freier Schauspielimprovisation. Bei diesen Gelegenheiten erfand Glenn diverse Charaktere, auf die er fortan immer wieder zurückgriff. Wenn er etwas Heikles über sich oder andere sagen wollte, schlüpfte er bisweilen in eine seiner fiktiven Figuren, um sich auszudrücken.

Nach meiner Heirat mit Christina van Oordt besuchte Glenn uns oft in unserem Heim und übernahm die Patenschaft für unseren Sohn Noël. Später halfen meine Frau und ich, eines der Zimmer in Glenns Penthouse als zweites Wohnzimmer einzurichten. Dies war notwendig geworden, weil sein eigentliches Wohnzimmer so vollgestopft war mit Noten, Schallplatten, Skizzen für Projekte (abgeschlossene und unvollendete) und sonstigem Wirrwarr, daß man nur mit Mühe einen Schritt darin tun konnte. Offen gesagt, Glenn lebte wie Beethoven.»Im günstigsten Fall«, so kommentierte Gould den Zustand seines Penthouse,»sieht es so aus, als sei gerade ein Tornado durchgefegt.« Erstaunlicherweise fand er jedoch in der Regel alles, was er suchte. Er hatte ein phänomenales Gedächtnis. Wenn ich beispielsweise eine Schallplatte mit einem Werk von Bach suchte, erklärte er mir, sie befinde sich in einem bestimmten Stapel, und ich müsse nur nach einer Hülle suchen, auf der Skrjabin stand.

Glenn machte enormen Gebrauch vom Telefon. Es war gar keine Seltenheit, daß seine Anrufe (die im Grunde auf elektronische Besuche hinausliefen) zwei oder drei Stunden dauerten. Sehr oft rief Glenn mitten in der Nacht an, weil er in der Regel nachts arbeitete und tagsüber schlief. Es kam aber auch vor, daß er 48 Stunden oder länger arbeitete und sehr wenig schlief, um sich den Arbeitszeiten anderer Leute anzupassen. Natürlich schrieb er auch Briefe; genauer gesagt, diktierte er sie, und zwar im Laufe der Jahre verschiedenen Schreibkräften.

Dieser Band enthält 154 Briefe. Einige davon wurden in Auszügen bereits an anderer Stelle wiedergegeben, doch es ist sicherlich erhellend, diese und viele andere Briefe in ungekürzter Form lesen zu können. Die meisten Briefe wurden über Telefon diktiert; einige weisen (im Original) Recht-

schreibfehler auf, die sofort ins Auge springen, weil wir
Glenns Orthographie und Interpunktion nicht korrigieren,
sondern die Briefe so vorlegen wollten, wie sie abgeschickt
wurden, mit falsch geschriebenen Wörtern, einigen falsch
geschriebenen Eigennamen, Kommafehlern und Wortwieder-
holungen. Wir haben uns ferner entschlossen, die Briefe nicht
nach jedem Fehler mit einem »[sic]« zu würzen und so den
Leser abzulenken. Dadurch gewinnt der Leser, so hoffen wir,
einen unmittelbareren Zugang zu Glenns Briefen, die eine
ausgesprochen wertvolle Ergänzung der »Gouldiana« darstellen.
Die Briefe offenbaren viele Aspekte von Glenns Persönlichkeit, und zumindest einer von ihnen ist ein wahres Kuriosum.
Manchen Menschen, die er einigermaßen gut kannte, wurde
als wichtiger Bestandteil ihrer Identität ein musikalisches Vor-
zeichen zugeteilt. In einem der Briefe gibt er eine bestimmte
Bekanntschaft als f-Moll zu erkennen. Dies war keine Laune
des Augenblicks, da er sich selbst immer wieder dieser Tonart zurechnete. Wenn Gould diese Tonart als »recht streng«
bezeichnet (19. Februar 1967), so vermittelt dies nur einen
schwachen Eindruck von seinem Innenleben. Der Versuch,
den f-Moll-Gould zu entschlüsseln, dürfte eine spannende
Entdeckungsreise für all jene Leser sein, die eine Vorliebe für
das Enträtseln musikalischer Analogien haben.
Im Spaß behauptet Gould, das Motto seiner Familie habe
gelautet: »Was du heute kannst besorgen, das verschiebe ruhig
auf morgen« (11. Mai 1966). Der Leser wird sicherlich einige
Beispiele für Goulds saumselige und zerstreute Art finden. Er
vergißt, Briefe zu beantworten, Schallplatten zu schicken und
sich mit Leuten in Verbindung zu setzen, die auf ihn zählen. In
einem Brief an Yousuf Karsh erklärt er bezüglich seiner Ausbildung, er sei mit allem ausgestattet worden, »außer jener
Gefestigtheit des Ego, die letzten Endes der einzige wichtige
Bestandteil im Rüstzeug eines Künstlers ist« (8. Juli 1958).
Die meisten Kenner würden sagen, daß es Goulds Ego im
Laufe seiner Karriere nicht an Geschlossenheit mangelte. Wer
ihm näherstand, wußte indes, daß er zugleich ausgesprochen

selbstbewußt und unsicher war. Sein Ego kann am besten als »porös« bezeichnet werden. Aus diesem Grund gestalteten sich Goulds persönliche Beziehungen oft schwierig. Er ließ nur sehr wenige Menschen an sich heran, und diese wußten genau, wie empfindlich er, als Musiker und als Mensch, auf Kritik reagierte. Da Gould ein »Original« war, zeigte er sich der an ihm geübten Kritik meist nicht gewachsen und versuchte, sie sich vom Leib zu halten und aus dem Bewußtsein zu verdrängen. Jede dunkle Schattierung des anscheinend sonnigen Wesens wurde gründlich versteckt, und die Überspanntheiten, die er in den Anfangsjahren auf der Bühne und im Leben noch zu unterdrücken suchte, durften bald zu Markenzeichen seines Künstlertums werden. In dem Bestreben, sich den Menschen zu entziehen, die allzu kritisch, konfrontativ oder neugierig waren, gab sich Gould unendliche Mühe, jede Situation zu beherrschen. Seine Kontaktpflege per Telefon erlaubte es ihm, nur mit gewissen Menschen in Verbindung zu bleiben und andere zu meiden. Nach einem besonders unangenehmen Interview des BBC-Fernsehens beschloß er, nur noch Fragen zu beantworten, die ihm vorher vorgelegt worden waren. Am liebsten waren ihm jedoch Selbstinterviews, denn dabei konnte er sämtliche Fragen und Themen selbst bestimmen. Wie er 1982, wenige Monate vor seinem Tod, erklärte, »bin ich ganz sicher, daß man in Zukunft alle größeren journalistischen Arbeiten auf diese Weise ausführen wird« (18. Juni 1982).

In vielerlei Hinsicht war Glenn seiner Zeit voraus. Die Kritik, die seine Interpretation beispielsweise von Mozart-Sonaten als Verzerrungen der Absichten des Komponisten verurteilte, wird in 25 Jahren vielleicht weitgehend relativiert sein. Glenn scheint dies begriffen zu haben, denn einmal schreibt er: »Mir ist [...] plötzlich bewußt geworden, wie passager unsere Werte in bezug auf Interpretationen sind und wie sehr sie vom analytischen Ansatz der jeweiligen Generation abhängen.« Für Glenn war dies eine »beunruhigende Erfahrung«; diese Meinung äußerte er, nachdem er Einspielungen von Pianisten der Vergangenheit wie Grieg, Fauré und Paderewski gehört hatte.

Er gestand ihnen »einige bemerkenswerte Qualitäten« zu, fand aber, »daß in diesen Aufnahmen der Wunsch zu segmentieren, aus der Leidenschaft des Augenblicks heraus zu spielen, die größeren Strukturen zu gefährden drohte« (27. Mai 1963). Für diese Spielart hatte Glenn gar nichts übrig. Es ist jedoch durchaus möglich, daß künftige Generationen Einspielungen von Glenn schätzen werden, die in unserer Zeit rundweg kritisch beurteilt werden.

Zuallermindest werden seine provokativen Interpretationen als Ausgangspunkte gelten für eine kritische Überprüfung des Repertoires und eine Neubewertung der moralischen Verantwortung des Künstlers. Es muß betont werden, daß Glenns Interpretationen in Wirklichkeit Neuschöpfungen waren. Manchmal ging er sogar so weit, die Werke anderer nahezu umzukomponieren. Wie er einmal bemerkt, »regt einen die Musik Bachs wegen ihrer merkwürdigen Mischung aus struktureller Präzision und improvisatorischer Entscheidungsfreiheit dazu an, sie mit Aspekten der eigenen Persönlichkeit auszustatten«. Er fügt hinzu, daß diese persönlichen Facetten, die der Interpret ins Spiel bringt, »zumindest teilweise mit den grundlegenden philosophischen oder vielmehr religiösen Anschauungen übereinstimmen müssen, von denen der Großteil von Bachs Musik durchdrungen war, sowie mit der spezifischen kontrapunktischen Anlage, die all seiner Musik eigen ist« (12. November 1972). Es ist jedoch klar, daß Glenn kein oder nur wenig Interesse an traditionellen Interpretationsansätzen zeigte; er war der Meinung, der Interpret der Gegenwart trage die unveräußerliche Verantwortung, jede Art von Musik für die zeitgenössischen Hörer nach seinem eigenen Bilde neu zu gestalten.

Goulds Neuschöpfungen waren inspiriert von dem Bedürfnis, die lineare Verbundenheit zu betonen und jede Theatralik zu reduzieren; sie waren geprägt von seinen unorthodoxen Tempi und seiner Neigung, die Musik unter seinen Händen vollkommen spontan und improvisiert klingen zu lassen. Diese Merkmale zeigten sich deutlich in seinen unorthodoxen Einspielungen der letzten drei Sonaten Beethovens –

Opus 109, 110 und 111. Aus einem Kommentar über diese Einspielungen in einem Brief an Roy Maley, den Kritiker der *Winnipeg Tribune*, geht klar hervor, daß Gould versuchte, »gegen die unglaublich teutonische und unerbittliche Art anzugehen, die so oft nicht nur auf die ernste, granitene Seite von Beethoven angewandt wird, sondern auch auf die kontemplative« (30. Dezember 1961). Wichtig ist auch zu verstehen, daß seine Neuschöpfungen ausschließlich in Form elektronischer Aufzeichnungen entstanden sind. Gould äußerte sich häufig über seine »Vorliebe für jene Sitzungen, in die man ein beinahe gefährliches Maß an improvisatorischer Aufgeschlossenheit einbringen kann – das heißt, Sitzungen, bei denen man auf keine absolute, vorgefaßte Interpretation festgelegt ist und bei denen der Prozeß des Einspielens selbst spürbar wird in bezug auf das Konzept, das dabei entsteht« (17. Juni 1972). Gould war mit Sicherheit der erste ausführende Musiker, der eine Ästhetik ausschließlich auf der Grundlage der elektronischen Medien und insbesondere der Tonaufzeichnung entwickelte.

Die Briefe werfen auch Licht auf Goulds Ansichten über zwei seiner Idole, Richard Strauss und Arnold Schönberg. Vergessen wir nicht, daß Gould eine internationale Autorität für die Musik Schönbergs war und daß er diese zeit seines Lebens durch öffentliche Aufführungen (in den Anfangsjahren), Platteneinspielungen, Rundfunkreportagen und Fernsehsendungen förderte. In einem Brief schreibt Gould, Schönberg verdiene ein größeres Publikum, und es wäre »nur eine Frage der Zeit«, bis es soweit sei (14. November 1966). Er ließ wahrlich nichts unversucht, um Schönbergs Musik einem sehr breiten Publikum näherzubringen. Strauss bewunderte er dafür, daß dieser nicht darauf aus war, mit den zeitgenössischen Musikströmungen des 20. Jahrhunderts mitzugehen. Gould war der Meinung, Strauss sei ein bedeutender – und auch ein moderner – Komponist gewesen, gerade weil er die Pfade der Avantgarde mied und konsequent seine eigene Musiksprache entwickelte, ganz gleich, wie überholt diese den jüngeren Generationen auch erschienen sein mochte.

Auch Glenn gefiel es, sich gegen die musikalische Mode aufzulehnen. Er erläutert dies in bezug auf sein *Streichquartett*, »das zumindest oberflächlich in die harmonische Welt von [...] Strauss und Mahler zurückkehrte, eine seltsame Art von Kreation Mitte der fünfziger Jahre«. Gould fügt hinzu: »Es war dennoch und trotz aller gegenteiliger Behauptungen ein ungewöhnliches Werk für seine Zeit und seinen Ort, und es wäre wohl nicht überzogen, jenen Aspekt davon zu betonen, durch den ich im Grunde versuchte, den Zeitgeist zu hinterfragen.« In demselben Brief erinnert er daran: »Die Tyrannei stilistischer Kollektivität in den Künsten und ganz allgemein in den Lebensstilen an sich ist meiner Meinung nach das ureigentliche Thema in den meisten Werken, an denen ich mich versucht habe, und in etlichen der Artikel, die ich hin und wieder zum Stand der Musik geschrieben habe.« Dann stellt er klar, daß für ihn sein *Quartett* mit anderen schöpferischen Aktivitäten verknüpft ist. Auch »wenn die Verbindung auf den ersten Blick weit hergeholt erscheinen mag, sehe ich eine echte Verwandtschaft – sowohl im Thema als auch in der Technik – zwischen der vokalen Polyphonie in ›The Idea of North‹ und ›The Latecomers‹ und dem chromatisch verdichteten Kontrapunkt im Quartett« (23. Mai 1972).

Die Verbindungen zwischen den kreativen Werken liegen offensichtlich in ihrer Struktur. Gould war fixiert auf die Struktur und den Prozeß, durch den sie zustande kommt. Seine Briefe zeigen, daß all seine Überlegungen – sowohl bei der Interpretation jeglicher Art von Musik als auch in seinem eigenen kompositorischen Schaffen – von strukturellen Erwägungen geleitet waren. Glenn verfügte stets über ein »Röntgenbild« von der Musik, die er spielte. Dies gilt insbesondere für seine Darbietungen von Werken Bachs, die wegen ihrer ausgefeilten Ausführung des Kontrapunkts, ihrer klaren Artikulation der Gesamtstruktur und ihrer rhythmischen Spannung auf einem Niveau stehen, das andere selten erreicht haben. Auch wenn Gould von der Pracht Schönbergscher Musik spricht, so war er auch hier unendlich fasziniert von ihren Strukturen und der gewissen Form von Askese, die bedingt ist durch die Disziplin der Serialität und seiner kreativen Beschränkungen, wie sie nicht nur Schönberg illustriert, sondern auch die anderen Mitglieder der zweiten Wiener Schule. Gegen Ende seines Lebens begeistert sich Gould immer mehr für den norwegischen Komponisten Fartein Valen. Er bemerkte, dessen Musik repräsentiere »die ›raffinierteste‹ [...] Anwendung der konventionellen 12-Ton-Techniken seit Alban Berg« (23. Oktober 1971). Auch in diesem Fall waren es formale Aspekte der Musik, die ihn für den Komponisten einnahmen. Die Frage der organischen Einheit beschäftigte Gould unentwegt. Das Interesse an organischer Einheit, um nur ein Beispiel zu nennen, wurde auch als Grund genannt für seine extrem unkonventionelle und kontroverse Interpretation von Brahms' *Klavierkonzert d-Moll Nr. 1* mit dem New York Philharmonic Orchestra unter Leonard Bernstein. Wegen der übermäßig langsamen Tempi im ersten und letzten Satz war dies zu Goulds Zeiten sicherlich die längste bis dahin bekannte Einspielung. Wie Gould in einem Kommentar zu seiner Fernsehsendung *The Well-Tempered Listener* bewußt betont, »haben wir tatsächlich versucht, die Sendung so zu gestalten, daß sie in sich eine organische Einheit bildet, und zu vermeiden, daß die verschiedenen erläuternden Episoden [... teleskopisch komprimiert] werden, und sie vielmehr so zu behandeln, als seien sie im Grunde eine spontane Ergänzung des Basso continuo, den unsere Unterhaltung bildete« (5. März 1970). In gewissen Dokumentarsendungen legte er besonderen Wert auf kontrapunktischen Rundfunk – verschiedene Kontrapunkte gleichzeitig sprechender Stimmen. Auch hierin zeigt sich sein Streben nach organischer Einheit. Andere aus der Musik entlehnte Formen wurden ebenfalls angewandt. In den Dokumentarsendungen überwog sein Bemühen um Struktur alle anderen Erwägungen. Gould nannte sie »Stimmungsbilder«, weil sie nichts predigten. Er war tatsächlich nur äußerst widerwillig bereit, einen Standpunkt gegenüber einem anderen zu betonen. Er schrieb, »ich würde meiner Rolle als Produzent alles andere als gerecht werden, würde ich die ›kontrapunktische‹ Integrität eines bestimmten Wertesystems bewußt opfern, um einem anderen mehr Geltung zu verleihen« (3. August 1971). Man mag behaupten, das Schaffen organischer Einheit auf Kosten des Vermittelns verblüffender Erkenntnisse oder neuer Standpunkte könne als Schwäche in Goulds Vorgehensweise beim Produzieren von Dokumentationen angesehen werden. Man sollte aber bedenken, daß Gould seine Dokumentarsendungen als eine Form von Musik betrachtete; jede Beurteilung muß daher Goulds eigene Ästhetik mitberücksichtigen.

Gould äußerte sich auch über die Tyrannei des Publikumsgeschmacks in bezug auf Komponisten, die der wechselnden Laune der öffentlichen Gunst ausgeliefert sind. Wie er dazu bemerkt,»war ich immer der Meinung, daß innerhalb der frühen Generation ›romantischer‹ Komponisten – Chopin, Schumann, Schubert usw. – der leider am meisten unterschätzte Felix Mendelssohn ist. Wie Sie wissen, war Mendelssohns Musik mit einiger Regelmäßigkeit in und außer Mode (ausgesprochen ›in‹ beispielsweise bei den englischen Viktorianern; so ziemlich ›out‹ für viele Leute von heute, die sie eher ›brav‹ und vielleicht ein bißchen verhalten finden), doch meiner Meinung nach erreichen nur sehr wenige Komponisten im 19. Jahrhundert die handwerkliche Präzision, die Mendelssohn unter Beweis stellt – vor allem in seiner Orchestermusik –, und dieses Handwerk wird vor allem in den Dienst einer außerordentlich bewegenden cäcilianischen Haltung gestellt, die ich als besonders einnehmend empfinde« (5. April 1971). Da Gould Mendelssohns Musik für so vernachlässigt hielt, erhebt sich die Frage, warum er keine Anstalten machte, einiges davon einzuspielen. Irgendwann einmal hat er sicherlich daran gedacht, einige der Klavierwerke aufzunehmen. Wir sollten uns jedoch klarmachen, daß Gould bei der Analyse und der Beurteilung von Kompositionen der festen Auffassung war,»jede Facette eines Werkes muß sich als strukturell notwendig erweisen«. Das erklärt auch, weshalb ihm die Musik Wagners so viel bedeutete.

Gould wußte, daß es nicht möglich war, die»Schönbergsche Form der Molekularanalyse« auf die Musik des späten

19. Jahrhunderts mit ihren offeneren, »größeren Strukturen«
anzuwenden (27. Mai 1963); jedenfalls wahrte er gegenüber
dem reichhaltigen Klavierrepertoire des 19. Jahrhunderts eine
sichere Distanz. Kurz gesagt, es reizte ihn nicht sonderlich. Im
Grunde betrachtete er das Klavier als ein primär polyphones
Instrument, das sich am besten dafür eignete, dichte lineare
Strukturen zu offenbaren. Deswegen sind ihm die »Juwelen«
in Mendelssohns Klavierwerk wohl entgangen.

Gould entwickelte seine visionären Ideen, ähnlich wie Marshall McLuhan, nicht aufgrund empirischer Forschung, sondern ausgehend von Intuition und Empfindung. Er war überzeugt vom therapeutischen Wert der Musik und war höchst
beeindruckt von einem »gestreßten Manager vom Typ Werbeagent« (5. März 1970), der seine Anspannung damit be-
wältigte, daß er während der Arbeit im Hintergrund Albert
Schweitzers Einspielung von Bachs *Fuge g-Moll* hörte. Im
März 1980 bemerkt er:»Ich bin ganz derselben Meinung wie
Sie in bezug auf die therapeutischen Wirkungen der Musik
und des Musizierens; ich war stets der Überzeugung, falls
solch ein Zusammenhang nicht besteht, so sollte er bestehen« (30. März 1980). Sicherlich gefiel Glenn die Vorstellung,
seine Einspielungen seien von therapeutischem Wert, und er
hielt es für das größte Kompliment, wenn andere ihm dies
bestätigten. Über das allmählich aufkommende Fach der
Musiktherapie an sich wußte er jedoch wenig Bescheid.

Goulds Ansicht,»der Konzertsaal ist tot«, stützte sich nicht
auf Fakten, sondern auf die Überzeugung, daß die besten
Bedingungen zum Musizieren nicht im Konzertsaal herrsch-
ten, sondern im Studio.»[…] ich habe es stets vorgezogen, im
Studio zu arbeiten, Platten aufzunehmen oder Rundfunk und
Fernsehen zu machen, und ich betrachte das Mikrophon als
Freund, nicht als Feind, und das Fehlen eines Publikums – die
absolute Anonymität des Studios – bietet den größten Anreiz,
meinen eigenen Ansprüchen an mich selbst gerecht zu werden, ohne Rücksicht auf oder Einschränkung durch den intellektuellen Appetit oder dessen Mangel seitens des Publikums.
Ich meine, paradoxerweise, durch die narzißtischste Einstel-

lung zur künstlerischen Befriedigung läßt sich die Grundverpflichtung des Künstlers, anderen Freude zu bereiten, am besten erfüllen« (15. Februar 1961). Wie er in einem anderen Brief schreibt, »besteht der wahre Vorteil des Aufnahmeverfahrens nicht in dem ihm eigenen Perfektionismus, sondern in der nachträglichen Kontrolle, durch die man das Rohmaterial der Darbietung bearbeiten kann. Für mich wäre die beste aller möglichen Welten eine, in der die Kunst der Darbietung nur Rohmaterial lieferte und der Prozeß der Montage oder der Umformung des Werks den größten Teil in der Tätigkeit des Künstlers ausmachte« (24. April 1967). Wir müssen dankbar sein, daß Gould nach 1964 so großen Wert auf die Arbeit im Bereich der elektronischen Medien legte – ohne sie wäre sein Vermächtnis nicht annähernd so umfangreich –, doch insgesamt läßt sich sagen, daß er wenig an die wirtschaftlichen Grundlagen des Musikerberufs dachte. Orchester und Opernkompanien können schließlich nur deswegen Schallplatten machen, weil sie in erster Linie an traditionellen Spielstätten vor Publikum auftreten, und die meisten Ensembles und Künstler beziehen den überwiegenden Teil ihres Einkommens aus öffentlichen Aufführungen.

Es könnte jedoch sein, daß sich Goulds Auffassung in der Zukunft als richtiger erweist, als die meisten Menschen heute denken. Es gibt bereits klare Anzeichen dafür, daß die Besucherzahlen bei gewissen Live-Musik-Ereignissen zurückgehen, und es steht außer Zweifel, daß Musik nach wie vor am meisten über elektronische Medien konsumiert wird. An der Schwelle zum 21. Jahrhundert läßt sich nur sehr schwer voraussagen, welches Gleichgewicht (wenn überhaupt) sich aufgrund soziologischer, ökonomischer und anderer Faktoren zwischen Live-Musik und elektronisch vermittelter Musik einstellen wird.

Dieser Band enthält Briefe, in denen es um Goulds inzwischen vieldiskutierte Schulterverletzung geht, die ihm ein Klaviertechniker 1959 zufügte; es geht um seine Krankheiten, Reisen, Klaviere, Manierismen, seine Rituale vor den Konzerten, sein Desinteresse an Nahrung, die Musikauswahl für Konzerte,

Rundfunk-, Fernseh- und Schallplattenprojekte sowie um seine Ansichten und Überzeugungen in bezug auf die unterschiedlichsten Themen, vor allem im Bereich der Musik. Die Widersprüchlichkeiten in Glenn kommen in den Briefen in gewissem Maße zum Ausdruck. Über die großen romantischen Werke des 19. Jahrhunderts sagte er, um ein Beispiel zu nennen, »wenn man sie bringen will, sollte man sie auf jeden Fall puristisch bringen« (14. September 1966). Doch seine Ausführung von Chopins Sonate h-Moll war ausgesprochen unorthodox und alles andere als puristisch. Und es ist faszinierend zu erfahren, daß Gould nach mehreren hundert Stunden Arbeit an seinem Rundfunkfeature über Leopold Stokowski, den er viele Jahre lang als Kollegen aufrichtig bewundert hatte, davor warnte, Stokowski das vollendete Werk überhaupt hören zu lassen, aus Angst, dieser würde eine erneute Abmischung (das heißt eine Überarbeitung) des Features verlangen, was Gould »nicht tun konnte oder wollte«. Der Maestro hatte die Genehmigung verweigert, die Dokumentation als Schallplatte herauszubringen, weil er »als Reportagetechnik [...] die Montage nicht gutheißen« konnte. Diese Abfuhr fand Gould »ganz schön ärgerlich«, »zumal der Maestro selbst gerne symphonische Synthesen usw. zusammenbraut«. Doch schließlich, so tröstete sich Gould, war Stokowski bereits »über neunzig, und da muß man schon gewisse Nachsicht üben« (28. Juni 1974).

Es gibt auch Briefe, in denen es um Pläne und Vorschläge geht, die nicht verwirklicht wurden. Dazu zählen eine Fernsehsendung mit Herbert von Karajan und ein weiteres Fernsehprojekt, das sich dem Thema »Geburt, Entwicklung, Niedergang und Tod« des Klavierkonzerts widmen sollte (3. September 1971). Kurze Zeit war eine Rundfunkreportage über China im Gespräch. Auch der Gedanke, eine oder mehrere Einspielungen mit Yehudi Menuhin zu machen, tauchte immer wieder auf. Der kurioseste aller Vorschläge wurde schließlich jedoch umgesetzt. Glenn wollte eine Parodie des öffentlichen Recitals einspielen. Er wollte einen Konzertabend imitieren, der so klang, als finde er im hohen Norden Kanadas statt; dabei sollte

Glenns eigenes Klavierspiel von den Geräuschen eines tuberkulös klingenden Publikums und dem Heulen von Wölfen unterbrochen und gestört werden. Anfangs reagierte seine Plattenfirma mit höflichem Schweigen. Doch nachdem er über Jahre hartnäckig darauf beharrte, durfte er die sogenannte *Glenn Gould Fantasy* schließlich im Rahmen eines Projekts zu seinem fünfundzwanzigjährigen Jubiläum als Plattenkünstler realisieren. Glenn frönte ganz seiner Obsession und produzierte eine Parodie, die um einiges extremer ausfiel, als der ursprüngliche Entwurf vorgesehen hatte. Inspiriert wurde er dabei von Vladimir Horowitz' Comeback auf der Konzertbühne. (Goulds fiktives Konzert ist auf einer Ölbohrinsel in der Beaufortsee in der kanadischen Arktis angesiedelt.) CBS Records sorgte selbstverständlich dafür, daß kein einziger, auch kein versteckter Hinweis auf Horowitz zu erkennen war. Wer nach persönlichen Briefen Ausschau hält, wird in der Tat kaum fündig. Außer einigen Briefen an seine Eltern und einer fortlaufenden Korrespondenz mit Kitti Gwosdjewa, einer Sprachtrainerin für Gesangsstudenten, die er auf seiner Rußlandtournee im Jahre 1957 kennenlernte, geht es in den meisten Briefen dieser Sammlung um die unterschiedlichen Formen des Musizierens – dies hatte Glenn schließlich zum Mittelpunkt seines Lebens gemacht. Einer der vorliegenden Briefe dürfte aber auf jeden Fall Interesse wecken. Es gibt einen unfertigen Entwurf eines Briefs an Dell – eine Frau, in die er verliebt war. Der Brief scheint für jemand anderen bestimmt gewesen zu sein – eine Person, die Glenn und Dell zusammenführen sollte. Er kannte Dell anscheinend in seinen Jugendjahren, doch sie bleibt ein ungelöstes Rätsel. Alle Versuche, ihre Identität festzustellen, sind gescheitert. Falls weitere Briefe über Dell existieren, so ist bislang jedenfalls keiner aufgetaucht.

Glenn sagte einmal über Marshall McLuhan, er »ist und bleibt […], denke ich, eine interessant e und bedeutende Gestalt« (14. Mai 1966). An der Schwelle zum nächsten Jahrhundert läßt sich dasselbe sicherlich auch von Glenn Gould sagen. In seinen Briefen kommen all seine Stärken und Schwächen zum

Ausdruck, und es entsteht ein facettenreiches Bild, das jeden faszinieren wird, der diesen außergewöhnlichen Musiker, Medienkünstler, Denker, Visionär und Menschen verstehen will.

Kein Briefband kann ohne die Hilfe zahlreicher Mitwirkender veröffentlicht werden. Als erstes möchte ich Stephen Posen und Lucinda Vardey für ihre Unterstützung und Förderung des Projekts danken. Bei den Recherchen für die Anmerkungen zog ich zu viele Personen zu Rate, um sie hier alle nennen zu können. Trotzdem möchte ich ihnen meinen Dank aussprechen. Besonderer Dank gilt den folgenden Personen: Russell H. (Bert) Gould, C. Winston Fitzgerald, Christian Geelhaar, Walter Homburger, Otto Joachim, Deborah MacCallum, Paul Myers, Howard Scott und Henry Z. Steinway. Ferner danke ich meiner Mitherausgeberin, Dr. Ghyslaine Guertin, für ihre akribische Arbeit und ihren eifrigen Einsatz, sowie unserer Rechercheassistentin Valerie Verity für ihre Gründlichkeit und ihre unendliche Geduld. Für Dr. Guertin und mich war es ein großes Privileg, mit Dr. Richard Teleky zusammenzuarbeiten, und ich möchte diese Gelegenheit nutzen, ihn unseres Danks zu versichern. Besonderen Dank schulden wir auch Dr. Timothy Maloney und Dr. Stephen Willis von der National Library of Canada in Ottawa für ihre Unterstützung über einen Zeitraum von zwei Jahren. Dank auch an Ruth Pincoe, die sämtliche Briefe überhaupt erst ordnete und katalogisierte. Danken möchte ich ferner Barbara Clarke vom CBC-Archiv in Toronto und den Kollegen von der University of Calgary für die Unterstützung, die sie mir während der Reifung dieses Werks gewährten. Schließlich danke ich meiner Frau, Christina Roberts van Oordt, für ihre Mithilfe bei der Entstehung des Manuskripts und meiner Sekretärin Barbara Chibambo für ihre Geduld und Schreibfertigkeit.

John P. L. Roberts

# Vorwort II

Der Brief und das Aufnahmestudio bilden sozusagen Orte der Kommunikation in Abwesenheit des anderen. Für Glenn Gould waren sie wesentlich für die Erfüllung seines Wunsches, sich verständlich zu machen – besser verstanden, besser gehört zu werden. Diente ihm das Aufnahmestudio als Werkstätte, um musikalischen Sinn zu stiften, so war der Brief sein Instrument, mit dem er diesen Sinn definierte, erklärte und rechtfertigte und mit dem er die materiellen, soziokulturellen, psychologischen und ästhetischen Bedingungen erläuterte, die diesen Sinn ermöglichen. Die Briefe entschlüsseln das Warum und Wie seines kreativen Verhaltens als Musiker, Theoretiker und Vermittler.

Glenn Goulds Briefe sind keine Perlen schöngeistiger Literatur. Seine Korrespondenz birgt auch nicht jene Geheimnisse oder Geständnisse, die den Voyeur befriedigen, der wohl in den meisten Lesern lauert. Sie erstaunt jedoch allein in quantitativer Hinsicht. Kurz nach Goulds Tod wurden die Briefe, die sich – in scheinbar hoffnungsloser Unordnung – in seinem Privatarchiv befanden, sortiert und in der National Library of Canada hinterlegt. Die Sammlung umfaßt 2030 Briefe von Gould und 2798 Briefe an Gould[1]. Gould bewahrte von allen abgesandten Briefen Durchschläge auf. Die Briefe wurden von verschiedenen Sekretärinnen nach diktierten Notizen mit Kohlepapier abgetippt. Anschließend pflegte Gould sie zu korrigieren und – theoretisch – abzu-

---

1. Diese Zahlen beziehen sich auf Goulds gesamten Briefwechsel einschließlich Grußkarten, undatierter Briefe sowie datierter Briefe seit den vierziger Jahren. Der Briefwechsel, der in der Gould Collection in der Musikabteilung der National Library of Canada in Ottawa aufbewahrt wird, ist – durch folgende Codes gekennzeichnet – in zwei Teile gegliedert: abgeschickte Briefe (zwei Kisten) 1979 – 20, 31, 32, eingegangene Briefe (vier Kisten) 1979 – 20, 33, 34, 36, 37.

schicken, was bisweilen jedoch erst nach geraumer Zeit geschah. Er hatte genügend Grund für seine ironische Behauptung, das Motto seiner Familie –»Was du heute kannst besorgen, das verschiebe ruhig auf morgen« (11. Mai 1966)[1] – entspreche durchaus seinen Gewohnheiten:»Ich bin ein äußerst träger Briefeschreiber« (31. Mai 1960). In einigen Fällen war das Telefon schneller als der Brief:»[…] ich werde Dich anrufen, bevor diese Zeilen in New York eintreffen oder – da mein Diktier-und-Absende-Fließband nicht selten ins Stocken gerät – noch bevor sie überhaupt abgeschickt werden« (26. Januar 1969). Gould tauschte sich nämlich genauso intensiv über Telefon aus wie per Brief.

Die 154 Briefe, die für diese Ausgabe der Gouldschen Korrespondenz ausgewählt wurden, stammen (mit wenigen Ausnahmen) aus der Briefsammlung der Glenn Gould Collection in der National Library of Canada. Die Recherchen, die für diese Auswahl notwendig waren, erfolgten in mehreren Schritten. Zunächst mußte jeder der abgesandten Briefe mit den eingegangenen verglichen werden, um Fragen des Kontextes, der Datierung und des Sinns zu klären. Bei der Suche nach bestimmten fehlenden Briefen – abgesandten wie eingegangenen – prüften wir auch anderweitige Archivdokumente in der Gould Collection, insbesondere Goulds persönliches Tagebuch und seine *keepers*[2], wie er sie nannte. Die Entdeckung von Rohentwürfen unfertiger Briefe, die undatiert und manchmal unleserlich oder in Form von Kürzeln verfaßt wurden (wie die Briefe an Susan Koscis oder Dell), bestätigten die Notwendigkeit solcher Recherchen. Darüber hinaus müßte man eigentlich noch prüfen, ob weitere unbekannte Briefe Goulds als verborgene»Juwelen« in den Privatsammlungen anderer Briefpartner schlummern.

Entscheidend für die Auswahl der Briefe in diesem Band war unser Wunsch, einen allgemeinen Überblick über Goulds

---

1. In Klammern gesetzte Daten beziehen sich auf die Briefe in dieser Ausgabe.
2. Eine Reihe von Dokumenten, die Gould selbst so bezeichnete.

Tätigkeit als Briefeschreiber zu geben und nicht ein besonderes Thema, geschweige denn seine Korrespondenz mit einer bestimmten Person hervorzuheben. In anderer Hinsicht folgte unsere Auswahl der Entwicklung seines Denkens in Verbindung mit seinen diversen schöpferischen Tätigkeiten, seinem anhaltenden Interesse an formalen Aspekten und den originellen Querverbindungen zwischen der Technologie und den Medien. Wenn wir uns auf diejenigen Briefe konzentriert haben, die einen freundschaftlichen, prosaischen, praktischen, pädagogischen und technischen Bezug und einen gewissen ästhetischen und musikwissenschaftlichen Inhalt haben, dann deswegen, weil sie uns einen Einblick in das Leben, das Wesen und die Persönlichkeit des Autors und Musikers gewähren, der nicht von seinem Werk zu trennen ist.

In einem weiteren Schritt sortierten wir die Briefe nach der chronologischen Ordnung, die ihnen im Archiv zugeteilt worden war. Diese Chronologie erlaubt eine klare inhaltliche Deutung eines jeden Briefs; gleichzeitig stellt sie die Schriftstücke in einen historischen Kontext. Der erste und der letzte Brief stehen da wie zwei Säulen, die dieses Entwickeln von Sinn und Bedeutung durch die Zeiten einrahmen. Auch wenn zwischen dem Gedicht an seine Mutter und dem Brief an Teresa Ximenes 40 Jahre liegen, so verbindet sie doch eine gleich starke Leidenschaft für die Welt der Tiere.

Goulds jährlicher Output an Briefen zwischen 1956 und seinem Tod ist auf der folgenden Seite dargestellt[1]. Die Verteilungskurve bezieht zwar nur Daten ein, die in den Archiven erfaßt sind, sie läßt aber dennoch ein gewisses Muster erkennen, wonach ein Zusammenhang zwischen Goulds Briefeschreiben und seinen anderen kreativen Tätigkeiten besteht. Vertiefen die Briefe einerseits unser Verständnis für das Werk, so erhellt andererseits das Werk die Briefe. In der Grafik lassen sich drei Perioden unterscheiden, auf die sich die Briefe beziehen: (1) 1956–64, die Zeit vom Beginn bis zum Ende sei-

---

1. In der Grafik sind nur datierte Briefe ab 1956 berücksichtigt; der Briefwechsel vor 1956 ist nicht mit einbezogen.

Briefwechsel zwischen 1956 und 1982

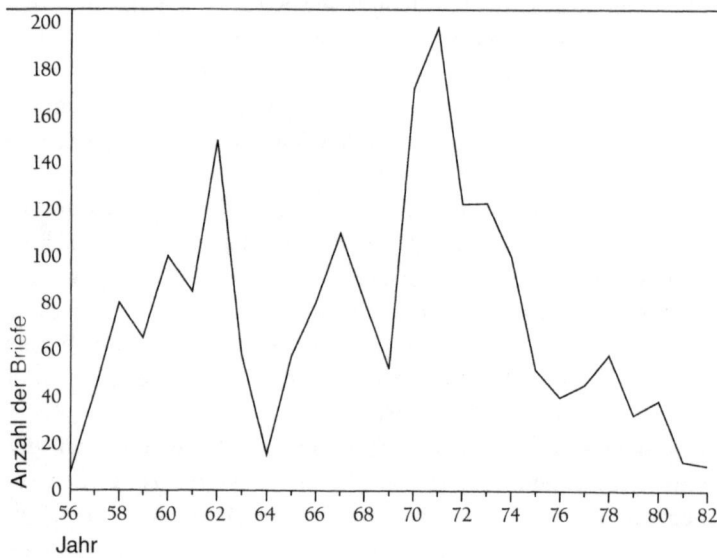

ner Konzertlaufbahn; (2) 1964–76, die Jahre, in denen sich seine Studiotätigkeit entwickelte und Produktionen für Rundfunk, Fernsehen und Film sowie theoretische Schriften entstanden; (3) 1976–82, seine letzten produktiven Jahre, ein Jahr nach dem Tod seiner Mutter bis zu seinem eigenen Tod. Die hier ausgewählten Briefe decken alle drei Perioden ab.

(1) Die Briefe der ersten Periode beleuchten die Figur des öffentlichen Lebens, den Virtuosen mit seinen zahlreichen nationalen und internationalen Verpflichtungen. Sie vermitteln etwas von dem Verdruß über den Lebensstil, der seinem Denken so zuwiderlief und der ihn so lange quälte, bis er schließlich in dem Brief vom 17. April 1962 ankündigte, er werde von der Konzertbühne abtreten.

Die Symptome dieses Unbehagens äußern sich bereits in den Briefen vom 3. Juni 1957, vom 18. Oktober und vom 4. November 1958: Beschwerden mit den Nebenhöhlen, Erkältungen, Heuschnupfen, chronische Bronchitis, Gewichtsverlust, Nierenentzündung und Rheuma. Diese Aufzählung ist bei weitem nicht vollständig; eine Verletzung an der linken Schulter, die er 1959 bei Steinway & Sons erlitt, bereitete ihm große Sorge und echte Schmerzen (27. Januar, 17. Februar, 10. März und 31. Mai 1960). In anderer Hinsicht erwies sich dieser Zwischenfall jedoch als schicksalhaft, denn er machte Gould klar, wie sehr ihn das Fernsehen und das Aufnahmestudio reizten, welche Richtung er in Zukunft einschlagen sollte (17. April 1962, 15. Februar 1965) und wie unvereinbar sein Leben als Konzertpianist mit seinem unstillbaren Drang nach Perfektionismus war (15. Februar 1961). Gewisse Briefe deuten die formalen, strukturellen Anforderungen an, die die Musik verlangt. Seine Ansichten über Interpretation und Werktreue (16. Dezember 1959), seine Betonung des analytischen Ansatzes, die Eigenschaften, die er von seinem Instrument erwartet, seine Auffassung von Tempo (17. April 1962), seine Repertoireauswahl (14. Juni 1961), seine Lieblingskomponisten Bach und Schönberg, über die er eine Rundfunksendung vorbereitete – all dies deutet auf den romantisch getönten Formalismus des Menschen selbst hin: »Du weißt ja, was für ein unverbesserlicher Romantiker ich schließlich bin« (25. Januar 1961).

Diese frühen Briefe aus der Zeit, in der Gould im Licht der Öffentlichkeit stand, zeugen von den literarischen Neigungen des Musikers und von dem Vergnügen, das er beim Schreiben empfand. Der Brief an Edith Boecker (27. Januar 1960) entwickelt sich zu einer wahren Kurzgeschichte, der Brief an Yousuf Karsh (8. Juli 1958) zu einer Autobiographie, der Brief an John Roberts (6. April 1961) zeugt von der Phantasie und dem Humor, die im Austausch mit Freunden geweckt wurden. Darüber hinaus offenbart der Briefwechsel, welchen Umgang Gould mit anderen Menschen pflegte; Briefe wie die an Kitti Gwosdjewa (30. Dezember 1961) lassen etwas von der Zuneigung, Herzlichkeit und Aufmerksamkeit erkennen, die er zeigen konnte.

Wie aus der Grafik hervorgeht, endete diese Phase 1964. Doch Goulds briefliche Aktivität hatte bereits 1962 angefangen nachzulassen. Am 15. Februar 1965 schrieb er an Kitti

Gwosdjewa: »Das letzte Jahr war recht ereignisreich für mich. Zum einen habe ich sehr viel geschrieben – zahlreiche Vorträge und diverse Zeitschriftenartikel, und mein erstes Buch – ein kleines, über Schönberg, Sie werden es also nicht gutheißen!«

(2) Der Wechsel vom Öffentlichen ins Private, von der Bühne ins Studio, eröffnete einen neuen Weg, der dem kreativen Potential des Künstlers vollkommene Freiheit im Ausdruck bot. Diese Jahre zwischen 1964 und 1976 waren die Zeit der großen Leistungen und der Erfüllung eines ästhetischen Ideals, wobei sich die Beziehung zwischen Hörer und Musik nicht vom Einsatz technisierter Medien (Radio, Fernsehen, Film, Schallplatte) trennen läßt. Die Symptome, die in den Briefen der frühen Periode beschrieben wurden, scheinen völlig verschwunden zu sein. Die Beklemmung weicht einer Freude und einer Begeisterung für die kreative Arbeit, deren einzige Bedingung die Abgeschiedenheit ist. Die Briefe sind keine Bulletins über seine Gesundheit mehr. Diese Aufgabe übernimmt nun das Tagebuch: Neben flüchtigen Notizen und Skizzen für diverse Projekte finden sich hier statistische Angaben darüber, wie viele Stunden Schlaf er unter verschiedenen Bedingungen zusammenbrachte, systematische Übersichten über seinen hohen Blutdruck, Beschreibungen neuer Symptome sowie die Auswertungen medizinischer Befunde. Hauptthema in dieser gesamten zweiten Periode ist die aktuelle und zukünftige Arbeit. Die Briefe klingen von nun an weniger literarisch und zunehmend technisch und sind gespickt mit ästhetischen und musikwissenschaftlichen Anspielungen. Oft spiegeln sie die Leidenschaft wider, die ihren Verfasser beseelt. Die endlos langen Sätze – zum Beispiel der letzte Satz im zweiten Absatz des Briefs an Lee Brown (5. April 1971) mit seinen Parenthesen – entlehnen ihren Rhythmus ganz deutlich dem Stil der Gouldschen Telefongespräche, wie Geoffrey Payzant ihn einst beschrieb: »Als er mir einmal von seiner Musik für den Film *Slaughterhouse Five* erzählte, sprang er in einem einzigen Satz auf vierzehn verschiedene Ebenen von Klammern, Nebensätzen, Beifügun-

gen, Nebenbemerkungen und Nebenbemerkungen innerhalb von Nebenbemerkungen.«[1] Das Kurvenbild weist in dieser Phase zwischen 1964 und 1976 zwei Spitzen auf – sozusagen zwei briefliche Hochkonjunkturen, jeweils gefolgt von einem Rückgang, der sich im zweiten Fall, nach 1972, bis zum Jahr 1982 fortsetzte. Zwischen 1964 und 1969 deckt sich die Intensivierung des Briefverkehrs mit einer Begeisterung für die künstlerische Arbeit unter Einsatz von Fernsehen, Rundfunk und Schallplatte. Die Briefe geben diese Begeisterung wieder; sie bezeugen einerseits Goulds Wunsch, den Einsatz des Fernsehens allein in Hinsicht auf musikalische Zwecke verstanden zu wissen, und andererseits seine Überzeugung, daß die Tonaufzeichnung den Begriff der Interpretation revolutionieren werde. In diese arbeitsintensive Phase fällt die Entstehung seiner ersten Rundfunksendung, die sich dem Thema Einsamkeit widmet und auf die Beobachtung von Menschen stützt, die in arktischen oder subarktischen Breiten leben (1. September 1967). Diese Dokumentation über den kanadischen Norden bildet den Vorwand für ein Experimentieren mit den »verheißungsvollsten« neuen Rundfunktechniken. Gould möchte die Auswirkungen des Zurückgezogenseins studieren und ihre Bedeutung für alle Formen künstlerischer Betätigung aufzeigen. Kaum ist diese Reportage beendet, stürzt er sich schon auf ein weiteres Rundfunkprojekt über dasselbe Thema; diesmal, im zweiten Teil der *Solitude Trilogy*, geht es um die Menschen von Neufundland.

Diese Briefe beschreiben nicht nur Goulds Aktivitäten, sie umreißen auch seine Vorstellungen von Interpretation mittels Aufzeichnung (24. April 1967). Er rechtfertigt den Einsatz des Klaviers bei den Werken Bachs (25. September 1968), eines Komponisten, den er stets schätzte (sein Brief vom 22. Mai 1967 ist ein gutes Beispiel). Was Interpreten betrifft, so bewundert er Leon Fleisher wegen seiner Originalität (14. November

---

1. Payzant,»Interview: ›Yes, But What's He Really Like?‹«, in: *Glenn Gould Variations* (Toronto: Doubleday Canada, 1983), S. 80.

1966), und in einem drolligen Brief an Diana Menuhin bekundet er seine Sympathie für deren Gatten (25. April 1966). Der Zeitaufwand für diese Projekte scheint den Rückgang an Briefen in den Jahren 1968 und 1969 zu erklären. Am 6. Juli 1969 schreibt er:»[...] zur Zeit bin ich in einen C.B.C.-Terminplan eingespannt, wozu eine wöchentliche Rundfunksendung gehört sowie einhundertundachtundsechzig (wiederhole: 168) Stunden Nachbearbeitung eines Docudramas über Neufundland bis zur ersten Augustwoche [...].«
Die Phase von 1969 bis 1971 weist hingegen eine beachtliche Intensivierung des Briefwechsels auf, wie der scharfe Anstieg der Kurve erkennen läßt. In diesen Briefen geht es um eine wahre Flut abgeschlossener oder laufender Projekte; die Briefe beschreiben diese Projekte nicht nur, sondern erläutern auch Goulds Vorgehensweise. Die Briefe bieten ihm auch Gelegenheit, seine Auffassung von der Kunst und ihren Grundprinzipien vorzutragen. Bezüglich einer eben fertiggestellten Fernsehsendung, *The Well-Tempered Listener*, erläutert er, daß er sie mit Blick auf die »organische Einheit« zusammenstellte (5. März 1970). Das Rundfunkfeature über Leopold Stokowski soll eine Hommage an diesen sein; Gould hofft,»daß in dieser Sendung etwas von seiner außergewöhnlichen Liebenswürdigkeit, seinem großzügigen Wesen und seiner schonungslosen Hingabe an die Kunst zum Ausdruck kommt« (5. Januar 1971). In demselben Brief schildert er die Methoden, die bei diesem Stereoprojekt angewandt wurden. Sodann entwirft er ein neues Radioprojekt über die Mennoniten, das er als logische Fortsetzung der früheren Docudramen *The Idea of North* und *The Latecomers* sieht (5. April 1971). Goulds Begeisterung für das Fernsehen regt sich neuerlich mit dem Wunsch, solche Produktionen mehrfach auszustrahlen und vor allem auf Videokassette herauszubringen. Zur selben Zeit läuft die Produktion des Soundtracks für die Verfilmung von Kurt Vonneguts Roman *Schlachthof 5* (21. Dezember 1971). Goulds Interesse an Schönberg offenbart sich erneut in einem Projekt zum Gedenken an den 100. Geburtstag des Komponisten (10. Oktober 1973).

Eine weitere Rundfunkproduktion mit dem Titel *The Scene* bietet Gould im Jahre 1972 die Gelegenheit, zum einen seine Ansichten über den künstlerischen Wettbewerb darzulegen und zum anderen die Rolle der Medien zu analysieren und »den Vorzug jener Objektivität zu würdigen«, die sie charakteristischerweise auszeichnen sollte. Am 14. Juni 1973 ist das Radiofeature über Pablo Casals beinahe fertig, und Gould arbeitet an der Sendereihe mit Bruno Monsaingeon. In derselben Zeit wird auch *The Age of Ecstasy*, eine Fernsehsendung über Musik im ersten Jahrzehnt des 20. Jahrhunderts, fertiggestellt. Diese Sendung über Werke von Skrjabin, Debussy, Schönberg und Berg bildet wohl die harmonischste Verbindung, die Musik und Film je eingingen. Im Jahre 1975 wurde aus derselben Serie die Folge *The Flight from Order* abgeschlossen, die Goulds Transkription von Ravels *La Valse* enthält (6. Dezember 1974).

Einspielungen bildeten einen ebenso großen Schwerpunkt in seiner künstlerischen Arbeit. Die Werke der elisabethanischen Komponisten Byrd und Gibbons nahmen einen besonderen Platz in seinem Repertoire ein, vor allem wegen ihres pädagogischen Wertes als idealer Hinführung zu der kontrapunktischen Musik Bachs (13. Mai 1971). Ein weiteres Projekt entsteht aus der Begeisterung für sämtliche Sonaten Haydns (21. Dezember 1971). Die Einspielung von Bachs *Französischen Suiten* ist beinahe abgeschlossen, die der *Englischen Suiten* steht noch bevor. Im Repertoire des 20. Jahrhunderts läuft in jenen Jahren ein technisches Experiment mit Mehrspuraufnahmen. Die Musik von Fartein Valen – »eine Art norwegischer Eremit« – ist Goulds jüngste Entdeckung; sie bestätigt ihm das Prinzip, das jeder künstlerischen Tätigkeit zugrunde liegen sollte: »[...] ich bin durchaus überzeugt, daß die eigene Kreativität vor allem durch die mehr oder weniger zielstrebige Entdeckung und Entwicklung der eigenen Anlagen gefördert wird, ohne Berücksichtigung der Trends, Geschmacksrichtungen, Moden usw. um einen herum« (14. Februar 1973). Im selben Jahr vollendet Gould seine Wagner-Transkriptionen, deren Tempi, wie er sagt,»beängstigend konventionell« sind (27. Oktober 1973).

Die Briefe, die das Repertoire erläutern, verdeutlichen auch Goulds Begriff der Aufnahme, die jener Perfektion dienen sollte, die das Ziel jeder künstlerischen Betätigung ist. Er hat klare Vorstellungen von dieser Form der Interpretation: Eine Aufnahme sei nicht die dokumentarische Widerspiegelung eines öffentlichen Konzerts; der erste Take sei nicht unbedingt der beste, und es sei auch nicht unredlich, Material aus verschiedenen Aufnahmesitzungen einzufügen (17. Juni 1972). Das Aufnahmestudio habe im Dienst der schöpferischen Interpretation zu stehen (12. September 1972). Die Briefe zeigen auch, wie konsequent Gould in seinen Entscheidungen war und wie sehr ihn vor allem der Kontrapunkt faszinierte, wie aus dem Brief an Kimiko Nakayama (12. November 1972) hervorgeht. Auch wenn seine Korrespondenz in dieser Periode eher von sachlicher, technischer Art ist, so belegen seine Briefe an Stephen Posen (30. November 1972) und John Roberts (28. Januar 1973), daß er seine Phantasie und seinen Sinn für Humor nicht eingebüßt hat.

Diese fruchtbare Periode endet im Jahre 1975 mit Goulds reservierter Nachricht vom plötzlichen Tod seiner Mutter an den Komponisten Ernst Krenek. Dieses schmerzliche Ereignis führte zu einem Rückgang aller seiner Aktivitäten, einschließlich seiner Korrespondenz. Unterdessen, so erklärte er, nehme ihn eine andere, theoretischere Form des Schreibens voll in Anspruch:»In den nächsten 6 Monaten muß ich etliche Sachen schreiben – insbesondere einen Artikel über die Feiern zu Ernst Kreneks 75. Geburtstag und einen über den Theologen Jean LeMoyne« (26. Juni 1975). Auch seine Telefonrechnungen[1] bieten eine plausible Erklärung für die Entwicklung der Kurve gegen Ende dieser Phase.

---

1. Beispielsweise belief sich seine Telefonrechnung vom 4. Januar 1975 auf insgesamt 1 404,78 Dollar, die vom 4. März 1975 auf 1 185,93 Dollar. Die Rechnungen für 1973 und 1974 erreichten ähnliche Beträge. Die Rechnungen aus den Jahren 1980 bis 1982 hingegen weisen im allgemeinen niedrigere Beträge, zwischen 100 und 800 Dollar pro Monat, auf.

(3) Von 1976 bis 1982 hält der Rückgang in Goulds Briefwechsel, der bereits 1971 einsetzte, im großen und ganzen an. In seinen letzten Lebensjahren wurde Gould ausgesprochen seßhaft (4. Juli 1978). Das Telefon übernahm die Funktion des Reisens und ermöglichte es ihm, von zu Hause aus die notwendigen Gespräche für sein letztes Rundfunkfeature, *The Bourgeois Hero* über Richard Strauss, zu führen. In diversen Briefen umreißt und erläutert er seine Absichten (14. April 1976) und erklärt Methode und Struktur (30. Januar 1979) sowie Inhalt (25. Mai 1976). Bei dieser Dokumentation steht die Musikwissenschaft ganz im Mittelpunkt seiner Argumentation. Sein Interesse an der Erstellung von Rundfunksendungen scheint jedoch zugunsten von Filmproduktionen nachgelassen zu haben. Ein neues Projekt taucht auf, diesmal über China – es hätte aus der »Einsamkeits-Trilogie« eine Tetralogie machen können –, doch es wird nicht verwirklicht. In dieser letzten Phase nutzt Gould die Möglichkeit, seine Ansichten zu untermauern, unter anderem darüber, wie wichtig die Verbindung zwischen Musik und Medien (29. Mai 1976) und wie unmoralisch das Wettbewerbsprozedere sei (um 1977). Einen anderen Brief nutzt er, um gewisse biographische Details richtigzustellen (9. September 1981). In den Briefen, die Gould in seinen letzten Lebensmonaten schreibt, zeigt sich eine unverminderte Fähigkeit, Zuneigung, Freundschaft und Dankbarkeit gegenüber Kollegen und Freunden auszudrücken.

Goulds Briefwechsel leistet eine unschätzbare Hilfestellung bei der Deutung seines gesamten Werks – so, wie das Werk selbst die Briefe erhellt. Ein Überblick über sein Werk, wie ich ihn hier kurz skizziert habe, offenbart die kreative Phantasie des Musikers und die Fülle seiner fachübergreifenden Aktivitäten sowie seine Befähigung, an mehreren Projekten gleichzeitig zu arbeiten. Zugleich wird auch etwas von den ästhetischen Überlegungen sichtbar, die der Arbeit zugrunde liegen. Und nicht zuletzt liefern die Briefe Hinweise auf Goulds Wesen.

Unsere Anmerkungen zu Goulds Briefen sind Verständnishilfen für den Leser, zusätzlich zu dem, was ihm aus anderweitiger Lektüre und der Rezeption des Gouldschen Werks bereits bekannt ist. Verzichtet haben wir auf lange Anmerkungen zu Goulds zahlreichen prominenten Kollegen, von Leonard Bernstein über Marshall McLuhan bis zu Elisabeth Schwarzkopf – diese sind dem Leser vertraut. Unsere Anmerkungen konzentrieren sich statt dessen auf weniger bekannte Gestalten, die für Gould aber gleichermaßen bedeutsam waren. Die wichtigste Quelle für diese Anmerkungen bildet die Katalogisierung, welche die Archivare Ruth Pincoe und Dr. Stephen Willis für die National Library of Canada erstellten. Für ihre Mitarbeit sind wir ihnen sehr dankbar. Es sollte auch darauf hingewiesen werden, daß als einzige diskographische Angaben das Datum einer Einspielung und ihre Erstveröffentlichung genannt werden, und zwar dort, wo eine Schallplatte erstmals erwähnt wird.

Dank und Anerkennung zollen möchte ich meinem Mitherausgeber John P. L. Roberts, dessen enge Beziehung zu Gould sich als reiche Informationsquelle erwies. Von unschätzbarem Wert war auch der Beitrag der Rechercheassistentin Valerie Verity, die drei Jahre lang den verschlungenen Pfaden der Gouldschen Manuskripte folgte. Sie half bei der Auswahl der Briefe und übernahm die undankbare Aufgabe, die technischen Details für die Fußnoten zu recherchieren. Der Archivar Gilles St-Laurent unterstützte uns bei den audiovisuellen Dokumenten der Gould Collection und half uns, gemeinsam mit Cheryl Gillard, bei der Überprüfung der Archivdaten; der Archivarin Raymonde Litalien verdanken wir unser Verständnis von Wesen und Funktion des Briefwechsels als Archivmaterial. Phyllis Wilson übernahm die Textverarbeitung der Briefe, Ming Bao die der Fußnoten. Mathieu-Emmanuel Bélanger lieferte wichtige Informationen zur quantitativen Verteilung der Briefe. Sally Livingston übersetzte mein Vorwort ins Englische. Besonders dankbar bin ich Richard Teleky, der uns bei der Erarbeitung dieser Ausgabe unterstützte, sowie Jean-Jacques Nattiez, der die französische Fassung in der Reihe, die er (gemeinsam mit Pierre Boulez) herausgibt, beim Verlag Christian Bourgois in Paris veröffentlichte. Ich hoffe, alle Genannten nehmen unseren aufrichtigen Dank entgegen.

Die Forschungsarbeiten zum Briefwechsel von Glenn Gould wurden ermöglicht durch die Mitwirkung von Stephen Posen und die finanzielle Unterstützung durch Glenn Gould Ltd., ferner durch die Organisation F.C.A.R. (Fonds pour la formation des chercheurs et l'avancement de la recherche – programme Aide aux chercheurs des collèges) in Quebec, die meine Arbeit über Glenn Gould fünf Jahre lang finanziell unterstützte, das Collège Edouard-Montpetit sowie die Fakultät für Musik an der Université de Montréal.

Ghyslaine Guertin

# Briefe

## An Florence Greig Gould [1]

1. Dear Mistress [2]
   Sometimes I'm as bad can be,
   I run away quite often;
   But when I give you my sad look
   I know your heart will soften.

2. and when I'm home I try to show
   I'm really not so dumb,
   and when I get a pat from you
   I know you love me, Mum.

3. E'en when I'm given a gentle shove,
   and Master Glenn says ›bother,
   Get out of here you big old hound‹,
   I know I've got you, Mother.

4. 'Cause every day throughout the year
   your good to me dear Mummy
   You fix my ears, and let me out
   and make my dinners yummy.

5. I really do appreciate,
   and here have tried to say,
   How much I really love you
   For your care from day to day.

Your setter,
Nicky

---

1. Glenn Goulds Mutter.
2. Valentinsgruß in Knittelversen, den der etwa siebenjährige Gould im Namen seines Hundes Nick für seine Mutter schrieb.

1. Liebes Frauchen
   Manchmal bring ich es faustdick,
   Ich nehme recht oft Reißaus;
   Doch mit meinem Jammerblick
   Kann ich Dich erweichen.
2. und zu Hause versuche ich zu zeigen,
   daß ich gar nicht so dumm bin,
   und wenn Du mir einen Klaps gibst,
   weiß ich, Du hast mich lieb, Mami.
3. Selbst wenn man mich sachte schubst,
   und Herrchen Glenn sagt, ›verflixt,
   verschwinde bloß, du alter Köter‹,
   Weiß ich, ich habe Dich, Mutter.
4. Jeden Tag jahraus, jahrein,
   bist Du gut zu mir
   Machst mir die Ohren sauber, läßt mich raus
   und servierst mir leckere Happen.
5. Ich weiß es wirklich sehr zu schätzen
   und wollt' es hier mal sagen,
   Wie innig ich Dich liebe
   Für Dein tägliches Umsorgen.
Dein Setter,
Nicky


AN OTTO JOACHIM [1]

32 Southwood Dr –
Toronto –
[um 1955]

Lieber Otto,
greifen Sie nach Ihrem zuverlässigsten Beruhigungsmittel.
Sie werden gleich eine volle Ladung abbekommen! Wie Sie

---

1. Otto Joachim, 1910 in Deutschland geboren und 1957 in Kanada einge-
   bürgert, ist Komponist, Pädagoge, Bratschist/Geiger und Gründungsmit-
   glied des Montreal String Quartet, in dem er Viola spielte.

40

sich zweifellos erinnern werden – das Quartett¹ befindet sich seit nunmehr fast 2 Monaten in Ihrem Besitz. Bis jetzt habe ich nicht gehört, daß die Arbeit begonnen hätte. Sie werden sich erinnern, daß ich zu einer Probe kommen wollte, solange sich die Erarbeitung noch in der Entwicklungsphase befindet – Es ist, wie Sie sicherlich zugeben werden, kein gänzlich unkompliziertes Werk, und ich finde es wichtig genug, die Partitur gemeinsam durchzugehen, um dafür sogar nach Montreal zu kommen, möglichst in der letzten Feb-Woche.

Ich habe mit einer beispielhaften Geduld gewartet, wie sie in der Regel nicht meinem Temperament entspricht. Und in den vergangenen paar Monaten habe ich Ihnen allen verdammt viel kostenlose Publicity geliefert. Ihre Aufführung? des Werks ist in zahllosen Interviews auf meinen Reisen erwähnt worden – Natürlich entspringt all dies ausgesprochen altruistischen Motiven. Doch selbst die mir wesenseigene nachsichtige Güte hat ihre düsteren Abgründe. Und nun zeigt der Gouldsche Zorn, der so lange durch freundliche Geduld unterdrückt wurde, die ersten Anzeichen sowie Symptome einer ernsten Entzündung. (Ein Zustand, bei dem Terramycin kläglich versagt.)

Ich weiß, daß Sie am 9. Feb in Toronto sein werden, doch meine Aufnahmen beginnen am Tag davor, und ich werde mehrere Wochen weg sein. Das Quartett soll übrigens (das ist zumindest zu 96 % sicher) in der nächsten Saison in einem Konzert mit zeitgenössischer Musik in der Town Hall in N.Y. gespielt werden. Es steht Ihnen frei, über das Adjektiv ›zeitgenössisch‹ zu lachen!!

Ganz im Ernst, ich bin sicher, daß Sie das Problem erkennen. 1. – daß dieses Jahr bei mir ziemlich voll ist; und falls ich nach Mtl kommen soll, möchte ich es gerne so einrichten, daß es beiden Seiten paßt. 2. – Daß ich wegen des Quartetts besorgt

---

1. Das Montreal String Quartet machte 1956 einen Mitschnitt des *Streichquartetts* op. 1 von Gould. 1960 wurde das Quartett vom Symphonia Quartet aus Cleveland für die Schallplatte eingespielt.

bin (wohl verständlicherweise), zumal es mir wichtig ist, im voraus etwas über seine Uraufführung zu wissen.

Nun bleibt es allein Ihrer Gefälligkeit überlassen, bei der erstmöglichen Gelegenheit zu antworten.

Unter hohem Fieber und anderen rauschhaften Übersteigerungen,

Ihr Richard Strauss[1]


AN WALTER KAUFMANN[2]
Mr. Walter Kaufmann,
Winnipeg Symphony Orchestra,
Winnipeg, Manitoba

7. November 1956

Lieber Walter,

darf ich Ihnen meine aufrichtigsten Komplimente zur Übertragung des Eröffnungskonzerts des Winnipeg Symphony Orchestra entbieten. Ich weiß nicht, ob ich immer die falschen Aufführungen oder Einspielungen gehört habe, aber ob Sie es glauben oder nicht, ich habe die Ouvertüre zu den Meistersingern noch nie in einem Tempo gehört, in dem jede kontrapunktische Verästelung so transparent wurde[3]. Zum erstenmal wurde mir bewußt, daß es durchaus möglich ist, bei gleichbleibendem Tempo den Kontrast zwischen solch rhythmisch ähnlichen Motiven zu voller Wirkung zu bringen. Der gesamte Eindruck, besonders bei dem herrlichen dreifachen Kontrapunkt, war im allerbesten Sinne des Wortes packend.

Die Fünfte konnte ich nicht ganz hören, bewunderte aber auch hier dieselbe Klarheit.

---

1. Von Gould hier als Pseudonym verwendet, weil das *Quartett* von Richard Strauss beeinflußt war.
2. Kaufmann (1907–1984) war Dirigent, Musikethnologe, Komponist und Pädagoge. Er immigrierte 1947 nach Kanada und war Dirigent des Winnipeg Symphony Orchestra, als Gould ihm schrieb.
3. Gould hat Wagners *Meistersinger*-Vorspiel 1973 transkribiert und eingespielt (Columbia).

Freue mich auf nächsten Monat.
Mit freundlichen Grüßen,
Glenn Gould


AN C. W. FITZGERALD [1]
Mr. C. W. Fitzgerald, Steinway and Sons,
New York, New York

27. Dezember 1956
Lieber Winston,
dies ist eine verspätete Zusammenfassung gemäß dem
Wunsch Ihrer Filiale nach unserem Gespräch, das wir vor einigen Wochen in bezug auf C.D. 90 [2] führten.
Eine explizite Zusammenfassung meiner Beschwerde wird es
kaum verfehlen, der unglaublichen Nachlässigkeit seitens
Ihrer Firma gerecht zu werden, deren Leidtragender ich bin,
seit wir vor 18 Monaten erstmals miteinander zu tun bekamen.
Ganz bestimmt hat noch nie ein Künstler vom Rang des Unterzeichneten jemals einen solchen Mangel an Rücksicht erfahren
und so offensichtlich die Vorzüge des persönlichen Ent-
gegenkommens vermissen müssen, die aufgrund einer ver-
breiteten Legende zum Markenzeichen von Steinway and Sons
geworden sind.
Doch kurzum, bei meiner Beanstandung des C.D. 90 dreht es
sich um folgendes; – das Klavier hat ohne Zweifel einen zu
leichten Anschlag. Mit meinem eigenen Gespür für mechani-
sche Regulierung habe ich unzählige Veränderungen vorgenommen, die dem C.D. 90 natürlich auf unermeßliche Weise
zugute gekommen sind. Diese Änderungen bestanden darin,
das Anschlagsgewicht der Hämmer ein wenig zu vergrößern,
in der Hoffnung, dadurch einen schwereren Anschlag zu
erzeugen. Doch zumindest in diesem Fall scheinen meine
Theorien der Tastenregulierung nicht unbedingt gestimmt zu

---

1. Winston Fitzgerald pflegte die Künstlerkontakte bei Steinway & Sons in
New York.
2. CD 90 bezieht sich auf einen Steinway-Flügel.

haben. Inzwischen bin ich sogar völlig außerstande und abgeneigt, auch nur für kurze Zeit auf diesem Instrument zu spielen. Ich brauche nur nebenbei zu erwähnen, daß meine Bewunderung, ja meine verzückte Ehrfurcht ob der interpretatorischen Vielfalt, der Kompensationsmöglichkeiten und der schier unerschöpflichen Klangpalette, die mein Ersatzinstrument, der würdige Chickering, bietet, ungebrochen geblieben sind.

In dieser Saison folgen nur noch zwei Konzerte, bei denen ich den CD 90 verwenden dürfte. Sie finden beide in der zweiten Februarhälfte statt. Folglich: sollte es irgendwie möglich sein, daß Ihre fachkundigen Mechaniker einen größeren Eingriff oder irgendein anderweitiges Vergehen planen, so müßte dies im kommenden Monat geschehen.

Als ich in Vancouver den neuen Steinway spielte (der mir übrigens ausgesprochen zusagte), fiel mir auf, daß bei jenem Instrument im vorderen Teil der Tasten direkt unterhalb des Ansatzes der schwarzen Tasten Bleistücke eingesetzt waren. Sie dienten, glaube ich, als Gegengewicht zu den schwereren Bleistücken im hinteren Teil, und dies widerlegt somit die Beteuerungen der Einheitlichkeit, welche die werten Vertreter Ihrer Firma so oft vorgebracht haben.

Wahrlich und endlich zeigt mir dieser Vorgang die einzige mögliche Lösung für mein gegenwärtiges Dilemma: Falls diese Operation erfolglos bleiben sollte oder falls Sie diese durchaus angemessenen Vorschläge nicht annehmen sollten, bleibt mir keine andere Wahl, als Ihr oft wiederholtes Angebot wahrzunehmen, mir beim Verkauf dieses drei Meter langen Prachtstücks behilflich zu sein, und wieder meinen alten Status als Heintzman-Künstler anzunehmen[1].

Mit freundlichem Gruß
Glenn Gould

---

1. Gould war äußerst ausgeglichen; dieser Brief ist eines der wenigen Beispiele, die ihn wütend zeigen. Er war mit den mechanischen Aspekten von Klavieren gründlich vertraut und verbrachte vor dem Spielen oft unendlich viel Zeit mit einem Klavierstimmer, um sicherzustellen, daß ihm die

AN THOMAS MCINTOSH [1]
Mr. Thomas McIntosh,
Washington, D.C.

Goulds Klinik für
Psychopseumatische Therapie
32 Southwood Drive
Toronto, Ontario
21. Januar 1957

Lieber Thomas,

es entzückt mich zu hören, daß Dr. Goulds Rezepte sich wie immer als wirksam erwiesen haben. Dank meiner langjährigen Erfahrung mit der Praxis der inneren Medizin bin ich außerordentlich vertraut mit den Problemen neurotischer Künstler. Solltest Du eine Reise nach Kanada planen, wird Dir die Schwester gerne einen Termin geben [2].

Die gelben Schlaftabletten heißen Nebutol. Die weißen Beruhigungstabletten heißen Luminal. Ich glaube, beide mußt Du Dir von Deinem Arzt verschreiben lassen. Luminal ist völlig harmlos und kann im allgemeinen dreimal täglich ein-

---

Mechanik des Klaviers, auf dem er spielen sollte, vollkommen zusagte. Nachdem Gould diverse Steinway-Klaviere ausprobiert hatte, entschied er sich für eines, das er jahrelang sehr schätzte. Es war das Modell CD 318, das heute in der National Library of Canada in Ottawa steht. Kurze Zeit besaß er einen deutschen Steinway. Für Übungszwecke behielt er in seinem Penthouse in Toronto auch den Steinway-Flügel (es war kein Konzertflügel), den seine Eltern ihm geschenkt hatten. Erstaunlicherweise mußte dieser nur selten gestimmt werden. Heute steht er in Rideau Hall, der Residenz des Generalgouverneurs von Kanada. Zum Üben benutzte Gould auch einen alten amerikanischen Chickering (den er in diesem Brief erwähnt), doch im Laufe der Jahre ließ er ihn ziemlich verkommen. Kurz vor seinem Tod kaufte er sich in New York einen Yamaha-Flügel, den er für seine zweite Einspielung der *Goldberg-Variationen* benutzte. (Seine erste Einspielung dieses Werks erfolgte auf einem Steinway.)

1. Ein befreundeter Pianist.
2. Gould hatte Schlafschwierigkeiten und nahm Beruhigungsmittel ein, bevor er zu Bett ging. Bald konnte er nicht mehr ohne Nembutol schlafen, doch schließlich brach er die Gewohnheit, indem er zu anderen Zeiten arbeitete. In seinen letzten Lebensjahren arbeitete er nachts und schlief bei Tag, so gut er konnte.

genommen werden – eine nach dem Mittagessen und zwei beim Schlafengehen. Ich rate Dir jedoch dringend, Nebutol nicht zur Gewohnheit werden zu lassen. Es sollte ausschließlich den Nächten vor besonderen Ereignissen vorbehalten bleiben und gegen chronische Schlaflosigkeit genommen werden.

Ich habe heute früh mit Winston[1] telefoniert, und er hat mir erzählt, daß Du sehr gute Besprechungen bekommen hast, also herzliche Glückwünsche. Es tut mir leid, daß ich nicht dabeisein konnte.

Derjenige, den ich im Zusammenhang mit der Marlboro School erwähnte, ist Prof. Harvy Olnick, c/o Royal Conservatory, 135 College Street, Toronto, Ontario.

Alles Gute.

Herzlichst

Glenn Gould

AN JOHN ROBERTS[2]

Mr. John Roberts,
Canadian Broadcasting Corporation,
Winnipeg, Manitoba

32 Southwood Drive
Toronto, Ontario
15. Februar 1957

Lieber John,

vielen Dank für die Aufnahme. Ich habe sie noch nicht gehört, weil der 78er-Arm meines Plattenspielers nicht funktioniert, aber ich freue mich schon sehr darauf, sie zu hören.

Ich wünschte nur, Du hättest die Rechnung beigelegt, die sicherlich meine Obliegenheit ist. Dennoch bin ich ausgesprochen dankbar.

---

1. Winston Fitzgerald.
2. John Roberts war von 1955 bis 1957 Musikproduzent bei CBC Radio und stellvertretender Programmdirektor der Musikabteilung bei CBC Television in Winnipeg.

46

Es freut mich zu hören, daß Du die beiden Programme meiner Einspielung bringst. Zu den Beethoven-Sonaten[1]: Sie haben, wie Du weißt, sowohl überschwengliches Lob als auch vernichtende Mißbilligung geerntet. Ich kann nur sagen, daß jene Änderungen in Dynamik und Tempo, die ich mir erlaubt habe, nicht irgendwelchen Launen entsprungen sind, sondern auf einem recht sorgfältigen Studium der Noten beruhten, und daß sie, jedenfalls bis jetzt, von einer optimistischen Überzeugung getragen sind.

Da so viele Hörer und Kritiker (auch vertrauenswürdige) Einwände gegen meine Deutung des späten Beethoven erhoben haben, kann ich nicht behaupten, es wäre die überzeugendste Aufnahme, die ich je gemacht habe. Trotzdem meine ich, es ist – wenn auch nur als persönliches Manifest – die überzeugteste.

Mit freundlichen Grüßen
Dein
Glenn Gould

AN MAUS-OPOSSUM-BANK[2]

Wien 3. Juni 57

Liebe Maus-Opossum-Bank,
wie Ihr seht, habe ich es bis Wien geschafft. Ich dachte, falls Ihr Euch Sorgen macht wegen meiner Unpäßlichkeit in Frankfurt, sollte ich euch mitteilen, daß inzwischen alles in Ordnung ist. (Ich nehme an, Ihr habt den Brief an Mrs. Wadge[3] gesehen.)

---

1. Eingespielt 1956: Beethovens *Sonate Nr. 30 E-Dur* op. 109, *Sonate Nr. 31 As-Dur* op. 110, *Sonate Nr. 32 c-Moll* op. 111 (Columbia, erschienen 1956). Für Gould war Musik »eine formbare Kunst«, doch seine unorthodoxe Interpretation der letzten drei Beethoven-Sonaten mit seinen Veränderungen in Tempo und Dynamik irritierte Kritiker und Kollegen.
2. Gould schrieb diesen Brief an seine Mutter (Maus), seinen Vater (Opossum) und seinen Hund (Bank, nach Banquo aus Shakespeares *Macbeth*).
3. Mrs. H. Wadge, Musikliebhaberin und Gould-Fan aus Uxbridge, Ontario.

Ich habe wirklich einen ziemlich elenden Tag mit schmerzenden Nebenhöhlen durchgemacht – fast wie damals, als ich von Texas nach Hause kam und taub war, wißt Ihr noch (letzten November). Flugzeuge können bei einer Erkältung verheerende Folgen haben. Jedenfalls blieb ich das Wochenende über in Frankfurt (was eine sehr schöne Stadt ist – nach dem wenigen, was ich davon gesehen habe) und stieg dann gestern abend in den Zug nach Wien.

Dies scheint aber nicht gerade mein Traumwochenende gewesen zu sein, denn heute früh um 6.30 Uhr kam der Schaffner vorbei, um mir meinen Paß zurückzugeben, nachdem wir die Grenze nach Österreich überquert hatten, und als ich die Tür meines Abteils öffnen wollte, zog er sie plötzlich wieder zu, genau auf meinen linken Daumen; besagter Daumennagel färbt sich inzwischen bläulich und bereitet mir gewisse Schwierigkeiten beim Schreiben – hoffe, bis Freitag ist alles wieder gut.

Ansonsten war ich froh, daß ich mit dem Zug gefahren bin, denn dadurch konnte ich etwas von der Landschaft sehen. Unsere Route führte über Würzburg, Nürnberg, Passau und Linz. Die Landschaft von Oberbayern, die ich ungefähr zwei Stunden lang sah, bis es dunkel wurde, ist einfach unbeschreiblich schön. Endlose Bergrücken, Flüsse, herrliche Wälder und unzählige malerische Städtchen mit imposanten Barockkirchen. Die herrlichste Idylle, die man sich vorstellen kann. Ich blieb extra bis 11.30 Uhr auf, um *Die Meistersinger* zu trällern, als wir durch Nürnberg fuhren.

Doch die Landschaft von Nordösterreich heute früh war weniger bewegend. (Ich war um 5 Uhr auf und schaute zum Fenster hinaus.) Nicht annähernd so üppig, ausgetrocknete Bäche, eher ärmliche Dörfer, jeder Quadratmeter brauchbaren Bodens bepflanzt – es erinnerte ein wenig an Gegenden in Französisch-Kanada.

Ihr erinnert euch sicher, wie Walter[1] im letzten Sommer in der

---

1. Walter Homburger.

Schweiz dem guten Steinberg[1] über den Weg lief. Tja, gestern
abend habe ich ihn noch überboten – ich stieg in Frankfurt
gerade in den Zug ein, da fiel mir ein distinguiert aussehender
weißhaariger Mann auf, der auf dem Bahnsteig frische Luft
schnappte (der Zug war der Amsterdam-Wien-Expreß). Ich
sah zweimal hin, um mich zu vergewissern, und dann sagte
ich – »Verzeihen Sie, ist das nicht Mr. Stokowski?«[2] Er zuckte
zusammen, weil er wohl dachte, ich sei ein Reporter oder ein
Autogrammjäger, und ohne sich zu mir umzudrehen, mur-
melte er: »Ist es.« Ich redete unverdrossen weiter: »Erlauben
Sie, daß ich mich vorstelle, Sir. Ich bin G. G.« Plötzlich
lächelte er: »Sind Sie Glenn Gould!« Woraufhin er wie ein
gütiger, langvermißter Großvater in mein Abteil kam und eine
halbe Stunde lang plauderte.
Ein echtes Original, aber sehr charmant. Er wollte alles über
Rußland wissen – Ob ich die Ulanowa[3] gesehen hätte? Ob ich
Richter[4] gehört hätte? Ob ich ihn persönlich kennengelernt
hätte? Ob man noch immer wunderbaren Tee und schrecklichen Kaffee serviere? Als ich all dies mit »ja« beantwortet
hatte, erzählte er mir von seiner Rußlandtournee vor etwa
30 Jahren.
Jedenfalls haben wir uns prächtig unterhalten. Habe ihn heute
früh wiedergesehen. Er dirigiert bei den Festspielen[5].
Walter und ich wünschten, Ihr hättet die Schallplattenkritiken
aus Holland geschickt. Klangen sie alle so schlecht? Wir wollten schon gerne wissen, wie das Echo dort war.
Weiß nicht, was nach Wien aus mir werden wird. Falls ich
einen internationalen Führerschein bekomme (den man, wie
ich gerade erfahren habe, in Wien *nicht* erhält), miete ich mög-

1. William Steinberg (1899–1978), amerikanischer Dirigent deutscher
   Abstammung.
2. Leopold Stokowski (1882–1977), in England geborener amerikanischer
   Dirigent.
3. Galina Ulanowa (geb. 1910), russische Tänzerin.
4. Swjatoslaw Richter (geb. 1915), in der Ukraine geborener sowjetischer
   Pianist.
5. Die Salzburger Festspiele.

licherweise ein Auto und fahre *eine* von 2 Strecken, die mich im Augenblick reizen.

(1) Salzburg – München – Stuttgart.
Frankfurt – Köln – dann nach London fliegen.
(2) Triest oder Venedig (oder beides) – Mailand
Genf – dann London –

Falls ich das Auto kriege, laßt Euch bitte versichern, daß ich nicht rasen werde und überhaupt äußerste Vorsicht walten lasse. Falls ich es nicht bekomme, werdet Ihr mich wahrscheinlich schon um einiges früher zu Hause sehen als erwartet. Ich bin kein guter Tourist – fürchte ich –, mir fehlte immer die Energie, von Dorf zu Dorf herumzulatschen. Wenn ich an einem festen Ort untergebracht bin, halte ich es aus, aber ich ziehe nach wie vor nur äußerst ungern herum [H. Wadge[1] zur freundlichen Kenntnisnahme]. Das ändert nichts an der Tatsache, daß es mir in Europa ausgezeichnet gefallen hat. Ich denke sogar ernsthaft daran, mich hier '58/59 für 6 Monate niederzulassen.

Darf ich nun also mit einem Vorschlag an Euch beide schließen – Wie wär's, wenn Ihr euch darauf einstellt und ab sofort für eine Europareise spart? Die Fahrt nach Westen könnt Ihr vergessen – das hier ist viel aufregender. Du (damit meine ich Dich, Daddy) redest doch ständig davon, was für ein toller Tourist Du bist und daß Du auf langen Reisen nicht müde wirst, also dürfte es Dir sicherlich Spaß machen, mit dem Auto herumzufahren, so, wie ich es zu tun hoffe. Übrigens, falls sich meine gegenwärtigen Pläne verwirklichen lassen, werde ich Anfang Herbst '58 (falls die Konzerte es zulassen) wahrscheinlich in Deutschland meinen europäischen Wohnsitz nehmen (klingt beeindruckend, was?), und Ihr könntet mich besuchen kommen.

Leon Fleisher[2] und seine Frau leben diesen Sommer in Italien,

---

1. Mrs. H. Wadge, wie oben.
2. Fleisher (geb. 1928), amerikanischer Pianist und Dirigent; Gould war mit ihm befreundet und bewunderte ihn.

wo sie 2 Bedienstete haben, die Riesengehälter kassieren – umgerechnet 1,00 Dollar pro Tag jeder. Um noch ein Beispiel zu nennen – gestern abend in Frankfurt habe ich wie üblich auf meinem Zimmer gegessen, und das Essen war erstklassig. Steak, Gemüse, Fruchtsaft, Eiscreme mit allen möglichen Zutaten, Kaffee – ein Essen, wie es in N.Y.er Hotels 7,00 – 8,00 Dollar kosten würde – für 10 Mark – das heißt 2,40 Dollar. Dabei ist Deutschland noch relativ teuer. Hört also auf den Rat eines Weltreisenden – mietet das Cottage, wenn es sein muß.

Liebe Grüße

Glenn

P.S. [umseitig] Eure Briefe sind eben angekommen. Freut mich zu hören, daß Ann[1] die holländischen Kritiken hat. Sie soll sie so bald wie möglich an Walter weiterschicken.

Ihr erwähnt Großmama – ich habe ihr aus Leningrad eine Karte geschickt – eine von mehreren, die ich an meinem letzten Tag dort geschrieben und Henrietta[2] zum Abschicken gegeben habe. Die anderen gingen an die Musikschreiberlinge in Toronto. Ich werde noch einmal schreiben, weil ich wette, daß ›Henri‹[3] sie vergessen hat.

Daß Susan[4] ausgerissen ist, finde ich, ist echt witzig – allerdings kaum für ihre Eltern. Ich hoffe, meine Taten wirken sich nicht auf viele Kinder so massiv aus.

Ihr fragt, wie es in Rußland mit Autos aussieht. Nach unseren Maßstäben gibt es tatsächlich sehr wenige. Lastwagen und Busse überwiegen, so scheint es zumindest. Es werden nur 4 verschiedene Automobiltypen hergestellt; diese reichen von dem, was etwa einem kleinen Nash entspricht, bis zum Luxusmodell, das von Regierungsstellen eingesetzt wird und in etwa mit der großen Desoto-Flughafenlimousine vergleichbar ist.

---

1. Eine Freundin.
2. Goulds offizielle Dolmetscherin während seines Aufenthalts in der Sowjetunion.
3. Henrietta, wie oben.
4. Eine der jungen Schülerinnen, die Goulds Mutter unterrichtete.

Von der Karosserie her ähneln sie eher den Vorkriegs-La-Salles, was nicht abschätzig gemeint ist – ihr kennt ja meine Vorliebe für LaSalles. Die Wagen des Kulturministeriums waren in der Regel von dieser Sorte – Vorhänge an den Fenstern, Teppiche auf dem Boden – très chic. Doch der Durchschnittsbürger besitzt kein Auto. Hoffe, das beantwortet die Frageabteilung für heute.

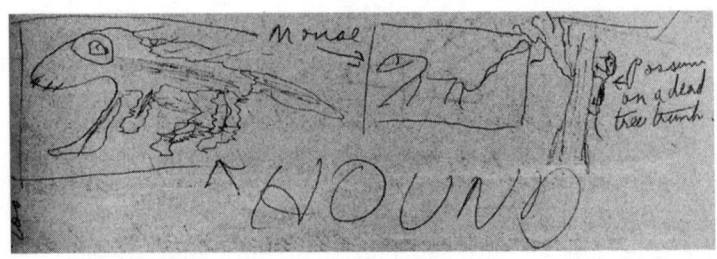

Köter          Maus          Opossum auf einem toten Baumstamm

P.P.S. Teile euch telegrafisch mit, wohin ich als nächstes fahre, sobald ich es selbst weiß. Auf jeden Fall bin ich Ende Juni zu Hause.
P.P.P.S. Es ist absolut unmöglich, hier viel zum Üben zu kommen – Es gibt so viele Konzerte in all den Sälen. Ich hätte in Berlin bleiben sollen.
P.P.P.P.S. Danke, daß Ihr mir die Besprechungen des Telegramm-Sowjets[1] geschickt habt – Das waren alles welche, die

---

1. Goulds Programm in der Sowjetunion: 7. Mai 1957, Recital im Großen Saal des Staatlichen Konservatoriums in Moskau; 8. Mai, Konzert mit dem Moskauer Philharmonischen Orchester im Tschaikowski-Saal in Moskau; 11. Mai, Recital im Moskauer Tschaikowski-Saal; 12. Mai, Recital und Vortrag am Staatlichen Konservatorium in Moskau; 14. Mai, Recital im Bolschoi-Saal in Leningrad; 16. Mai, Recital im Glinka-Saal in Leningrad; 18. Mai, Konzert mit dem Leningrader Philharmonischen Orchester im Bolschoi-Saal in Leningrad; 19. Mai, inoffizielles Recital am Staatlichen Konservatorium in Leningrad.

wir nicht gelesen hatten, und sie haben mich durchaus erfreut – Die Zitate der Musiker in Leningrad stammten von Leuten, mit denen ich dort bekannt wurde und mich unterhielt – Walter schickte einen Brief mit jener verspäteten ›Busoni‹-Kritik aus Berlin an den *Star* – Er dachte, ein weiteres Telegramm würde man nicht mehr bezahlen. Das war die allerbeste Kritik, die ich je bekommen habe, und dazu noch von einem strengen Kritiker!

Anhang und Errata Do.

Seid noch einmal gegrüßt.

Der Brief ist, wie das bei mir so oft vorkommt, die ganze Woche liegengeblieben und nicht abgeschickt worden. Tut mir leid!

Doch vielleicht ist es ganz gut so, denn nun könnt Ihr beruhigt sein, weil es nämlich so aussieht, als bekomme ich keinen Führerschein. London ist der einzige Ort, wo man einen kriegt.

Obwohl Ihr zweifellos erleichtert sein werdet, bin ich, offen gestanden, sehr enttäuscht. Ohne einen Wagen sieht man nicht allzuviel von der Gegend. Im Augenblick weiß ich also noch immer nicht genau, was ich tun werde, doch es besteht die Möglichkeit, falls ich eine Reservierung bekomme, daß ich entweder in die Schweiz reise (Genf oder Zürich) oder nach London oder vielleicht an beide Orte, doch ich fürchte, meine gemütliche Fahrt durch die bayerischen Landstriche ist geplatzt – ich habe keine Lust, mich mit Zugfahrplänen usw. herumzuschlagen.

Auf jeden Fall werde ich jetzt definitiv wieder hierherkommen, denn heute früh erhielt Walter ein ausgezeichnetes Angebot für einige Konzerte in Deutschland[1], und darüber hinaus hat Dr. von Karajan[2] angeboten, mich in jeder Stadt einzuführen, in der er gerade dirigiert, falls unsere Terminpläne es erlauben. Für Deutschland sehen die Dinge in der Zukunft also gut aus.

---

1. 24.–26. Mai 1957, Konzerte mit dem Berliner Philharmonischen Orchester im Konzertsaal der Hochschule für Musik in Westberlin.
2. Herbert von Karajan (1908–1989).

Ich finde Wien viel weniger reizvoll, als ich es mir vorgestellt habe. Zuviel Rokokoarchitektur für meinen eher strengen Geschmack.

Meine Erkältung hält sich hartnäckig und scheint in den alljährlichen Heuschnupfen überzugehen.

Ihr werdet telegrafisch von mir hören.

Liebe Grüße

Glenn

P.S. Heute nachmittag hatte ich ein Interview mit Ted Viets aus Detroit, den Ihr letzten Sommer oben in Stratford[1] kennengelernt habt. Ted traf gestern hier ein. Die CBC richtete ihm aus, falls er etwas Interessantes hätte, solle er es schicken. Also unterhielten wir uns ein wenig über Rußland. Weiß nicht, wann es gebracht wird, wenn überhaupt. Sie werden es wahrscheinlich für einen Nachrichtenüberblick oder so etwas ähnliches verwenden.

AN C. W. FITZGERALD
Mr. C. W. Fitzgerald, Steinway and Sons,
New York, New York

20. September 1957

Lieber Professor Fitzgerald,

ergänzend zu unseren eben geführten Gesprächen – Ich habe mich inzwischen an Ihren ehrgeizigen Verkäufer und Regionalvertreter Mr. James Graham gewandt, der natürlich felsenfest davon überzeugt ist, daß das ganze Vorhaben das Geistesprodukt eines fiebernden Gehirns ist, der sich aber nach bester Steinway-Tradition im Bemühen um gute Beziehungen zu den Künstlern bereit erklärt hat, der gegenwärtigen Laune des Unterzeichneten nachzugeben.

Mr. Graham ersucht Sie um eine Anforderung des Klaviers, die er dem Zoll hier vorlegen kann, um die Abfertigung zu beschleunigen. Das Klavier trägt, wie ich erwähnt habe, die

---

1. Das Stratford Festival in Stratford, Ontario.

lieblose Bezeichnung Nr. 266[1], denn man hat dem armen Klavier die Ehre vorenthalten, das glanzvolle Markenzeichen von Steinway and Sons – eine CD-Kennzeichnung – zu tragen. Es ist höchst bedauerlich, daß eines der besten Flaggschiffe in Ihrer Flotte so herabgesetzt wird. Es wäre eine Geste, die der noblen Einsatzfreude Ihrer Firma durchaus würdig wäre, wenn anläßlich des Gastspiels Ihres gefeiertsten Künstlers und Ihres prächtigsten Instruments im Oktober ein Dinner stattfände, bei dem an der Lyra von Nr. 266 (die, wie Mr. Graham mir mitteilte, fehlt, seit ich das Instrument letzte Woche in Toronto hatte) eine Bronzeplakette enthüllt werden würde mit der Inschrift:»Dieses Instrument dient der ausschließlichen Verwendung durch unseren Lieblingssohn, Vladimir Gouldowsky[2]).« Falls Sie mich über Zeit und Ort dieses Dinners unterrichten (der Oak Room im Plaza wäre angemessen), werde ich beginnen, meine Rede auszuarbeiten, wobei ich bestrebt sein werde, sie in bescheidenen Grenzen zu halten – gewiß nicht über 2 ½ Stunden.

In stets erneuerter Freundschaft,
Ihr


AN E. A. WRIGHT
Mr. E. A. Wright, Paris, Ontario

3. Juni 1958
Sehr geehrter Mr. Wright,
ich möchte den Empfang eines Ihrer Klappstühle (Nr. 503) bestätigen, den Sie mir zur Ansicht schickten. Ich habe mich entschlossen, den Stuhl zu behalten, und wäre Ihnen dankbar, wenn Sie mir die Rechnung zustellten[3].

---

1. Nr. 266 war ein Klavier, das Gould bei Steinway & Sons in New York entdeckt und liebgewonnen hatte.
2. Ein Pseudonym von Glenn Gould.
3. Gould saß gerne tief vor der Tastatur. Weil dies mit üblichen Klavierhockern nicht möglich war, besorgte ihm sein Vater einen leicht transportierbaren Stuhl. Bert Gould kaufte den leichtesten Klappstuhl, den er auftreiben konnte, und brachte Messinggewinde an den Beinen an, so daß sein

Für meine Zwecke (wie Sie sich vielleicht erinnern, wollte ich einen Stuhl, der sich für den Gebrauch am Klavier eignet) besteht der einzige Nachteil darin, daß die Lehne im Grunde etwas zu gerade ist, das heißt der Winkel zwischen Lehne und Sitz ist annähernd 90°. Dies zwingt einen auf recht unangenehme Weise, ungewöhnlich aufrecht zu sitzen, was durch die Polsterung an der Stuhllehne noch verstärkt wird. Ich dachte, ob Sie wohl zufällig ein anderes Klappstuhlmodell hätten, ähnlich wie dieses, bei dem aber die Lehne in einem etwas gemächlicheren Winkel ansteigt. Der Stuhl Nr. 100 der Londoner Firma, über den wir gesprochen haben, ist etwas bequemer, weil der Winkel größer als 90° ist. Falls Sie einen Ihrer vorliegenden Stühle geringfügig verändern könnten, um diesen Winkel auszugleichen, wäre ich sehr froh, wenn Sie mich benachrichtigen würden, dann könnte ich die geänderte Version ausprobieren.

Vielen Dank für Ihre Bemühungen,

Ihr

Glenn Gould

AN YOUSUF KARSH[1]
Mr. Yousuf Karsh, Ottawa, Ontario

8. Juli 1958

Sehr geehrter Mr. Karsh,

anbei die Antworten[2], die ich Ihnen versprochen habe; falls es keine Antworten sind, handelt es sich zumindest um

---

Sohn diese nach Belieben einstellen konnte. Der gepolsterte Sitz löste sich allmählich auf und mußte schließlich ausrangiert werden. Hin und wieder versuchte Gould, andere Stühle zu finden, die es mit dem seines Vaters aufnahmen. Dieser Brief stellt solch einen Versuch dar.

1. Yousuf Karsh, der in Ottawa ansässige, international bekannte Fotograf, hatte Gould zu Beginn seiner Laufbahn fotografiert. (Später hielt Gould das Foto für zu monumental und offiziell.) Karsh interessierte sich sehr für Goulds Reise in die Sowjetunion im Jahre 1957.

2. In seinem Brief vom 26. Juni 1958 hatte Karsh Gould gebeten, ihm eine Reihe von Fragen zu beantworten.

Erfindungen meiner Phantasie, mit denen Sie vielleicht etwas anfangen können.

1) In den zwei Wochen in Rußland[1] sollte ich laut Programm ursprünglich nur zwei zeitgenössische Werke geben – Sonaten von Hindemith und Berg[2]. Beide mögen als eher konservative Beispiele westlicher Musik gelten, doch beide waren dem russischen Publikum unbekannt; sie wurden ohne merkliche Kühle seitens der Zuhörer aufgenommen, in den Rezensionen wurden sie allerdings beinahe völlig ignoriert.

Während des Besuchs wurde ich jedoch gebeten, vor den Studenten und Professoren der Konservatorien sowohl in Moskau als auch in Leningrad zu spielen. Ich nahm mit großer Freude an, allerdings unter der Bedingung, daß ich spielen durfte, was mir gerade in den Sinn kam, und daß es kein offizielles Programm gab. Nach einigen Diskussionen mit meinem Manager und den Leuten von der Botschaft entschied ich, ein Programm mit ausschließlich zeitgenössischer Musik für sie zu spielen, wovon das meiste in den Bereich gehörte, der salopp als die Wiener Schule bezeichnet wird – die Tradition von Arnold Schönberg, Anton Webern. Als erstes wiederholte ich die Alban-Berg-Sonate, die ich in eines der regulären Programme aufgenommen hatte und die in gewisser Weise genau an der Schwelle zur zeitgenössischen Musik oder zumindest genau an der Schwelle zur atonalen Musik steht. Sie wurde 1908 geschrieben und bildete einen wunderbaren Ausgangspunkt, um ihnen etwas über die gewichtigeren Aspekte der Zwölftonmusik vorzuspielen und vorzutragen. Ich sprach übrigens unter Mithilfe von nicht weniger als vier verschiedenen Dolmetschern – einer wurde offiziell gestellt, einer war von der Botschaft, und zwei waren Studenten, die makellos Englisch sprachen. Diese vier ergänzten sich gegenseitig in

---

1. Gould war einer der ersten Musiker aus Nordamerika, die in der Sowjetunion auftraten, und sein Besuch (im Mai 1957) stellte eine Sensation dar. Weil die Studenten nur schwer an Karten für seine Konzerte kamen, gab Gould in Moskau wie auch in Leningrad Gratiskonzerte für sie.
2. Paul Hindemiths *Sonate Nr. 3 B-Dur* und Alban Bergs *Sonate* op. 1.

ihrem Fachwortschatz, und wir kamen erstaunlich gut zurecht – zumindest lachte das Publikum meistens an den richtigen Stellen, und ich nehme an, daß ich akkurat übersetzt wurde, doch man weiß nie. Als ich ankündigte, was ich vorhatte, das heißt daß ich die Art von Musik spielen würde, die seit den künstlerischen Krisen Mitte der dreißiger Jahre in der UdSSR nicht offiziell anerkannt wurde, ging ein ziemlich beunruhigendes und zeitweise unbeherrschtes Raunen durch das Publikum. Ich bin ganz sicher, daß viele Studenten nicht recht wußten, was besser für sie wäre – zu bleiben oder aufzustehen und zu gehen. Schließlich gelang es mir jedoch, die Dinge unter Kontrolle zu halten, indem ich hin und wieder drohend dreinblickte, und die einzigen, die den Saal verließen, waren ein paar ältere Professoren, die wahrscheinlich fürchteten, ich wolle den Geschmack der jungen Leute verderben. Als ich aber im weiteren Verlauf Musik von Schönberg, von seinen frühesten Jahren fast bis zu seinem Tod, und anschließend Musik von Webern und Krenek spielte, gab es wiederholte Anzeichen seitens der Studentenschaft, meist als verhaltenes Flüstern innerhalb des Komitees auf der Bühne, gelegentlich aber auch als vereinzelte laute Äußerungen aus dem Publikum, daß sie ihre Zeit doch lieber auf Bach und Beethoven verwenden wollten[1].

Aber im großen und ganzen war es ein Erlebnis, das mir für den Rest meines Lebens in Erinnerung bleiben wird als das aufregendste musikalische Ereignis, an dem ich je teilgenommen habe. Die Studenten und die Professoren sind insgesamt unglaublich aufmerksam und aufnahmebereit; man hat es mit einem Publikum zu tun, das jeder überzeugend vorgebrachten Idee zugänglich ist. Es war vielleicht ein ähnliches Gefühl, wie wenn man als erster Musiker auf dem Mars oder der Venus landet und einigen äußerst verwirrten, aber ernsthaft interes-

---

1. Am 18. Mai 1957 entstand, ohne Goulds Zustimmung, ein Live-Mitschnitt des Konzerts mit den Leningrader Philharmonikern unter Ladislav Slovak: Johann Sebastian Bachs *Konzert Nr. 1 d-Moll* BWV 1052 und Beethovens *Konzert Nr. 2 B-Dur* op. 19 (Melodia).

sierten Zuhörern einen riesigen unerforschten Bereich offenbaren soll. Es war ein großartiger Tag für mich!

2) Sie fragen, ob ich meine, daß Künstler eine Verpflichtung hätten, zeitgenössische Werke vorzustellen. Ich meine, nur dann, wenn sie für den Bereich der zeitgenössischen Musik, den sie darbieten, eine wahre Begeisterung empfinden. Ich denke, es hat überhaupt keinen Sinn, sie um ihrer selbst willen vorzuführen, ohne dieselbe Art von Überzeugung, die wohl bei der Interpretation von Mozart oder von Brahms herrscht.

3) Es ist leider wahr, daß ich in meinem Fall in den vergangenen paar Jahren ernsthaft daran gehindert war, sehr viel Zeit auf das Komponieren zu verwenden, jenen Bereich, dem ich wohl letztlich meine Energie widmen sollte. Sich so sehr auf eine Tourneelaufbahn zu konzentrieren bedeutet entschiedene Einschränkungen, die nicht alle dadurch aufgehoben werden, daß man sich damit praktischerweise den Lebensunterhalt verdient. Ich möchte mich nur ungern auf diese Prophezeiung festlegen lassen, doch kündige ich hiermit offiziell an, daß ich – auch wenn ich nie aufhören werde, Klavier zu spielen, ja nie aufhören könnte, Klavier zu spielen – in fünf oder zehn Jahren die unterschiedlichen Aspekte meiner Tätigkeit von der Zeit her ganz anders gewichten werde. Ich muß hinzufügen, daß ich einem Reporter des Toronto Telegram einmal offiziell mitteilte, ich würde mich mit 23 zur Ruhe setzen. Leider sagte ich das, als ich 22 war, und er erinnerte mich daran, als ich 24 war; vielleicht sollten Sie also das oben Gesagte unter einem gewissen Vorbehalt verstehen!

4) Ihre Frage zur Wiederholung von Aufführungen ist eine äußerst eindringliche und eine, die die Psychologie des Konzertgeschäfts berührt. Ich muß gestehen, daß ich überhaupt nicht begreifen kann, wie ein Theaterschauspieler es schafft, sagen wir 500mal hintereinander am Broadway oder auf Tournee dieselbe Rolle zu verkörpern. Es heißt, so etwas wird mit der Zeit völlig instinktiv, was wahrscheinlich stimmt, aber das ändert nichts an dem Phänomen der Langeweile oder der Stagnation, das, wie mir scheint, früher oder später seinen Preis fordert. Ich selbst ändere die Programme so oft, wie es

von der körperlichen Kondition her möglich ist, und im Rahmen ein und desselben Repertoires stelle ich häufig Dinge um – nur um eine gewisse Vitalität und Begeisterung zu bewahren!

5) Meine Lektüre wird bis zu einem gewissen Grad von einem gleichsam formlosen Plan bestimmt, doch sie beschränkt sich nie ganz auf eine einzige Epoche oder einen einzigen Autor wie etwa den Pressespiegel, den Sie vorgeschlagen haben. Gegenwärtig stehe ich ganz auf Geschichte!

6) Sie fragen nach meiner autodidaktischen Entwicklung nach meinem 19. Lebensjahr. Ich würde nur sehr ungern behaupten, dies sei ein Weg, dem andere folgen könnten. In meinem Fall war es eine unschätzbare Erfahrung. Ich war neun Jahre lang Schüler von Alberto Guerrero[1] gewesen, für den ich große Bewunderung hege, doch ich war der Meinung, daß ich an einem gewissen Punkt mit allem ausgestattet worden war, außer jener Gefestigtheit des Ego, die letzten Endes der einzige wichtige Bestandteil im Rüstzeug eines Künstlers ist. Mir scheint, selbst wenn man irgendwann einmal das Falsche tut, so ist es irgendwie absolut richtig, seine eigenen Fehler zu machen. Genau das habe ich damals mit großem Gewinn erfahren.

7) Ich habe überhaupt keine besondere Vorliebe bezüglich der Größe von Konzertsälen, außer in gewissen Repertoirebereichen, aber selbst da gibt es einige große Ausnahmen von der Regel. Musik aus früheren Zeiten, Bach zum Beispiel, die für sehr viel weniger klangstarke Instrumente als unsere heutigen bestimmt war, dürfte man im allgemeinen wohl lieber in einer äußerst intimen Umgebung oder zumindest in einem mittelgroßen Saal spielen. Aber erst letzten März wurde ein Konzert für die University of Kentucky zu meinem Entsetzen in einer

---

1. Der 1886 in Chile geborene Guerrero war in seiner Heimat eine führende Musikerpersönlichkeit, bevor er zunächst nach New York und 1919 nach Toronto emigrierte. Drei Jahre später wurde er an das Toronto Conservatory of Music berufen, an dem er bis zu seinem Tod 1959 lehrte. Über Gould sagte er:»Das ganze Geheimnis, Glenn zu unterrichten, besteht darin, ihn die Dinge selbst entdecken zu lassen.«

Sporthalle mit etwa 12 000 Sitzplätzen gegeben. Dies war zufällig eine der größten Abonnementkonzertreihen in den USA mit etwa 7 000 Zuhörern, was die Akustik einigermaßen rettete. Das Hauptproblem war jedoch nicht, bis in die hinterste Reihe durchzudringen, sondern vielmehr nicht bis in die hinterste Reihe durchzudringen. Obwohl mir angst und bange war, beschloß ich einfach, der Versuchung zu widerstehen, wegen der Halle überall in der Partitur 50 % draufzugeben. Statt dessen spielte ich absichtlich für mich und versuchte, die Aufführung so zu sehen, als biete sie nicht mehr Dynamikprobleme als ein Plattenstudio oder ein Wohnzimmer. Als einzigen Ausgleich machte ich das Spieltempo eine Idee breiter, aus Rücksicht auf das Echopotential des Saals. Aber ich muß sagen, wahrscheinlich wegen des ausgezeichneten Instruments und des äußerst wohlwollenden Publikums war dies schließlich eines der schönsten Erlebnisse der gesamten Spielzeit.

Es war mir eine große Freude, Sie gestern abend im Frontenac[1] wiederzusehen, und ich hoffe, das Obige erweist sich als brauchbar. Darf ich noch einmal sagen, wie beglückt und geehrt ich mich fühle, in Ihr Buch aufgenommen zu werden[2]. Mit den freundlichsten Grüßen
Glenn Gould


AN JOAN BONIME[3]
Miss Joan Bonime, New York Philharmonic,
New York, New York

5. August 1958

Verehrte Miss Bonime,
gestern gab ich telefonisch die Gesamtdauer von Mozarts

---

1. Das Hotel Château Frontenac in Quebec, in dem Karsh abgestiegen war, als er Maurice Duplessis, den damaligen Premierminister von Quebec, fotografierte.
2. Goulds Foto erschien in *Karsh Portfolio* (Toronto: Toronto University Press, 1967).
3. Joan Bonime vom New York Philharmonic Orchestra bemühte sich, Goulds Beitrag zu zwei Programmen festzulegen.

c-Moll KV 491 durch, die nach meiner Uhr ungefähr 30 Minuten beträgt. Es tut mir leid, daß ich so lange brauchte, um Ihren Brief zu beantworten, aber ehrlich gesagt, ich hatte das Ganze bis vor ein paar Tagen völlig vergessen.

Wie ich sehe, haben Sie Walter[1] gebeten, ein Cembalokonzert vorzuschlagen, das in das Programm aufgenommen werden soll. Vermutlich meinen Sie, das Cembalokonzert soll mit dem Mozart-Konzert gekoppelt werden (soll es auch am Sonntag mit Beethovens c-Moll gespielt werden?). Mein Vorschlag wäre entweder Bachs f-Moll-Konzert oder das g-Moll-Konzert, das eine Transposition des a-Moll-Violinkonzerts ist. Die Spieldauer des f-Moll beträgt etwa 10 bis 11 Minuten. Beim g-Moll weiß ich es nicht genau, doch letzteres hätte den Vorteil, daß für den Fall, daß menschliche oder höhere Gewalt meinen Auftritt verhindern sollte, jeder x-beliebige Fiedler von den hinteren Pulten für mich einspringen könnte. Ich hoffe, Sie leiten diese Information an Lennie[2] weiter, und erkundigen sich, was er machen möchte.

Die Kadenz im ersten Satz von Mozarts c-Moll stammt von Hummel. Im langsamen Satz kommen zwei kurze Kadenzstellen vor, die ich – zum Entsetzen aller Musikwissenschaftler – improvisiere, die aber so minimal sind, daß sie keine besondere Kennzeichnung verdienen.

Ende des Monats bin ich in New York, genauer gesagt am 27. August; dann rufe ich Sie an, um zu hören, was beschlossen wurde[3].

Freundliche Grüße
Glenn Gould

---

1. Walter Homburger.
2. Leonard Bernstein.
3. Gould spielte am 2., 3. und 4. April 1959 Mozarts *Konzert Nr. 24 c-Moll KV 491*; am 5. April gab er Beethovens *Konzert Nr. 3 c-Moll op. 37*.

AN LEONARD BERNSTEIN

Mr. Leonard Bernstein, New York City.

29. August 1958

Lieber Leonardo,

in New York gab man mir die Adresse von irgend so einem Vineyard[1], aber ich habe sie natürlich dort liegenlassen, und so hoffe ich, daß Dir dieser Brief ordnungsgemäß nachgesandt wird. Ich hoffe auch, daß Du Dich inzwischen von der Südamerikareise erholt hast und wieder auf Meereshöhe funktionierst.

Die Pläne für die Philharmoniker klingen phantastisch. Ich glaube, dies wird das aufregendste Jahr in ihrer Geschichte. Ich erhielt ein etwas irreführendes Schreiben von Joan Bonime – von wegen einem Cembalokonzert. Ich nehme natürlich an, sie meinte ein Cembalokonzert auf dem Flügel, und schlug Bach f-Moll oder g-Moll vor. Wie sich jetzt herausstellt, dachte sie – vielmehr dachtest Du – an Händel, und zwar tatsächlich auf dem Cembalo, was für mich ein gewisses Problem der Muskelkoordination darstellt, denn innerhalb derselben 48 Stunden nehme ich ein Klavierkonzert in Angriff. Mein einzig möglicher Alternativvorschlag wäre ein Händel-Konzert auf der Orgel, aber ganz gewiß nicht auf der Orgel der Carnegie Hall. Es wäre lustig, wenn wir eine süße kleine neobarocke Kisto Whistles auftreiben könnten, aber ich würde die Sache trotzdem eher verwegen angehen.

Eigentlich meine ich, Mozart und Beethoven würden genügen, aber als emsiges Arbeitstier bin ich stets bereit, meine Talente mit verschwenderischer Hand auszustreuen. Ich denke, dieses Jahr sollte ich vielleicht beim Klavier bleiben!

Dem Musical America[2] entnehme ich, daß Du Mitte November in Mailand dirigierst; das ist genau die Zeit, in der ich in Florenz, Turin und Rom spiele. Falls es irgendwie machbar ist,

---

1. Vineyard, wörtlich »Weinberg«, gemeint ist Martha's Vineyard, eine Insel vor der amerikanischen Atlantikküste unweit Boston, auf der Bernstein damals weilte (Anmerkung des Übersetzers).
2. *Musical America* LXXVII/9, August 1958, S. 131.

werde ich in La Scala (oder heißt es Le Scala?) einfallen und
ein paar Lektionen im Dirigieren nehmen[1].
Alles Gute

AN WALTER HOMBURGER[2]

Hamburg
18. Oktober [1958]

Lieber W. H.,
wenn Du diese Zeilen erhältst, habe ich möglicherweise schon
wieder mit Dir telefoniert, doch hier sind auf jeden Fall die
wichtigsten Einzelheiten, die uns somit, wenn wir sie beider-
seitig mitbekommen, ein paar Ferngesprächsdollars einsparen
helfen. – Ich habe eine chronische Bronchitis in der rechten
Lunge. Das haben wir gestern beim Röntgen festgestellt. Da
ich nicht allzuviel Ahnung von diesen Dingen habe, weiß ich
nicht, ob der Arzt, der mich behandelt, der beste Mann für
diese Aufgabe ist. (Die Röntgenaufnahmen wurden natürlich
von einem Lungenspezialisten gemacht.) Doch der Alltagsarzt
ist ein ziemlicher Naturburschentyp – Milch und Honig, kalte
Tücher auf die rechte Seite – all solche Dinge. Diese Art des
Herumdokterns würde Dir sicherlich sehr zusagen, doch bei
mir scheint sie keinerlei Besserung zu bewirken.
Zusätzlich habe ich, wie ich Dir neulich abend am Telefon
schon sagte, jeden Abend hohes Fieber (mindestens 38,3),
aber es scheint erst so um die Abendessenszeit zu steigen. Du
wirst wohl zugeben müssen, daß eine Erhöhung um mehr als
ein Grad nicht unbedingt dem normalen abendlichen Anstieg
entspricht. Der Arzt ist nicht sicher, ob das Fieber ganz allein
mit der Bronchitis zusammenhängt – auch wenn es zweifellos
dadurch mitverursacht sein dürfte. Und weil er natürlich jeden

---

1. Gould fuhr nicht nach Mailand.
2. Bekannter Impresario und Goulds Agent. Homburger wurde 1962 Inten-
dant des Toronto Symphony Orchestra und machte sich einen Namen als
Kunstadministrator. Als Gould kaum mehr als ein Kind war, hatte Homburger bereits dessen außergewöhnliche Fähigkeiten erkannt.

Morgen gegen 10 Uhr kommt und mich mit niedrigerem oder sogar ganz ohne Fieber vorfindet, hat er mir wohl nicht so recht geglaubt, bis ich ihm heute früh ein Thermometer zeigte, das den hohen Wert von gestern abend unverändert anzeigte. Er gab sich gebührend beeindruckt, weiß aber immer noch nicht, inwiefern die beiden Dinge zusammenhängen.

Also wenn die Sache am Montag nicht deutlich besser aussieht, werde ich versuchen, einen Diagnostiker oder etwas ähnliches zu finden. Die Konzerte mit dem NDR[1] von morgen und Montag wurden natürlich abgesagt – jedenfalls mein Teil. Ich habe heute zweimal mit Kollitsch[2] gesprochen – er zeigt sich eifrig bemüht und freundlich wie immer, ist aber natürlich besorgt, ob ich sein Recital am Freitag machen kann. Ich habe ihm gesagt, solange dieses exotische Fieber mit den begleitenden Schmerzen und die Schwäche anhalten, kann und werde ich dieses Bett nicht verlassen. (Zum Glück ist es ein recht bequemes.)[3]

Ein letztes mageres Detail: Seit der Ankunft in Stockholm habe ich 20 Pfd. abgenommen, und mit den 10–15, die ich nach Salzburg abgenommen habe, komme ich damit auf das Gewicht meiner zarten Jahre – 150. Ich habe zwar nichts dagegen, die Figur und den Geist jener schmeichelnden Zeiten wiederzugewinnen, ein bißchen langsamer wäre mir jedoch lieber. Nun zu dem entscheidenden Punkt, auf den wir alle gewartet haben. Noch ein paar Tage weiter so, und wenn ich keine Hoffnung auf rasche Gesundung sehe, sage ich alles ab und mache mich auf in die Zamberburg[4] (zitiere das letzte um Himmels willen nicht, sonst dichten mir die Lokaltrottel im Nu eine FB[5]

---

1. Norddeutscher Rundfunk in Hamburg.
2. Wolfgang Kollitsch, ein Agent, der Goulds Engagements in Deutschland arrangiert hatte.
3. Gould hatte sich seit Ende September unwohl gefühlt, setzte seine Konzertreise jedoch bis Hamburg fort, wo er ans Bett gefesselt blieb. Er ließ sich ärztlich untersuchen, um die erforderliche Genesungszeit abzuschätzen. Er stand bereits im Ruf, häufig Konzerte abzusagen.
4. Gemeint ist das Sanatorium in Thomas Manns Roman *Der Zauberberg*.
5. Typographischer Fehler im Original; »FB« soll heißen »TB«.

an). Das muß nicht unbedingt für Israel gelten – bis jetzt –, so viele wohlweisliche Warnungen sind bereits auf deren taube Ohren gestoßen; Frau Goette von der hiesigen Konzertdir. ist sich bereits im klaren darüber, daß ihr Recital gefährdet ist, somit blieben nur Wien (das nur ist nicht so gemeint) und Italien, und diese nette Aufgabe würden wir Miss Camus überlassen.

Ich sehe Dich schon, wie Du erregt zum Stift greifst und mir schreibst, ich solle keinen Unsinn machen, oder ähnliche Gedanken, die in zartere, besänftigendere homburgerianische Töne gekleidet sind. Tatsache ist jedoch, daß es viel schwieriger für den hiesigen Mgr. ist, zwei Tage vor dem Konzert einen Ersatz zu finden, und schließlich schadet dies auch meinem Ruf viel mehr.

Vor allem aber fürchte ich, die Tournee und die Gesundheit dieses Winters auf dem Altar der Tapferkeit dieses Monats zu opfern.

Ich glaube, ich habe meine Ansichten hier so dargelegt, daß sie der Poesie Rechnung tragen, und ich werde jetzt ein frisches nasses Handtuch auf meine rechte Seite tun und jenes weglegen.

Bitte versichere Mlle Sandercrook[1] meiner gewohnten, wenn auch leidenden Leidenschaft.

Auf daß Du Deine gewohnte energische und produktive Gangart voll und ganz beibehalten mögest.

Viele liebe Grüße,

Dein GLENCHICK

AN VLADIMIR GOLSCHMANN[2]

4. November 1958

Lieber Vladimir,

nun begeistere ich mich schon seit zwei Tagen an unserem Beethoven Nr. 1, das mir zugeschickt wurde – ich hoffe, Sie

---

1. Walter Homburgers Sekretärin Verna Sandercock.
2. In Frankreich geborener amerikanischer Dirigent (1893–1972).

haben es bereits gehört und sind ebenso stolz darauf wie ich[1].
Es hat von Anfang bis Ende eine wahre Lebensfreude an sich.
Normalerweise werde ich bei jeder neuen Schallplatte nach
dem zweiten Abspielen ernüchtert, doch inzwischen habe ich
sie schon etwa sechsmal gehört und finde sie mit jedem Mal
besser.

Quelle accompaniment!! Heute früh traf ich hier zufällig
meine alten Freunde Sir Ernest[2] und Lady MacMillan – habe
sie ihnen vorgespielt, und Sir Ernest, der mit seiner Wertschätzung stets etwas zurückhaltend ist, war voll der Bewunderung für das wunderbar artikulierte Orchesterspiel. Falls ich
ein Wörtchen mitzureden habe, ist dies nicht die letzte Platte,
die wir zusammen gemacht haben.

Ich nehme an, Sie haben sich inzwischen in New York ein-
gelebt und pendeln nach Tulsa – ich habe es sehr bedauert, daß
wir dieses Jahr dort nicht zusammenarbeiten konnten, hoffe
aber, daß es in der nächsten Spielzeit möglich sein wird.

Im Augenblick ist dies hier schon fast mein ständiger Wohnsitz[3] (bin schon 3 Wochen hier und habe noch eine vor mir).
Ich kam von Schweden, wo ich eine sogenannte Nephritis auf-
geschnappt hatte, und seither habe ich mich einer Untersuchung und Diät nach der anderen unterzogen. Doch in einer
Woche werde ich wohl nach Italien weiterreisen können. (Bisher 9 Konzerte abgesagt.)

Ich denke, ich mache jetzt Schluß und spiele die Platte ein
7. Mal.

---

1. Goulds Einspielung von Beethovens *Klavierkonzert Nr. 1 C-Dur* op. 15 mit
   dem Columbia Symphony Orchestra unter Vladimir Golschmann (Columbia) erschien 1958. Einige Kritiker waren bestürzt darüber, daß Gould
   seine eigenen Kadenzen eingespielt hatte, denn sie klangen mehr nach
   Richard Strauss als nach Beethoven.
2. Sir Ernest MacMillan (1893–1973) war eine wichtige Persönlichkeit in
   der Musikgeschichte Kanadas. Von 1931 bis 1955 war er Dirigent des
   Toronto Symphony Orchestra; außerdem war er Komponist, Organist und
   Administrator an der University of Toronto.
3. Dieser Brief wurde auf Papier des Hotels »Vier Jahreszeiten« in Hamburg
   geschrieben.

Liebe Grüße an Odette und alles Gute Ihnen beiden
Glenn
PS Inzwischen habe ich den Beethoven Dr. Helmut Storjohann, dem Oppenheim von Deutschland (Deutsche Philips),
vorgespielt. Er war überaus begeistert, und ich denke, er
könnte ihn drüben herausbringen. Wieso machen Sie mich
nicht zu Ihrem Manager? Einen besseren Presseagenten werden Sie nie finden!!

## AN GLADYS RISKIND[1]

32 Southwood Drive,
Toronto 8, Canada
30. Juni 1959

Dear old Shenner,
vielen, vielen Dank für Deine Briefe. Ich habe Dich gewarnt,
ich bin ein sehr unzuverlässiger Briefeschreiber, doch laß
davon bitte nicht Deinen sittsamen Stolz kompromittieren und
schreibe, sooft Du kannst.
Die Schilderung Deines ersten Arbeitstages klang sehr trist
und ergreifend, doch ich denke, nicht völlig unerwartet, und
ebenso sicher bin ich mir, daß Du inzwischen an Sicherheit
gewonnen hast und ausgezeichnet klarkommst. Mich würde
interessieren, wie Dein Interview mit Julie Andrews gelaufen
ist. Übrigens, Dein Ruhm als Auslandskorrespondentin erreichte seinen Gipfel mit einem Bild auf der Titelseite der
Globe & Mail, auf dem, verdammt, wenn Du da nicht hin-
reißend ausgesehen hast! Ich nehme an, Deine Mutter hat es
gesehen und Dir geschickt. Wenn nicht, laß es mich wissen,
dann versuche ich, eine alte Ausgabe der Globe von Dir auf-
zutreiben – es war die von der UNESCO-Konferenz oder so
etwas ähnlichem.
Als ich am Freitag nachmittag am Flughafen zu Hause ankam,
rief ich sofort Gordon Spears[2] an und sprach ihn auf die man-

---

1. Eine mit Gould befreundete Journalistin.
2. Borden Spears war Chef vom Dienst beim *Toronto Star*.

gelnde Diskretion bezüglich der beiden Hotelsuiten an[1]. Er klang furchtbar gehetzt, und wir sprachen nur eine Minute, aber er sagte immerhin, er wisse nichts Genaueres über das Schicksal der Meldung, und schien sich auch nicht weiter darüber auslassen zu wollen. Da war ich ziemlich verdutzt, und mir fiel erst am folgenden Tag auf, daß man mir in der Freitagsausgabe einen Leitartikel gewidmet hatte, einen äußerst schmeichelhaften und wohlwollenden Leitartikel, allerdings ganz im Stil einer Rechtfertigung. Es hieß darin, die Londoner Presse hätte meine Manierismen übertrieben dargestellt, und alle anständigen Kanadier würden sich in zornigem Mißfallen über die beleidigende Andeutung empören, ich sei irgend etwas anderes als das Urbild des geschniegelten, zuvorkommenden Jungen von nebenan. Es schien merkwürdig, daß der *Star* auch einzig und allein den Manchester Guardian nachdruckte. Ich finde nach wie vor, daß Dein Artikel ein gesundes Gleichgewicht zwischen den beiden Polen fand und zudem unterhaltend und ausgesprochen gut geschrieben war, und ich glaube, er hätte viel mehr dazu beigetragen, das Zerrbild im Nachdruck von Neville Cardus zurechtzurücken, als der Leitartikel, den die meisten Leute wohl ohnehin übersehen haben. Seit einer Woche fühle ich mich ganz obenauf. Ich aale mich im Scheinwerferlicht des NFB-Filmteams[2] und glaube, endlich meinen wahren Platz auf dieser Welt gefunden zu haben. Ich bin fürwahr ein Schauspieler, was mein Publikum ohnehin längst vermutet hat. Diese letzte Woche haben wir Sequenzen in New York gedreht, und morgen fangen wir mit den Szenen in Uptergrove[3] an. Ich erzähle Dir alle Einzelheiten, wenn ich Dich im August sehe, und ich hoffe nur, daß ich dann noch von dieser hochfliegenden Egowolke getragen werde, die mich im Moment beflügelt. Dieses Filmemachen war meiner Moral, ja

---

1. Während seines Aufenthalts in London mietete Gould zwei Hotelsuiten; in der einen schlief er, die andere benutzte er zum Üben.
2. National Film Board of Canada (NFB), das staatliche kanadische Filmbüro.
3. Ort am Lake Simcoe nördlich von Toronto, wo Goulds Familie ein Landhaus besaß.

meiner Begeisterung für das Leben insgesamt, weit zuträglicher als alles andere, an das ich mich erinnere.

Abschließend möchte ich Dir sagen, was für ein großes Vergnügen, was für ein wahrlich großes Vergnügen es war, Dich in London zu sehen und so viel mit Dir zu reden. Ich hoffe, Du empfandst unsere Gespräche als einigermaßen fruchtbar; ich erlebte sie jedenfalls so, und ich hoffe auch, daß Du das gewünschte Gleichgewicht zwischen Deinem Privat- und Berufsleben findest und daß Deine Begeisterung für London anhält.

Liebe Grüße

An Lukas Foss[1]
Mr. Lukas Foss, c/o Berkshire Festival,
Lenon, Mass.

30. Juni 1959

Lieber Lukas,

endlich schicke ich das Quartett[2] an Dich ab und entschuldige mich dafür, daß es so lange gedauert hat. Ich war einige Wochen in Europa und geriet mit meinen Versprechen in Verzug. Ich hoffe, das Quartett gefällt Dir – es ist ein Werk, das mich stolz, wenn auch nicht ganz zufrieden stimmt. Es war mein erster Versuch, für Streicher zu schreiben, und meine alte Organistengewohnheit, die Cellostimme als Pedalklaviatur zu betrachten, bewog mich, über weite Strecken auf der C-Saite zu verharren, unter vielen anderen Fehlern mehr.

Dein Konzert[3] gilbte wochenlang beim kanadischen Zoll vor sich hin, doch kürzlich wurde es gerettet. Allerdings hatte ich noch nicht die Zeit, um es allzu sorgfältig zu prüfen. Ich würde sagen, der erste Satz gefällt mir – er ist erstaunlich wohlgestaltet –, doch beim Finale bin ich mir nicht so sicher. Ich

---

1. In Deutschland geborener amerikanischer Komponist, Dirigent und Pianist (geb. 1922).
2. Dies war das erste und einzige Streichquartett, das Gould komponierte.
3. Wahrscheinlich Foss' *Klavierkonzert Nr. 2*, das 1949 geschrieben und 1953 überarbeitet wurde.

hoffe, wir können uns bald einmal zusammensetzen und uns unterhalten.

Alles Gute für den Sommer, und laß mal hören, ob die Chance besteht, Dir demnächst in New York über den Weg zu laufen.

Herzliche Grüße,

AN LOUIS LANE[1]
Mr. Louis Lane, Cleveland Heights, Ohio
30. Juni 1959
Lieber Louis,
vielen Dank für Ihren Brief vom 4. Juni.

Zuallererst möchte ich sagen, daß ich kein Problem darin sehe, den Bach und den Schönberg in derselben Programmhälfte zu koppeln[2]. Mit den New Yorker Philharmonikern habe ich es letztes Jahr auch so gemacht[3], und es hat durchaus funktioniert. Ich bin ziemlich sicher, daß für den Schönberg zwei Proben ausreichen werden, und ich freue mich sehr darauf, das Ganze mit Ihnen zu machen.

Ich bat meine Verleger, Barger & Barclay, Ihnen eine Partitur des Quartetts[4] und einen Stimmensatz zu schicken, damit Ihr hauseigenes Quartett es sich ansehen kann. Die Musiker sollten jedoch wissen, daß es ein recht schwieriges Werk ist – in bezug auf Länge und physische Anforderungen –, und abgesehen davon ist es an recht vielen Stellen für Streicher schlecht geschrieben. Es war mein erster Versuch, für Streicher zu schreiben, und meine alte Organistengewohnheit, die Cellostimme als Pedalklaviatur zu betrachten, bewog mich, über weite Strecken auf der C-Saite zu verharren. Trotzdem bin ich

---

1. Amerikanischer Dirigent (geb. 1923). 1959 war er unter George Szell zweiter Dirigent des Cleveland Orchestra.
2. Gould spielte am 26. November 1959 in Cleveland Schönbergs *Klavierkonzert* op. 42 und Bachs *Brandenburgisches Konzert Nr. 5 D-Dur* BWV 1050.
3. Am 13., 14. und 16. März 1958 spielte Gould in der Carnegie Hall mit den New Yorker Philharmonikern unter Dimitri Mitropoulos Bachs *Konzert Nr. 1 d-Moll* BWV 1052 zusammen mit Schönbergs *Klavierkonzert*.
4. Goulds *Streichquartett* op. 1.

recht stolz darauf und würde mich freuen, falls sie sich dazu entschließen sollten.

Nun ja, Vorträge vor Frauenverbänden gehören zwar nicht zu meinen Lieblingsbeschäftigungen, doch bin ich sehr gerne bereit, im Tausch gegen eine Aufführung des Quartetts ein Referat über Schönberg zu halten. In vergangenen Jahren habe ich in Toronto übrigens schon drei solcher Vorträge gehalten, wovon einer ausschließlich einer Analyse des Konzerts gewidmet war. Bei jener rühmlichen Gelegenheit war ich Gastredner in einer Vortragsreihe an der hiesigen Universität und sollte einen 50minütigen Vortrag halten. Irgendwie dehnte sich dieser auf eine Stunde und 35 Minuten aus, und der Vizedirektor des Royal Conservatory kam schließlich auf die Bühne marschiert und teilte mir mit, ich überziehe auf Kosten der jährlichen Weihnachtsfeier, und auch wenn ich noch nicht dazu gekommen sei, über die Umkehrungen im letzten Satz zu sprechen, solle ich doch bitte die Klappe halten und gehen! Ihre armen Damen müssen sich also unter Umständen auf mehr gefaßt machen, als ihnen lieb ist. Ich möchte allerdings ein Klavier zur Verfügung haben, falls wir es machen, und mit dem Kaffee kann man vielleicht Servietten herumreichen, auf denen die Tonreihe des Konzerts abgedruckt ist.

Bis auf weiteres alles Gute, und lassen Sie hören, was Sie von dem Quartett halten.

Mit freundlichen Grüßen


AN CHRISTIAN GEELHAAR[1]
Mr. Christian Geelhaar, Bern, Schweiz

16. Dezember 1959

Sehr geehrter Mr. Geelhaar,
ich möchte mich sehr für Ihren anregenden und ausführlichen Brief vom 11. Oktober bedanken und mich aufrichtig dafür

---

1. Geelhaar gilt als Kenner der Beziehungen zwischen Kunstgeschichte und Musikwissenschaft; er schrieb unter anderem *Paul Klee und das Bauhaus* (Köln: DuMont Schauberg, 1972).

entschuldigen, daß ich Ihnen erst nach so langer Zeit antworte. Ihre Fragen bezüglich meiner Auftritte fand ich alle höchst interessant, und ich bedaure nur, daß ich, ganz offen gesagt, nicht die Zeit habe, sie in der Ausführlichkeit zu beantworten, die sie verdienen.

Sie fragen nach einer geeigneten Einführung in die Musik und die Welt Arnold Schönbergs. Insgesamt das beste Buch, das sich mit Schönberg und seinen wichtigsten Schülern befaßt, dürfte wohl Rene Leibowitz' »Schönberg and His School«[1] sein. Es wurde auf französisch geschrieben, später ins Englische übersetzt, und ich würde meinen, auch ins Deutsche, doch Ihr Englisch ist höchst ausgezeichnet, und Sie haben keinen Grund, sich dafür zu entschuldigen und nach einer deutschen Übersetzung eines Sachbuches wie diesem zu suchen. In den Vereinigten Staaten wird es von der Philosophical Library verlegt. Ein weiteres Werk, das mir einigermaßen nützlich für Sie zu sein scheint, ist Dika Newlins' »Bruckner, Mahler and Schönberg«[2], in dem die Autorin mit großer Souveränität und Klarheit die emotionalen Bindungen Schönbergs zur Wiener Tradition aufspürt.

Mir fällt keine spezielle Schallplatte ein, die ich empfehlen würde; im allgemeinen finde ich jedoch, daß Schönberg am zugänglichsten ist, wenn man sich ihm über seine frühen Werke nähert, und es gibt mehrere ausgezeichnete Einspielungen der beiden Kammersymphonien, der ersten beiden Streichquartette und so weiter. Falls Sie sie noch auftreiben können, sind die alten und vergriffenen Einspielungen der ersten Streichquartette durch das Kollisch-Quartett bis heute vielleicht die schönsten und authentischsten Dokumente der Schönberg-Interpretation.

In der Frage der Interpretation und der Werktreue beziehungsweise dem Mangel daran habe ich stets eine locker improvi-

---

1. New York: Philosophical Library, 1949. Original: *Schoenberg et son école* (Paris: Janin, 1947).
2. New York: King's Crown Press, 1947. Deutsch: *Bruckner, Mahler und Schönberg* (Wien: Bergland, 1954).

sierende Haltung eingenommen, wenn es um jene Epochen innerhalb des Repertoires geht, in denen der Interpret zumindest teilweise die Rolle eines Nachschöpfers innehat. Andererseits kann ich viele der Freiheiten, die ich mir bei Mozarts KV 330 erlaubt habe, durch nichts rechtfertigen, außer durch Gründe des Instinkts. Wenn ich eine Phrasierungs- oder Dynamikanweisung willkürlich abändere, versuche ich jedoch, sie in das Konzept des Werkes als Ganzes einzubinden und nicht einfach und allein einer momentanen Eingebung anheimzustellen, ohne Beziehung zur Gesamtkonzeption.

Da Sie freundlicherweise nach künftigen Einspielungen fragten, kann ich Ihnen abschließend mitteilen, daß diesen Winter Aufnahmen des dritten Beethoven-Konzerts mit Leonard Bernstein, die ersten beiden Bach-Partiten und das Italienische Konzert erscheinen werden.

Noch einmal vielen Dank für Ihren Brief.

Mit herzlichen Grüßen

Glenn Gould

## An Edith Boecker

27. Januar 1960

Liebe Edith,

vielen Dank für Deine Weihnachtsgrüße. Ich habe meine deswegen nicht früher abgeschickt, weil ich nicht wissen konnte, ob Du noch in der Husumer Straße wohnst oder nicht. Ich hatte vermutet, daß Du wahrscheinlich umgezogen bist; als ich zum letztenmal von Dir hörte, warst Du nämlich keineswegs sicher, ob Du in Hamburg bleiben würdest. Bist Du überhaupt noch bei Philips?[1]

Erlaube mir des weiteren, mich von einigen bohrenden Gewissensbissen zu befreien, die mit der Frage zusammenhängen, ob ich Dir je meine Glückwünsche anläßlich Deiner Vermählung ausgesprochen habe oder nicht. Ich erinnere mich

---

1. Edith Boecker war nach Heidelberg gezogen und nicht mehr für Philips tätig.

genau daran, die Anzeige einschließlich Bach-Choral erhalten zu haben, die mir neulich in meiner »Buddenbrook«-Akte wieder in die Hände fiel – aber habe ich Dir damals tatsächlich geschrieben? Wenn ja, schreibe dieses Abfragen den senilen Irrungen meines fortgeschrittenen Alters zu, aber wenn nicht, ist Deine verspätete Empfangsbestätigung für »Der letzte Puritaner« endgültig entschuldigt[1].

Nun zu einigen erfrischenden Neuigkeiten. Inzwischen hast Du wahrscheinlich gelesen, daß ich am 10. Februar nicht in Hamburg sein werde, ja daß ich im Winter überhaupt nicht in Europa sein werde. Vor etwas mehr als einem Monat zog ich mir eine Verletzung am linken Arm und der Schulter zu, und zwar bei einem »Unfall«, wie man galanterweise sagen könnte, in der Steinway Hall in New York. Da an dem »Unfall« jedoch einzig und allein die Idiotie eines leitenden Angestellten von Chez Steinway schuld war und das Ganze wahrscheinlich noch ein gerichtliches Nachspiel haben wird, kann ich nicht völlig gelassen darüber sprechen. Wenn wir uns das nächste Mal sehen, erzähle ich Dir alle Einzelheiten (es hat auch seine komische Seite, aber einstweilen nur die faktischen Folgen). Die ursprüngliche Verletzung betraf die linke Schulter, und beim Röntgen zeigte sich, daß das Schulterblatt um etwas mehr als einen Zentimeter nach unten verschoben war. Dieses Problem ist inzwischen weitgehend behoben, es hat jedoch eine sekundäre Erscheinung hervorgerufen, die weit beunruhigender ist. Der Nerv, der den vierten und fünften Finger meiner linken Hand steuert, ist gequetscht und entzündet oder was auch immer, mit der Folge, daß jede Bewegung, bei der die linke Hand gespreizt wird, wie etwa bei einem plötzlichen Sprung zur linken Seite der Tastatur, wenn nicht völlig unmöglich, so doch nur mit einer erheblichen Willensanstrengung machbar ist. Wenn das bloß in Hamburg passiert wäre, dann hätte ich den armen Herrn Richter für alles verantwortlich machen können! Ich sitze indes nicht einfach nur herum

---

1. Gould bezeichnete sich – nach dem Titel von George Santayanas Roman *The Last Puritan* – als den »letzten Puritaner«.

und überlasse die Dinge ruhig ihrem Gang, vielmehr habe ich pro Tag zwei Behandlungen unterschiedlicher Art – eine medizinische und eine chiropraktische. Niemand scheint zwar davon auszugehen, daß vielleicht etwas davon zurückbleibt, doch ich muß gestehen, daß mich der relative Mangel an Besserung allmählich ziemlich unzufrieden stimmt.

Ganz abgesehen von dieser kleinen Aufregung, war die vergangene Saison voll von allen möglichen seltsamen Abenteuern. Vor einigen Monaten entwickelte ich ein Verlangen nach Pracht und Größe, das mein Haushalt in Lake Simcoe nicht ganz befriedigen konnte. Also wurde ich mehr oder weniger aus einer Laune heraus Mieter eines Landhauses namens »Donchery«, etwa fünfzehn Meilen oberhalb von Toronto. Es war Liebe auf den ersten Blick, und sie währte bis zu dem Tag, an dem der Vertrag unterzeichnet ward! Das Landhaus zählte 26 Räume, wenn man die 7 Badezimmer, das Frühstückszimmer, die Spülküche, den Hundezwinger und jede andere Nische mitrechnet, die möglicherweise als Raum gedeutet werden könnte. Auf dem Grundstück, das übrigens herrlich bewaldet war und von einem Fluß durchquert wurde, gab es auch einen Swimmingpool und einen Tennisplatz. Neben dem Swimmingpool befanden sich eine Garage für vier Fahrzeuge und Umkleideräume für Jungen und Mädchen (bei uns gibt es keine bacchantischen Ausschweifungen!). Das Haus stand etwa 60 Stufen oberhalb des Flusses (namens Don), und der Blick von unten nach oben, besonders nachts mit dem Flutlicht, war etwa so, wie wenn man von seinem eigenen Erdbeerbeet aus zur Burg von Salzburg emporschaut. Ach ja, es gab sogar eins – ein Erdbeerbeet – am anderen Ufer des Don.

Jedenfalls wurde der Mietvertrag am 13. Dezember unterschrieben, und am 19. Dezember stand ich schlagartig vor der Erkenntnis, was ich da eigentlich getan hatte, sowie vor dem spannenden Rätsel, was ich überhaupt mit 26 Räumen anfangen sollte. Natürlich hatte hier jeder eine andere Deutung parat, und in Toronto kursierten die faszinierendsten Gerüchte. Leider ließ jemand die Neuigkeit von diesem Unternehmen an die Zeitungen durchsickern, und von jenem Augenblick an

fing das Haus an, sich jeden Tag um einen Flügel zu vergrößern. Als ich das letztemal auf der Straße darauf angesprochen wurde, wollte jemand wissen, ob es wirklich 40 Räume
wären oder nur 38!! Mr. Homburger hatte wohl schon Angst,
ich würde das Klavier aufgeben und mich ganz der Rolle des
Landjunkers widmen, und seine Sekretärin war überzeugt, ich
hätte eine Affäre mit dem Mädchen für die oberen Zimmer
(das noch gar nicht eingewilligt hatte – das heißt in die Anstel-
lung), und meine Mutter war sicherlich überzeugt, ich sei
heimlich verheiratet.

Am zweiten Tag nach der Anmietung schickte ich Leute auf
eine gigantische Einkaufstour, in dem vergeblichen Bemühen,
26 Zimmer in zwei Tagen zu möblieren, und fiel mit derselben
Heftigkeit wie die Pest in Oran mit einem Stab von Beratern
in einem der großen Kaufhäuser ein. Es war das erstemal, daß
ich Haushaltssachen einkaufte, und ich muß gestehen, daß
mich das Ganze ziemlich einschüchterte. Relativ einfach war
es beim Küchengerät, wo ich noch weitgehend herumstehen
konnte, mit dem Kopf in einem Ofen, um angeblich den Brat-
rost in Augenschein zu nehmen, und selbst in der Abteilung
für Handtücher und Badematten vermochte ich ein paar
dezente Dinge ausfindig zu machen, die meinem Gefühl nach
gut in die große Schlafzimmersuite paßten. (Zu der Schlafzimmersuite gehörte übrigens ein vollständig mit Teppich-
boden ausgelegtes Badezimmer!) Doch bei der Schlafzimmer-
ausstattung zeigte ich erste Anzeichen von Schwäche, und
obwohl Matratzenausprobieren schon immer eine meiner liebsten Freizeitbeschäftigungen war, bekam ich ein ziemlich
komisches Gefühl, als eine Gruppe von Verkäufern anfing,
mich von den Vorzügen von »Beautyrest« gegenüber »Postu-
repedic« zu überzeugen. Diese kleine Szene wurde um so dra-
matischer, als ich in Begleitung einer äußerst eleganten jungen
Dame war, die von dem Großangriff auf die Küchenabteilung
übriggeblieben war und die Matratzen mit solcher Würde
testete, daß sämtliche Verkäufer sie mit »Madame« anredeten.
Am folgenden Tag war ich in »Donchery«, um die Spediteure
zu empfangen, die die diversen Einkäufe anlieferten. Ich war

zu dem Zeitpunkt allein in den 26 Räumen, und als die größe-ren Gegenstände wie der Kühlschrank und der Herd eintrafen, war ich zunächst froh über den Platz, den sie ausfüllten, und optimistisch im Hinblick auf die Möglichkeit, auch die ande-ren 25 Räume zu verschönern. Doch dann geschah es plötz-lich – die Besen und das Pyrex-Geschirr trafen ein, und ich war erfüllt von all dem Horror jener häuslichen Idylle, mit der ich geliebäugelt hatte. Plötzlich war »Donchery« eine Falle, mein Mietvertrag, das Pyrex-Geschirr – Beständigkeit –, und meine einzige Rettung sah ich darin, mit meinem treuen Buick zu fliehen, und so sprang ich in den Wagen und flitzte nach Toronto.

Erst letzte Woche konnte ich unter beträchtlichen Kosten für die Verwaltung meine Vertragsentbindung erwirken, und so kehre ich nun, wenn ich mich nicht in einer neu erworbenen Wohnung in Toronto aufhalte, mit eingezogenem Schwanz nach Lake Simcoe zurück, das irgendwie doch vornehm genug scheint.

Die erzwungene Untätigkeit macht mir im Grunde gar nicht so viel aus. In den letzten Wochen habe ich die meisten der Bruckner-Symphonien studiert, und zwar im Hinblick auf einen Aufsatz, den ich schon seit einiger Zeit schreiben will, und abgesehen davon, bereite ich mich darauf vor, morgen abend bei der gewohnten Zusammenkunft der Lower Rosedale Shakespeare Reading Society[1] »Hamlet« zu lesen. Ich glaube, ich erzählte Dir von der großartigen Arbeit der Society! Mor-gen abend fungiere ich nicht nur als technischer Leiter (ich bin

---

1. Die Lower Rosedale Shakespeare Reading Society bestand aus Gould und einigen wenigen Freunden. Ins Leben gerufen wurde sie 1957 in der Woh-nung von John Roberts in der Edgar Avenue in Rosedale, einem wohl-habenden Viertel in Toronto. Später fanden die Zusammenkünfte in Goulds Penthouse in der St. Clair Avenue West statt. Es war kein offiziel-ler Verein, sondern eine gesellige Runde, die zum Vergnügen Shakespeare-Dramen las. Gould übernahm stets mehrere Rollen, und weil er ein kom-pliziertes Ampex-Tonbandgerät besaß, fungierte er außerdem als techni-scher Leiter. Später wurden auch Stücke anderer Autoren, wie etwa Oscar Wilde und George Bernard Shaw, gelesen. Die Society pflegte auch Rollenimprovisation.

der einzige, der ein Ampex besitzt), sondern verkörpere auch einen dynamischen Laertes und einen cockneysprechenden Totengräber. Wir müssen versuchen, ein wenig Kultur in den Kolonien zu verbreiten!

Falls Du noch bei Philips bist, würdest Du bitte Dr. Storjohann herzlich von mir grüßen und ihm ausrichten, daß meine neue Aufnahme des dritten Beethoven-Konzerts mit Bernstein diesen Monat erscheint[1].

Alles erdenklich Gute
viele liebe Grüße

An Winston Fitzgerald
Mr. Winston Fitzgerald, Steinway & Sons,
New York, New York

17. Februar 1960

Lieber Winston,

es war schön, von Ihnen zu hören, und ich erkenne meine Schuld an, daß ich Ihnen nicht schon früher geschrieben habe. Offen gesagt war ich in so schlechter Stimmung, daß ich das Gefühl hatte, das Hauptgesprächsthema würde allzu schmerzlich sein[2].

---

1. *Konzert Nr. 3 c-Moll* op. 37, eingespielt mit dem Columbia Symphony Orchestra unter Leonard Bernstein.
2. Dieser Brief bezieht sich auf einen Vorfall, den Gould als »Klaps auf den Rücken« seitens eines ausgelassenen Angestellten von Steinway & Sons in New York bezeichnete. Obwohl das »Schulterklopfen« zweifellos gut gemeint war, führte es zu einer Verletzung, die Gould physischen Schmerz und einigen Kummer bereitete. Die Genesung zog sich dermaßen in die Länge, daß viele Engagements nicht wahrgenommen werden konnten und Gould fürchtete, seine Laufbahn nicht fortsetzen zu können. (Steinway & Sons leistete finanzielle Entschädigung für die Verletzung.) Die Verletzung wirkte sich auch in anderer Hinsicht schädlich aus. Gould spielte quasi instinktiv Klavier und machte sich keine Gedanken über die körperlichen Aspekte des Spielens. Im allgemeinen ging Gould anderen Pianisten möglichst aus dem Weg; Pianistengespräche konnte er nicht ausstehen. Nach dem Zwischenfall befaßte er sich eingehender mit physiologischen Aspekten des Klavierspiels, was ihn jedoch zunehmend belastete und sich negativ auf ihn auswirkte.

Ich muß sagen, ich war ein wenig überrascht über den Ton Ihres Briefes, insofern als Sie ein gewisses Erstaunen über die Art meiner Unpäßlichkeit zu bekunden schienen (oder habe ich nicht richtig zwischen den Zeilen gelesen?). Ich kann verstehen, wie unangenehm es ist, passende Alibis für mich zu erfinden, doch gleichzeitig kann ich Ihnen versichern, daß man die Presse das Leiden mit meinem Arm nur deswegen als »Unfall« deuten ließ, um eine umfassende Erklärung zu vermeiden, die Steinway & Sons eventuell in eine peinliche Lage bringen würde und jedenfalls eine umfangreichere Charakterbeurteilung der Angestellten besagter Firma erfordern würde, als in den Spalten der New York Times Platz fände.

Ich kann Ihnen versichern, auch ich wünsche nicht im geringsten, daß das Ganze zu einer »Horowitz-Legende« ausufert, doch ebensowenig habe ich Lust, mich öffentlich in Aufführungen zu präsentieren, die wegen dieser Armverletzung zwangsläufig ungenügend sind. Ich weiß nicht, was aus der restlichen Spielzeit wird[1]. Im Augenblick sieht es sehr düster aus – ich konsultiere alle möglichen Orthopäden und andere Leute, doch verständlicherweise sträuben sie sich alle, positive Zusicherungen über Wann und Wie zu geben. Ich spiele mit dem Gedanken, für den Rest der Saison sämtliche Recitals abzusagen und vielleicht ein paar Konzertauftritte zu geben, die weniger anstrengend sind und bei denen man die Unzulänglichkeiten des linken Arms einigermaßen überspielen kann (ich bin nie ein eingefleischter Pedaltreter gewesen, aber vielleicht muß ich noch einer werden!). Ich habe mir dieses Wochenende willkürlich als Termin gesetzt, an dem ich endgültig entscheiden werde, was aus den Konzerten im März wird. Ich mag gar nicht daran denken, einen solch lukrativen Monat sausen zu lassen, doch im Augenblick sieht es ganz nach weiteren Absagen aus.

Falls ein Wunder geschieht und der Arm sich radikal bessert, melde ich mich unverzüglich bei Ihnen wegen Klavieren für

---

1. Gould verabschiedete sich am 10. April 1964 in Los Angeles von der Konzertbühne.

die diversen Orte. Zur Sicherheit können Sie Sherman Clay in San Francisco auf jeden Fall daran erinnern, daß ich Nr. 122 (?) für das Recital in Los Angeles am 23. März[1] reserviert habe. Aller Wahrscheinlichkeit nach werde ich nicht alle Konzerte auf einmal absagen, wahrscheinlich nur die ersten beiden Wochen des Monats, und dann alles Weitere absehen, so daß Sherman Clay die Reservierung für mich trotz allem aufrechterhalten sollte.

Falls Sie irgend etwas haben, was den Trübsinn vertreibt, schreiben Sie bitte.

Grüße

AN SCHUYLER CHAPIN[2]
Mr. Schuyler Chapin, Columbia Records[3],
New York, New York

10. März 1960

Lieber Schuyler,

ich nahm gebührend Kenntnis von Deinem Brief, in dem Du für die Aufnahme mit der CBC Symphony mit Bob Craft oder Susskind das D-Dur-, E-Dur- oder das F-Dur-Konzert von Bach vorgeschlagen hast. Keines von diesen dreien habe ich im Repertoire, doch weil Du das F-Dur erwähnt hast, das – wenn ich mich recht erinnere – eine Klavierbearbeitung des Vierten Brandenburgischen Konzerts ist, werde ich es aus der Bibliothek ausgraben und genauer anschauen. Ich meine jedoch, um eine weitere Aufnahme, das heißt im April oder Mai, zu ermöglichen, ist ein Konzert aus meinem Repertoire notwendig. Eher lauwarm stimmt mich die Idee mit dem g-Moll-Bach-Konzert, denn es liegt eigentlich nicht sehr gut auf dem Klavier; alles in allem finde ich, die beste Kombination mit dem Schönberg wäre das Mozart c-Moll KV 491.

---

1. Nr. 122 bezieht sich auf ein Steinway-Klavier. Das Recital in Los Angeles wurde abgesagt.
2. Schuyler Chapin war 1960 Chef der Edition »Masterworks« bei Columbia Records, New York.
3. Später CBS Records, heute Sony Classical.

Nicht nur ist es eines meiner Glanzstücke, ich denke auch, es könnte das Verkaufspotential des Schönberg-Konzerts erheblich steigern[1]. Mein Wunsch wäre es, dies mit Walter Susskind zu machen, falls es in Toronto passieren soll, und ich würde vorschlagen, es mit einigen ausgewählten Musikern aus den Reihen der CBC Symphony zu machen. Die haben äußerst fähige Holzbläser an den ersten Pulten, die für den langsamen Satz des Mozart natürlich nötig sind. Falls Du Dich für diese Kombination entscheidest, könnten wir wahrscheinlich eine Sitzung kurz nach dem Schönberg-Termin einplanen, der vermutlich am 30. April (Samstag) ansteht. Mein nächstes Konzert danach ist am 6. Mai (Donnerstag) in Detroit, so daß es möglich wäre, falls es Dir und der CBC gelegen wäre, solch eine Mozart-Einspielung in der Zeit zwischen dem 2. und 4. Mai zu machen. Vermutlich ist es sinnvoll, beide Aufnahmen gleichzeitig zu machen. Falls dies nicht groß von Belang oder Sparvorteil für Dich ist, könnten wir den Mozart jederzeit später machen.

Kürzlich erhielt ich von Bob Craft[2] ein Schreiben, in dem er mich fragte, ob das Tripelkonzert von Berg für die Rückseite der Platte für mich in Frage käme. Es ist ein Werk, das ich noch nie gespielt habe, obwohl ich die Partitur schon mehrfach durchgesehen habe, und es ist ein Werk, das mir, offen gestanden, nicht sonderlich zusagt. Ich werde ihm dies mitteilen. Falls es Dir jedoch lieber ist, daß die Platte ein Beispiel für die Wiener Zwölftonschule bleibt, hätte ich nichts dagegen, nur auf einer Seite der Platte vertreten zu sein, das heißt einen anderen Pianisten das Berg-Konzert auf der anderen Seite machen zu lassen. In Hinsicht darauf, was wir bezüglich einer

---

1. Diese Aufnahme entstand in der Massey Hall in Toronto und erschien 1962. Sie enthielt Schönbergs *Klavierkonzert* op. 42 mit dem CBC Symphony Orchestra unter Robert Craft und Mozarts *Klavierkonzert Nr. 24 c-Moll* KV 491 mit dem CBC Symphony Orchestra unter Walter Susskind (Columbia).
2. Amerikanischer Dirigent, Autor und Musikwissenschaftler (geb. 1923). Nach 1948 stand Craft in engem Kontakt zu Igor Strawinsky und arbeitete bei vielen Konzerten, Aufnahmen und Veröffentlichungen mit diesem zusammen.

Präsentation der kanadischen Musikszene besprochen haben, halte ich jedoch ein klassisches Konzert wie Mozarts KV 491 mit kanadischen Kräften für eine gute und vernünftige Idee. Ich überlasse all dies Deinem typischerweise unfehlbaren Urteil.

Ich muß Dir sagen, daß der Arm sehr, sehr viel besser ist. Das Cortison zeigt eine wahrlich wundersame Wirkung, abgesehen davon, daß es eine elende Übelkeit verursacht, aber ich habe ein Schema entwickelt, wonach ich es an einem Tag einnehme, mich am zweiten Tag übergebe, am dritten Tag esse, am vierten wieder Cortison nehme und so weiter. Die Besserung ist auf jeden Fall phantastisch, und rückblickend muß ich gestehen, daß ich aufgrund der erzwungenen Enthaltsamkeit eine ganz neue Begeisterung für die Musik und das Musizieren entdeckt habe. Ich brenne förmlich darauf, Platten zu machen, und je mehr, desto besser. Ich hoffe sehr, daß wir uns mit Eileen Farrell[1] treffen können, wenn ich das nächste Mal in New York bin, und ich habe ganz fest vor, diesen Sommer zwei Beethoven-Platten aufzunehmen, die Sonatenplatte, über die wir gesprochen haben, und die drei Variationszyklen, von denen ich Dir letzte Woche erzählt habe[2]. Im Augenblick schreibe und überarbeite ich den Text für die Fernsehsendung über Beethoven für nächste Woche, und ich muß gestehen, daß mir noch nie so klar war, welch eine Gabe die angeborene Fähigkeit ist, sich in Gemeinplätzen ausdrücken zu können und auch keine Hemmungen zu haben, es zu tun[3]. Je mehr ich versuche, die Sache zu vereinfachen, desto hoffnungsloser wird sie, denn durch das Reduzieren des Wortschwalls wird

---

1. Gould machte keine Aufnahmen mit der amerikanischen Sopranistin Eileen Farrell.
2. Goulds erste Einspielung von Beethoven-Sonaten erschien im April 1965. Sie enthielt die *Sonaten Nr. 5 c-Moll* op. 10/1, *Nr. 6 F-Dur* op. 10/2 und *Nr. 7 D-Dur* op. 10/3 (Columbia). Die *32 Variationen in c-Moll* wurden 1966 eingespielt; *6 Variationen F-Dur* op. 34 erschienen 1970 (Columbia).
3. Am 6. Februar 1961 in der Sendung »Festival/61 CBC« *The Subject is Beethoven* mit dem amerikanischen Cellisten Leonard Rose (1918–1984). Sie spielten Beethovens *Sonate für Cello und Klavier Nr. 3 A-Dur* op. 69. Außerdem spielte Gould Beethovens *Eroica-Variationen* op. 35.

das Ganze einfach gnadenlos dicht und gedrängt, und man hat mir inzwischen geraten, eine gute alte Formel der Werbeindustrie mit hineinzumischen: »Sage den Leuten, was du sagen wirst, sage es, und sage ihnen, was du gesagt hast.«
Alles Gute


AN ROBERT CRAFT
Mr. Robert Craft, Hollywood, Kalifornien

10. März 1960
Lieber Bob,
vielen Dank für Ihre Karte. Ich bin froh, sagen zu können, daß der Arm endlich anzusprechen beginnt. Man hat mir Cortison verschrieben, worauf mir ziemlich schlecht und übel wird, aber es zeigt eine erstaunliche Wirkung auf den Arm. Ich bin, ganz ehrlich gesagt, noch immer nicht sicher, ob ich am 23. in Los Angeles werde spielen können. Falls nicht, werde ich es Ihnen in den nächsten paar Tagen mitteilen. Ich habe meine Tätigkeit letzte Woche mit einem Konzertauftritt in Baltimore wiederaufgenommen, doch ansonsten habe ich alle für die erste Märzhälfte geplanten Recitals abgesagt[1].

Im Augenblick macht mir trotz der Besserung des Arms die Erschöpfung bei längerem Spielen zu schaffen, und ich glaube noch immer nicht, daß ich einen ganzen Soloabend durchstehen kann. Bisher ist es mir gelungen, die meisten geplanten Recitals auf den Mai zu verschieben, und falls es ganz schlimm kommt, hoffe ich, daß dies auch mit dem Los-Angeles-Termin möglich sein wird[2]. Jedenfalls werde ich innerhalb der nächsten paar Tage direkt an Miss Huttenback schreiben.

Wenn ich vom derzeitigen Stand ausgehe und der Arm weiterhin Fortschritte macht, bleibt es bei der Aufführung des Schön-

---

1. Am 2. März 1960 spielte Gould Beethovens *Klavierkonzert Nr. 4 G-Dur* op. 58; Peter Herman Adler dirigierte das Baltimore Symphony Orchestra.
2. Dieser Auftritt wurde abgesagt.

84

berg am 29. April[1] und der Einspielung am 30. April, und ich freue mich natürlich darauf, mit Ihnen zusammenzuarbeiten. Ich muß Ihnen ganz offen gestehen, daß das Berg-Tripelkonzert ganz und gar nicht zu meinen Lieblingsstücken zählt. Ich wünschte, es wäre so, denn das ergäbe eine günstige Kombination, aber da es nicht so ist, muß ich leider ablehnen, es zu spielen, und ich überlasse Schuyler Chapin[2] die endgültige Entscheidung darüber, was neben dem Schönberg kommen soll.

Es wäre mir eine Freude, mir Mr. Strawinskys neues Werk[3] anzusehen; wenn Sie also ein Exemplar übrig haben, bringen Sie es bitte nach Toronto mit – oder schicken Sie es vorab, wenn Sie wollen. Bitte richten Sie ihm Grüße und die besten Wünsche von mir aus.

Und auch Ihnen alles Gute

Ihr

An William B. Glenesk
Rev. William B. Glenesk, Spencer Memorial
Presbyterian Church, Brooklyn, New York

31. Mai 1960

Lieber Bill,

es hat mich riesig gefreut, wieder von Ihnen zu hören[4]. Ihr Brief traf mich allerdings nicht bei den Vorbereitungen für

---

1. Der Schönberg wurde gekoppelt mit Mozarts *Klavierkonzert Nr. 24 c-Moll* KV 491; Walter Susskind dirigierte das CBC Symphony Orchestra.
2. Schuyler Chapin war leitender Koordinator der Edition »Masterworks« bei Columbia Records in New York.
3. Gould bezieht sich auf Strawinskys *Movements* für Klavier und Orchester, komponiert 1958/59. Gould interessierte sich jedoch gar nicht für dieses Werk, so wie er ganz allgemein nichts für Strawinskys Musik übrig hatte. Einmal war davon die Rede, daß Gould das *Capriccio* für Klavier und Orchester von Strawinsky für die Platte einspielen sollte. Gould konnte sich jedoch nicht dafür erwärmen. Ein – wenn auch unausgesprochenes Problem – beim Einspielen jedweder Strawinsky-Werke bestand darin, daß der Komponist noch lebte und dem Pianisten wahrscheinlich über die Schulter geschaut hätte, so daß Gould die Musik nicht zu seiner eigenen hätte machen können.
4. In einem Brief vom 25. Mai 1960 lud Glenesk Gould ein, einen Vortrag

Stratford und derzeit auch bei keinen anderen an. Seit sechs Monaten bin ich wegen einer Schulterverletzung etwas schlecht beieinander, und seit eineinhalb Monaten bin ich in Philadelphia bei einem berühmten orthopädischen Chirurgen in Behandlung. Ich habe diesen Winter nicht alle Konzerte abgesagt, aber einen sehr großen Prozentsatz, und sämtliche Soloabende, denn die Strapaze, einen ganzen Abend zu bestreiten, war einfach zu groß. Die Schulterverletzung zog ich mir unter ziemlich verrückten Umständen letzten Dezember bei Steinway & Sons zu, und wenn wir uns einmal sehen, erzähle ich Ihnen alles, denn man muß zu den kuriosesten Details ausholen, um die Geschichte in ihrer ganzen Verrücktheit verständlich zu machen. Ich hoffe jedoch, bei den Festivals in Stratford und Vancouver diesen Sommer wieder voll einsteigen zu können[1].

Ich war sehr interessiert, über die Vortragsreihe zu lesen, die Sie organisieren, und sehr beeindruckt von der Liste der Redner. Ich denke jedoch, um etwas Spezielles über das Thema geistlicher Einflüsse auf Bach oder über Barockmusik im allgemeinen zu sagen, ist meiner Meinung nach eine viel eingehendere Studie nötig als die, die ich Bach gewidmet habe. Sie wissen ja, wenn ich einmal dazu komme, etwas zu schreiben oder vorzutragen, dann nehme ich die Sache wirklich ernst, vielleicht sogar zu ernst, aber zu dem Thema, das Sie vorschlagen, könnte meiner Meinung nach sehr viel Neues gesagt werden, doch ich denke auch, daß dazu umfangreiche Recherchen zur Bach-Bibliographie über dieses Thema und vor allem zur Kantatenliteratur notwendig wären.

In den letzten Jahren habe ich Bach aus einem ganz besonderen Blickwinkel studiert, dem des Modulationsverlaufs in

---

über Bach und den religiösen Aspekt in dessen Werk zu halten. Gould lehnte ab. In einem Brief an Harriet Ingham (19. April 1962) ging er auf dieses Thema ein.

1. Gould war von 1960 bis 1963 Kodirektor des Musikprogramms des Stratford Festival. In dieser Zeit gab er elf Aufführungen, zuletzt am 28. Juli 1963. Im Juli und August 1960 trat er dreimal beim Vancouver International Festival auf.

Bachs Musik. Bei zwei der Klavierkonzertplatten, die ich einspielte, habe ich auf den Plattenhüllen recht viel Raum dafür genutzt, mich diesem Problem anzunähern, und ich hoffe, dies in den nächsten ein, zwei Jahren zu einem Vortrag und anschließend zu einem längeren Aufsatz auszuarbeiten[1]. Möglicherweise halte ich diesen Vortrag diesen Sommer in Stratford, in Verbindung mit einem Abend mit Bach-Konzerten, den wir derzeit planen, aber das steht noch keineswegs fest[2]. Ich erwähne all dies nur, um zu verdeutlichen, daß dieser besondere Aspekt von Bach (ein Aspekt, der nach wie vor erstaunlich wenig erforscht ist und auf dessen Unkenntnis meiner Meinung nach die weitgehend beklagenswerte Tradition beruht, die ausgedehnteren Bach-Sätze so zu spielen, als bewegten sie sich einfach nur in endlosen Modulationsschleifen und folgten nicht einem sorgfältig geplanten Kurs, der von bestimmten Punkten harmonischer Betonung markiert wird und ganz klar die gesamte Grundform des Werkes beherrscht, auch wenn ihm keine spezielle formale Gestalt verliehen wird, wie in dem späteren Sonatenallegro, zum Beispiel) bereits einiges an Nachdenken und Studium und Vorbereitung erfordert hat, um mir das Gefühl geben zu können, daß ich etwas sage, was so noch nicht unbedingt gesagt wurde, und da mir als praktizierendem Musiker dieses Thema näher liegt als das quasi philosophische, das Sie vorschlagen, brauchen Sie für Ihre Zwecke wohl jemanden, der viel mehr Erfahrung und Wissen über die Konzepte Kirche-Staat-Gesellschaft im 17. Jahrhundert mitbringt.

Aber ich wünsche Ihnen wirklich sehr viel Glück bei dieser Reihe und hoffe aufrichtig, daß Sie jemanden finden, der ein bißchen besser in das Programm paßt als ich. Bitte halten Sie mich auf dem laufenden über Ihre Aktivitäten. Ich bin ein

---

1. Goulds Anmerkungen finden sich auf den Hüllen folgender Platten: Johann Sebastian Bachs *Klavierkonzert Nr. 1 d-Moll* BWV 1052 mit Leonard Bernstein und dem Columbia Symphony Orchestra (Columbia) und Bachs *Klavierkonzert Nr. 5 f-Moll* BWV 1056 mit dem Columbia Symphony Orchestra unter Vladimir Golschmann (Columbia).
2. Der Vortrag kam nicht zustande.

äußerst träger Briefeschreiber, aber es ist schön zu wissen, was Sie so machen.

Alles erdenklich Gute


AN ABE COHEN
Mr. Abe Cohen, Israel Philharmonic,
Tel Aviv, Israel

7. Juni 1960

Sehr geehrter Abe,

vielen Dank für Ihren Brief. Ich wünschte nur, ich könnte Ihnen berichten, daß mit meinem linken Arm inzwischen alles gut wäre und daß ich keine weiteren Schwierigkeiten und Probleme damit zu erwarten hätte. Ich war gerade sechs Wochen in Philadelphia bei einem angesehenen orthopädischen Chirurgen in Behandlung. Vier Wochen davon wurde der Arm in einem Ganzkörpergips ruhiggestellt, die übrigen zwei Wochen waren der Physiotherapie usw. gewidmet. Als der Arm in dem Gips vollständig unbeweglich war, bedeutete dies in der Tat eine sehr große Entlastung, doch als er herausgenommen wurde und wieder ganz allein von der Schulter getragen werden mußte, trat das Problem leider wieder auf. Der Arzt war natürlich sehr enttäuscht und hat mir inzwischen eine Halskrause verpaßt, die ich beim Üben tragen soll. Es mag noch zu früh sein, aber auch das hat bisher wenig oder gar nichts bewirkt.

Wie ich schon im letzten Winter angedeutet hatte, heißt das nicht, daß ich völlig außer Gefecht gesetzt bin. Für vier der fünf Monate seit dem Vorfall hatte ich alle Konzerte abgesagt; einen Monat, den März, bestritt ich eine begrenzte Anzahl reiner Orchesterauftritte, die allesamt durchaus glückten. Das Problem ist im Grunde die Ausdauer. Durch das Strecken des Muskelkomplexes der Schulter ermüdet der Arm furchtbar schnell, und ich kann kein vollständiges Recital spielen, und alle Proben müssen auf ein notwendiges Minimum begrenzt werden.

Für die nächste Spielzeit auf diesem Kontinent ist es vielleicht zu früh für Vorhersagen. Ich hoffe, daß bis dahin einige der

Behandlungen, denen ich mich derzeit unterziehe, angesprochen haben und ich wieder, wie geplant, eine komplette Konzertreihe spielen kann – sowohl mit Orchestern als auch Soloabende. Wenn nicht, werde ich versuchen, auf jeden Fall einige Orchesterkonzerte zu spielen, da es allmählich Zeit wird, wieder ein bißchen Geld zu verdienen. Es kann sehr gut sein, daß in der Zeit, die ursprünglich für meinen Israelbesuch im Gespräch war, das heißt nächsten Mai, all dies längst Schnee von gestern ist. Ich hoffe es aufrichtig. Doch ich kann nur noch einmal sagen, daß Ihr Terminplan recht spezielle Anforderungen stellt und daß es sowohl von Ihrem Standpunkt aus als auch von meinem äußerst riskant wäre, zum jetzigen Zeitpunkt Versprechungen zu machen, Verpflichtungen einzugehen oder Verträge zu unterzeichnen.

Wie Sie ganz richtig feststellen, könnte ich so häufig oder so selten spielen, wie ich wollte, je nachdem, wie lange ich in Israel bleiben würde, so daß das Problem der Ermüdung wegen ständigen Spielens nicht unüberwindlich wäre. Sie müssen aber auch beherzigen, daß ich hier in Nordamerika schon mehrere Male gezwungen war, Konzerte auf mehrere Monate hinaus abzusagen, nachdem ich erst in der Woche zuvor gespielt hatte. Mit anderen Worten, ich möchte Ihnen zu verstehen geben, daß es wohl äußerst unfair Ihnen gegenüber wäre, wenn ich in einem Zustand nach Israel reiste, der es nach den Gesetzen der Risikostreuung erforderlich machen könnte, einen beträchtlichen Teil der Tournee dort zu stornieren. Ich denke, ich sollte auf jeden Fall warten, bis dieses Leiden hundertprozentig geheilt ist oder bis ich mich entschlossen habe, es so zu nehmen, wie es ist, und damit zu leben. Aber ich bin noch nicht bereit aufzugeben.

Ich möchte nur noch einmal beteuern, daß ich an keinen Ort lieber zurückkehren würde als nach Israel, und so verbleibe ich, wie immer, mit den besten Wünschen[1].

Ihr

---

1. Gould reiste indes nicht wieder nach Israel.

## AN WINSTON FITZGERALD

Mr. Winston Fitzgerald, Steinway & Sons,
New York, New York

22. Juni 1960

Geehrter Professor Fitzgerald,
dies soll nur eine kleine Erinnerung sein: Bevor Sie zu Teil 1
Ihres Urlaubs aufbrechen, bevor mit anderen Worten die Effi-
zienz von Freros Steinway merklich absackt, wäre ich dankbar, wenn Sie dafür sorgen würden, daß für den Eingang des
CD 318[1] alles geregelt ist. Ich brauche Ihnen die vielen
bewundernswerten Eigenschaften dieses Claviers nicht aufzu-
zählen; es genügt wohl, wenn ich sage, daß dieses Klavier bei
vielen der denkwürdigen Augenblicke in meiner Karriere als
Wunderkind mitwirkte. Allein aus diesem Grund erwarte ich,
daß es einen Ehrenplatz im Keller bekommt und daß Morris
Schnapper[2] angehalten wird, sich jedesmal zweimal zu ver-
beugen, wenn er daran vorbeigeht. Für die Präsentation in
Ihrem Ausstellungsraum könnte ich, wenn Sie wollen, ein Bild
von mir in dem Lord-Fauntleroy-Anzug schicken – jener
Tracht, mit der ich von meinen vernarrten Eltern für die Auf-
tritte am 318 normalerweise herausgeputzt wurde.
Wenn ich in zwei Wochen unten bin, möchte ich mir auch das
Reißnagelklavier ansehen, möglicherweise in der Absicht, es
nach Stratford zu unserem Bach-Konzertabend mitzunehmen.
Die Idee ist wahrscheinlich verrückt, aber gerade verrückt
genug, um genial zu sein. Auf jeden Fall werde ich dies erst
entscheiden, wenn ich dort bin. Wenn nicht, werde ich jedoch
CD 318 für das Konzert am 24. und möglichst schon für die
Proben am 21. und 22. in Stratford haben müssen. Mir ist klar,
daß dies einen gewissen Kraftakt erfordert und die Spedi-
tionsabteilung auf eine harte Probe stellt, insbesondere da ich
das Instrument bis zum 14. in New York brauche. Sie werden

---

1. Nach 1960 spielte Gould ausschließlich auf diesem Klavier. Er ließ es
gründlich überholen; 1973 kaufte er es. Nach Goulds Tod im Jahre 1982
erwarb die National Library of Canada das Instrument (1983).
2. Morris Schnapper war der Konzertstimmer bei Steinway & Sons.

aber gewiß zugeben, daß die Zusammenarbeit mit mir aus Ihren Angestellten schon oft Leistungen herausgeholt hat, für die man sie kaum imstande gehalten hätte, und mit ein bißchen Drängen wird es sicherlich zu machen sein. Vielleicht sagen Sie auch Steve noch einmal, daß ich mich darauf freue, wenn er mir bei dem Berliner Steinway hilft – auf jeden Fall am Samstag, dem 9., und möglicherweise am Freitag, dem 8., falls er es schafft und falls das Studio frei ist[1].

Ich muß gestehen, Sir, daß mir die mißliche Lage unserer lieben gemeinsamen Freundin, Miss L., kaum noch aus dem Kopf geht. Meinen Sie nicht auch, daß wir beide gemeinsam versuchen sollten, sie vor sich selbst zu retten? Schließlich sind wir beide Männer von Welt und ausgesprochen erfahren im Umgang mit schwierigen Fällen dieser Art, und ich bin überzeugt, daß wir noch einen Strahl der Hoffnung in das jämmerliche Leben dieses armen, bedauernswerten Mädchens senden können.

In aller Lüsternheit
Ihr G. Herbert Gould[2]


## An Walter Homburger

15. Juli 1960

Lieber Gomburger[3],

ich bin gerade von einer ursprünglich auf vier Tage angesetzten Aufnahmesitzung in New York zurückgekehrt. Als ich letzte Woche hinfuhr, war mein Arm so gut in Form wie seit letztem Winter nicht mehr. Ich habe die Halskrause beim Üben ständig getragen und sehr viel Krankengymnastik gemacht und war mir ziemlich sicher, daß ich die Aufnahme ohne Schwierigkeiten überstehen würde. Zuallererst haben wir mit

---

1. Steve Borrell war Cheftechniker für die Betreuung der Konzertflügel bei Steinway.
2. Goulds zweiter Vorname lautete Herbert; er verwendete ihn nie, außer in Briefen mit neckischen Späßen.
3. Walter Homburger.

Lieberson ein paar Einstellungen für Debbie[1] gedreht, und ich glaube, das lief sehr gut, und an einem Montag fing ich mit den Aufnahmen an. Die Montagssitzung klappte ausgesprochen gut. Ich spielte op. 31 Nr. 2 auf meinem deutschen Klavier, und ich glaube, es wird eine ausgezeichnete Platte[2], doch wegen der Klimaanlage (möglicherweise), ohne Stütze durch die Halskrause (die ich bei den Aufnahmen etwas störend empfand) und ohne die viele Physiotherapie, die ich gewohnt war, fühlte sich der Arm bereits am Dienstag schon wieder genauso angespannt an, und am Mittwoch gaben wir schließlich die Einspielung der Eroica-Variationen auf, sagten die Donnerstagssitzung ab und werden Ende August weitermachen.

Das ist natürlich sehr enttäuschend, weil ich inzwischen gewiß bessere Ergebnisse erwartet hatte. Die Symptome sind genau dieselben wie zuvor – dieselben Beschwerden, dieselben Schmerzen, dieselbe Erschöpfung. Nächste Woche fängt Stratford an, und ich will unbedingt versuchen, es durchzustehen, ebenso wie Vancouver, doch im Augenblick weiß ich, ehrlich gesagt, nicht, wie.

Wenn Du wieder in New York bist, wirst Du Dich neben WNTA mit etlichen weiteren kleinen Belustigungen abgeben müssen. Dave Oppenheim[3] möchte, daß ich eine halbstündige »Omnibus«-Sendung mache. Wir werden uns im August noch einmal zusammensetzen und ein Konzept dazu ausarbeiten, aber von den Vorschlägen, die ich bereits gemacht habe, gefällt ihm eine Idee am besten, die auch mir am geeignetsten erscheint und die ich schon lange im Kopf habe – *A Piano Lesson from Glenn Gould*[4]. Dabei würde es selbstverständlich nicht um eine technische Erörterung des Klavierspiels gehen,

---

1. Goddard Lieberson, CBS-Vorstand, und Deborah Ishlon, Mitarbeiterin im Department of Creative Services bei CBS.
2. Beethovens *Sonate Nr. 17 d-Moll* op. 31/2 (Columbia, erschienen 1973).
3. Leiter der Musikabteilung bei Columbia Records. Oppenheim hatte Gould für die erste Einspielung von Bachs *Goldberg-Variationen* einen Vertrag mit Columbia Records angeboten und somit entscheidend zum Start von Goulds internationaler Karriere als Schallplattenkünstler beigetragen.
4. Aus diesem Projekt wurde nichts.

sondern um eine ganz andere und, wie ich denke, recht amüsante Thematik. Den Text würde ich natürlich selbst schreiben; einen Entwurf davon wollen sie im August sehen. Dave wird in Urlaub sein, wenn Du zurückkommst, aber mach Dir keine Gedanken über die Frage der Honorarverhandlungen. Ich habe kein Wort gesagt (ebensowenig wie er); man wird das ganz allein Dir überlassen.

Die andere Belustigung, die Dich betrifft, besteht in der Tatsache, daß RCA und Columbia sich gleichzeitig um Mr. Richters Dienste bemüht haben, eine amerikanische Platte zu machen. Wie üblich hat RCA Columbia überboten, und Hurok hat ihr anscheinend die Rechte übertragen. Schuyler war darüber sehr verärgert, weil man ihm keine zweite Chance gab, sein Angebot zu erhöhen und sich mit ein paar Typen in Verbindung zu setzen, die nächsten Herbst in New York eine Vertriebsagentur für sowjetische Platten aufmachen wollen. (Laut Schuyler wollen die sowjetische Pressungen in Aufmachungen herausbringen, gegen die Angel der reinste Waisenknabe wäre.) Diese beiden Burschen wohnen anscheinend in dem Park-Avenue-Penthouse, das der Geliebten des einen der beiden gehört (das heißt in der denkbar bürgerlichsten Umgebung), und pendeln zwischen den USA und der UdSSR hin und her und stehen in direktem Kontakt zum Kulturministerium, obwohl sie anscheinend keine russischen Staatsbürger sind. Jedenfalls trat Schuyler an sie heran und erfuhr von ihnen, daß Mr. Hurok gar nicht befugt sei, die Rechte für Richters Dienste als Schallplattenkünstler an irgend jemanden abzutreten, da er überhaupt nicht über diese Rechte verfüge, und die beiden sagten ferner, daß das Geschäft ihrer Meinung nach noch längst nicht abgeschlossen sei und daß Columbia noch immer verhandeln könne. »Allerdings«, sagten sie, »hat das Ganze seinen Preis.« Als Schuyler fragte, was sie dafür verlangten, erwiderten sie: »Daß Mr. Gould und Mr. Stern zusammen eine Platte ausschließlich zum Nutzen des Sowjetvolks machen.«

Das soll anscheinend in New York geschehen, wahrscheinlich in den Einrichtungen der Columbia, doch die Kosten und vermutlich die Zahlung an mich würden die Sowjets tragen. Einerseits ist dies natürlich sehr schmeichelhaft; andererseits ist es wieder genau dieser ärgerliche Zwei-gegen-eins-Tauschhandel, der den Russen immer wieder gelingt. Trotzdem würden Schuyler und Lieberson es begrüßen, wenn ich mitmache, falls ich eine Möglichkeit sehe, und ich weiß, Richter zu einer Einspielung zu bewegen, bedeutet ihnen sehr viel. Debbie wittert wunderbare Publicity in diesem wechselseitigen Aufnahmedeal, und ich denke, sie hat recht. Was hältst Du davon? Übrigens müßte es natürlich Repertoire sein, das ich in den nächsten paar Jahren in Nordamerika nicht anderweitig herausbringen würde[1].

Ich denke, das ist wohl alles an Neuigkeiten. Drück mir die Daumen, daß mein Arm beim Festival durchhält, und ich hoffe, von Dir zu hören, wenn Du zurück bist.

Alles Gute

AN ROBERT WOLVERTON[2]
Mr. Robert Wolverton,
Los Angeles, Kalifornien

14. September 1960

Sehr geehrter Mr. Wolverton,
vielen Dank für Ihren Brief und Ihre freundlichen Bemerkungen.

Als Antwort auf Ihre Frage bezüglich meiner Rituale vor den Konzerten: Ich finde tatsächlich, daß heißes Wasser ein äußerst wirksames Mittel zur Muskelentspannung ist, und es stimmt, daß ich zwölf Monate im Jahr Handschuhe von besonderer Machart trage. Diese Handschuhe sind jedoch nicht als Belustigung der Öffentlichkeit gedacht, sondern schlicht und einfach als ein sehr praktisches Mittel, um in kühlen Konzertsälen für eine konstante Temperatur meiner Hände zu sorgen.

---

1. Eine Platte dieser Art kam nicht zustande.
2. Ein Fan.

94

Mit den allerbesten Wünschen für Ihre Laufbahn
Ihr
Glenn Gould


An Silvia Kind [1]

25. Januar 1961

Liebe Sylvia,
vielen herzlichen Dank für Deinen Brief und insbesondere für
das Tonband. Es ist wirklich ein Vergnügen. Die Aufführung
ist so wunderbar beseelt. Neulich abends habe ich sie Greta
Kraus [2] vorgespielt, einer hochbegabten Cembalistin aus
Toronto, und sie war begeistert von der Interpretation und von
dem Instrument und wollte unbedingt, daß ich Dich frage,
was für ein Instrument es war. Übrigens reist Greta jeden Sommer in die Schweiz und würde Dich sehr gerne kennenlernen,
zumal ich ihr erzählte, daß Du normalerweise auch dort seist.
Zum Glück ist mein Arm viel besser, viel besser – ich reise
jetzt meist in Begleitung meines eigenen Physiotherapeuten –,
und ich habe inzwischen all meine Aktivitäten wiederaufneh-
men können, auch wenn ich noch immer das eine oder andere
Konzert absagen muß, wenn die Schulter Probleme macht.
Ach ja, nachdem ich Dir geschrieben hatte, habe ich die Probe-
pressung meiner letzten Aufnahme bekommen – die erste, die
ich seit meiner Schultergeschichte gemacht habe –, und ich
finde wirklich, es ist vielleicht das beste Klavierspiel, das mir
je gelungen ist. Es ist eine ganze Platte mit Brahms-Intermezzi [3], und ich denke, nicht nur das Repertoire wird Dich
einigermaßen überraschen, sondern auch die Art des Klavierspiels, das – wenn ich so sagen darf – recht aristokratisch
klingt. Aber wenn ich es mir recht überlege, glaube ich eigent-

---

1. Eine international bekannte Cembalistin (geb. 1907), die in Berlin und der
   Schweiz lebte und mit Gould in ständigem Briefkontakt stand.
2. Die berühmte Cembalistin, Pianistin und Pädagogin Greta Kraus wurde
   1907 in Wien geboren und 1944 kanadische Staatsbürgerin. Sie trat beim
   Stratford Festival auf, als Gould dessen Kodirektor war.
3. *Zehn Intermezzi für Klavier* von Brahms (Columbia, erschienen 1960).

lich nicht, daß es Dich überraschen wird. Du weißt ja, was für ein unverbesserlicher Romantiker ich schließlich bin. Ich schicke Dir das Album meines Streichquartetts, das vor ein paar Monaten erschienen ist und das trotz seiner Atmosphäre verblaßter Eleganz und seines eher bittersüßen Fin-de-siècle-Idioms insgesamt hervorragende Kritiken bekommen hat. Es gab zwar ein paar »modische« Stimmen, die es ziemlich unangebracht fanden, den Geist eines Richard Strauss im Zeitalter eines Karlheinz Stockhausen (aber ist es wirklich sein Zeitalter?) wiederaufleben zu lassen, doch die »progressiven« Stimmen waren zum Glück in der Minderheit und haben nur dazu beigetragen, eine einigermaßen gesunde Kontroverse zu entfachen.

Zu Weihnachten erhielt ich ein paar Zeilen von Dick[1]. Er scheint sich wieder recht gut an das Leben in Kanada gewöhnt zu haben. Falls er nach Toronto kommt, werde ich ihm auf jeden Fall Dein Band vorspielen, was sicherlich viele angenehme Erinnerungen in ihm weckt, so wie in mir.

Liebe Grüße

AN RUDOLF SERKIN[2]
Mr. Rudolf Serkin, Curtis Institute of Music,
Philadelphia, Pa.

25. Januar 1961
Sehr geehrter Rudolf Serkin,
vielen, vielen Dank für Ihr ausgesprochen nettes und aufmerksames und herzerwärmendes (kein Wortspiel beabsichtigt) Geschenk aus Japan. Es bildet eine hübsche Ergänzung zu meiner Wintergarderobe[3], die inzwischen aus einer Sealmütze

---

1. Richard O'Hagan gehörte dem diplomatischen Corps Kanadas an.
2. In Österreich geborener amerikanischer Pianist (1903–1991).
3. Goulds Kleidung wurde oft von der Presse kommentiert, besonders seine Angewohnheit, im Sommer Wintermäntel und Handschuhe zu tragen. Hier bezieht sich Gould auf einen Waschbärmantel, der seinem Großvater gehört hatte. Gould trug ihn eher auf dem Land als in Toronto und weniger zum Schutz vor der Kälte als zur Belustigung der Freunde.

und einem Waschbärmantel besteht. Letzterer entstammt dem klassischen Jahrgang 1925 und ist in unserer Familie weitervererbt worden, bis alle, außer mir, sich schämten, sich darin sehen zu lassen.

Ich hoffe aufrichtig, daß wir dieses Jahr einmal zusammenkommen. Ich würde sehr gerne etwas über Ihre Reise nach Japan hören.

Alles erdenklich Gute

AN MRS. H. L. AUSTIN[1]
Mrs. H. L. Austin,
Ile D'Orleans, P. Q.

15. Februar 1961

Verehrte Mrs. Austin,
vielen Dank für Ihren Brief und Ihre begeisterten Äußerungen über das Beethoven-Programm[2]. Ich bin sehr froh, daß es Ihnen gefallen hat.

Ich hoffe, daß wir uns irgendwann einmal zu einer echt knallharten Endlosdiskussion zur Frage der Kommunikation zwischen Künstler und Publikum zusammensetzen können[3]. Auch ich war schon Zeuge jener Art von Mesalliance zwischen einem Künstler und Publikum, wie Sie sie schildern, doch mir scheint, daß die Künstler, die sich von solchen Dynamiken beeinflussen lassen, wahrscheinlich ohnehin viel zu sehr von einer außermusikalischen Stimulation abhängen. Es ist komisch, ich habe es stets vorgezogen, im Studio zu arbeiten, Platten aufzunehmen oder Rundfunk und Fernsehen zu machen, und ich betrachte das Mikrophon als Freund, nicht als Feind, und das Fehlen eines Publikums – die absolute

---

1. Ein Fan.
2. Sendung des CBC-Fernsehens mit dem Titel *The Subject is Beethoven*.
3. Mrs. Austin hatte geschrieben: »Auch muß ich Ihnen ein wenig auf die Hühneraugen treten und Widerspruch anmelden gegen etwas, was Sie in einem Interview gesagt haben, nämlich daß Sie ein Publikum für entbehrlich hielten – genauer gesagt, daß ein Publikum keinen Einfluß auf Sie hätte.«

97

Anonymität des Studios – bietet den größten Anreiz, meinen eigenen Ansprüchen an mich selbst gerecht zu werden, ohne Rücksicht auf oder Einschränkung durch den intellektuellen Appetit oder dessen Mangel seitens des Publikums. Ich meine, paradoxerweise, durch die narzißtischste Einstellung zur künstlerischen Befriedigung läßt sich die Grundverpflichtung des Künstlers, anderen Freude zu bereiten, am besten erfüllen.

Wenn Sie in Irland sind und die Zeit und die Muße dafür finden, können Sie vielleicht eine weitere Salve des Einspruchs abfeuern.

Es ist immer wieder nett, von Ihnen zu hören.

Alles Gute


AN JOHN P. L. ROBERTS
Mr. John P. L. Roberts,
Music Department, CBC,
Toronto, Ontario

6. April 1961

Sehr geehrter Mr. Roberts,
ich habe schon lange davon reden hören, daß in der CBC-Musikabteilung der Grundsatz gilt, notleidende Künstler zu retten, indem man ihnen gnädigerweise Arbeit anbietet, wenn ihre finanzielle Lage kritisch wird. Daher bin ich höchst erfreut über Ihren Brief vom 16. März, in dem Sie mich darum ersuchen, zur Übertragung meines Streichquartetts auf dem CBC-Sender am Mittwochabend, dem 21. Juni, einen Begleittext zu schreiben.

Ich kann Ihnen gar nicht sagen, Sir, wieviel dieser Auftrag und das damit verbundene kolossale Honorar mir, meiner lieben Frau, meinen zerlumpten Kindern und meinem Hund bedeuten. Dies wird unser erster Scheck seit fünf Monaten sein, und es ist ein wahrer Trost, für den Monat Juni oder möglicherweise Juli, falls der Scheck sich verzögert, das Allerlebensnotwendigste anzuschaffen. Da Sie selbst Familienvater sind, können Sie sicherlich das Gefühl ermessen, das jetzt in meiner Brust aufwallt, und ich bitte Sie, der CBC meinen ergebensten

Dank und meine aufrichtige Wertschätzung für ihre Hoch-
herzigkeit zu bekunden[1].
Mit freundlichen Grüßen
G. Herbert Gould,
Freischaffender Autor & Komponist


An Nathan Twining[2]
Mr. Nathan Twining, Oberlin, Ohio

14. Juni 1961

Sehr geehrter Nathan Twining,
vielen Dank für Ihren Brief. Es war schön, von Ihnen zu hören.
Unsere Plaudereien hinter der Bühne haben mich immer sehr
erfreut.
Ich weiß eigentlich gar nicht, was ich Ihnen zu Ihrem Reper-
toireproblem empfehlen soll; da ich Sie nie spielen hörte, ist
es schwer zu sagen, wo genau Ihre größten Sympathien liegen.
Allgemein gesagt, ist es jedoch ganz gewiß möglich, das
Repertoire von Tschaikowski, Grieg usw. zu meiden, und ich
wünschte mir nur, daß mehr Leute sich die Mühe machten,
sich geeignete Alternativen zu den Schlachtrössern des späten
19. Jahrhunderts einfallen zu lassen.
Da Sie am Beginn einer Konzertlaufbahn stehen, würde ich
meinen, daß zu einem besonders willkommenen Repertoire-
vorschlag von Ihrer Seite auch ein einfallsreiches zeitgenössisches Konzert gehören sollte. Damit meine ich nicht unbedingt
etwas von der Art der Bartók- oder Prokofjew-Konzerte, da
diese ohnehin jeder spielt, sondern ich dachte eher an etwas
mehr oder weniger Ausgefallenes, wenn auch immerhin von

---

1. Goulds Humor war zwar nicht immer subtil, doch stets ansteckend.
   Roberts hatte ihn gebeten, einen Kommentar für die Ausstrahlung seines
   *Streichquartetts* aufzunehmen. Gould, der als Konzertpianist hohe Gagen
   erhielt, war bereit, auch für ein bescheidenes Honorar zu arbeiten, wenn er
   wußte, daß der Etat für eine spezielle CBC-Sendung begrenzt war, und
   wenn ihm das Projekt selbst am Herzen lag. In diesem Fall war die Zahlung aber so gering, daß Gould sie für regelrecht lächerlich hielt.
2. Junger amerikanischer Pianist.

einem ausgewiesenen Meister wie Krenek[1] zum Beispiel. Meiner Meinung nach gibt es keine wirklich wichtigen zeitgenössischen Konzerte. Die meisten [Komponisten], die heute der älteren oder mittleren Generation angehören, sind gar nicht in der Lage, verständlich für Klavier mit vollem Orchester zu schreiben, ja ich bin mir sogar ziemlich sicher, daß das Klavierkonzert als solches eine tote Form ist. Trotzdem könnten Sie sich einmal die Krenek-Konzerte anschauen. Das vierte Klavierkonzert von Krenek – es ist das einzige, das ich im Augenblick finden kann, wenn es auch nicht zu seinen besten zählt – ist beim Bärenreiter-Verlag in Kassel, Deutschland, verlegt. Ich weiß nicht, ob die anderen Konzerte ebenfalls dort herausgegeben werden, doch das kann man Ihnen wahrscheinlich sagen. In diesen Werken wird das Klavier mehr oder weniger als Obligatoinstrument verwendet, und es wird folglich keinerlei Virtuosentalent zur Schau gestellt. Hat Humphrey Searle ein Klavierkonzert geschrieben?[2] Ich meine ja, aber ich bin nicht sicher. Von Wolfgang Fortner gibt es eines, es trägt allerdings nicht die Bezeichnung »Konzert« (ich habe vergessen, wie es sich nennt) und ist auch nicht sonderlich interessant[3]. Das neue Konzert von Ben Weber, das Masselos diesen Winter spielte, habe ich nicht gehört, aber es könnte sich lohnen, einmal hineinzuschauen[4].

Jedenfalls, was ich vorschlagen wollte: Sie könnten sich überlegen, solch ein Werk mit einem klassischen Werk wie etwa einem Mozart- oder einem frühen Beethoven-Konzert zu koppeln. Ich finde es immer förderlich am Beginn einer Laufbahn,

1. Amerikanischer Komponist, 1900 in Österreich geboren, 1991 in Kalifornien gestorben. Gould förderte Kreneks Musik; er interviewte Krenek für seine zehnteilige Schönberg-Sendung und spielte auch Kreneks *Sonate Nr. 3* op. 92/4 ein (Columbia). In Moskau wurde Goulds Aufführung der *Sonate Nr. 3* ohne seine Erlaubnis mitgeschnitten.
2. Der englische Komponist und Musikschriftsteller Searle (1915–1982) schrieb 1944 ein *Klavierkonzert d-Moll*.
3. Der deutsche Komponist und Pädagoge Fortner (1907–1987) schrieb 1933 ein *Konzert für zwei Klaviere* und 1943 ein *Klavierkonzert C-Dur*.
4. Der amerikanische Komponist Weber (1916–1979) schrieb 1950 ein *Konzert für Klavier, Blasinstrumente und Violoncello*.

ziemlich spezielle und einfallsreiche Repertoirevorschläge
parat zu haben (nicht daß ich dafür wäre, später spießig zu
werden), und es könnte durchaus sein, daß sich einige Dirigenten besonders dafür interessieren, eine Kombination solcher Werke ins Programm zu nehmen.
Ich wünsche Ihnen für alles gutes Gelingen, und wenn Ihnen
danach ist, schreiben Sie mir doch ein paar Zeilen.
Alles Gute
Glenn Gould


AN HUMPHREY BURTON[1]
Mr. Humphrey Burton, B.B.C., TV Studios,
London, England.

5. Dezember 1961

Lieber Humphrey,
ich dachte, ich halte Dich mal auf dem laufenden, was sich hier
in Sachen TV getan hat und was für die nächsten paar Monate
geplant ist. Den ersten Teil meiner Serie mit dem Titel »Music
in the USSR«[2] habe ich bereits aufgezeichnet. Es lief, glaube
ich, ausgesprochen gut, prächtige Kulissen – Mme. von Mecks
Palais, Ikonen, Samowar usw. – gespielt wurden Prokofjews
Dritte Sonate und drei Sätze aus dem Schostakowitsch-Quin-
tett plus zwanzig Minuten Kommentar. Nächsten Monat nehmen wir die zweite Folge auf, nämlich Bach, mit dem Fünften
Brandenburgischen und der Kantate Nr. 54[3]. Ich dirigiere vom

---

1. Fernsehproduzent bei der BBC.
2. »Music in the USSR« wurde am 14. Januar 1962 im überregionalen Fern-
sehsender der CBC ausgestrahlt. Die Musikbeispiele waren: große Teile
des *Klavierquintetts* op. 57 von Schostakowitsch mit dem Symphonia
Quartet und Prokofjews *Sonate Nr. 7 B-Dur* op. 83, nicht *Sonate Nr. 3*, wie
in Goulds Brief angegeben. Goulds Kommentar war durchsetzt mit Auszügen aus Werken von Balakirew, Glinka und Tschaikowski. Seinen
Freunden wollte Gould immer wieder weismachen, die Kulissen hätten so
aufwendig gewirkt, daß im kanadischen Parlament über ihre Kosten debat-
tiert wurde.
3. *Glenn Gould on Bach* wurde am 8. April 1962 in der Reihe »Sunday
Music« im CBC-Fernsehen gesendet.

»Harpsipiano«[1] aus, von dem ich Dir wohl schon erzählt habe, und Russell Oberlin[2] ist der Solist in der Kantate. Ich würde liebend gerne Deine Meinung zu den beiden Teilen hören und hoffe, Du kannst die CBC dazu bewegen, sie zur gegebenen Zeit hinüberzuschicken.

Ganz und gar nicht vergessen habe ich Deine Einladung, hinüberzukommen und etwas für Dich zu machen, aber falls diese ersten Sendungen der Serie Deinen Anforderungen nicht entsprechen, können wir über meinen Besuch drüben vielleicht noch einmal sprechen; jedenfalls würde ich mich freuen, wenn Du die Sachen nach Möglichkeit anschaust.

Laß doch wieder von Dir hören. Alles Gute

An Kitti Gwosdjewa[3]
Madame Kitti Gwosdjewa,
c/o Leningrader Konservatorium,
Leningrad, UdSSR

30. Dezember 1961

Liebe Kitti,

vielen Dank für Ihre Neujahrsgrüße. Auch ich wünsche Ihnen alles Gute für 1962. Es hat mich furchtbar betrübt und äußerst beunruhigt, als ich von Ihrem Herzinfarkt erfuhr. Arbeiten Sie inzwischen wieder voll? Ich hoffe, daß Sie alles nur mögliche tun, um sich die beste Pflege angedeihen zu lassen, und daß Sie nicht so schwer arbeiten, wie Sie es meines Wissens normalerweise tun. Ich hoffe, bald zu hören, daß es Ihnen schon viel, viel besser geht.

Ich war sowohl entzückt als auch beglückt über Ihre Kommentare zu meinem Streichquartett und war, offen gesagt,

---

1. Ulkwort, bezieht sich auf ein Klavier *(piano)*, das so präpariert wurde, daß es wie ein Cembalo *(harpsichord)* klang.
2. Amerikanischer Countertenor und Pädagoge (geb. 1928).
3. Jekaterina Gwosdjewa Tschergejeuna war eine von Goulds Dolmetscherinnen während seines Leningrader Recitals im Mai 1957. Die damals achtzigjährige Dame hatte über dreißig Jahre lang als Privatlehrerin am Rimski-Korsakow-Konservatorium gewirkt.

erfreut über den Vergleich mit Tanejew[1]. Er ist ein Komponist, der im Westen sehr wenig bekannt ist, obwohl mich die Musik, die ich von ihm gehört habe, sehr beeindruckt hat. Er war bestimmt eine der wichtigsten akademischen Persönlichkeiten im Rußland seiner Zeit, nicht wahr? Auf jeden Fall waren viele Ihrer Kollegen trotzdem und zu Recht erstaunt über den konservativen Stil des Werks. Zu den stärksten Einflüssen auf meine musikalische Entwicklung zähle ich nach wie vor das Werk von Schönberg. Ich denke, egal, ob man seine Musik nun schätzt oder haßt, Tatsache ist, daß für die meisten von uns sein Einfluß enorm gewesen ist. Zugegeben, in seiner Musik gibt es vieles, was auch ich ziemlich kalt und hart finde, doch selbst in solchen Fällen ist die technische Fertigkeit, die er besaß, trotz all der Strenge des Stils einfach beeindruckend.

Der andere große Einfluß auf mich – und ich fürchte, es entspricht nicht mehr der Mode, solch einen Einfluß einzugestehen – war die Musik von Richard Strauss. Ich weiß zwar nicht, wie es in der UdSSR zur Zeit um seinen Ruf steht, doch in Nordamerika ist es besonders unter den Angehörigen meiner Generation gegenwärtig ziemlich in Mode, ihn als einen Fin-de-siècle-Romantiker abzutun. So sehr empfinde ich dies als völliges Verkennen seiner Bedeutung, daß ich kürzlich sogar einen Aufsatz, »Argument For Richard Strauss«, geschrieben habe, der noch in diesem Winter in einem unserer Schallplattenmagazine[2] erscheinen wird. Ein Großteil des Magazins wird in jenem Monat dem Werk von Richard Strauss gewidmet. Mit meinem Artikel wollte ich insbesondere die seltsame Vorstellung hinterfragen, die so viele Leute von seinen letzten Werken haben, die ich – sosehr ich auch in der Minderheit sein mag – für die schönsten halte (die Oper Capriccio, Metamorphosen für Streicher usw.). Wenn Sie den Artikel sehen möchten, lassen Sie es mich nur wis-

---

1. Sergei Iwanowitsch Tanejew (1856–1915) war ein russischer Komponist, der ein umfangreiches Œuvre hinterließ.
2. *High Fidelity* XII, Nr. 3, März 1962.

sen, dann schicke ich Ihnen ein Exemplar, wenn das Magazin erscheint.

Im Augenblick bin ich dabei, ein Fernsehskript über die Musik von Bach zu schreiben. Im nächsten Monat mache ich eine einstündige Fernsehsendung über Bach, unter anderem mit der Kantate Nr. 54 und dem Fünften Brandenburgischen Konzert; außerdem werde ich etwa zwanzig Minuten über seine Musik sprechen[1].

Achten Sie ganz besonders gut auf sich, und lassen Sie wieder von sich hören, wenn Sie Zeit haben.

Liebe Grüße

Glenn


AN ROY MALEY[2]
Mr. Roy Maley, c/o The Winnipeg Tribune,
Winnipeg, Manitoba

30. Dezember 1961

Lieber Roy,

vielen Dank für Ihre Weihnachtsgrüße und Ihre Rezensionen der letzten Platten. Es freut mich wirklich sehr, daß sie Ihnen gefallen, besonders der Beethoven, der – wie Sie wissen – ein wenig kontrovers ausfiel. Ich weiß nicht, was man tun muß, um gegen die unglaublich teutonische und unerbittliche Art anzugehen, die so oft nicht nur auf die ernste, granitene Seite von Beethoven angewandt wird, sondern auch auf die kontemplative. Jedenfalls freut es mich, daß er Ihnen gefallen hat.

Es tut mir sehr leid, daß ich Sie im November verpaßt habe, aber ich freue mich auf Februar. Bis dahin alles Gute.

Glenn Gould

1. *Glenn Gould on Bach*, 8. April 1962, CBC-Fernsehen.
2. Musikkritiker der *Winnipeg Tribune*.

AN M. A. GROSS[1]
Mr. M. A. Gross, Toronto, Ontario

29. Januar 1962

Lieber Morris,

anbei die jüngste Vorladung[2]. Ich meine entschieden, es wäre ein großer Fehler der Regierung Ihrer Majestät, mich in dieser Sache zu verfolgen, zumal es wohl außer Frage steht, daß ich der jüngeren Generation als wertvolles Beispiel dafür diene, was man auf der Straße nicht tun sollte. Mich vorübergehend aus dem Verkehr zu ziehen würde der Sache Ihrer Majestät wohl kaum dienen, und ich finde, dies sollte Ihr klargemacht werden.

Übrigens sollten wir uns überlegen, Mr. Miller vom Guarantee Trust zu schreiben und offiziell Beschwerde wegen der Warmwasserhähne in dieser Wohnung einzureichen. Wie ich Ihnen wohl schon mitteilte, liefen seit meinem Einzug hier verschiedene Gäste Gefahr, sich zu verbrühen, weil der Druck in zwei der drei Heißwasserhähne gleichzeitig ungeheuer stark und gänzlich unberechenbar ist. Bei verschiedenen Gelegenheiten habe ich den Hausmeister darauf angesprochen; er hat sich die Sache pflichtgemäß angeschaut und alle damit verbundenen Probleme gelöst, indem er einfach den Kopf schüttelte. Er behauptet, da sei nicht viel zu machen, weil diese Wohnung ganz oben und die Anlage altehrwürdig sei. Ich meine jedoch, bei der Miete, die sie kassieren, sind sie verpflichtet, in dieser Angelegenheit einen besseren Service zu bieten, als sie anscheinend zu leisten bereit sind, und ich meine, Mr. Miller sollte direkt davon in Kenntnis

---

1. Morris A. Gross von der Kanzlei Minden, Gross, Grafstein and Greenstein in Toronto war 1962 Goulds Anwalt.

2. Gould fuhr sehr gern Auto, doch weil er ebenso gern am Steuer sang und über Musik nachdachte, kam es zu kleineren Unfällen, Verwarnungen wegen Überschreitens der Geschwindigkeit und anderen Verkehrsdelikten. Zu der Zeit, als dieser Brief geschrieben wurde, drohte ihm ein vorübergehender Führerscheinentzug, was ihn besorgt stimmte, weil er gerne zum Familienlandhaus in Uptergrove am Lake Simcoe nördlich von Toronto fuhr.

gesetzt werden. Vielleicht denken Sie bei Gelegenheit darüber nach.

Grüße

Glenn Gould

AN JOHN MAURER[1]

28. Februar 1962

Lieber John,

vielen Dank für Deinen Brief. Ich fürchte, Deine vielen Fragen zu meiner Kindheit würden mich in eine viel zu detaillierte Rückschau verstricken, und so wirst Du mir hoffentlich verzeihen, wenn ich mir erlauben muß, einige nicht zu beantworten.

Ich hatte allerdings ein Idol, als ich so jung war wie Du. Zumindest in pianistischer Hinsicht war mein Idol Artur Schnabel[2], und zwar nicht deswegen, weil ich sein Klavierspiel unbedingt mehr bewunderte als das aller anderen, sondern einfach deswegen, weil er mir als ein Mensch erschien, der das Klavier als Mittel benutzte, um seine große Liebe zur Musik zum Ausdruck zu bringen, und nicht wie jemand, der darin lediglich eine Gelegenheit sah, sich irgendwie selbst in Szene zu setzen. Und dies erschien mir zweifellos als die richtige Perspektive für das Klavierspielen im tatsächlichen Sinn – daß es einfach ein Medium sein sollte, das einem Zugang zu der ganzen faszinierenden Welt der Musik gewährt.

Nun zu Deiner Frage bezüglich des Royal Conservatory of Music. (Zu meiner Zeit hieß es Toronto Conservatory, wurde aber inzwischen umbenannt.) Leider kann ich nichts Maßgebliches darüber sagen, weil ich seit mindestens zehn Jahren in keinerlei Verbindung mehr dazu stehe. Außerdem finde ich, ganz offen gesagt, daß es vielleicht etliche andere Institute viel näher bei Deinem Heimatort gibt, die Deiner musikalischen

---

1. Ein junger Fan.
2. Artur Schnabel (1882–1951), in Österreich geborener Pianist und Komponist, später amerikanischer Staatsbürger.

Ausbildung gleichermaßen dienlich sind. Kurzum, ich kann es nicht ohne gewisse Einschränkungen empfehlen.
Mit freundlichen Grüßen


AN HUMPHREY BURTON
Mr. Humphrey Burton, c/o The B.B.C.,
London, England.

12 Sheppard Street
17. April 1962

Lieber Humphrey,
vielen Dank für Deinen Brief vom 28. März. Ich habe Mr. Homburger gegenüber erwähnt, daß Du Ende Mai auf diesem Kontinent weilen wirst, und wir würden beide sehr gerne etwaige Ideen fürs Fernsehen, die Du eventuell auf Lager hast, mit Dir besprechen. Ich bedaure natürlich sehr, daß Du meinst, die Ausrichtung unserer C.B.C.-Sendungen liege irgendwo zwischen Deinen Sendungen und normalen Musiksendungen, doch ich verstehe durchaus, daß eine einstündige Sendung dieser Art nicht so ohne weiteres in ein mehr dokumentarisches Format paßt. Trotzdem, scheint mir, ist es eine Ausrichtung, die zumindest bei unserem nordamerikanischen Publikum sehr gut ankommt; ich stimme allerdings zu, wenn die Bühnenausstattung usw. zu aufwendig wird, kann sich dies eher als Ablenkung denn als Hilfestellung für den Zuschauer erweisen.
Im Augenblick plane ich keine Tournee in Europa für die nächste Spielzeit, beziehungsweise im Augenblick für gar keine Spielzeit. Grund dafür ist die Tatsache, daß ich vor zwei Monaten beschlossen habe, nach dem Ende der nächsten Spielzeit keine öffentlichen Konzerte mehr zu geben. Wohlgemerkt, diese Absicht äußere ich jedes Jahr, seit ich 18 bin, und ein Teil meines Publikums hier nimmt diese Äußerungen überhaupt nicht mehr ernst, doch diesmal meine ich es wohl wirklich ernst[1]. Was ich jedoch nicht aufgeben werde, ist das Fernsehen, weil es mir viel zuviel Spaß macht, als daß ich den

---

1. Sein letztes Konzert gab Gould am 10. April 1964 in Los Angeles.

Kontakt zu diesem faszinierenden Medium aufgeben wollte. Falls wir uns also auf zufriedenstellende Weise einigen können, wäre ich nach wie vor daran interessiert, etwas für Dich zu machen, und falls wir uns Ende Mai treffen, fällt uns eventuell etwas ein, was uns vielleicht beide gleichermaßen fasziniert. Teile mir doch Deine Reisepläne mit, sobald sie feststehen. Bis dahin alles Gute[1].

Mit freundlichen Grüßen


AN EDWYN HAMES
Mr. Edwyn Hames, Dirigent,
The South Bend Symphony Orchestra,
Hillsdale, Mich.

12 Sheppard Street
17. April 1962

Sehr geehrter Mr. Hames,

vielen Dank für Ihren Brief vom 10. April. Ich muß mit einer gewissen Verlegenheit gestehen, daß ich kein Metronom besitze, und deshalb weiß ich nicht, ob die Angaben in Ihrem Brief denen meiner Aufführung mit den New Yorker Philharmonikern entsprechen[2]. Ich kann jedoch sagen, daß die Aufführung trotz des ganzen Theaters und des Hickhacks, das darüber entstand, genau den Charakter und folglich die Tempi aufwies, die meiner Meinung nach dem wahren Zeitmaß dieses Werks entsprechen. Folglich würde ich es, auch wenn einige der Tempi eher willkürlich geklungen haben mögen, bei der Aufführung in South Bend gerne genauso machen.

---

1. Zu einer Zusammenarbeit zwischen Gould und Humphrey Burton kam es schließlich 1966 bei vier Fernsehsendungen mit dem Titel *Conversations with Glenn Gould*, die BBC und CBC-Toronto koproduzierten. Weil Gould Flugreisen haßte, mußte Burton aus London anreisen und die Aufnahmen in den CBC-Studios in Toronto machen.
2. In seinem Brief an Gould hatte Hames Metronomzahlen angegeben, die er während der Rundfunkübertragung von Goulds Aufführung von Brahms' *Klavierkonzert Nr. 1 d-Moll* op. 15 (mit den New Yorker Philharmonikern) notiert hatte. Er wollte von Gould wissen, ob dies in etwa die Tempi seien, die er mit dem South Bend Symphony Orchestra spielen wolle.

Ich habe den Eindruck, daß im Laufe der Jahre Generationen von Musikern die Grundauffassung von der Interpretation des romantischen Konzerts mit einer Reihe von Klischees überfrachtet haben, und zwar so weit, daß ein Werk wie das Brahms d-Moll inzwischen weniger durch organische Einheit als vielmehr durch ein Bündnis von Unvereinbarkeiten besticht. Mir scheint, daß es besonders in den Ecksätzen wichtig ist, Tempi zu wählen, die die korrelierenden Themenstränge des Werks soweit wie möglich unterstreichen, und den rein männlich-weiblichen Kontrast der Themen etwas zu vermindern, um die organische Verbindung zwischen ihnen zu betonen.

Wie dem auch sei, ich bin mir zwar ziemlich sicher, daß wir in South Bend genausoviel Kontroverse entfachen werden wie in New York, doch ich hoffe, daß wir es so machen können und daß wir – auch wenn ich mich für die Metronombezeichnungen, die Sie angegeben haben, nicht verbürgen kann – die Atmosphäre melancholischer Würde bewahren, die, wie ich glaube, bei der Philharmonikeraufführung geschaffen wurde. Ich freue mich, Sie wiederzusehen und mit Ihnen zusammenzuarbeiten, und verbleibe bis dahin mit den besten Wünschen[1]

Ihr

AN HENRY RAYMONT[2]
Mr. Henry Raymont,
Cambridge, Massachusetts.

GLENN GOULD
32 Southwood Drive
Toronto, Ontario
18. April 1962

Lieber Henry,

vielen Dank für Deinen Brief, der wirklich längst fällig war, und für die Berichterstattung, was sich in letzter Zeit in Dei-

---

1. Die Aufführung wurde abgesagt; allerdings spielte Gould das *Konzert d-Moll* von Brahms am 9. und 10. Oktober 1962 in Baltimore und am 5. März 1963 in Denver.
2. Kurator der Nieman Foundation for Journalism.

nem Leben so getan hat. Ich bin sehr erfreut über den neuen Hang zum Akademischen und bin sicher, daß Du in dieser Richtung eine Menge beizutragen hast. Gar nicht so sicher bin ich mir allerdings, ob ich Dir beipflichten soll, wenn es um die Beteiligung Kanadas in der C.A.S.[1] geht, aber das ist eine andere Sache – eine, über die wir hoffentlich einmal persönlich diskutieren können.

Es ist wohl ein Glück, daß Du es Deinem Telegramm zufolge nicht geschafft hast, nach New York zu kommen, zumal ich Deinen Brief erst zu sehen bekam, nachdem ich das Telegramm erhalten hatte. Er war mir von den Leuten hinter der Bühne ordnungsgemäß ausgehändigt worden, aber ich steckte ihn in eine Tasche und vergaß ihn, und erst als das Telegramm eintraf, erinnerte ich mich daran, daß ein Brief gekommen war – erst da fiel mir ein, ihn herauszukramen. Verpaßt hast Du auch, wie Du inzwischen wahrscheinlich weißt, die skandalöseste Aufführung, welche die 57. Straße seit Jahren erlebt hat[2]. Ich hoffe doch sehr, daß Du die Übertragung einschließlich Leonardos Vortrag hören konntest, denn trotz all der heftigen Beschuldigungen, die von allen Seiten erhoben wurden, war die Rede total charmant, ja sogar voller Edelmut und weit davon entfernt, eine Fehde heraufbeschworen zu haben (wie in den Zeitungen behauptet wird); wir waren noch nie so gute Freunde.

---

1. Gould meint die O.A.S., die Organization of American States.
2. Goulds Interpretation von Brahms' *Konzert Nr. 1 d-Moll* op. 15 mit den New Yorker Philharmonikern unter Leonard Bernstein am 6. April 1962 löste einen Skandal aus. Bernstein sprach einleitend zum Publikum und distanzierte sich von Goulds Wahl der Tempi, die im ersten und letzten Satz extrem langsam waren. Gould wurde zur Zielscheibe von Bernsteins Humor, auch wenn sich der Dirigent in späteren Jahren anders an den Vorfall zu erinnern beliebte. Gould vermied zwar nach außen hin jeden Eindruck eines Streits mit Bernstein, doch nahm er sicherlich Anstoß an einer Bemerkung des Kritikers Harold Schonberg, der in der *New York Times* schrieb, der Pianist hätte das Werk langsam gespielt, weil er nicht genügend Technik beherrsche, um dessen Schwierigkeiten zu meistern. Angesichts der erstaunlichen Technik, über die Gould verfügte, ist solch eine Äußerung regelrecht absurd.

Was wirklich schockierte, waren natürlich die Tempoverhältnisse im ersten und letzten Satz – nicht die Langsamkeit an sich, denke ich, obwohl das natürlich das erste ist, was auffällt, und somit das erste, was beanstandet wird, wenn einem der Sinn danach steht, sondern eher wohl die Tempoverhältnisse, die in jedem der beiden Sätze durchgehalten wurden. Ich habe in den letzten paar Jahren in bezug auf das Konzert des 19. Jahrhunderts allmählich einen Blick entwickelt, der dieses seltsam launische Ding mit den Augen eines Menschen sieht, der in Kenntnis auch von Schönberg zurückschaut – das heißt, ich habe eine Möglichkeit gefunden, das Repertoire von Mitte und Ende des 19. Jahrhunderts auf eine Weise zu spielen, deren Hauptmerkmal das Aufscheinen organischer Einheit ist und nicht das andauernde Zugeständnis an jenes Bündnis der Unvereinbarkeiten, das meiner Meinung nach den meisten Interpretationen der Musik des 19. Jahrhunderts zugrunde liegt. Dies mag vielleicht überzogen und ein wenig beliebig klingen, ist es aber nicht. Ich tue nichts anderes, als den Maskulin-Feminin-Kontrast zwischen Themenbereichen zurückzunehmen, um statt dessen die Entsprechungen im strukturellen Material zwischen einzelnen Themenblöcken erkennbar werden zu lassen, und eines der Erfordernisse dieser Methode sind natürlich Tempi – die sich, egal ob schnell oder langsam, mit derselben Gültigkeit auf sämtliche grundlegenden Themenverläufe eines Satzes anwenden lassen. (Sofern natürlich in der Partitur nichts anderes angegeben ist.) Mir scheint also, das wirklich Andersartige und vielleicht Störende an unserer Aufführung bestand für die meisten Leute darin, daß diese Proportionen auf einer Art minimal schwankender Linie gehalten wurden und nicht in der grundsätzlichen Festlegung des Tempos selbst.

Wohlgemerkt, Lenny ist in dieser Hinsicht keineswegs völlig gleicher Meinung wie ich, doch sein Entdeckergeist ist trotzdem groß genug, um solch ein Experiment zu wagen, das Gültigkeit hat, ob man nun damit einverstanden ist oder nicht; und er hat es mit unendlicher Aufgeschlossenheit gewagt. Das also, kurzum, verbarg sich hinter dem Skandal – nur zu Deiner persönlichen Information.

Planst Du irgendwann einmal eine Reise nach Kanada?

Inzwischen alles Gute

Glenn Gould


AN HARRIET INGHAM[1]

Miss Harriet Ingham, Toronto, Ontario.

32 Southwood Drive

Toronto 8, Canada

19. April 1962

Liebe Miss Ingham,

vielen Dank für Ihren Brief – es war wirklich sehr nett von Ihnen, mir zu schreiben, und es freut mich sehr, daß Ihnen die Bach-Sendung gefallen hat.

Ich habe die Zeit, die ich in Ihrem Englischunterricht verbrachte, noch in sehr guter Erinnerung, und nicht zuletzt unsere vielen freundlichen und fruchtbaren Gespräche nach dem Unterricht. Vielleicht möchten Sie irgendwann später in diesem Frühjahr oder Sommer, wenn ich etwas mehr freie Zeit habe als im Augenblick, zum Tee zu mir kommen. Zur Zeit bin ich zwischen verschiedenen Konzertverpflichtungen nur für ein paar Tage hier, aber der Spätfrühling ist immer eine sehr angenehme und ruhige Zeit bei mir, und ich würde mich sehr freuen, wenn Sie mich besuchen und mit mir über alte Zeiten plaudern könnten.

Sehr ernsthaft widersprechen muß ich Ihnen jedoch in der Frage, ob ich in meinem Vortrag das Thema Religion als Einfluß in Bachs Musik außer acht ließ. Ich denke, im Gegenteil – die Hälfte jenes Texts verfolgte die Absicht, die musikalische Parallele eines gläubigen Menschen in einem Zeitalter, das allmählich ungläubig wurde, aufzuzeigen. Ich tat dies in den

---

1. Goulds ehemalige Englischlehrerin am Malvern Collegiate. Die bekannte griechisch-kanadische Sopranistin Teresa Stratas besuchte ebenfalls das Malvern Collegiate.

ersten Minuten des Skripts, in denen ich Vergleiche zu ziehen versuchte zwischen der Fin-de-siècle-Haltung von Bach als einem Musiker, der sich auf das gesamte Denken der vorausgehenden Generationen berief, [und] einer Welt, die geprägt war von der galanten Theatralik seiner Söhne und der Generation, die diese vertraten. Es stimmt zwar, daß ich sehr wenig über die Quellen der deutschen Romantik in Bachs Musik gesagt habe (schließlich haben wir für die Provinz Quebec auch eine französische Fassung übersetzen lassen), aber ich denke, ich legte großen Nachdruck auf das Wesen von Bach als einem spirituellen Menschen in einer Welt, die zu jener Zeit immer ablehnender gegenüber geistigen Idealen wurde.

Nochmals – vielen Dank für Ihren Brief und alles Gute.

Mit freundlichen Grüßen

Glenn Gould

AN SCHUYLER CHAPIN
Mr. Schuyler Chapin, c/o Columbia Records,
New York, New York.

26. Juni 1962

Lieber Schuyler,

anbei, wie versprochen, einige Repertoireideen, die Du bei Gelegenheit überdenken kannst.

Vorausgesetzt, daß das Projekt der »48« von meiner Wenigkeit gewissenhaft weiterverfolgt wird, dürfte es uns wohl die nächsten 2 bis 2½ Jahre beschäftigen. Bezüglich anderer Repertoireeinspielungen in diesem Zeitraum dürfte wohl einiges davon abhängen, in welcher Weise Du die »48« herauszubringen gedenkst. Falls sie nach unseren derzeitigen Plänen in sechs Volumes zu jeweils acht Präludien und Fugen erscheinen sollen, würdest Du sie einzeln herausbringen oder die ersten drei Volumes zurückhalten, bis Teil 1 komplett ist? Falls ersteres gilt (das heißt, jedes Volume erscheint unabhängig), gibt es wohl kein Problem bei einem Erscheinen in den Herbstmonaten. Falls Du jedoch vorhast, ein Dreieralbum mit dem kompletten Teil 1 herauszubringen, wäre es sicherlich optimistisch, mit einem Erscheinen vor, sagen wir, Weihnachten in einem Jahr (das heißt Ende Herbst 1963) zu rechnen. Sollte dies so sein, müßten wir auf jeden Fall sofort mit den Plattenausgaben für die Zwischenzeit anfangen. Deswegen notiere ich hier ein paar Gedanken darüber, woraus diese Platten bestehen könnten.

1.) Partiten Nummer 3 und 4 – diese sollten auf jeden Fall innerhalb des nächsten Jahres gemacht werden, da wir die Vervollständigung des Partitenzyklus schon so lange aufgeschoben haben. Ist angesichts der Tatsache, daß Nummer 5 und 6 nur in Mono aufgezeichnet wurden, eine Gesamtausgabe der sechs Partiten in der Monoversion ausgeschlossen? Auf jeden Fall sollte das Instrument ein Standardklavier sein, wie bereits vereinbart.

2.) Kunst der Fuge, Volume 2 – falls Deine jüngsten Unannehmlichkeiten mit den Finanzbehörden hinreichend bereinigt sind, wäre es gewiß das beste, hierbei dieselbe Orgel zu verwenden wie bei Volume 1. Falls Du große Probleme mit dem Zoll erwartest, könnte ich mich wegen einer Orgel erkundigen, die mir der Geschäftsführer von Casavant Freres kürzlich beschrieben hat. Es ist eines ihrer Instrumente im New Look, ähnlich wie die Orgel in All Saints Anglican, aber um einiges kleiner. Sie hat jedoch den Vorteil, in einer Gemeinde auf Long Island zu stehen – weiß im Augenblick nicht genau, wo. Ich denke, diese Aufnahme sollte nicht später als nächsten Winter gemacht werden (es wäre sogar wünschenswert, sie im Herbst zu machen), damit die vollständige Kunst der Fuge nächstes Jahr um diese Zeit für den Verkauf zusammengestellt werden kann.

3.) Sobald die Kunst der Fuge sicher unter Dach und Fach ist, könnten wir uns, glaube ich, eine weitere Orgelaufnahme mit Schönbergs Variationen über ein Rezitativ und der Krenek-Orgelsonate überlegen[1]. Von beiden Werken gibt es bereits Einspielungen – vom Schönberg beim Label Esoteric und vom Krenek beim Label der University of Oklahoma (was immer

---

1. Diese Platte kam nicht zustande.

das sein mag!). Dies ist jedenfalls ein Projekt, das wir uns
noch überlegen können, da es auf jeden Fall warten muß, bis
die Kunst der Fuge abgeschlossen ist.

4.) Pläne für das Strauss-Jahr 1964 – ich nehme an, daß Du
nach wie vor eine Aufnahme der Burleske mit Herrn Doktor
Leonardo[1] favorisierst, und möchte Dich hier nur auf das Ter-
minproblem hinweisen. Du wirst Dich erinnern, daß drei Tage
nach den Philharmonikerkonzerten in der nächsten Spielzeit
meine Anwesenheit in Los Angeles erforderlich ist und daß ich
folglich, zumal ich die Fluggesellschaften nicht mehr mit meiner Kundschaft unterstütze, nicht später als Sonntag abend in
New York aufbrechen müßte. Deswegen würde ich am Montag
keine Aufnahmesitzung wahrnehmen können und auch keine
am Sonntag abend, da die meisten Züge Richtung Westen am
späten Nachmittag abfahren. Zum Glück haben wir kein Sonn-
tagskonzert in der Reihe nächstes Jahr. Ich dürfte ungefähr
zwei Wochen im Westen bleiben, habe aber in der zweiten
Februarhälfte jede Menge freier Zeit. Hältst Du es für töricht,
die Aufnahme auf ungefähr drei Wochen nach der Aufführung
zu verschieben? Es erhebt sich ein weiteres Problem bei dieser Einspielung – womit sie gekoppelt wird! Zumal uns der
gute Bürger Strauss nichts weiter für Klavier solo und Orchester hinterlassen hat (es sei denn, Du machst Dir etwas
aus dem Parergon zur Symphonia domestica – danke, das
dachte ich auch nicht). Chez Philharmonic werden wir sie
mit Bachs Konzert g-Moll koppeln, doch dies hielte ich für
eine weitaus absurdere Kombination als unser jüngster
Schönberg/Mozart – eine Kombination, die im Grunde durch
sehr wenig gerechtfertigt wäre. Deshalb möchte ich Dich
darauf hinweisen, daß sich die eine oder andere Möglichkeit
aus meinem nächsten Abenteuer beim C.B.C.-Fernsehen
ergeben könnte, bei dem ich mich, wie Du weißt, darin versuchen werde, von den Tasten aus Ausschnitte aus dem Bürger als Edelmann und der Tanzsuite nach Couperin zu dirigie-

---

1. Leonard Bernstein. Dieses Schallplattenprojekt wurde nicht verwirklicht.

ren[1]. Die Couperin-Musik gehört zwar keineswegs zu meinen Lieblingsstücken, sie würde eine Platte jedoch mit etwas ausgesprochen Gehaltvollem ausfüllen und ließe sich ganz leicht ohne Dirigenten machen. Der Bürger als Edelmann hingegen wäre sehr schwer auf diese Weise zu bewerkstelligen, da das Klavier nur in bestimmten Sätzen als Continuo verwendet wird. Stellen wir dieses Problem einstweilen zurück und fahren fort mit ein paar weiteren Gedanken über Herrn Richard.

5.) Wie Du weißt, würde ich sehr gerne die Violinsonate machen. Geht man nach dem einzigen Schwann-Katalog, den ich zur Hand habe (der ein Jahr alt ist und auf dem all diese Auflistungen beruhen), ist die Violinsonate im eingespielten Repertoire nicht vertreten. Ich bin sicher, daß das nicht richtig ist, denn ich entsinne mich eindeutig, daß Leonid Kogan sie vor ein paar Monaten eingespielt hat. Ich vermute aber auf jeden Fall, daß die alte Heifetz-Einspielung inzwischen ausgemustert ist. Gekoppelt werden könnte sie mit der Sonate für Cello und Klavier op. 6, die ich zwar, offen gestanden, nicht kenne, die aber zusammen mit der Violinsonate ein gutes Bild des jungen Strauss vermitteln würde. Ich glaube fest, der ideale Partner für eine Einspielung dieser Violinsonate mit mir wäre Oscar Shumsky, der sie großartig spielt[2].

6.) Lieder – vorausgesetzt, Du kannst Dir einen geeigneten Komplizen für solch ein Projekt vorstellen, würde ich gerne mindestens ein Volume Schönberg-Lieder ansetzen. Aus Deinen Bemerkungen vor ein paar Wochen schließe ich, daß Du meinst, es müßte jemand von hohem Ansehen innerhalb der Vokalistenkreise sein, und die einzige Person in Deinem eigenen Sortiment, die dieser Beschreibung entspricht, wäre natür-

---

1. Diese Fernsehsendung wurde nicht produziert. Statt dessen dachte sich Gould eine Fernsehübertragung eines reinen Richard-Strauss-Programms aus, unter anderem mit der Suite *Der Bürger als Edelmann* op. 60. Die Sendung wurde am 15. Oktober 1962 ausgestrahlt.
2. Diese Aufnahme wurde nicht realisiert. Gould und Shumsky spielten jedoch den ersten Satz aus der *Violinsonate Es-Dur* op. 18 für die Sendung *Festival/Richard Strauss: A Personal View*, die am 15. Oktober 1962 im CBC-Fernsehen gezeigt wurde.

lich Eileen[1]. Bei allem Respekt, ich halte sie eigentlich nicht primär für eine Liedsängerin, doch ein Versuch könnte sich lohnen. Meine persönliche Präferenz unter den älteren (das heißt mittelalterlichen) Damen wäre Madame Schwarzkopf[2], doch vermutlich fürchtest Du, es würde große Mühe kosten, sie aus den Fängen von Herrn Legge[3] zu befreien. Eine Möglichkeit wäre allerdings, einen Tausch mit Legge vorzuschlagen – das heißt ein Album für Columbia und eins für E.M.I. Ich denke, das würde er sich sogar überlegen. Wenn es mit keiner dieser beiden klappt, bleibt als Möglichkeit noch Lois Marshall, die ihre Sache bestimmt ganz gut machen würde. Ich würde übrigens ganz gerne über den Rahmen von Cäcilie usw. hinausgehen und neben den bekannteren Liedern auch solche wie die Ophelia-Lieder mit aufnehmen, die ich in meiner Fernsehsendung im August bringen werde[4].

7.) Wenn wir einen wirklich interessanten Partner für eine Liederplatte finden könnten, würde ich mich derselben Person gern auch für ein Album mit Schönberg-Liedern bedienen. Dieses könnte als Haupttitel das Buch der hängenden Gärten op. 15 enthalten, das ungefähr 24 Minuten dauert und somit eine Seite füllen und durch eine Seite ergänzt werden könnte, die eine Auswahl seiner frühen Lieder aus op. 2, 3 und 6 enthält[5]. Ich denke, das würde eine fabelhafte Zusammenstellung und eine äußerst üppige Kostprobe aus Schönbergs Übergangsjahren abgeben.

8.) Um schließlich auf Unternehmungen mit Klavier solo

---

1. Eileen Farrell.
2. Gould nahm mit der deutschen Sopranistin Elisabeth Schwarzkopf (geb. 1915) einige Strauss-Lieder auf, jedoch keine von Schönberg. Die Strauss-Lieder, darunter auch die drei *Ophelia-Lieder* (op. 67), erschienen 1980 auf dem Glenn Gould Silver Jubilee Album (CBS).
3. Walter Legge (1906–1979), englischer Musikagent, Autor und Produzent; führende Persönlichkeit in der Welt der Schallplatte; Ehemann von Elisabeth Schwarzkopf.
4. Lois Marshall (geb. 1924), kanadische Sopranistin; sie sang die drei Ophelia-Lieder (op. 67) in der Strauss-Sendung des CBC-Fernsehen.
5. *Das Buch der hängenden Gärten* op. 15, gesungen von der Mezzosopranistin Helen Vanni (Columbia). Vanni sang ferner op. 3, 6, 12, 14, 48 und op. post. für Columbia. Ellen Faull sang op. 2 für Columbia.

zurückzukommen: Ich halte es für an der Zeit, ob Du es glaubst oder nicht, eine weitere Auswahl von Mozart-Sonaten aufzuzeichnen. Ich würde meinen, daß zwei oder drei der letzten Sonaten eine gute Kombination abgeben würden, besonders die in c-Moll (mit oder ohne begleitende Fantasie) und die in B-Dur, die auch als Violinsonate existiert[1].

Du wirst sicher zugeben, daß uns selbst die Hälfte dieser Projekte die nächsten ein, zwei Jahre ordentlich in Trab halten und von allen dummen Gedanken abhalten wird, doch Du wirst sehen, daß einiges davon abhängt, wie Du Dir die Auslieferung der »48« genau vorstellst[2]. Ich denke, falls Du die »48« aufschieben willst, bis ein Teil davon komplett ist, wird es nötig sein, eines der anderen Projekte relativ bald festzumachen, da es sicherlich das beste wäre, mit sämtlichen Strauss-Ausgaben bis 1964 zu warten. Ich würde es für angebracht halten, das Album mit Schönberg-Liedern im nächsten Winter herauszubringen, zusammen mit den übrigen Partiten und der Vervollständigung der Kunst der Fuge.

Ich harre Deiner Überlegungen zu diesen diversen und wichtigen Angelegenheiten.

Alles Gute.

Mit freundlichen Grüßen

Glenn Gould


AN BENJAMIN BRITTEN[3]
Mr. Benjamin Britten, Suffolk, England

30. November 1962

Sehr geehrter Mr. Britten,
ich schreibe Ihnen im Namen des Stratford (Ontario) Music Festival, dessen Kodirektor ich inzwischen bin. Wir hoffen,

---

1. Mozarts *Sonate Nr. 14 c-Moll* KV 457 wurde 1973 und 1974 eingespielt und erschien 1975 (*The Mozart Piano Sonatas*, Vol. 5, CBC). Die *Sonate Nr. 16 B-Dur* KV 570 entstand 1970 und 1974.
2. *Das Wohltemperierte Clavier*, Teil I und II, erschien zwischen 1963 und 1971.
3. Englischer Komponist, Dirigent und Pianist (1913–1976).

Sie in naher Zukunft dazu bewegen zu können, Ihre Verbindungen mit uns wiederaufzunehmen, zumal wir uns mit großer Freude an Ihren Besuch von 1956 erinnern.

Im Augenblick versuche ich – obwohl ich weiß, daß die Zeit bis zum Festival der nächsten Spielzeit unerhört kurz ist – ein Programm zusammenzustellen, das ausschließlich aus Uraufführungen oder zumindest nordamerikanischen Erstaufführungen von Werken für Kammermusikensembles, vokalen beziehungsweise instrumentalen, besteht. (Vermutlich haben wir in diesem Programm die Uraufführung der vollständigen Version von Lukas Foss' »Echoi« für Klavier, Klarinette, Cello und Schlagzeug.) Weil die Zeit so kurz ist, weiß ich, daß es so gut wie nicht in Frage kommt, ein Werk speziell für dieses Programm in Auftrag zu geben, doch ich schreibe Ihnen mit dem Gedanken, daß Sie vielleicht gerade an irgendeinem Kammermusikwerk sitzen, für das vielleicht noch keine Uraufführung geplant ist[1]. Falls ja, wäre es uns selbstverständlich eine große Ehre, es in unser Programm zu nehmen, und würden Sie natürlich in allen Fragen bezüglich seiner Aufführung – Wahl der Interpreten usw. – zu Rate ziehen.

Falls auch nur die geringste Aussicht besteht, wäre ich Ihnen dankbar, wenn Sie mich so bald wie möglich verständigen würden.

Mit Bedauern habe ich kürzlich vom Wiederauftreten Ihrer Schulterbeschwerden gelesen – als alter Bursitis-Geplagter kann ich mit Ihnen fühlen.

Mit freundlichen Grüßen
Glenn Gould.

---

1. In seinem Brief vom 21. Februar 1963 antwortete Britten, er sei »ganz in Verpflichtungen eingebunden« und ziehe es vor, seine neuen Werke zunächst beim Aldeburgh Festival auszuprobieren. Immerhin bot er dem Stratford Festival für das folgende Jahr eine neue Oper »im Anschluß an eine Aufführung in Aldeburgh« an.

An V. Krastins[1]
Mr. V. Krastins, Riga, UdSSR

3. Januar 1963

Sehr geehrter Mr. Krastins,
vielen Dank für Ihren Brief und die Schilderung Ihres höchst interessanten Projekts zur Bach-Forschung[2]. Ich würde mich gewiß freuen, Ihre Aufsätze lesen zu können, wenn sie fertig sind.

Ich wünschte nur, ich könnte Ihnen auf direktere Weise behilflich sein, was mein eigenes Schreiben über das Thema betrifft, doch obwohl ich es fertiggebracht habe, eine Reihe von Aufsätzen über verschiedene musikalische Themen zu schreiben, habe ich leider nichts zu Papier gebracht, was sich speziell auf die Interpretation von Bachs Klavierwerken bezieht. Seltsamerweise hat man mir vorgeschlagen, ein Buch über dieses oder ein verwandtes Thema zu schreiben, und ich werde dies in ein paar Jahren vielleicht auch tun; doch gegenwärtig schließe ich ein Buch mit einer Sammlung von Aufsätzen ab, die sich aber alle nicht mit Bach oder mit Barockmusik befassen[3]. Hin und wieder hielt ich Vorträge über Themen, die sich auf Bach und seine Zeit beziehen, manchmal über Stoffe wie das Archaische in Bach – das, was man meiner Meinung nach historische Rückentwicklung nennen könnte –, mit anderen Worten, die Ablehnung der Chronologie, die in seiner eigenen Entwicklung enthalten war, was sich darin zeigt, daß er am Ende seines Lebens keinerlei Interesse mehr an der neuen Musik seiner Zeit zeigte und sich in jenen glorreichen kontrapunktischen Abglanz vergangener Epochen zurückzog (wie in der Kunst der Fuge).

Mit anderen Worten, ich habe zwar über Themen im Zusammenhang mit Bach und seiner Entwicklung Vorträge gehalten,

---

1. Lettischer Pianist und Aufbaustudent am Leningrader Konservatorium.
2. Er befaßte sich mit der »Interpretation von Bachs Werken für Tasteninstrumente in unserem Jahrhundert« und wollte Busoni, Fischer und Gould als Beispiele für die »weltweit glänzendsten Verfechter von Strömungen im modernen Bach-Spiel« anführen.
3. Das Buch wurde nicht veröffentlicht.

doch habe ich leider nichts Spezielles über die Klavierliteratur geschrieben. Ich habe natürlich ziemlich viele Theorien über die Interpretation von Bach auf dem Klavier, die sich hauptsächlich darum drehen, daß man meiner Meinung nach, wenn man das Klavier überhaupt für Bachs Musik verwenden will, bis zu einem gewissen Grad versuchen muß, die Registerabstufungen des Cembalos nachzuahmen. Zwar bin ich in dieser Frage alles andere als puritanisch und halte auf keinen Fall etwas davon, solche Theorien zu weit zu treiben, doch finde ich, daß der wesentliche Fortschritt in der Bach-Interpretation innerhalb der letzten Generation darin besteht, daß so viele Leute bereit sind, die notwendige Klarheit und Präzision zu erreichen, indem sie bis zu einem gewissen Maß auf die koloristischen Eigenschaften des Klaviers verzichten.

Die logische Weiterentwicklung meiner Haltung wäre vermutlich, die Werke einfach auf dem Cembalo zu spielen; trotzdem kann ich mich nicht des Eindrucks erwehren, daß das Klavier mit seinem Klangspektrum und seinen Möglichkeiten an Registrierungseffekten, die durchaus im konzeptionellen Rahmen von Bachs Musik liegen, aber aus rein mechanischen Gründen am Cembalo unmöglich sein, in vielerlei Hinsicht eine vollkommen vernünftige Alternative darstellt – und in so vielerlei Hinsicht das praktischste Tasteninstrument für die Aufführung seiner Musik ist. Meiner Ansicht nach ist eine Bereitschaft erforderlich, die Glamoureigenschaften des Klaviers, wenn man so will, aufzugeben, und genau dies scheint in der gegenwärtigen Musikergeneration zum Glück mehr und mehr erkannt zu werden.

Ich hoffe, dieser Brief hilft Ihnen, meine Haltung gegenüber der Bach-Interpretation zu beurteilen, und ich bedaure nur, daß ich nicht die Art von Aufsätzen parat habe, die Ihnen vorschwebt. Darf ich noch einmal sagen, wie erfreut ich wäre, Proben Ihrer eigenen Aufsätze zu diesem Thema zu erhalten.

Mit freundlichen Grüßen
Glenn Gould.

AN BENJAMIN BRITTEN
Mr. Benjamin Britten, Suffolk, England

8. Februar 1963

Sehr geehrter Mr. Britten,
vielen Dank für Ihre Antwort auf meinen früheren Brief. Ich bedaure es aufrichtig, daß es uns nicht gelungen ist, beim Festival diesen Sommer ein Werk von Ihnen zu präsentieren, doch wenn Sie erlauben, möchte ich gerne in Erfahrung bringen, was Sie von einem etwas anderen Vorschlag zum Festival im nächsten Jahr (das heißt 1964) oder möglicherweise sogar in der Spielzeit danach halten.

Seit einiger Zeit befassen wir uns mit dem Umstand, daß wir inzwischen zwar unsere Konzerte im eigentlichen Festivaltheater durchführen, daß uns aber die Beschränkungen der Bühne davon abgehalten haben, in jenem Theater auch Oper zu spielen. Trotz allem sind auch die Vorzüge der Bühne höchst augenfällig, und so haben wir letztes Jahr zwei Ballette in Auftrag gegeben, die speziell für das Theater konzipiert sind. Dies bewog uns dazu, ein speziell für unsere Bühne geschriebenes Originalwerk aus der Sparte Musiktheater in Erwägung zu ziehen. Wegen der besonderen Eigenart der Bühne brauchte es sich nicht im entferntesten um so etwas wie musikalisches Rampentheater zu handeln und könnte unter Umständen Elemente des Balletts, der Pantomime usw. beinhalten. Auf jeden Fall denke ich, wenn das Sujet stimmt, dürften die Vorzüge der Bühne die Nachteile aufwiegen, und es könnte ein äußerst spannendes Konzept entstehen.

Nun also zur Sache – wären Sie bereit, einen Auftrag des Festivals für solch ein Werk zu übernehmen? Haben Sie den Eindruck, solch eine Idee wäre realisierbar? Ich denke, Sie erinnern sich an die Anordnung von Tanya Moiseiwitschs Bühne (seit letztem Jahr geringfügig verändert)[1].

---

1. Im Programmheft des Stratford Festival 1962 heißt es: »... der rückwärtige Bereich wurde breiter und offener gestaltet, die Vorbühne dagegen blieb unverändert. Der Balkon wurde um zwanzig Zentimeter erhöht, und vier Stützpfeiler wurden entfernt. Zwei neu eingebaute Drehtüren bieten zusätzliche Eingänge.«

Ich denke, es wäre gar nicht nötig, daß solch ein Werk eine gesamte Abendvorstellung füllte. Ein Werk von etwa einer dreiviertel Stunde bis zu einer Stunde Länge würde im Grunde genügen, wenn wir ein dazu passendes Pendant finden. Die Frage des Librettisten stünde ganz allein in Ihrem Ermessen, und wir würden natürlich separat mit dem Librettisten verhandeln. Der Festivalausschuß hat mich ermächtigt, Ihnen die Summe von $ 2 000,00 anzubieten.

Ich hoffe sehr, daß Sie unser Anliegen wohlwollend betrachten, und freue mich, wieder von Ihnen zu hören.

Mit freundlichen Grüßen
Glenn Gould.


AN LOUIS BIANCOLLI[1]
Mr. Louis Biancolli, New York, N.Y.

27. Mai 1963

Sehr geehrter Mr. Biancolli,
vielen Dank für Ihren Brief und die drei Aufnahmen. Ich fand, sie waren ein – gelinde gesagt – spannendes Erlebnis, und füge gern ein paar Bemerkungen bei, die Sie vielleicht bei den Anmerkungen auf dem Cover oder der Hülle verwenden können.

Ich muß gestehen, daß es auch eine relativ beunruhigende Erfahrung für mich war: Mir ist durch diese Aufnahmen plötzlich bewußt geworden, wie passager unsere Werte in bezug auf Interpretationen sind und wie sehr sie vom analytischen Ansatz der jeweiligen Generation abhängen. Ich fand, daß in diesen Aufnahmen der Wunsch zu segmentieren, aus der Leidenschaft des Augenblicks heraus zu spielen, die größeren Strukturen zu gefährden drohte, auch wenn er den kleineren einiges an Charme und Grillenhaftigkeit zu verleihen vermochte. Ich hatte den Eindruck, Grieg und Fauré waren aus-

---

1. Biancolli, ein Fan von Gould, schrieb Musikkritiken für *New York World Telegraph and Sun*. Zeitweise verfaßte er auch die Programmanmerkungen für das New York Philharmonic Orchestra.

gezeichnet, doch mir schienen die größeren Gebilde, die Chopin-Ballade von Paderewski[1] usw., einfach nicht aus einem Guß zu sein, und trotzdem muß man anerkennen, daß dies die großen Pianisten ihrer Zeit waren und daß dies die analytischen Konzepte jener Epoche widerspiegelte – und da jene Zeit noch gar nicht so weit zurückliegt, ist es da möglich, daß die integrationistischen Alles-hängt-zusammen-Ansichten unserer heutigen Zeit genauso passager sind? Werden wir in 40 Jahren genauso seltsam klingen?

Ich vermute fast, daß für die schwer zu vereinbarenden Geschmacksunterschiede, die hier im Spiel sind, teilweise die Schönbergsche Form der Molekularanalyse verantwortlich ist, in der sich jede Facette eines Werks als strukturell notwendig erweisen muß, und ich vermute, daß Angehörige meiner eigenen Generation diese Art der Analyse auch auf die Musik aller früheren Zeiten anwenden. Ich glaube durchaus, daß dies in bezug auf die Renaissance oder in bezug auf den Barock funktioniert, aber wenn ich eine Platte wie diese höre, frage ich mich, bis zu welchem Grade es sich auf Musik des späten 19. Jahrhunderts anwenden läßt. Das meinte ich, als ich sagte, ich empfand die Aufnahme als beunruhigend.

Das Klavierspiel als Klavierspiel ist sehr oft wirklich wunderschön. Es finden sich einige bemerkenswerte Qualitäten, pianistisch gesehen, beispielsweise bei Carraneo[2], doch von der architektonischen Konzeption her kommt sie mir als die eigenwilligste von allen vor. Mir fällt auf, daß der Klang konstant schön ist. Eine besondere Überraschung war die bemerkenswerte Klarheit über weite Strecken des Spiels – sehr wenig davon war von der überpedalierten Art, die zumindest ich immer mit jener Generation in Verbindung gebracht hatte. Ich würde allerdings vorschlagen, falls man eine weitere Reihe dieser Platten macht, sollte man das Instrument, mit dem man die Walzen bestückt, vielleicht im Hinblick auf eine gewisse archaische Weichheit auswählen. Mir scheint, daß ein

---

1. Ignacy Paderewski (1860–1941), polnischer Pianist und Komponist.
2. (María) Teresa Carreño (1853–1917), venezolanische Pianistin.

Klavier etwa desselben Jahrgangs wie die Walzen selbst die Nostalgie dieser Aufnahmen noch verstärken würde, vorausgesetzt, es ist in gutem Zustand, so daß man bei dem verfügbaren Klang nichts an Klarheit und Transparenz einbüßt. So etwas Ähnliches wie der Chickering der Jahrhundertwende beispielsweise wäre ideal für dieses Vorhaben, könnte ich mir vorstellen.

Wie Sie diesen Bemerkungen entnehmen können, haben diese Aufnahmen so viele Bereiche für Erläuterungen aufgetan, daß es mir schwerfiel, alles in ein paar Sätze zu packen, die Sie auf der Hülle verwenden könnten. Dennoch hoffe ich, daß die beiliegenden Zeilen dafür geeignet sind. Ich würde mich freuen, wenn wir einmal ausführlicher darüber plaudern könnten. Doch vorerst danke ich Ihnen noch einmal, daß Sie mich diese Aufnahmen haben hören lassen und mich mit einem Bereich der Interpretation bekannt gemacht haben, den ich bisher nicht sonderlich eingehend studieren konnte. Mit freundlichen Grüßen und den besten Wünschen.

Ihr
Glenn Gould.


AN B. H. HAGGIN [1]
Mr. B. H. Haggin, c/o The Hudson Review,
New York, N.Y.

10 St. Clair Ave. West
16. November 1964

Sehr geehrter Mr. Haggin,
vielen herzlichen Dank für die Zusendung von Music Observed und der Herbstnummer des Hudson Review [2]. Letztere hätte ich auf jeden Fall in die Hände bekommen, da ich seit langem ein begeisterter Leser dieses Heftes bin. Ich war selbstverständlich sehr erfreut darüber, wieviel Raum Sie mei-

---

1. Amerikanischer Autor und Musikkritiker.
2. B. H. Haggin, *Music Observed* (New York: Oxford University Press, 1964) und *Hudson Review* XVII, Nr. 3, Herbst 1964.

nen Ausführungen über die Sonate widmeten[1]. Natürlich wäre es noch besser, wenn Sie mit allem übereinstimmten, was ich ausführte. Aber macht nichts, mit ein paar wohlplazierten Pünktchen und Auslassungsstrichen wird es sich ohne jedwede Einschränkung lesen lassen.

Music Observed ist eine wahre Freude! Ihr Stil ist stets ausgesprochen schön zu lesen, und es ist sehr gut, Zugang zu Ihren Gedanken aus mehreren Jahrzehnten zu haben, die nun in dieser Form zusammengetragen sind. Ich meine allerdings, daß Sie irgendwann einmal einen größeren Text schreiben sollten – nicht unbedingt ein Buch, aber zumindest einen längeren Aufsatz –, in dem Sie erläutern, weshalb Sie bestimmte Ansichten zu gewissen Themen haben, die Sie oft nur beiläufig erwähnen. Ganz besonders denke ich da an Ihre vielen Verweise auf Bach als einen Komponisten »langweiliger« Musik oder ähnlich geartete Äußerungen. Wohlgemerkt, ich habe überhaupt nichts dagegen, daß Sie ein derartiges Vorurteil hegen. Ich bin fest davon überzeugt, daß eine richtig massive mentale Sperre die Quelle jeder Kreativität ist. Ich habe selbst etliche davon, wie Sie wissen – praktisch bei allem von Mozart und vielem von Beethoven um das Opus 60 herum[2] –, bis zum heutigen Tag kann ich das Violinkonzert nicht mit echtem Vergnügen hören, sicherlich nicht als Spitzenwerk Beethovens. Doch mir ist klar, daß die meisten Leute anderer Meinung sind, und daher obliegt es mir, das Gegenteil zu begründen.

Es kann durchaus sein, daß Sie irgendwann einmal bereits solch einen Text über Bach verfaßt haben. Sie haben sehr viel geschrieben, und ich will nicht behaupten, mit allem vertraut zu sein, was Sie je zu Papier gebracht haben. Doch ich meine, daß solch ein Vorurteil gegenüber jemandem, der für die mei-

---

1. Haggin verwandte 21 Zeilen auf Goulds Ausführungen zu Beethovens *Sonate Nr. 30 E-Dur* op. 109. Eine zentrale Aussage lautete: »Gould trieb sein Interesse am strukturell-harmonischen Element der Musik so weit, daß er es für primär und für wichtiger als das thematisch-melodische Element hielt.«

2. *Symphonie Nr. 4 B-Dur* op. 60.

sten von uns der bedeutendste Komponist der Geschichte ist, mehr Erklärung verdient, als Sie liefern.

Außerdem proklamieren Sie dies zu einer Zeit, in der der ganze Neobarockwahn (den ich natürlich, wie alle anderen Moden, ein wenig übertrieben finde) solch eine Haltung leicht antiquiert erscheinen läßt. Von mir aus – um so besser. Doch ich meine, Sie schulden uns eine richtige Erklärung zum Wieso und Warum Ihres Verhältnisses zu J. S. B.; danach können Sie von mir aus wieder so viele beiläufige Mutmaßungen über ihn anstellen, wie Sie wollen.

Nochmals danke für das Buch und alles Gute

Ihr

Glenn Gould

AN WILLIAM GLENESK
Reverend William Glenesk, Spencer Memorial Presbyterian Church, Brooklyn, New York.

110. St. Clair Ave. W.

10. Januar 1965

Lieber Bill,

vielen Dank für Ihren Brief. Mit Freude habe ich vernommen, daß Sie eine Orgel gekauft haben, und selbstverständlich habe ich Ihre Aktivitäten in den verschiedenen Medien verfolgt.

Ich glaube jedoch, daß meine Orgelzeiten vorbei sind. Wie Sie wissen, habe ich vor ein paar Jahren die erste Hälfte der Kunst der Fuge eingespielt, und zwar auf einem recht ausgefallenen Instrument – einer neuen Casavant, neobarock in der Bauart, einem Instrument, das mir ausgesprochen zusagte[1]. Doch trotz all dieser Vorzüge empfand ich die Auswirkungen der Sitzung ein wenig irritierend, insofern als ich noch mehrere Wochen danach enorme Probleme mit meinen ohnehin nie ganz ruhenden Schulterbeschwerden hatte und mich die ganze Sache in bezug auf das Klavierspielen folglich ziemlich teuer zu stehen kam. Der Grund ist ganz einfach – zur Orgel hat man einen

---

1. *Kunst der Fuge* BWV 1080, Vol. I, Nr. 1–9 (Columbia).

völlig anderen taktilen Bezug als zum Klavier, und sämtliche korrelativen Kräfte, die dabei im Spiel sind, müssen entsprechend eingespannt werden. Ich beneide wirklich Menschen, die mit einem Minimum an Mühe zwischen einem Instrument und dem anderen hin und her pendeln können, doch ich kann leider nicht ganz so unbekümmert vorgehen. Abgesehen von der Vervollständigung der Kunst der Fuge zu einem künftigen Zeitpunkt, bei dem das Klavierspiel auf einige Wochen bequem ausgesetzt werden kann, bin ich daher entschlossen, in absehbarer Zeit keine Orgelkonzerte mehr zu geben[1].

Ich wünsche Ihnen alles Gute.

Mit freundlichen Grüßen

Glenn Gould.


AN MARSHALL MCLUHAN
Professor Marshall McLuhan,
Centre for Culture and Technology,
University of Toronto,
Toronto, Ontario.

110 St. Clair Ave. W.

24. Januar 1965

Lieber Marshall,

vielen herzlichen Dank für Ihren Brief. Es freut mich, daß Ihnen die Sendung gefallen hat, und ich muß Ihnen noch einmal danken für den enormen Beitrag, den Sie zu deren Erfolg geleistet haben[2].

Ein komplettes Skript liegt vor, genauer gesagt vier verschiedene Versionen des kompletten Skripts, einschließlich des Interviewmaterials sowie meiner gesprochenen Kommentare, und sehr gerne schicke ich Ihnen ein Exemplar einer oder aller Fassungen zu. In dem Skript, mit dem wir gearbeitet haben, fehlten zwangsläufig etwa fünfundzwanzig Minuten der mei-

---

1. Gould hat die Einspielung der *Kunst der Fuge* nicht mehr abgeschlossen.
2. Gould hatte McLuhan (1911–1980) für *Dialogues on the Prospects of Recording* interviewt.

ner Meinung nach relevantesten Kommentare, die aber herausgenommen wurden, um die vorgegebene Sendezeit einzuhalten, und ich denke, falls Auszüge veröffentlicht werden sollten, bestünde kein Grund, sich allzusehr auf das tatsächlich gesendete Material zu beschränken.

Ich habe versprochen, für das Magazin High Fidelity[1] einen oder mehrere Artikel über die Tonaufzeichnung und ihre Auswirkungen auf Interpret und Publikum zu schreiben; ich habe zwar vor, mich in diesen Texten weitgehend auf meine gesprochenen Kommentare aus dem Skript zu beziehen, doch ich sehe keinen Grund, weshalb nicht Auszüge daraus auch anderswo abgedruckt werden sollten. Ich wäre sogar sehr erfreut, wenn Sie davon Gebrauch machten, falls Sie möchten; und falls Sie als Lektor und Herausgeber oder was auch immer fungierten, würde ich mich durch den Tausch geschmeichelt fühlen.

Rufen Sie mich doch an, wenn Sie aus England zurück sind, dann können wir weiter darüber sprechen.

Alles erdenklich Gute.

Ihr

Glenn Gould


AN KITTI GWOSDJEWA
Madame Kitti Gwosdjewa,
c/o Leningrader Konservatorium,
Leningrad, UdSSR.

15. Februar 1965

Liebe Kitti,
ich bin furchtbar beschämt, daß ich nicht längst auf Ihre Neujahrsglückwünsche geantwortet habe, und wenn auch verspätet, wünsche ich Ihnen alles Gute für 1965.

Das letzte Jahr war recht ereignisreich für mich. Zum einen habe ich sehr viel geschrieben – zahlreiche Vorträge und

---

1. »The Prospects of Recording«, in: *High Fidelity* XVI, Nr. 4, April 1966.

diverse Zeitschriftenartikel, und mein erstes Buch – ein kleines, über Schönberg, Sie werden es also nicht gutheißen![1] Und das hat mich angespornt, noch mehr zu veröffentlichen. Im letzten Jahr hat sich in gewisser Weise auch meine Einstellung zum Reisen und Konzertieren konkret herauskristallisiert, worüber ich Ihnen bereits eine Menge mitgeteilt habe. Aber nachdem ich das Maß an Produktivität entdeckt habe, das möglich ist, wenn ich an einem einzigen Ort mehr oder weniger verwurzelt bin und es mir erlauben kann, viel Zeit auf das Nachdenken und Schreiben zu verwenden, kann ich mir einfach nicht vorstellen, mich wieder jenem schrecklichen, unsteten Lebensstil zuzuwenden, der mir, wie Sie wissen, ohnehin nie gefallen hat. Ich konnte immerhin viel mehr einspielen als in früheren Jahren, und ich werde Mr. Homburger bitten, Ihnen einige der neuen Platten zu schicken. Ich werde zwei von jeder schicken, damit Sie, wenn Sie wollen, eine der Bibliothek des Konservatoriums zukommen lassen können. Das nächste große Schallplattenprojekt, das mich volle zehn Jahre in Anspruch nehmen wird, da es sich zwangsläufig mit der fortlaufenden Serie der Bach-Werke überschneidet, ist die Einspielung sämtlicher Beethoven-Sonaten. Wir haben gerade damit begonnen, und die erste Platte aus dieser Reihe soll dieses Frühjahr erscheinen[2].

In den letzten paar Monaten sind wir in Toronto von Ihren russischen Interpreten förmlich überschwemmt worden. Gilels war vor ein paar Wochen hier; Kogan war vor ein paar Monaten hier und Richter Anfang Herbst. Ich habe keines der Konzerte gehört, denn wenn ich zu Hause bin, verbringe ich die meiste Zeit auf dem Land, doch Richter habe ich im Fernsehen spielen sehen – wirklich unglaublich!

Lassen Sie wieder von sich hören. Alles Gute.

---

1. *Arnold Schoenberg, A Perspective* (Cincinnati: University of Cincinnati, 1964).
2. Beethovens *Sonaten Nr. 5 c-Moll* op. 10/1, *Nr. 6 F-Dur* op. 10/2 und *Nr. 7 D-Dur* op. 10/3 wurden 1964 eingespielt und 1965 herausgebracht (Columbia). Gould starb, bevor er die 32 Klaviersonaten Beethovens komplett einspielen konnte.

Mit lieben Grüßen
Glenn Gould.
P.S. Ich hoffe sehr, Sie bleiben von der Grippe verschont. Wir
haben in letzter Zeit immer wieder gelesen, daß fast jeder in
Leningrad sie zu haben scheint. Also passen Sie gut auf sich
auf.


## AN YEHUDI MENUHIN[1]

Mr. Yehudi Menuhin, London, England.

27. Juli 1965

Lieber Yehudi,

vielen Dank für Ihren Brief. Ich freue mich sehr darauf, Sie im
Oktober zu sehen und, natürlich, mit Ihnen zu arbeiten. Ich
habe ein wenig über unser Programm nachgedacht und über die
Form, die es annehmen könnte, und habe mich ein paarmal mit
Eric Till, dem Produzenten, unterhalten. Wir haben jedoch
überhaupt keine feste Vorstellung von dessen Aufbau, und ich
hoffe, Sie wissen, daß es Ihnen völlig freisteht, jeden einzelnen
oder alle Vorschläge, die ich hiermit unterbreite, abzulehnen.
Wir gingen von dem Gedanken aus, daß es wichtig wäre, sich
das Programm so vorzustellen, als entwickelte es sich aus
einer Unterhaltung, die vor der Kamera zwischen uns beiden
stattfinden könnte. Die Unterhaltung sollte, denke ich, absolut
zwanglos sein, ohne Skript oder Teleprompter oder dergleichen. Das naheliegendste Thema für solch ein Gespräch dürfte
sich auf das Verhältnis zwischen der Violine und dem Klavier
im Kammermusikrepertoire beziehen, und die logische Folge-
rung daraus wäre, Werke zu finden, die speziell zu diesem Dialog Stellung nehmen.
Das Werk, das mir dabei sofort einfällt, ist Schönbergs Fantasie. Ich erinnere mich, daß wir vorletztes Jahr darüber gesprochen haben und daß Sie ein gewisses Interesse daran äußerten.

---

1. Amerikanischer Violinist (geb. 1906). Menuhin war eines von Goulds Vor-
   bildern. Er hatte schon lange mit Menuhin zusammenarbeiten wollen, und
   es war eine große Enttäuschung für ihn, daß es bei ihren Begegnungen nie
   zu kommerziellen Einspielungen kam.

Sie bietet sich für solch ein Programm förmlich an, denn sie war ursprünglich als Violinsolo gedacht, zu dem später eine Klavierbegleitung hinzugefügt wurde, und somit dürfte sie uns einen idealen Ausgangspunkt für solch eine Diskussion liefern. Dagegen spräche einzig und allein, daß sie für ihre Länge (8 oder 9 Minuten) übermäßig viele Proben erfordern würde, und zumal Ihre Zeit so begrenzt ist und wir vielleicht zwei weitere längere Werke probieren müßten, bin ich in dieser Hinsicht etwas zögerlich in bezug auf den Schönberg. Aber in keiner anderen. Es wäre ein ausgezeichneter Programmpunkt für die Sendung.

Angenommen, dies wäre also unser Thema, dann käme als weitere Möglichkeit Mozarts Sonate B-Dur in Frage – jene, die in der Klavierfassung KV 570 ist; die Köchelnummer für die Violin-Klavier-Fassung ist mir im Moment entfallen.

Angenommen, die Spielzeit des Mozart und Schönberg betrüge ungefähr 25 Minuten, und unsere Unterhaltung wahrscheinlich in zwei oder drei Abschnitten dauerte so zwischen 8 und 12 Minuten. Sollte das Programm mit Mozart beginnen und mit Schönberg weitergehen, könnte am Schluß vielleicht eine Beethoven- oder Brahms-Sonate stehen, doch mit der gleichen Berechtigung käme fast alles andere ebenso in Frage. (Falls es Beethoven sein sollte, würde ich persönlich die c-Moll oder die G-Dur op. 96 vorziehen.)

Sollten Sie andererseits das Gefühl haben, der Schönberg bereite mehr Ärger, als dafürsteht, eröffnen sich zahlreiche weitere Möglichkeiten. Mr. Till hat gewisse Hemmungen, mehr als ein zeitgenössisches Werk ins Programm zu nehmen, aber wenn wir den Schönberg nicht machen, dann könnte das zeitgenössische Werk sicherlich eine Prokofjew-Sonate oder dergleichen sein. Ich würde Strauss' Opus 18 vorschlagen, das mir, mit Ausnahme des langsamen Satzes, wirklich sehr am Herzen liegt, allerdings habe ich den ersten Satz daraus einmal in einem Programm als Beispiel für den frühen Strauss verwendet. Wenn Sie es jedoch machen wollen, brauchen wir es im Augenblick nicht auszuklammern. Und natürlich wäre ich höchst beglückt, eine Bach-Sonate mit Ihnen zu spielen.

Somit überlasse ich es Ihnen und erwarte Ihre Stellungnahme. Sie sollten daran denken, daß wir zwischen 45 und 50 Minuten Musik brauchen, doch falls wir Werke wie die von Schönberg bringen, die mehr oder weniger unbekannt sind, wären Beispiele durchaus angebracht, und auf diese Weise könnte man viel weniger reine Musik ansetzen und ein bißchen mehr Zeit auf Erläuterungen verwenden[1].

Geben Sie mir Bescheid, wenn Sie dazu kommen, und grüßen Sie mir bitte Diana und natürlich auch Ihnen alles erdenklich Gute.

Mit freundlichen Grüßen


AN KITTI GWOSDJEWA
Madame Kitti Gwosdjewa,
Leningrad, UdSSR

6. September 1965

Liebe Kitti,

die Schuld, fürchte ich, liegt bei mir und nicht bei der Post. Ich wünschte, ich könnte sie der Post zuschieben, doch, offen gestanden, habe ich, nachdem ich Ihnen im Winter geschrieben habe, ganz vergessen, Mr. Homburger zu bitten, Ihnen die Platten zu schicken. Ich entschuldige mich aufrichtig und versichere Ihnen, daß sie diese Woche rausgehen.

Die Villa Puschkin klingt phantastisch – ich wünschte, ich könnte sie sehen –, und ich hoffe sehr, daß Sie einen wunderbaren Urlaub haben. Ob Sie es glauben oder nicht, auch ich habe diesen Sommer eine Reise unternommen, und zwar in die unteren Regionen der kanadischen Arktis. Seit ich mich erinnern kann, haben mich geographische Studien usw. über

---

1. Das endgültige Programm bestand aus: Schönbergs *Fantasie für Violine und Klavier* op. 47, Bachs *Sonate Nr. 4 c-Moll für Violine und Cembalo* BWV 1017 und Beethovens *Violinsonate Nr. 10 G-Dur* op. 96. Es wurde am 18. Mai 1966 in der Reihe »Festival« im CBC-Fernsehen ausgestrahlt. Die Musik Schönbergs war Menuhin, offen gesagt, ein Rätsel, doch Goulds Verständnis und Begeisterung für Schönberg konnte Menuhin zumindest bei dieser Gelegenheit für den Komponisten gewinnen.

die Arktis fasziniert, und so beschloß ich schließlich, dieses Jahr einen kleinen Teil davon selbst zu sehen. Kurz gesagt, neben meinem Besuch in der Sowjetunion waren dies vielleicht die zwei faszinierendsten Wochen, die ich je erlebt habe. Nach Ihren Maßstäben war ich zu keinem Zeitpunkt wirklich hoch im Norden; im Grunde war ich nicht annähernd so weit nördlich wie Leningrad. Doch die kanadische Arktis und die russische Arktis sind zwei sehr unterschiedliche Gebiete, und als allgemeine Regel gilt, daß die Baumgrenze, das heißt der nördlichste Punkt, an dem Bäume wachsen, in der kanadischen Arktis etwa 500 Meilen weiter südlich liegt als die entsprechende Linie in der Sowjetunion. Das bedeutet, daß man gar nicht allzu viele Hunderte von Meilen nach Norden fahren muß, um in eine äußerst ungewöhnliche und einsame Gegend zu gelangen.

Also fuhr ich zur Hudson Bay bis zu einem Punkt nur wenige Meilen oberhalb der nördlichsten Stelle, wo in jener Gegend Wälder wachsen, und landete in Fort Churchill, dem derzeit nördlichsten Ort, den man in Kanada per Zug erreichen kann. (Es gibt eine sehr kurze Eisenbahnstrecke im Yukongebiet wesentlich weiter nördlich, die einen aber nur mit dem Meer verbindet und deswegen eigentlich nicht zählt.) Jedenfalls ist dieser Zug, auch wenn er einen Wagen mit Schlafabteil hat, im Grunde nicht für Touristen gedacht. Jeder schien zu denken, es sei leicht verrückt von mir, überhaupt mitzufahren – und praktisch jedes Mitglied der Besatzung entpuppte sich als ungeheuer begabter Geschichtenerzähler, wie es Menschen, die in großer Isolation leben, meist sind. Und so konnte ich auf ungefähr 1 000 Meilen und über zwei Nächte und einen Tag (pro Strecke) eine Seite von Kanada erleben, mit der sich nur sehr wenige Menschen befassen. Und seither empfinde ich für den Norden eine Begeisterung, die mich vielleicht sogar durch einen weiteren Winter in der Stadt bringt – Sie wissen ja, wie sehr ich das Stadtleben hasse.

Bevor ich das Thema Arktis abschließe, sollte ich Ihnen noch mitteilen, daß sich zur Zeit eine Delegation aus der Sowjetunion in Kanada aufhält und verschiedene Städte im Norden besucht, und zwar in Erwiderung eines Besuchs, den einige Minister unserer Regierung im vergangenen Frühjahr der russischen Arktis abstatteten. Letztere, so unsere Zeitungen, waren besonders beeindruckt von Norilsk usw., für dessen Erschließung es in Kanadas Norden bisher einfach nichts Vergleichbares gibt.

Nächsten Sommer möchte ich, wenn alles klappt, nach Alaska reisen, das natürlich um einiges weiter nördlich liegt als meine Route diesen Sommer, aber auch um einiges wirtlicher ist[1].

Der Film, über den Sie gelesen haben, wurde speziell für das Fernsehen gedreht, allerdings auf Film und nicht auf Video, so daß er gelegentlich auch schon in Kinos gezeigt wurde. Es ist im Grunde ein sehr einfacher Film von einer Stunde Länge, unterteilt in zwei dreißigminütige Teile, wovon der erste auf dem Land und der zweite größtenteils bei einer Aufnahmesitzung in New York gedreht wurde. Wenn ich mich recht erinnere, lauten die Titel der beiden dreißigminütigen Teile »Glenn Gould – Off the Record« und »Glenn Gould – On the Record«[2]. Der Film wurde vom National Film Board of Canada produziert, dessen Büro in Montreal ist, und wenn ich Ihnen behilflich sein kann, eine Kopie für das Konservatorium oder anderweitige Zwecke zu beschaffen, lassen Sie es mich wissen. Ich bin sicher, das National Film Board wäre erfreut, ihn in der Sowjetunion zeigen zu können. Sie sollten sich jedoch darüber im klaren sein, daß darin sehr viel gesprochen wird, was natürlich übersetzt werden müßte. Ich weiß, daß er vor etwa einem Jahr in den Niederlanden im Fernsehen gezeigt wurde, aber ich habe keine Ahnung, ob man Untertitel verwendete oder ihn einfach abspulte in der Annahme, daß ein gewisser Prozentsatz des Publikums Englisch verstehen würde.

---

1. Gould kam auf seiner Zugreise in den Norden immerhin bis Churchill, Manitoba; nach Alaska schaffte er es jedoch nicht.
2. Hinter *Off the Record – On the Record* verbirgt sich ein Wortspiel; *off the record* ist eine gebräuchliche Wendung für »inoffiziell«, »privat«; *on the record* heißt wörtlich »auf der Platte«, übertragen unter anderem »offiziell dokumentiert« (Anmerkung des Übersetzers).

Bitte verzeihen Sie mir, daß ich die Platten vergessen habe. Ich hoffe, Sie treffen unversehrt ein und gefallen Ihnen.

Alles erdenklich Gute.

Mit freundlichen Grüßen

P.S. Ich schicke Ihnen auch ein Exemplar des Schönberg-Buchs, das im Grunde nur eine erste Skizze für ein längeres Werk ist, das ich nächstes Jahr schreiben soll[1].

AN HUMPHREY BURTON
Mr. Humphrey Burton, BBC Television,
London, England.

18. September 1965

Lieber Humphrey,

vielen Dank für Deinen Brief. Er traf gestern ein, und Anfang nächster Woche berate ich mich mit George Young[2] über die Verfügbarkeit der Studios Ende des Winters.

Könnte ich Dich überreden, Deine Chefetage wenn auch noch so kurz zu verlassen und jene ruhmreichen Tage wiederaufleben zu lassen, als H. Burton, compere extraordinaire, die Antwort des Dritten Programms auf Mike Wallace[3] war? Mir schwebt folgendes vor: Roland Gelatt, der Herausgeber von High Fidelity – dem Magazin, zu dem ich in den vergangenen Monaten unregelmäßig Beiträge geleistet habe, gelegentlich unter meinem eigenen Namen, doch weit häufiger, ob Du es glaubst oder nicht, als Herbert von Hochmeister, meinem derzeitigen Lieblingspseudonym (obige Information ist streng vertraulich) –, hat mich gebeten, nächsten März, wenn das Magazin sein 15jähriges Bestehen feiert, so etwas wie Gastherausgeber des Monats zu werden. Der Raum, der gewöhnlich für Aufsätze freier Autoren zur Verfügung steht, soll einer ausführlichen (hoffe ich) Abhandlung über die Zukunftsaussichten der Tonaufzeichnung – so der Titel – gewidmet werden. Ich

---

1. Gould schrieb kein größeres Buch über Schönberg.
2. CBC-Mitarbeiter.
3. Amerikanischer Fernsehjournalist.

arbeite an einem langen – für Zeitungsverhältnisse sehr langen –, etwa 15 000 Worte – Artikel, in dem ich versuchen möchte, den gegenwärtigen Stand der Industrie zu beurteilen und einige Mutmaßungen über deren Zukunft zu wagen. Als Ergänzung dazu plane ich, Interviews mit etwa 15 bis 20 Leuten aufzunehmen, deren praktische Erfahrung im Bereich der Musik speziell mit der Herstellung von Tonaufzeichnungen zusammenhängt – Leute wie Stokowski, Copland, Robert Craft, Milton Babbitt[1], George Marek[2], Goddard Lieberson, Walter Legge usw. Auszüge aus den geäußerten Meinungen werden über meinen ganzen Aufsatz verstreut in Kästen an den Seitenrändern gepackt. Die Interviewgäste werden nicht ausgewählt, weil ihre Ansichten unbedingt meine eigene Überzeugung von der wesenseigenen Überlegenheit konservierter Musik bestätigen – im Gegenteil, alle Einwände werden dankbar entgegengenommen. Ich halte es jedoch für wichtig, daß
1. sich alle an einen gemeinsamen Fragenkatalog halten, dem ich Querverweisrepliken entnehmen kann, zum Beispiel: »Mr. Rubinstein, Mr. Serkin hat erklärt, er betrachte die Tonaufzeichnung nicht als angemessenen Ersatz für das Live-Konzert. Wie ist Ihre Ansicht dazu?« – ich habe nicht vor, Serkin zu interviewen, aber Du verstehst, was ich meine; und
2. daß jeder in der Lage sein sollte, einigermaßen ausführlich einen Erfahrungsbereich zu erörtern, der von keinem der anderen Gäste abgedeckt wird; zum Beispiel Babbitt Magnetband und Computerforschung, Stokowski Akustikexperimente usw. Also zunächst einmal: Könnte ich Dich für ein Interview mit Dir selbst gewinnen – in dem Du neben einigen Grundgedanken über vergangene und künftige Tonaufzeichnungen ganz speziell die Rolle der Aufzeichnung im Fernsehen behandelst[3]. Untersuchen könntest Du dies aus jedem Blickwinkel, der Dir am ergiebigsten erscheint – Musik als Soundtrack;

---

1. Milton Babbitt (geb. 1916), amerikanischer Komponist.
2. George Marek (1902–1987), amerikanischer Musikschriftsteller österreichischer Herkunft.
3. Burton erklärte sich zur Teilnahme bereit.

Tonaufzeichnung mit Videokassette – das heißt Aufnahmen, die mit einer visuellen Komponente für das Abspielen zu Hause produziert werden; Ähnlichkeiten im Ambiente des Tonstudios und des Fernsehstudios – der Faktor Publikum usw. Es gibt im Grunde so viele Blickwinkel, daß dies für sich schon ein eigener Aufsatz sein könnte. Das Ganze kann so sachlich oder so spekulativ sein, wie Du willst, und selbstverständlich bin ich mit jeder Befragungsmethode einverstanden, die Du auf Dich selbst anwenden willst. In den Interviews, die ich führe, werden meine Fragen herausgeschnitten. Dieser Zusammenstellung entspringt dann spontan eine Auslese der verblüffendsten oder ärgerlichsten oder anregendsten Kommentare seitens der Gäste.

Wir hoffen, neben Dir und Herrn Dr. Legge einen oder zwei weitere britische Standpunkte einzubeziehen – John Culshaw höchstwahrscheinlich und vielleicht einen weiteren. Ich möchte unbedingt einige Standpunkte von Personen einbeziehen, die keine Berufsmusiker sind, damit sich der Leser mit ihnen als Laien bis zu einem gewissen Grad identifizieren kann. Wir dachten in dieser Gruppe an zwei Namen – Lord Harewood, im Grunde kein Laie, gebe ich zu, und, ob Du es glaubst oder nicht, ein gewisser Edward Heath, der, wie ich gehört habe, den Hansard[1] mit Stereosound im Hintergrund zu studieren pflegt. Vielleicht ist dies ein wenig hochgegriffen, aber ein Freund von mir in New York, Schuyler Chapin, hat sich als Vermittler angeboten. Jedenfalls dürften Heath beziehungsweise Harewood wunderbare Interviewpartner abgeben, würde ich meinen. Ich bin ziemlich sicher, daß Harewood zugänglich sein dürfte, denn in einem kürzlichen Briefwechsel bez. einer Einladung nach Edinburgh (die ich natürlich höflich ablehnte) erweckte er den Eindruck eines äußerst angenehmen Zeitgenossen[2].

Jedenfalls, meine zweite Frage lautet – wärst Du bereit, Dich mit Culshaw und Harewood oder Heath hinzusetzen und deren

---

1. Das offizielle britische Parlamentsprotokoll.
2. Harewood wurde interviewt.

Meinungen für uns einzuholen? Selbstverständlich würden wir uns seitens des Magazins direkt an sie wenden und es so einrichten, daß es Dir und den anderen paßt – die einzige Bedingung wäre die, daß wir das Material spätestens in der zweiten Novemberhälfte brauchten. Dann könntest Du uns das Band mit den drei Interviews einfach zuschicken, und wir würden es in New York abtippen lassen.

Walter Legge wird im November in New York sein, so daß ich dieses Interview selbst durchführen kann. Ich hoffe, Du willigst ein, Dich an beiden Teilen dieses Projekts zu beteiligen. Es ist äußerst wichtig, daß wir das Spektrum der Interviews und die Auswahl der Interviewpartner so beeindruckend und vielseitig wie möglich gestalten.

Laß von Dir hören. Alles Gute.

Mit freundlichen Grüßen, Glenn Gould.

P.S. Ich wäre sehr interessiert an Deiner Meinung über weitere Gäste, die Du eventuell für geeignet hältst – jeder, der in der britischen Schallplattenszene etwas zu sagen hat.

cc: Mr. Roland Gelatt.


AN DEN HERAUSGEBER DES »DAILY STAR«
Brief an den Herausgeber:
Betrifft eine Abhandlung über *the news that's print to fit* [1].
An den Herausgeber, Daily Star,
Toronto, Ontario

103 Avenue Road,
Toronto 4, Ontario
30. Oktober 1965

Sehr geehrter Herr,
ich fühle mich ungemein erheitert ob des Anfalls, mit dem Ihr literarischer Schiedsrichter Robert Fulford auf die im Magazin Time [2] abgegebene aktuelle Beurteilung des Lebens und Werks

---

1. *The news that's print to fit* ist eine Verdrehung des Slogans der *New York Times*, »All the news that's fit to print« (Anmerkung des Übersetzers).
2. *Time* LXXXVI, Nr. 18, 29. Oktober 1965.

eines walisischen Landsmanns, Dylan Thomas, reagiert. Time nennt Thomas »unreif«, aber davon will Fulford nichts hören. »Eine Rezension von irgendeinem anonymen Schreiberling«, schnaubt er und fragt Time: »Wie reif sind denn Sie?« Reif genug, denke ich, um jenen Typ des »anonymen Schreiberlings« anzuheuern, der jede Woche seinen Teil zu einem Wunder an verantwortungsvollem, sorgfältigem und ausdrucksgewandtem Journalismus beiträgt. Soviel zur Reife von Time!

Was die von Dylan betrifft, halte ich den Kommentar von Time durchaus für gerechtfertigt. Die Psychologie lehrt uns, daß der Begriff des entfremdeten Künstlers nicht allein der romantischen Novelle eigen ist, sondern vielmehr ein fortwährendes gesellschaftliches Phänomen darstellt, und daß Reife und Genie sich bisweilen gegenseitig ausschließen. Reife als Eigenschaft des Künstlers bedingt eine gewisse Beherrschung des Temperaments, je nachdem welches Lebenstempo die Umstände ihn zwingen auszuhalten. Aber diesem Maßstab wird der saufende, herumhurende, rangelnde, fluchende, aggressiv selbstzerstörerische Dylan nicht gerecht.

Aber eigentlich habe ich keinen Grund zur Klage über Mr. Fulford. Im Gegenteil – da ich seine Kolumne nun schon seit Jahren lese, wäre ich durchaus bereit einzuräumen, daß er das einzige verantwortungsvolle Mitglied in der Unterhaltungsredaktion des Star ist, und würde ihm somit einen gelegentlichen Kritikerfauxpas zugestehen, ja sogar die geistige Zuflucht bei der New Republic, falls dies sein Wunsch sein sollte. Ich frage mich nur, ob er als Journalist, der sich als freier Mitarbeiter in unzähligen Minderheitengazetten zu Wort meldet, seine Zeitbombe nicht irgendwo anders hätte hochgehen lassen und uns die Heuchelei hätte ersparen können, sie in den Spalten einer Zeitung zu sehen, die überregional für unbeherrschte, ungenaue und unelegante Berichterstattung bekannt ist.

Mit freundlicher Hochachtung

Cornelius Dees [3]

---

1. Cornelius Dees war Goulds Physiotherapeut. Gould war eindeutig verärgert über Robert Fulfords Kommentare über den *Time*-Artikel. Doch weil

AN DEN HERAUSGEBER DES »DAILY STAR«
An den Herausgeber, Montreal Star,
Montreal, Quebec.

[Entwurf]
11. April 1966

Sehr geehrter Herr,
ich fürchte, Ihr Musikkritiker, Mr. Eric McLean, hat sich abermals auf die Hinterbeine gestellt und vor den Konsequenzen
des zwanzigsten Jahrhunderts gescheut. In seiner Kolumne
(2. April) nimmt mich Mr. McLean ins Gebet wegen der »Sub-
jektivität« meiner Ansichten bez. der Zukunft aufgezeichneter
Musik und der Überholtheit des Konzertsaals, wie sie in der
jüngsten Ausgabe des High-Fidelity-Magazins formuliert
sind. Aber auch wenn ich in aller Bescheidenheit die
unanfechtbare kritische Objektivität bewundere, mit der
Mr. McLean für die Beibehaltung rezensierbarer öffentlicher
Aufführungen plädiert, muß ich Einspruch erheben, denn
indem er meine Argumente als subjektiv bezeichnet, erweist er
mir zuviel der Ehre. Diese Bemerkungen sind nämlich nicht
meine Privatdomäne, wohl aber dürften sie meine persönliche
Abneigung gegenüber den anachronistischen Traditionen des
Konzertierens und des Konzertbesuchs bestätigen. Sie sind
heutzutage grundlegend für die musikalische Erfahrung der
westlichen Welt und haben sich insofern, ohne jedwede Unterstützung meinerseits, vollkommen verselbständigt.
Der Hauptvorwurf in Mr. McLeans Replik zielt darauf, daß ich
den Part des Zuhörers oder vielmehr – wie Mr. McLean
behauptet – das Fehlen desselben im Fall aufgezeichneter
Musik »irreführend erläuterte« und »nur leicht streifte«. In
Wahrheit war ein ganzes 1/3 – das letzte Drittel meines Aufsatzes – damit befaßt, in beinahe manischer Ausführlichkeit
jenes müde Jammern über die Entmündigung des Zuhörers
zum Schweigen zu bringen, das Mr. McLean wieder einmal
anstimmt. So behauptet er allen Ernstes, eine Zuhörerschaft,

---

Fulford ein Jugendfreund war, scheute sich Gould, unter eigenem Namen
an den *Toronto Star* zu schreiben.

die in der Place des Arts [1] in die zwölfte Reihe gequetscht wird und von Zeit zu Zeit wachgestupst wird, um in obligatorischer Zustimmung in die schwieligen Hände zu klatschen, sei aktiver, intensiver an der musikalischen Erfahrung beteiligt, als wenn sie zu Hause das bereits komplizierte, aber immer noch vergleichsweise primitive Abspielgerät bedient, das die moderne Technik ihr zur Verfügung stellt. Sie nimmt Selektionen vor, trifft Entscheidungen, die bisher allein Privilegien der Interpreten und, jawohl, sogar der Kritiker waren.

Da Mr. McLean behauptet, ich hätte diese entscheidenden Fragen oberflächlich behandelt, kann ich nur vermuten, daß er entweder nicht aufgepaßt hat oder daß er, angeregt durch meine Ausführungen über die neu entdeckte selektive Kompetenz, selbst seine Auswahl traf, und zwar aufgrund meines Aufsatzes völlig bewußt.

Mit freundlicher Hochachtung
Glenn Gould


AN DIANA MENUHIN
Mrs. Yehudi Menuhin, London, England.

25. April 1966

Sehr verehrte Lady Diana,
irgendwie hatte ich im tiefsten Inneren meines trübsinnigen Hinterwäldlerherzens gefürchtet, daß es so weit kommen würde! Mit allerhöchster Besorgnis habe ich den Tag vorausgeahnt, an dem ein ausschweifender Lebensstil und ein Weilen an mehreren Wohnsitzen Sie ereilen würde. Aber sosehr man sich darauf gefaßt machen mag, kann man kaum den Schock mildern, dem diese Katastrophen uns aussetzen. Also stellen Sie sich bitte meine Bestürzung letzte Woche vor, als ich die New York Times durchstöberte und mich bemühte, meinen Blick von allem abzulenken, was von Homer Sibelius [2] verrissen worden war, und dabei auf eine bescheidene Mel-

---

1 Konzertsaal in Montreal.
2. Eines von Goulds Pseudonymen.

dung stieß, wonach diese Woche Sir Yehudis fünfzigster
Geburtstag begangen wird und – oh, welche Schmach – daß
aus diesem Anlaß die braven Bürger von London ein Benefiz-
konzert für ihn veranstalten würden.
Ein Benefiz! Meine Liebe, ich kann ja so nachempfinden, wie
peinlich Ihnen das ist. Doch wie tröstlich muß es für Sie sein
zu wissen, daß wohlwollende Menschen sich in dieser Ihrer
Stunde der Not zusammenscharen. Und Sie wiederum dürfen
nicht zulassen, daß eitler Stolz Sie daran hindert, diese Wohl-
tätigkeit anzunehmen. Ich möchte Sie vielmehr auf einen Satz
hinweisen, der mir in vielen Augenblicken der Anspannung
und Belastung Trost gespendet hat – ein schlichter, einfacher
Hinterwäldlersatz: »Hinter jedem Silberstreifen lauert eine
Wolke.«
Ich für meinen Teil würde Sie bitten, Sir Yehudi auf drei kleine
gute Nachrichten aufmerksam zu machen, die vielleicht, jede
auf ihre Weise, Ihr Leid lindern mögen:
(1) Erinnern Sie ihn bitte daran, daß er versprochen hat, sich
darum zu kümmern, wie man möglicherweise seinen EMI-
Vertrag so abändern könnte, daß wir in nicht allzu ferner
Zukunft eine oder mehrere Platten für Columbia machen
können;
(2) ich habe kürzlich vier Sendungen für Humphrey Burton [1]
aufgenommen, und er hat mir gesagt, daß die BBC höchstwahrscheinlich die Fernsehsendung kaufen wird, die Yehudi
und ich letztes Jahr gemacht haben [2]; und
(3) der Gouldsche Goldminen- und Effektenberatungsdienst
steht Ihnen jederzeit zur Verfügung [3].
Noch eins, liebe Lady Diana: Ich habe es vorgezogen, keinen
direkten Kommentar zu Sir Yehudis Erhebung in den Ritter-

---

1. *Conversations with Glenn Gould*, eine vierteilige Sendung über Bach,
Beethoven, Richard Strauss und Arnold Schönberg, die die BBC 1966 in
den CBC-Studios in Toronto produzierte.
2. Fernsehsendung, die am 18. April 1966 mit Menuhin in Toronto aufgezeichnet wurde.
3. Gould war stolz darauf, sich über Aktienkurse auf dem laufenden zu halten und selbst über seine Investitionen zu wachen.

stand abzugeben, weil ich mich, offen gestanden, ausgestochen fühle. Ich las von diesem außergewöhnlichen Ereignis – einem Ereignis, das ich unter allen anderen Begleitumständen zwangsläufig als längst überfällig und äußerst verdient und als eines der wenigen triftigen Argumente für die Beibehaltung der britischen Krone bezeichnen müßte – in den Seiten der New York Times kaum 48 Stunden, nachdem Sie sich letzten November von diesen Gestaden verabschiedet und nachdem wir miteinander telefoniert hatten, und ich bin der unerschütterlichen Überzeugung, daß alles, was Homer Sibelius am Montag wissen kann, ich schon am Sonntag wissen kann!

Viele liebe Grüße an Sie beide.

Herzlichst

G. Herbert Gould

Schatzmeister und Hauptnutznießer,

Unterstützungsfonds ritterlicher Musiker.


AN JOHN HAGUE[1]

Mr. John Hague,

Birmingham, England.

11. 5. 66

Sehr geehrter Mr. Hague,

unter dem ehrwürdigen Wappen und Motto »Was du heute kannst besorgen, das verschiebe ruhig auf morgen« ist die Familie Gould seit Generationen prächtig gediehen, und ich muß nun meinen Platz in den formidablen Reihen meiner saumseligen Ahnen einnehmen. Es ist wirklich nicht das Verschulden der Post Ihrer Majestät, daß Sie das W.T.C.[2] usw. noch nicht erhalten haben.

Entschuldigungen erübrigen sich zu diesem späten Zeitpunkt, doch seien Sie versichert, daß der erste Teil, der jetzt als Box

---

1. Ein Bekannter.
2. Johann Sebastian Bach, *Das Wohltemperierte Clavier*, Teil 1, Nr. 1–8, BWV 846–853 (Columbia).

mit drei LPs erscheint, sofort an Sie rausgeht, ebenso wie ein Doppelalbum mit Schönberg, das erst diesen Monat in Nordamerika herausgekommen ist[1], und auch ein Exemplar des High-Fidelity-Magazins vom letzten Monat, das Sie vielleicht noch nicht gesehen haben[2].

Sie werden es vielleicht recht schwierig finden, mich im nächsten Herbst von Ihrem Fernsehbildschirm zu verbannen, da ich eben erst vier vierzigminütige Sendungen für BBC-2[3] gemacht habe – die hier in Toronto produziert wurden, mit enormer Unterstützung durch Humphrey Burton, der letzten März für zehn Tage von London herüberkam. Ich schätze, sie sollen Anfang Herbst gezeigt werden, und vorausgeschickt wird möglicherweise eine einstündige Sendung, die letzten Herbst hier in Toronto mit Yehudi Menuhin gedreht wurde und in der wir die c-Moll-Sonate von Bach, das G-Dur Opus 96 von Beethoven und die Fantasie von Schönberg spielten[4]. Selbstverständlich bin ich ungeheuer erfreut über all das, denn bei meiner Abneigung gegenüber Konzertreisen ins Ausland bietet dies wohl das beste Entree in England, denke ich. Die vierzigminütigen Sendungen hatten die Form von Vorträgen plus Gesprächen mit Humphrey und waren natürlich reichlich mit Beispielen illustriert und machten wohl mehr Spaß und waren alles in allem weitaus befriedigender als das, was ich bisher für das Fernsehen gemacht habe.

Ich würde mich freuen, wieder von Ihnen zu hören, und noch einmal Entschuldigung für den wirklich unentschuldbaren Verzug.

Mit freundlichen Grüßen
Glenn Gould.

1. Schönberg, *Sämtliche Werke für Klavier solo* und *Sämtliche Lieder für Stimme und Klavier*, Vol. 1, 1966 (Columbia).
2. »The Prospects of Recording«, in: *High Fidelity* XVI, Nr. 4, April 1966.
3. *Conversations with Glenn Gould* (1966).
4. Ausgestrahlt am 18. Mai 1966 in der Reihe »Festival« im CBC-Fernsehen.

AN GODDARD LIEBERSON
Mr. Goddard Lieberson,
c/o Columbia Records, New York, N.Y.

14. Mai 1966

Lieber Goddard,

ich hätte schon längst schreiben und Ihnen für Ihre Teilnahme an dem High-Fidelity-Projekt[1] danken sollen. Ich bin wirklich sehr dankbar für die Zeit, die Sie dafür übrig hatten (ganz zu schweigen von dem fabelhaften Lunch); das Material, das Sie mir lieferten, leistete einen enormen Beitrag zu dem, was meiner tiefen Hoffnung nach den Erfolg des Artikels ausmachte.

Anscheinend sprachen wir beim Mittagessen an jenem Tag ausführlicher über die seltsamen Ansichten von Professor McLuhan, und ich versprach wohl, Ihnen einige Proben seiner Arbeit zu schicken. Ich habe McLuhan inzwischen zweimal interviewt – für High Fidelity und für die CBC – und habe ihn mittlerweile recht gut kennengelernt. Als Mensch ist und bleibt er für mich zugleich faszinierend und frustrierend, und seine Schriften – ein ungewöhnliches Gemisch aus Verschrobenheiten und brillanten Beobachtungen. Ich hatte jedoch den Eindruck, daß er in vielen bedeutenden Hinsichten den Finger auf einige der zentralen Themen unserer Zeit gelegt hat, und trotz des ganzen Kaffeehauskults, der in den U.S.A. derzeit um ihn entsteht, ist und bleibt er, denke ich, eine interessante und bedeutende Gestalt.

Ich schicke die »Gutenburg Galaxy«[2] mit, meiner Meinung nach sein bestes Buch, und, sobald es wieder lieferbar ist – derzeit ist es vergriffen und wird erst wieder neuaufgelegt –, »Understanding Media«[3], sein letztes. Ich hoffe, Sie entdecken etwas Interessantes darin.

Mit den besten Wünschen und freundlichen Grüßen
Glenn Gould.

---

1. »The Prospects of Recording«, April 1966.
2. Marshall McLuhan, *The Gutenberg Galaxy* (Toronto: University of Toronto Press, 1962).
3. Marshall McLuhan, *Understanding Media* (New York: McGraw-Hill, 1964).

AN LEOPOLD STOKOWSKI
Mr. Leopold Stokowski,
New York, N.Y.

25. Mai 1966

Sehr geehrter Maestro,
unser »Kaiser«[1] erreichte mich eben in seiner endgültigen
Form, und ich muß sagen, ich bin sehr stolz darauf. Es war mir
eine große Freude, mit Ihnen arbeiten zu können[2].

Ich sprach Anfang dieser Woche mit Franz Kraemer, dem ausführenden Produzenten bei einer Reihe von CBC-TV-Sendun-
gen mit dem Serientitel »Festival«. Für jeden der letzten Pro-
grammzyklen habe ich Sendungen auf Video aufgenommen,
die in der »Festival«-Reihe erscheinen und Solodarbietungen
sowie Kammermusik und gelegentlich auch etwas mit Orchester beinhalten. Mr. Kraemer wollte wissen, ob ich das Gefühl
hätte, daß Sie dem Fernsehen im allgemeinen und dieser Reihe
im besonderen wohlwollend gegenüberstünden, und ob Sie
wohl bereit wären, ein Programm zu dirigieren, das irgendwann im nächsten Jahr aufgezeichnet werden könnte. Er deu-
tete an, daß ihm ein Programm am liebsten wäre, das mit
einem Orchester von fünfzig Mann oder weniger bestritten
werden könnte, und meinte, besonders glücklich wäre er über
ein reines Mozart-Programm – das heißt also zum Beispiel
eine Symphonie, ein Klavierkonzert und vielleicht eine
Ouvertüre zu Beginn[3].

Das Programm muß aber gar nicht unbedingt Mozart beinhalten – es könnte bei einer solchen Orchesterstärke auch Beethoven gewidmet sein oder auch zeitgenössischer Musik oder
einer Kombination aus allen dreien. Die eingeschränkte Größe
des Orchesters wirkt sich nicht nur fiskalisch, sondern auch

1. Beethovens *Konzert Nr. 5 Es-Dur* op. 73 (»Emperor«) mit dem American
   Symphony Orchestra unter Leopold Stokowski, eingespielt 1966 (Columbia).
2. Gould hegte eine tiefe Bewunderung für Leopold Stokowski als Musiker
   und als Pionier der Entwicklung von Musik und Technik in seinen frühen
   Rundfunk- und Schallplattenprojekten.
3. Die vorgeschlagene Fernsehsendung wurde nicht realisiert.

akustisch vorteilhaft aus, zumal das beste Fernsehstudio in Toronto, wie die meisten anderen seiner Art, speziell auf das gesprochene Wort hin angelegt ist und für ein großes Orchester in der Regel ziemlich trocken, für ein kleineres Ensemble jedoch recht brauchbar ist.

Die Darbietungen in dieser Reihe werden nicht unbedingt wie offizielle Konzerte gehandhabt. Das Konzept hinter einem speziellen Programm weist oft ein gewisses Maß an Experiment auf. In den vergangenen zwei Jahren steuerten Hermann Scherchen und Karl Böhm zu dieser Serie Sendungen bei, in denen vor der eigentlichen Aufführung längere Sequenzen von Proben zu sehen waren (in Böhms Fall war es Beethovens Siebte Symphonie und in Scherchens »Die Kunst der Fuge«). Letzte Woche zeigte man eine Sendung, die ich im letzten Herbst mit Menuhin aufgezeichnet hatte und in der wir Bach- und Beethoven-Sonaten und Schönbergs Violinfantasie spielten, nachdem wir einleitend eine lebhafte Diskussion über deren Vorzüge führten (ich war pro).

Mit alldem will ich schlicht und einfach sagen, daß diese Sendungen genügend flexibel sind, daß man sogar beim Drehen neue Ideen ausprobieren kann. Sie können so formell oder informell sein, wie man will, und in diesem Sinne dient Mr. Kraemers Vorschlag für ein Mozart-Programm lediglich als grober Anhalt für eine Form, die so gewagt oder so reell sein kann, wie Sie wollen.

Soweit ich weiß, gibt es keinen bestimmten Termin dafür, wann die Sendung aufgezeichnet werden müßte; ausgestrahlt werden soll sie jedoch im Kalenderjahr 1967, und ich nehme einmal an, daß die Aufzeichnung vorzugsweise in den Winter- oder Frühjahrsmonaten stattfinden sollte.

Wenn Sie Zeit haben, könnten Sie mir vielleicht mitteilen, was Sie von dieser Idee halten. Überhaupt wäre ich sehr interessiert an Ihren Reaktionen auf Musik im Fernsehen allgemein, denn da ich derzeit viel für das Fernsehen mache, bin ich immer sehr neugierig auf die Ansichten derjenigen, die einiges an Erfahrung mit dem Medium und seinen Möglichkeiten für Musiksendungen gesammelt haben.

Ich wünsche Ihnen alles Gute für Ihre Europatournee diesen
Sommer und würde mich freuen, gelegentlich von Ihnen zu
hören.
Mit freundlichen Grüßen
Glenn Gould.


AN JOHN MCCLURE
Mr. John McClure,
Columbia Records,
New York, N.Y.

Apt. 902, 110 St. Clair Ave.W.
11. Juni 1966

Cher Maître,
vielen Dank für die australischen Zeitungsausschnitte. Es ist
gut zu wissen, daß auf CBS International heutzutage wirklich
Verlaß ist.
Ich hoffe sehr, daß Du und Adrienne nächste Woche mit mir
essen gehen könnt. Dieser Brief soll Dir Gelegenheit geben,
Deine Abwehr gegen einen Vorschlag zu rüsten, mit dem ich
erneut an Dich heranzutreten gedenke.
Du wirst Dich erinnern, daß ich vor einigen Monaten bei diversen Gelegenheiten versucht habe, Dich für eine »Legacy-
Series«-Parodie zu begeistern, bei der ich in einem Recital
in Whitehorse, Yukon Territories, in Yellowknife, Northwest
Territories, oder in irgendeinem anderen gleichermaßen
romantischen Ort vorgestellt werden würde. Als ich dieses
würdige Vorhaben bei früheren Gelegenheiten zur Sprache
brachte, dachte ich es mir als Beigabe zu unseren Projekten für
die Einhundertjahrfeier[1]; damals schwebte mir ein echtes
Recital in einem echten arktischen oder subarktischen Außen-
posten vor. Nicky Goldschmidt von der Centennial Commis-
sion in Ottawa nahm die Idee tatsächlich ernst, und wäre mir
nicht von meiner persönlichen Operation Yukon diesen Monat
abgeraten worden, dann würden er und ich uns in Whitehorse

---

1. Die Feier zum 100jährigen Bestehen Kanadas (1967).

bei den dortigen Anhörungen der Kommission treffen und die Aussichten auf eine akustisch geeignete Lokalität wie Wigwam, Kirchenkeller, Jagdhütte usw. erkunden.

Nun war mir von Anfang an klar, daß ernstliche Hindernisse überwunden werden müßten – nicht zuletzt der Umstand, daß mein Klavier im Dauerfrost für Asthmaanfälle anfällig ist. Eine weit schwierigere Hürde war jedoch der merkliche Mangel an Begeisterung, den ich auf Deiner Seite bemerkte, Cher Maître, und so bringe ich das Thema erneut zur Sprache, und zwar in aller Förmlichkeit, nicht nur damit Du Zeit hast, die energischsten Einwände gegen dieses Vorhaben aufzubieten, sondern auch damit Du einsiehst, daß ich es von Anfang an ernst gemeint habe.

Was ich Dir jetzt vorschlage, entspricht der ursprünglichen Idee, allerdings mit einer entscheidenden Änderung – nämlich: daß wir das Ganze studiomäßig simulieren –, trifft doch ziemlich genau ins Schwarze, nicht wahr? Mir scheint sich hier eine Gelegenheit zu bieten, auf köstliche Weise die gesamte absurde Widersprüchlichkeit des Live-Mitschnitts (Swjatoslaw in Sofia usw.)[1] zu verulken und außerdem die ausufernde Dokumentation der »Legacy«-Serie auf die Schippe zu nehmen.

Wir könnten ein tadellos chronologisches Recitalschema zusammenstellen, das ausschließlich aus Stücken besteht, die ich wohl kaum jemals im Rahmen eines solideren Projekts einspielen dürfte. Zum Beispiel:
– einiges von Scarlatti
– die 32 Variationen c-Moll von Beethoven
(der Himmel bewahre uns vor dem Zorn Wandas!)[2]
– ein paar von Mendelssohns Liedern ohne Worte
– Prokofjews Sonate Nr. 7

---

1. Gould meint wohl Swjatoslaw Richters Konzertmitschnitt von Modest Mussorgskis *Bildern einer Ausstellung.*
2. Wanda Landowska (1879–1959), aus Polen stammende Cembalistin und führende Persönlichkeit in der Cembalorenaissance des 20. Jahrhunderts. Irrtum des Stenographen: Gould bezog diese Bemerkung auf »einiges von Scarlatti« weiter oben.

Wie wäre das als unanstößiges, intellekt-sicheres Ibbs-and-Tillett[1]-Debüt? Es würde natürlich nach unserem besten Vermögen aufgenommen werden, und vielleicht lassen wir ein paar auffällige Schnitzer drin, damit es glaubwürdig klingt (dieses letztere ist fakultativ). Darauf synchronisieren wir dann das Plappern, Niesen und Seufzen des lärmendsten Publikums, das es gab, seit Neville Chamberlain im Parlament niedergebrüllt wurde. Je nach der vorgeblich dafür ausgewählten Lokalität sollte dieser Soundtrack einen oder mehrere reißende Hunde aufweisen (vielleicht gibt es sogar eine Rolle für einen verstimmten Eichelhäher-Mörder, der auf der alten »22« Alarm schlägt). Und diese ganze Untermalung wäre natürlich an sich schon ein Kunstwerk; sie legt sich aufdringlich über die Musik, die – wie Du meinem Programmvorschlag entnehmen kannst – durch das Fehlen kontrapunktischer Idiome auffällt.

Vor allem würde uns dies die Gelegenheit geben, eine Reihe brillanter und scharfsichtiger und vollkommen irrelevanter Essays schreiben zu lassen, die sich mit der Vegetation, Geologie, Siedlungsgeschichte und soziologischen Analyse der betreffenden Region befassen. Ich würde vorschlagen, einen echten Geologen zu bitten, einen absolut trockenen Aufsatz zu liefern – ich habe Verbindungen zum Department of Northern Affairs in Ottawa, und ich kenne mit Sicherheit mindestens einen hervorragenden Mann dort, der bestens geeignet sein dürfte, eine soziologische Studie zu erstellen. Und wir können natürlich sicher sein, daß Dr. von Hochmeister[2] einen Aufsatz parat hat. Vor allem halte ich es für wichtig, ein paar ausdrucksvolle und äußerst reelle Bilder vom Typ Holiday-Mag. zu machen, beispielsweise von Tuktoyaktuk in der Dämmerung, und zwar so durchgehend marineblau wie Rauschenbergs Opus 1. Vielleicht gibt es auch ein herzliches *Welkommen* seitens Seiner Gnaden, des Bürgermeisters, der im Kontrast dazu in hellem Tageslicht inmitten einer öden Tundra

---

1. Britische Konzertagentur und Künstlervertretung.
2. Dr. Herbert von Hochmeister war ein Pseudonym von Gould.

fotografiert werden könnte, am besten neben einem hübsch bemalten Schild mit der Inschrift »Industriegebiete zu verpachten«.

Mir ist klar, dear Sir, daß das Ganze ziemlich verrückt klingt, doch ich erinnere Dich daran, daß derselben Verrücktheit die Hoffnung-Konzerte und das Baroque Beatles Book entsprangen, und ich meine, wir sollten uns weiter darüber unterhalten, denn wenn dies nicht der Hit des Jahres 1967 wird, spendiere ich Dir und Adrienne ein halbes Dutzend T-Bone-Steaks am Automaten Eurer Wahl[1].

Bis auf weiteres alles Gute.

Mit freundlichen Grüßen

Glenn Gould.

cc. Mr. Andrew Kazdin


AN HUMPHREY BURTON[2]
Mr. Humphrey Burton, BBC Television,
London, England.

27. Juni 1966
(diktiert 25. Juni)

Lieber Humphrey,

habe gerade mit Franz »The Golden Ring«[3] gesehen. Es ist ein Meisterwerk! Du hast die Atmosphäre eines Aufnahmestudios äußerst wahrheitsgetreu eingefangen, und da nächste Woche (am 27.) meine erste Sitzung seit fünf Wochen ist (was eine lange Abstinenz für mich bedeutet), hat es mich richtig begierig gemacht, wieder vor und hinter die Mikrophone zu kommen.

---

1. Gould wollte dieses Projekt unbedingt realisieren, doch Columbia Records war nicht daran interessiert.
2. Fernsehproduzent und -regisseur bei der BBC, damals Abteilungsleiter Musik und Kultur.
3. *The Golden Ring* war ein 90minütiger Dokumentarfilm, den Humphrey Burton für das BBC-Fernsehen produzierte. Thema war die Studioeinspielung von Wagners *Ring des Nibelungen* unter Georg Solti, die John Culshaw für Decca produzierte.

Besonders gefallen haben mir die Dr.-Strangelove-mäßigen Einstellungen vom Mischpult, und ich fand, Culshaw[1] wirkte wunderbar spontan und locker. Aber meine Lieblingsfigur war der Elektrikergehilfe, der ungefähr in der achten Filmminute zweimal gezeigt wurde, wie er unter einen Turm von Ampexgeräten kroch und sagte »Noch kein Saft drauf, 'enry«. Ich weiß nicht, wie beabsichtigt das war, aber mir kam es vor wie ein Running gag des frühen Alec Guinness, und irgendwie hoffte ich, daß er in der Zielgeraden an derselben Stelle und mit demselben Spruch noch einmal auftauchen würde – sozusagen als Burtonsche Version von »Wir sind soweit, wenn Sie soweit sind, Mr. DeMille«.

Zwei Fragen: Ich erhielt einen Brief von einem Bekannten in Birmingham, der mir versicherte, daß einige oder alle unserer Sendungen von Ende Juni an und den ganzen Juli hindurch auf BBC-2 gezeigt werden sollen[2]. Stimmt das, oder sind wir immer noch für September geplant? Und ist es Dir oder Deinem Verkauf gelungen, Fortschritte mit Curtis Davis[3] zu machen? Falls wir von dieser Seite aus nachhelfen können, sag uns bitte Bescheid. Jedenfalls hoffe ich immer noch, daß Du es für machbar hältst, mich eine oder zwei unserer Sendungen für die CBC in New York vorführen zu lassen. Mir ist klar, daß alle möglichen Zollprobleme auftreten können, wenn man Filme von Land zu Land befördert, aber wäre es nicht möglich, so etwas wie eine beschränkte Einfuhrerlaubnis zu erhalten, wenn die Filme als »Material nur zur Testvorführung« deklariert werden?

Inzwischen alles Gute. Halte mich über Deine Vorhaben auf dem laufenden.

Mit freundlichen Grüßen
Glenn.

---

1. John Culshaw (1924–1980), Plattenproduzent und Fernsehregisseur.
2. »Conversations with Glenn Gould« (1966).
3. Curtis W. Davis von PBS (Public Broadcasting System).

An Diana Menuhin
Mrs. Yehudi Menuhin,
London, England.

30. Juli 1966

Liebe Diana,

Ihr Brief war mir arg willkommen – alle zwölf unleserlichen Seiten. Ich verging schon vor Sehnsucht nach Neuigkeiten von Ihnen und machte mich wie der Teufel ans Werk, sie zu entziffern. Doch die Nachrichten waren nicht gerade erfreulich. Sie müssen besser auf sich achten. Ich weiß, das ist leichter gesagt als getan, aber bitte versuchen Sie, sich diesen Sommer zu schonen.

Nun, wie Sie wissen, steuere ich, wenn ich nicht gerade durch die Wildnis der kanadischen Arktis streife, gelegentlich Artikel zu dem Magazin High Fidelity bei, und vor etwa einer Woche rief mich einer der Herausgeber an und teilte mir mit, daß im nächsten Dezember auf dem Cover des Musical-America-Almanachs (einem Ableger von High Fidelity) Sir Yehudi als »Musiker des Jahres«[1] verewigt werden soll. Dies ist einer unserer wunderlichen nordamerikanischen Bräuche, die die Aufmerksamkeit von der Neujahrsliste Ihrer Majestät ablenken sollen. Auf jeden Fall, wer, glauben Sie, wurde gebeten, das feierliche Vorwort zu verfassen? Richtig! Und da dachte ich, ob Sie wohl geneigt wären, mir irgendwelche leckeren kleinen Menuhiniana zukommen zu lassen. Diese brauchten nicht direkt Ihnen zugeschrieben zu werden, es sei denn, Sie wünschten es, wobei ich sie eher nicht mit »Wie ein weiblicher Fan vor kurzem bemerkte…« einleiten würde. Sie könnten ein so breites Spektrum aus Yehudis Leben und Wirken beleuchten, wie Sie wollen – Bath, Gstaad, Sitarbegleitung, die Dynamik der Dynastie Menuhin usw. Eigentlich wünsche ich mir eine Sammlung Ihrer unnachahmlich borstigen Bonmots, die ich je nach Zusammenhang in mein Vorwort einstreuen kann.

---

1. »Yehudi Menuhin: Musician of the Year: Some Thoughts«, in: *High Fidelity / Musical America* XVI, Nr. 13, 15. Dezember 1966.

Das einzige Problem ist, ich brauche sie bald – zum Beispiel nächste Woche. Es scheint idiotisch, August als Termin für eine Zeitschrift zu haben, die im Dezember erscheinen soll, aber das gehört wohl mit zu unserem supereffizienten nordamerikanischen Fließbandlebensstil.

Lassen Sie mir bitte Ihre Kritzeleien zukommen, falls Sie dazu geneigt sind, und inzwischen alles erdenklich Gute.

Herzlichst

AN ROBERT ALTSCHULER
*Luftpost – Einschreiben*
Mr. Robert Altschuler, Columbia Records,
New York, N.Y.

14. September 1966

Lieber Bob,

hier mein Beitrag für Cosmopolitan. Ich weiß nicht, ob Sie zu jedem der Favoriten einen kurzen Kommentar wollten; falls ja, habe ich für jeden einen mehr oder weniger geeigneten Satz hingehauen.

Alles Gute.

Mit den freundlichsten Grüßen

GOULDS BESTENLISTE
1. Die Symphonien von Hans Werner Henze – DGG.
Die eindrucksvollste und reichhaltigste Retrospektive der Saison.
2. Bach: Die Brandenburgischen Konzerte; Herbert von Karajan – DGG.
Karajan erinnert mich manchmal an den verstorbenen Dimitri Mitropoulos – wegen seiner scheinbar widerwilligen Zugeständnisse an die barocke Gelehrsamkeit. Daher auf diesen Scheiben makellose Phrasierung, tadellose Tempi, aber viel zu viele Streicher, zu distanziertes Cembalo. Aber selbst in seiner verschwommenen Art wirklich wunderschön.
3. Chopin: Sonate Nr. 3; Robert Casadesus – Columbia.
Ich denke, ich kann ganz gut ohne die Sonaten von Frédéric

François leben, doch ich war immer der Meinung, wenn man sie bringen will, sollte man sie auf jeden Fall puristisch bringen. Und dies ist die puristischste und beste Interpretation der h-Moll-Sonate, die ich je gehört habe[1].
4. Ruggles[2]: Suntreaders – Columbia.
Ich habe mich noch nicht dazu durchringen können, die Petition »Ives for Mount Rushmore« zu unterschreiben, denn trotz seiner bemerkenswerten Erfindungskraft hat mich doch immer seine unglaublich geschwätzige Art abgestoßen. Demgegenüber bin ich völlig eingenommen von der pointiert lakonischen Sprache seines Yankee-Zeitgenossen, Carl Ruggles.

* * * * *

GLENN GOULD<br>14. September 1966.

AN LEON FLEISHER[3]
Mr. Leon Fleisher,
Baltimore, Maryland, U.S.A.

14. November 1966

Lieber Leon,
herzliche Glückwünsche zur Ankunft von Julian Ross und noch herzlichere natürlich an Ricki!
Ich habe von Zeit zu Zeit versucht, Deine orthopädische Spur aufzunehmen, und ich vermute, daß es allmählich schon viel hoffnungsvoller aussieht. Wie Du weißt, kann keiner besser ermessen als ich, was Du in den letzten ein, zwei Jahren durchgemacht hast, auch wenn meine eigene Erfahrung mit dieser Art von Gebrechen vergleichsweise begrenzt ist, was die Dauer und vermutlich auch den Schweregrad betrifft[4]. Aller-

---

1. Goulds Kommentar, die Chopin-Sonaten sollten, wenn überhaupt, »auf jeden Fall puristisch« gespielt werden, ist insofern interessant, als seine eigene Interpretation der *Sonate Nr. 3 h-Moll* op. 58 in einem Rundfunkkonzert am 23. Juli 1970 alles andere als »puristisch« war.
2. Charles Ruggles (1876–1971), amerikanischer Komponist.
3. Leon Fleisher (geb. 1928), amerikanischer Pianist und Dirigent.
4. Gould bezieht sich auf Fleishers linke Hand, die seit 1965 behindert war, und seine eigene Schulterverletzung.

dings hoffe ich mehr, als ich sagen kann, daß bald alles wieder gut ist, denn meiner Überzeugung nach bist Du einer der ganz wenigen wirklich kreativen Tonkünstler und als solcher viel zu wertvoll, um der Szene lange fernzubleiben.

Vor ungefähr einem Monat besuchte ich unseren Freund Dr. Stein in Philadelphia, weil ich mir das linke Bein verknackst hatte, aber da ich vermutete, daß Du bei einem anderen Orthopäden Rat gesucht hattest, hielt ich es für das beste, ihn nicht nach einem aktuellen Bericht zu Deinem Fall zu fragen[1].

Wenn Du Zeit hast und Dir danach ist, schreib mir doch bitte kurz, wie es Dir geht. Alles erdenklich Gute euch beiden.

Liebe Grüße
Glenn.


An Martin Sohn-Rethel[2]
Mr. Martin Sohn-Rethel,
Birmingham, England.

14. November 1966

Sehr geehrter Mr. Sohn-Rethel,
vielen Dank für Ihren Brief und Ihre freundlichen Worte über unsere Schönberg-Sendung[3]. Ich bedaure, daß ich das Adorno-Zitat[4] nicht kenne, doch in Schönbergs Aufsätzen bin ich auf eine Reihe von Zitaten gestoßen, in denen der Komponist ähnliche Gedanken äußerte, und ich glaube, er hatte vollkommen recht, als er eine gewisse Spaltung zwischen dem intuitiven Begreifen seines Stils und der objektiven Verifizierung seiner Methode voraussagte.

---

1. Dr. Stein behandelte auch Goulds Schulterbeschwerden.
2. Ein Fan.
3. *Conversations with Glenn Gould* (1966). In der vierten und letzten Folge dieser Reihe ging es um die Musik von Schönberg.
4. Das betreffende Zitat stammte aus Theodor W. Adornos *Philosophie der Neuen Musik*; diese Schrift war in Goulds Privatbibliothek nicht zu finden. Sein Exemplar von Adornos *Prismen* war jedoch mit Anmerkungen übersät.

Diese Frage des Objektivierens der musikalischen Erfahrung betrifft, glaube ich, alle Arten von Musik – ich glaube, ich erwähnte so etwas in einer der anderen BBC-Sendungen, in der es um Beethoven ging[1] –, doch zweifellos stellt sie sich besonders deutlich, wenn man wichtige und zugleich etwas schwer faßbare Trends in der zeitgenössischen Musik untersucht. Mir scheint, eine der großen Barrieren zwischen Schönberg und dem breiteren Publikum, das er meiner Meinung nach verdient, und ich bin überzeugt, es ist nur eine Frage der Zeit, bis diese Barriere für immer fallen wird.

Nochmals vielen Dank für Ihren Brief.

Mit freundlichen Grüßen

Glenn Gould.


AN SARA MCANENY[2]

Mrs. Sara McAneny, Nashville, Tennessee.

19. Februar 1967

Sehr geehrte Mrs. McAneny,

vielen herzlichen Dank für Ihren entzückenden Brief. Ich schätze es sehr, daß Sie mir geschrieben haben, und ich war natürlich hoch erfreut zu hören, wie begeistert Sie von meinen Platten sind.

Die erwähnte Frage der Tonarten und Tonartenbezüge ist recht schwer zu fassen. (Ich finde diese Frage übrigens gar nicht absonderlich, denn ich denke selbst sehr viel darüber nach.) Wie Sie wissen, entwickelten viele Komponisten gegen Ende des 19. Jahrhunderts eine regelrechte Geheimwissenschaft der Tonartencharakteristika, indem sie verschiedenen Klangregionen bestimmte Eigenschaften zuschrieben, und folglich spielten die Assoziationen der Tonarten eine große Rolle im kompositorischen Verhalten jener Zeit.

Bezüge gab es in gewissem Sinne auch zum Farbspektrum, und Alexandr Skrjabin war nur einer der Künstler, dessen

---

1. Die zweite Folge der Reihe *Conversations with Glenn Gould*.
2. Ein Fan.

Phantasie durch diese spezielle Verbindung angeregt wurde. Es ist sicherlich kein Zufall, daß Es-Dur für Richard Strauss, wie vielleicht auch für Beethoven, immer eine heroische Haltung darzustellen schien und daß c-Moll bei Beethoven, Brahms und Bruckner irgendwie mit epischen Ausführungen assoziiert wird.

Damit will ich jedenfalls nur sagen, daß ich genau weiß, was Sie meinen. Ich habe zwar nie über eine »Lieblings«-Tonart an sich nachgedacht, doch insofern ich tonal denke, präsentierte sich mir zugegebenermaßen ein recht hoher Prozentsatz motivischer Ideen in der Regel entweder in der Tonart meines Streichquartetts (f-Moll) oder einer nahen Verwandten davon – As-Dur vielleicht.

Ich weiß gar nicht so recht, was all das eigentlich heißen soll. Ich schätze, wenn man an die f-Moll-Werke von Bach denkt, bieten diese insgesamt eine recht düstere Fassade – allerdings bin ich überzeugt, daß jemand mit einer Vorliebe für B-Dur, wie Sie, zweifellos eine freundlichere Wesensart aufweist[1].

Ich wünsche Ihnen alles Gute.
Freundlichst
Glenn Gould.


An Judith Taitt-Werenfeld[2]
Miss Judith Taitt-Werenfeld,
Montreal, Quebec.

12. April 1967

Sehr geehrte Miss Taitt-Werenfeld,
leider war Ihre Unterschrift ein klein wenig unleserlich; wenn ich also Ihren Namen falsch geschrieben habe, bitte ich um Verzeihung.

---

1. Gould dachte unentwegt über die Frage der Tonarten und Tonartencharakterisierung nach und machte oft Ratespiele dazu: »Wenn du eine Tonart wärst, welche würdest du sein? Raten wir einmal.« Wenn jemand bei Gould auf C-Dur tippte, betrachtete er dies nicht unbedingt als Kompliment.
2. Ein Fan.

Vielen herzlichen Dank für Ihre freundlichen Anmerkungen zu der CBC-Fernsehsendung[1]. Es hat mir großen Spaß bereitet, sie zu machen, und ich freue mich wirklich sehr über eine so begeisterte Reaktion.

Die Wahrscheinlichkeit eines Recitals in Montreal ist leider sehr gering. Ich gebe nun schon seit Jahren keine Recitals mehr – empfand diesen ganzen Lebensstil als ziemlich unerquicklich – und würde nur äußerst ungern wieder damit anfangen.

Ihre Frage zum »Gestikulieren« ist ziemlich schwierig. Ich würde wohl meinen, daß es eine Art intensivierender Beziehung zur Musik darstellt, wie Sie so wohlwollend andeuteten. Aber es ist schwer zu sagen, da ich noch nie Klavier spielen konnte, ohne wie ein Flaggenwinker zu einer imaginären Horde von Mitstreitern hin zu fuchteln. Ich vermute, es hat etwas zu tun mit dem Wunsch zu externalisieren – nicht die Musik oder etwa die Beziehung zu ihr, sondern vielleicht die Verantwortung für sie. Das klingt recht merkwürdig, ich weiß, doch ich habe viel über diese Frage nachgedacht, und im Augenblick ist dies die einzige treffende Antwort, auf die ich stoße.

Nochmals vielen Dank für Ihre Zeilen und alles Gute.

Freundlichst

Glenn Gould.


AN ILSE THOMPSON[2]

Mrs. Ilse M. Thompson, Maple, Ontario.

24. April 1967

Sehr geehrte Mrs. Thompson,

vielen Dank für Ihren Brief und, wie Sie schreiben, Ihr Interesse an unserer »Festival«-Sendung.

Ich weiß, daß das, was ich in dem Gespräch mit Mr. Burton zu sagen hatte, tatsächlich recht kontrovers klang, doch ich kann

---

1. Gould meint wohl die Fernsehsendung *To Every Man His Own Bach*, die am 29. März 1967 in der CBC-Reihe »Festival« ausgestrahlt wurde.
2. Ein Fan.

ehrlich sagen, daß meine Bemerkungen, auch wenn einige davon spekulativ sein mußten, nichts anderes als Zukunftsprojektionen gewisser Gegebenheiten waren, die das Musikleben der Gegenwart beeinflussen und die die Musik auf Tonträgern bereits heute überzeugender und lohnender machen als das öffentliche Konzert[1]. Ich wollte damit natürlich nicht sagen, daß meine Einspielung einer bestimmten Bach-Fuge, über die ich ausführlich sprach, in irgendeiner Weise die Interpretation dieses bestimmten Werks sei. Ich meine jedoch, sofern es um mein Bild von Bach in einem bestimmten Abschnitt meines Lebens geht, war es die Interpretation. Und ich glaube nicht, daß das Maß, in dem diese Interpretation dem Medienapparat der Tonaufzeichnung verpflichtet ist, diese Tatsache in irgendeiner Weise relativiert oder widerlegt.

Wie ich Mr. Burton zu verstehen gab, besteht der wahre Vorteil des Aufnahmeverfahrens nicht in dem ihm eigenen Perfektionismus, sondern in der nachträglichen Kontrolle, durch die man das Rohmaterial der Darbietung bearbeiten kann. Für mich wäre die beste aller möglichen Welten eine, in der die Kunst der Darbietung nur Rohmaterial lieferte und der Prozeß der Montage oder der Umformung des Werks den größten Teil in der Tätigkeit des Künstlers ausmachte.

Nochmals vielen Dank für Ihren Brief und alles Gute.

Mit freundlichen Grüßen

Glenn Gould.


An Debbie Barker[2]

Miss Debbie Barker, Delhi, Ontario.

22. Mai 1967

Liebe Debbie,

vielen Dank, daß Du mir geschrieben hast und daß Du mich in das Buch aufnehmen willst, das ihr an Deiner Schule zusammenstellt.

---

1. *To Every Man His Own Bach.*
2. Ein Fan.

Deine Frage, ob Bach schon immer mein Lieblingskomponist war, ist sehr interessant und gar nicht so leicht zu beantworten. Es herrscht eine Auffassung, wonach immer gerade der Komponist, den Du zu einer bestimmten Zeit studierst oder spielst, zumindest für jene Zeit Dein Lieblingskomponist sein sollte, so, wie viele Schauspieler bestätigen werden, daß ihre gegenwärtige Rolle die ist, der sie sich am meisten verschreiben.

Zugleich denke ich, wenn ich den Rest meines Lebens auf einer einsamen Insel verbringen müßte und in all dieser Zeit die Musik eines einzigen Komponisten hören oder spielen müßte, so wäre dieser Komponist ziemlich sicher Bach. Mir kommt keine andere Musik in den Sinn, die so allumfassend ist, die mich so tief bewegt, und zwar durchweg, und deren Wert – um ein recht ungenaues Wort zu benutzen – über all ihrer Kunstfertigkeit und Brillanz auf etwas viel Bedeutsamerem beruht – ihrer Menschlichkeit.

Alles Gute für Dein Schulprojekt und für Deine Zukunft.

Mit freundlichen Grüßen

Glenn Gould.


AN WILLI REICH

Dr. Willi Reich, Zürich, Schweiz.

24. Mai 1967

Sehr geehrter Herr Dr. Reich,

vielen Dank für Ihren Brief. Ihr Name ist mir durch Ihre großartige Alban-Berg-Biographie[1] in der Tat ein Begriff.

Die Rundfunkdokumentation, die auf Seite 19 meines Schönberg-Artikels genannt ist, wurde 1962 für die Canadian Broadcasting Corporation produziert[2]. Damals interviewte ich einige Leute, die entweder Schönberg gut gekannt oder eine ganz bestimmte Haltung gegenüber seinem Werk eingenommen hatten. Am Ende eines jeden Interviews, das mit einem

---

1. Willi Reich, *Alban Berg* (1937); die englische Übersetzung von Cornelius Cardew erschien 1965 bei Harcourt, Brace & World, New York.
2. *Arnold Schönberg: The Man Who Changed Music.*

Tonbandgerät aufgezeichnet wurde, stellte ich jedem der Gäste[1] tatsächlich dieselbe Frage: »Was wird im Jahre 2000 aus Schönberg werden?« Leider waren nicht alle Antworten gleich aufschlußreich oder amüsant, und in dem endgültigen Sendeskript behielt ich nur einen Querschnitt von Kommentaren, die meiner Meinung nach die divergierenden Meinungen über Schönberg zu erkennen gaben. Sie wurden jedenfalls mehr wegen ihres polemischen Charakters ausgewählt als wegen irgendwelcher profunder Prognosen.

Ich erläutere all dies nur, weil ich – so nachlässig dies auch erscheinen mag – die Originalabschriften der Interviews, aus denen die endgültigen Ausschnitte stammen, nicht mehr besitze. Und wie Sie der beiliegenden Kopie entnehmen können, die ich von meiner Sekretärin für Sie anfertigen ließ, waren die Ergebnisse in vielen Fällen durch die Kommentare des vorausgehenden Sprechers bedingt, das heißt Mr. Sargent, der kaum ein Verfechter der zeitgenössischen Musik ist, bekundete lediglich das Ausmaß seines eigenen Mißfallens über das ganze Phänomen, von dem Schönberg einen Teil bildet. Auf jeden Fall werden Sie wohl bemerken, daß mit der angewandten Technik versucht werden sollte, Schönbergs Leben dem Radiopublikum in einer recht lebhaften Debatte näherzubringen, und der etwas kontroverse Ausdruck etlicher zitierter Aussagen war somit durch diesen Rahmen gerechtfertigt.

Ich sehe mit großem Interesse Ihrer Schönberg-Biographie[2] entgegen und verbleibe mit den besten Wünschen
Ihr
Glenn Gould.
cc. c/o Mr. William Goodman,
Harcourt, Brace & World
757 – 3rd Ave., N.Y. (10017)

---

1. Gould interviewte Gertrud Schönberg, Aaron Copland, Goddard Lieberson, Peter Ostwald, Istvan Anhalt und Winthrop Sargent.
2. Willi Reich, *Arnold Schönberg oder der konservative Revolutionär* (München: Deutscher Taschenbuchverlag, 1974).

bitte weiterleiten
(Da ich mir nicht sicher war, ob Ihre Züricher Adresse stimmt,
habe ich mir erlaubt, eine Kopie dieses Briefes an Mr. Wm.
Goodman von Harcourt, Brace & World, New York City, zu
schicken, mit der Bitte um Nachsendung an Sie.)

*Istvan Anhalt (kanadischer Komponist):*
Das Bild von Schönberg im Jahr 2000 wird in großem Maße
von den (künftigen) Entwicklungen in der Kunst der Musik
abhängen. Es erscheint mir jedoch als plausibel, daß etliche
seiner Werke den Test der Zeit bestehen werden und daß er
durch sie noch für lange Zeit eine wichtige Schicht einer wichtigen musikalischen Epoche verkörpern wird. Oder vielleicht
sollte ich sagen, daß seine musikalische Stimme im Jahr 2000
als Ausdruck einer einzigartig turbulenten Epoche der mensch-
lichen Geschichte in Zentraleuropa erkannt werden wird.

*Winthrop Sargent (Musikkritiker, The New Yorker):*
Ich glaube, das Jahr 2000 wird nicht sehr viel für Schönberg
bereithalten. Ich glaube, Schönbergs Popularität ist selbst in
den letzten dreißig Jahren nicht sonderlich gestiegen. Es gibt
Leute, die ihn mögen; es gibt Leute, die ihn spielen, aber die
Allgemeinheit hat sich nie groß für ihn interessiert, und zwar
aus dem Grund, denke ich, weil er ihnen nicht viel sagt. Ich
würde sogar meinen, daß der Schönberg-Stil ausgeschöpft ist,
daß er kein Zukunftspotential von wirklichem Wert zu bieten
hat.

*Aaron Copland:*
Ich kann mir nur schwer vorstellen, welches Schicksal die
Werke erfahren werden. Es ist schwer zu sagen, wieviel Verständnis die Menschen für jene seltsame Atmosphäre haben
werden, die wir mit (dem) Wien einer bestimmten Epoche und
einer bestimmten Schule verbinden. Diese Musik ist undenk-
bar ohne das Leben, das jene Menschen damals führten – das
Gefühl der Angst, das Gefühl der Einsamkeit, das Gefühl, sich
vollkommen von der klassischen Tradition abzuheben und

sich trotzdem so sehr als Teil und als natürliche Folge von ihr zu verstehen. All dies bedingt aus meiner Sicht einen recht gequälten musikalischen Ausdruck; und es ist zwar ein sehr kraftvoller musikalischer Ausdruck, aber trotzdem ein gequälter. Ob das große Publikum ihn immer weniger als gequält empfinden wird – das dürfte normal sein, denn bisher war es noch immer so –, kann ich nicht sagen. Gewiß, wenn ich heute Wozzeck höre, wenn ich mir Wozzeck vor fünfunddreißig Jahren vorstelle, als ich erstmals von Stokowskis Aufführung hörte, dann kommt er mir wie ein völlig anderes Stück vor. Er scheint viel kohärenter, der Allgemeinheit viel zugänglicher zu sein, und es ist durchaus möglich, daß dasselbe mit Schönbergs Werken geschieht. Aber nicht mit allen! Ich bezweifle, daß das Quintett für Holzbläser je als lustiges kleines Stückchen gelten wird, das man jeden Tag vor dem Frühstück auflegen möchte.

*Mrs. Gertrude Schönberg:*
Ich hoffe, daß er als Ganzes anerkannt wird. Aber heute erlebt man sogar, daß nicht einmal jedes Stück von Beethoven gespielt wird, und die Leute wagen es, die kleinen Kritiker wagen es, in der Zeitung zu schreiben, »Das ist ein schwaches Werk von Beethoven«, wobei es mir jedesmal kalt über den Rücken läuft. Es ist nicht leicht, Schönberg zu folgen.

Glenn Gould<br>24. Mai 1967

AN JAMES LOTZ [1]
Professor James Lotz, c/o St. Paul's University,
Ottawa, Ontario.

1. September 1967

Sehr geehrter Herr Professor Lotz,
ob ich Sie wohl dazu bewegen könnte, sich bei einem Doku-

---

1. Der Anthropologe Lotz trat in Goulds Radiodokumentation *The Idea of North* auf.

mentarprojekt über den kanadischen Norden zu beteiligen, das ich für die CBC machen soll? Die Sendung wird von Janet Somerville produziert, wird weitgehend aus aufgenommenem Interviewmaterial bestehen und trägt den vorläufigen Titel »The Idea of North«.

Es steht uns zwar frei, alle möglichen Aspekte des arktischen Abenteuers zu streifen, vermeiden möchte ich jedoch unbedingt sowohl die anekdotische Masche nach dem Motto »Dem Grizzlybär auf der Spur«, die durch viele solche Dokumentationen zum Klischee verkommen ist, als auch das wissenschaftliche Grenzgängertum à la Norilsk, das eine gründliche Studie erfordern würde, die den Rahmen dieser speziellen Sendung sprengen würde.

Am liebsten würde ich die Auswirkungen der Einsamkeit und der Isolation auf die Menschen in der Arktis oder Subarktis untersuchen. Auf subtile Weise scheint der Faktor Breitengrad tatsächlich einen prägenden Einfluß auf die Wesensart zu haben, obgleich ich in dieser Frage kein persönliches Anliegen verfolge und durchaus darauf vorbereitet bin, einige Charaktere unverändert vorzufinden. Ich denke jedoch, durch das Kontrapunktieren verschiedener Erfahrungen des Nordens müßte es möglich sein, eine recht interessante und hoffentlich originelle Sendung zusammenzustellen, und ich hoffe sehr, daß Sie bereit sind mitzumachen.

Wenn möglich, würde ich die Interviews gerne bis Ende Oktober abschließen, auch wenn die Sendung erst für Dezember geplant ist, und wenn Sie mir Ihre Terminplanung mitteilen könnten, würde ich eine Reise nach Ottawa entsprechend planen.

Mit freundlichen Grüßen
Glenn Gould.

AN FLOYD CHALMERS[1]
Mr. Floyd Chalmers,
c/o MacLean-Hunter Publishing Co. Ltd.,
Toronto, Ontario.

16. März 1968

Lieber Floyd,
vielen Dank für Ihren Brief. Ich möchte noch einmal betonen,
wie sehr ich Ihr Interesse und Ihr überaus freundliches Angebot zu schätzen weiß. Doch selbst auf die Gefahr hin, den Mor-
ley Callaghan[2] zu markieren, muß ich leider gestehen, daß ich
nicht allzu glücklich bin über die spezielle Form der Hier-
archie, wie sie im Order of Canada angelegt ist. Ich weiß, daß
eine gewisse Systematisierung bei jedem Programm dieser Art
notwendig ist, doch ich kann mich nicht des Eindrucks erwehren, daß dieses System in seiner derzeitigen Form etwas
unnötig Trennendes hat. Ich kann nur sagen – und ich hoffe,
Sie halten mich nicht bloß für eigensinnig oder exzentrisch
oder dergleichen –, es wäre mir lieber, wenn ich dem Komitee
nicht vorgeschlagen würde[3].
Mit den besten Wünschen
und freundlichen Grüßen
Glenn Gould.

---

1. Vorsitzender von MacLean Hunter Ltd. und einer der generösesten Kunst-
   mäzene Kanadas.
2. Kanadischer Autor (1903–1990), bekannt für seine Romane und Kurz-
   geschichten, der eine Kontroverse auslöste, indem er einen der niedrige-
   ren Ränge des Order of Canada, des kanadischen Verdienstordens, aus-
   schlug.
3. Gould wäre zweifellos der höchste Rang des Order of Canada verliehen
   worden, doch er widersetzte sich immer wieder den Bemühungen von
   Freunden und Förderern, sich vorschlagen zu lassen. Er behauptete, seine
   Leistungen seien wohl nicht so wichtig wie die Beiträge von Kanadiern,
   denen niedrigere Ränge des Ordens angetragen wurden.

AN WIVELIA HYLLNER[1]
Miss Wivelia Hyllner,
Malmö, Schweden.

c/o National Music Department,
C.B.C., 354 Jarvis Street,
Toronto 5, Ontario.
25. September 1968

Sehr geehrte Miss Hyllner,
vielen Dank für Ihren Brief vom 26. Juli und Ihre wohlwollenden Bemerkungen zu den Fernsehsendungen.
Es stimmt natürlich, daß sehr viel von Bachs Musik, die mit
Blick auf die Orgel entstanden ist, unbedingt dieses Instrument erfordert, um wirksam umgesetzt zu werden. Andererseits kann jener sehr große Prozentsatz von Bachs Werk, der
für das Cembalo oder Klavichord geschrieben wurde, meiner
Meinung nach auf dem zeitgenössischen Klavier realisiert
werden, ohne allzu große Einbußen an Klarheit oder histori-
scher Identität. Ich meine, es hängt weitgehend von der Einstellung des Interpreten ab, und wenn man an die Auf-
führungspraxis denkt, durch die Bach beeinflußt wurde – nicht
zuletzt die Tatsache, daß er oft eine stolze Verachtung gegenüber allen Aspekten der Instrumentation an den Tag legte und
Werke wie »Die Kunst der Fuge« schrieb, die keinerlei Instru-
mentierungsangaben enthalten und die durchaus auf der Orgel,
dem Cembalo, von einem Streichquartett oder sogar einem
kompletten Streichorchester ausgeführt werden können –
dann ist es wohl nicht unangebracht, das zeitgenössische Klavier als ein absolut zulässiges Instrument für die Aufführung
solcher Musik zu betrachten.
Nochmals vielen Dank für Ihren Brief.
Mit freundlichen Grüßen
Glenn Gould.

---

1. Ein Fan.

Mr. Paul Myers, c/o C.B.S. Records,
London, England

29. Dezember 1968

Lieber Paul,

es war schön, zu Weihnachten von Dir zu hören, und wenn Du Zeit hast, würde ich mich über einen ausführlichen Bericht über Deine Eindrücke von London 1968 freuen. Es überrascht mich nicht sonderlich, daß Du Nordamerika vermißt. Wir sind eine liebenswerte Gesellschaft auf dieser Seite des Teichs, und ich hoffe, daß Du Dich überreden läßt, zu gelegentlichen Ausflügen in den kanadischen beziehungsweise amerikanischen Rundfunksektor zurückzukehren.

Das Neufundland-Projekt stellt im Augenblick übrigens ein erhebliches Problem dar. Die C.B.C., weise, wie sie nun einmal ist, hat die Genehmigung für die Umstellung auf UKW-Stereo nächsten Herbst verweigert, und da dieses Projekt so ziemlich auf Stereo ausgerichtet war, kann ich mich nun nicht entscheiden, ob wir es in Mono weiterführen sollen, ob wir abwarten und hoffen sollen, daß sich in Ottawa der gesunde Menschenverstand sowie eine großzügigere Finanzplanung durchsetzen, oder ob wir es ganz abschreiben sollen. Letzteres wäre schmerzlich, denn das Interviewmaterial ist meiner Meinung nach ausgesprochen gut, und da es intensiv auf den Exodus aus den abgelegenen Dörfern eingeht, was derzeit die Cause célèbre der Neufundland-Politik ist, verfügt es, ganz abgesehen davon, wie wir dieses Thema nun ausführen und verallgemeinern, so wie es in »Idea of North« mit dem Motiv der Isolation geschah, zwangsläufig über eine Aktualität, die in einigen Jahren vielleicht weniger ins Auge springt[1].

Wir könnten es natürlich als Stereoprojekt fortsetzen und einfach hoffen, daß eine Monokopie einigermaßen an unsere ursprünglichen Absichten heranreicht und immerhin einen relativ gültigen Eindruck vermittelt, bis das Endprodukt in seiner bis dahin zweifellos überholten Stereophonie ausgestrahlt

---

1. *The Latecomers.*

werden kann. Das hätte den Vorteil, daß wir einige dringend notwendige Erfahrungen mit Stereo sammeln könnten, aber auch den Nachteil, daß viele Effekte bei einer Monoausstrahlung wahrscheinlich den Eindruck größerer Fehlkalkulationen machen werden.

Jedenfalls muß in den nächsten paar Monaten entschieden werden, was daraus werden soll, und ich würde doch hoffen, daß ich Dir bis dahin sagen kann, ob irgendwelche Aussichten bestehen, es in Toronto in Stereo zu machen (falls wir uns in diese Richtung entscheiden) und somit Dein Angebot zu nutzen, uns als technischer Produzent zur Seite zu stehen. Falls aber das hiesige Interesse an UKW-Stereo sein derzeitiges dürftiges Maß beibehält, ist es höchst unwahrscheinlich, daß die C.B.C. in den kommenden Monaten selbst eine zweckdienliche Ausrüstung erwerben wird, und sollten wir uns für eine Stereoversion entscheiden, so müßte die letzte Phase des Projekts nach New York oder in eines der unabhängigen Studios vor Ort verlegt werden. Wie dem auch sei, falls wir zu dem Schluß kommen, daß Opus 2 in Stereo gemacht werden muß und in Mono keine Zukunft hat, hoffe ich nach wie vor sehr, daß Du es einrichten kannst, uns in der Schlußphase der Bearbeitung zur Seite zu stehen.

Meine persönliche Terminplanung für den kommenden Frühling und Sommer hat eine größere und willkommene Änderung erfahren, da Herr Dr. von Karajan zu unser aller Überraschung und Freude ein gewisses Interesse bekundet hat, die ursprünglich für Berlin geplanten Filmaufnahmen nach – Du wirst es nicht glauben – Toronto zu verlegen[1]. Es ist noch keinesfalls definitiv – er fliegt im Februar hierher, um sich die hiesigen Einrichtungen anzuschauen –, aber wenn er sich überzeugen ließe, und es war seine Idee, dann sollte es mich als den mißtrauischsten Transatlantikreisenden aller Zeiten selbstverständlich freuen. Seine Gründe für den Wechsel sind recht kompliziert; soweit ich weiß, hat es im Prinzip etwas

---

1. Der Film mit Herbert von Karajan wurde nicht gedreht.

damit zu tun, daß sein Vertrag mit Bata-Film ausläuft und daß man ein flexibleres Verhältnis zu den Einrichtungen sucht, die ihm während der relativ häufigen freien Wochen in seinem Terminplan an der Met in den kommenden Jahren in Nordamerika zur Verfügung gestellt werden könnten. Ich glaube eher nicht, daß er die hiesigen Einrichtungen zufriedenstellend finden wird, vor allem weil er auf 35 mm Farbe besteht und die Studionorm hierzulande 16 ist. Die C.B.C. ist, glaube ich, trotzdem bereit, den roten Teppich für ihn auszurollen, und wir sind alle sehr neugierig darauf, was bei der Erkundungsmission im Februar herauskommt.

Da dieses Projekt natürlich der Hauptprogrammpunkt meines geplanten Europaaufenthalts war, wurde diese Reise zumindest vorläufig verschoben. Ich halte es für wenig sinnvoll, daß Du im Mai oder Juni ein Studio in London freihältst, denn selbst wenn von K wenig Begeisterung für die hiesigen Einrichtungen übrig haben sollte, bezweifle ich doch sehr, daß das Berlinprojekt frühestens vor dem Herbst neu aufgelegt werden könnte. Ich denke, so, wie es im Augenblick aussieht, machen wir nächsten Monat in New York mit einigen Bach-Konzerten weiter[1], da sie ohnehin nicht auf dem Londoner Programm standen, und falls die Reise auf unbestimmte Zeit verschoben wird, werde ich versuchen, John McClure[2] zu überzeugen, daß wir im Laufe des Jahres zumindest Beethovens Zweites mit einem Studioensemble in New York wiederholen sollten[3].

Ich schicke Dir mit getrennter Post ein Exemplar der neuen Ausgabe von Saturday Night, in der ich einige Gedanken über

---

1. 1969 wurden eingespielt: Bachs *Klavierkonzert Nr. 2 E-Dur* BWV 1053 und Bachs *Klavierkonzert Nr. 4 A-Dur* BWV 1055 mit dem Columbia Symphony Orchestra unter Vladimir Golschmann (Columbia).
2. John McClure, Leiter von Columbia Masterworks.
3. Gould hatte Beethovens *Klavierkonzert Nr. 2 B-Dur* op. 19 im Oktober 1958 in der Musikakademie in Stockholm mit dem Orchester des Schwedischen Rundfunks unter Georg Ludwig Jochum aufgeführt; zu der Einspielung in New York kam es nicht.

Walter Carlos und den Moog äußerte[1]. Außerdem widmeten wir 40 Minuten einer 90minütigen Radiomagazinsendung, die ich letzten Monat produzierte, einer Betrachtung der theologischen und soziologischen Folgerungen des Moog; darin wurden zwei Interviews – eines zwischen Gene Lees und Walter Carlos und ein weiteres zwischen Janet Somerville und dem französisch-kanadischen Dichter und Essayisten Jean LeMoyne – mit recht bemerkenswerten Resultaten, wie ich finde, kontrapunktisch gegenübergestellt[2]. Die gesamte Sendung drehte sich um verschiedene Aspekte der Automatisierung, aber dieser letzte Abschnitt machte ganz besonderen Spaß, und sobald ich eine zusätzliche Kopie bekomme, schicke ich sie Dir.

Inzwischen alles Gute.

Mit freundlichen Grüßen

Glenn Gould.


AN LEOPOLD STOKOWSKI

Mr. Leopold Stokowski, New York.

> Glenn Gould
> 110 St. Clair Avenue West
> Toronto 7, Kanada
> 13. Januar 1969.

Sehr geehrter Maestro Stokowski,

die Canadian Broadcasting Corporation hat mich ersucht, eine Rundfunkdokumentation über Sie und Ihre Arbeit zu planen und zu realisieren, und ich dachte, bevor ich offiziell zusage, sollte ich in Erfahrung bringen, ob Sie überhaupt an solch

---

1. »The Record of the Decade... Is Bach Played on, of All Things, a Moog Synthesizer?«, in: *Saturday Night* LXXXIII, Nr. 12, Dezember 1968; deutsch: »Die Schallplatte des Jahrzehnts«, in: *Vom Konzertsaal zum Tonstudio. Schriften zur Musik II* (München: Piper, 1987), S. 267–273.
2. CBC-Radio, 10. November 1968, »Sunday Supplement«, eine Magazinsendung, die in diesem Fall von Gould moderiert und koproduziert wurde.

einem Projekt interessiert wären und ein wenig Zeit für ein Interview mit mir erübrigen könnten, entweder in Ihrer Wohnung in New York oder in den New Yorker C.B.C.-Studios.

Der Rundfunk ist in Kanada zum Glück immer noch lebendig und wohlauf, und in den vergangenen Jahren habe ich recht viel Zeit darauf verwendet, die Möglichkeiten des Mediums und insbesondere die der Dokumentarform auszuloten. Vor etwa einem Jahr produzierte ich ein einstündiges Feature über das Leben im arktischen Kanada quasi speziell für den städtischen UKW-Hörer, das wohl in vielerlei Hinsicht ein großer Erfolg war[1]. Wir wollten unbedingt die Masche nach dem Motto »Dem Grizzly auf der Spur« vermeiden, die normalerweise bei Sendungen dieser Art als selbstverständlich gilt, und indem wir einige recht komplizierte tontechnische Verfahren angewandt haben (zwei oder drei Gespräche in einer Weise kontrapunktiert, daß zum Beispiel die statische Qualität minimiert wird, die den meisten auf Interviews beruhenden Features eigen ist), um das Ganze auf diese Weise zu dramatisieren. Ähnliche Verfahren bewährten sich auch bei einer Sendung über die theologischen Implikationen der Technologie, die ich im vergangenen November machte, doch abgesehen von einem Feature über Schönberg aus dem Jahre 1962[2] wird Ihres die erste abendfüllende Sendung sein, die ich über eine Musikerpersönlichkeit mache.

Nun ja, diese ganze Vorrede soll lediglich darauf hinweisen, daß ich mich nicht mit so etwas wie einem chronologisch-biographischen Essay begnügen möchte, von denen man so viele im Radio hört, daß für sie das Gesetz des abnehmenden Ertrags gilt. Ich würde gerne ein Stimmungsbild kreieren, in dem wir unter weitestgehender Vermeidung jeglicher didaktischer Elemente auf die ästhetischen Ideale hinweisen könnten, die während Ihrer gesamten Laufbahn vorherrschten. Dazu möchte ich gerne ein Kompott anrichten, in dem Aus-

---

1. *The Idea of North.*
2. *Arnold Schoenberg: The Man Who Changed Music* wurde am 8. August 1962 von CBC-Radio ausgestrahlt.

züge aus Ihrer Diskographie mit dem Material aus unserer Interviewsitzung kontrapunktiert werden könnten (bisher war es übrigens meine Angewohnheit, meine eigenen Fragen und Zwischenbemerkungen herauszuschneiden und eine monologartige Kontinuität zu bewahren), und ich vermute, daß das Schneiden und Tonmischen vor dem geplanten Sendetermin nächsten Herbst mindestens zwei Wochen Studiozeit erfordern wird[1].

Wegen anderer Verpflichtungen werde ich erst diesen Sommer damit anfangen können, aber da ich mich erinnere, daß Sie den Spätfrühling und den Sommer normalerweise in Europa verbringen, könnte ich für den Interviewteil in den nächsten paar Monaten zur Verfügung stehen, je nachdem, wann es Ihnen recht ist. (Wir müssen uns übrigens nicht auf eine einzige Sitzung beschränken; es wäre wohl vorteilhaft, einen zweiten Termin einzuplanen und vielleicht nach Durchsicht der Abschrift des ersten Interviews einige Antworten entsprechend zu ergänzen.) Vorausgesetzt also, daß Sie meine Begeisterung für das Projekt teilen, wäre ich Ihnen sehr dankbar, wenn Sie mir mitteilen würden, welcher Zeitpunkt im Winter oder Frühjahr am besten wäre. Normalerweise bin ich mindestens einmal im Monat zu Aufnahmen in New York, und vielleicht kann ich einen Studiotermin und den Besuch zusammenlegen.

Inzwischen alles Gute. Ich freue mich darauf, von Ihnen zu hören.

Mit freundlichen Grüßen

GLENN GOULD.

cc. John Roberts
cc. Carl Little.

---

1. *Stokowski: A Portrait for Radio* wurde am 2. Februar 1971 in der Reihe »CBC Tuesday Night« gesendet.

AN RONALD WILFORD[1]
Mr. Ronald Wilford, c/o Columbia Artists Management,
New York, N.Y.

26. Januar 1969

Lieber Ronald,
ich denke zwar, ich werde Dich anrufen, bevor diese Zeilen in
New York eintreffen oder – da mein Diktier-und-Absende-
Fließband nicht selten ins Stocken gerät – noch bevor sie überhaupt abgeschickt werden, aber vielleicht ist es sinnvoll,
meine Reaktionen auf den jüngsten Vorschlag von Mr. Glotz
bez. London, 6. Mai, schriftlich festzuhalten.
    1. Es ist schlicht unmöglich, das »Kaiser«-Konzert oder über-
haupt irgendein Werk von Gehalt an einem einzigen Tag ton-
und filmmäßig aufzunehmen. Angenommen, von K.[2] bleibt
unnachgiebig bez. Synchronverfahren, so wäre für den Ton
allein ein Zeitraum von nicht weniger als zwei Tagen notwendig. Nicht unbedingt volle Tage, wobei ich mir nicht vorstellen kann, solch ein Werk in weniger als neun Stunden zu
probieren und aufzunehmen, was nach geltenden nordamerikanischen Verhältnissen (15 Minuten pro 3-Stunden-Sitzung)
dem Gewerkschaftsmodus entsprechen würde, aber auch
wenn diese Normen nicht unbedingt für die flexiblere Einstellung der britischen beziehungsweise deutschen Leute vor
Ort gelten müssen, sind sechs Stunden am Tag so ziemlich die
Obergrenze meiner Produktivität.
Ich bin weniger vertraut mit den Bedingungen bei synchronen
Filmaufnahmen, doch die paar Male, die ich mit diesem Verfahren zu tun hatte (Korrekturen für Mikrogalgenschatten und
andere Bildschnitzer), haben mich mit Sicherheit darauf pro-
grammiert, einen großzügigen Spielraum für Retakes zu
erwarten. Das Problem einer überzeugenden Synchronumset-
zung stellt sich vielleicht weniger gravierend, wenn man es
mit einem Orchester ohne Solisten zu tun hat und sich in vage

---

1. Wilford war nach Goulds Rückzug von der Konzertbühne dessen Agent
   und förderte dessen Karriere in den elektronischen Medien.
2. Herbert von Karajan.

Tuttieinstellungen usw. flüchten kann, aber wenn man nicht gerade alle möglichen stilistischen Kurven schneidet – zum Beispiel Einstellungen durch das Klavier hindurch oder von oben usw. –, gibt es bei einem Tasteninstrument einfach keinen empfehlenswerten Schleichweg. Folglich schätze ich, daß wir kaum erwarten können, ein fünfundvierzigminütiges Konzert mit dieser Methode in weniger als zwei Tagen zu filmen – bei wahrscheinlich über sechs Stunden jeweils, da Ermüdung im üblichen Sinne keine Rolle spielen dürfte –, wobei das noch optimistisch sein dürfte. Ein vergleichbarer Maßstab wäre vielleicht der Zeitplan bei der Einspielung eines 1stündigen Sonatenprogramms mit Menuhin im Jahre 1965 (20 Stunden im Studio, einschließlich Teampausen, an zwei aufeinander folgenden Tagen) oder letztes Jahr bei den Aufnahmen zweier Konzerte – beides (Bachs g-Moll und Strauss' Burleske) kurze Werke mit einer Gesamtspielzeit nicht über der des »Kaiser« (12 Stunden Studiozeit einschließlich Teampausen), und dabei wurde, abgesehen von den erwähnten Schnitzern, kein Synchronverfahren angewandt.

2. Dem Brief von Mr. Glotz kann ich nur entnehmen, daß das »Kaiser«-Projekt anstelle von John Culshaws früherem Vorschlag auf den 6. Mai nach London verlegt wurde. Wie Du weißt, habe ich John geschrieben und versucht, ihn zu überzeugen, daß sich selbst die etwas improvisiertere Ausrichtung, die ihm vorschwebte, mit nur einem Tag im Studio, nicht richtig realisieren ließe, und ich habe darauf hingewiesen, daß bei allem gebührenden Respekt vor seinen möglicherweise durchaus überlegeneren Studioeinrichtungen einfach wegen des lockeren und improvisatorischen Grundtenors ein viel gemächlicherer Zeitplan erforderlich wäre.

3. Wenn ich Mr. Glotz' Hinweis auf ein Projekt für 1969/70 richtig verstehe, denkt er wohl an so etwas wie Culshaws Vorschlag, was dann im Anschluß an den »Kaiser« im Winter in Toronto erfolgen könnte. Ich meine nach wie vor, es sollte hier vonstatten gehen, auch wenn es vielleicht ein Fehler sein mag, die Verfügbarkeit der MET-Studios in Boston unberücksichtigt zu lassen, aber so oder so müßte Karajan die Benutzung

der Einrichtungen gutheißen und sie vielleicht im voraus begutachten.

4. Die – entschuldige den Ausdruck – »Kunst des Glenn Gould« soll jetzt 22 Wochen lang im Radio laufen, und zwar ab der dritten Maiwoche[1]. Ich habe zugestimmt, nachdem einigermaßen sicher war, daß von K in Toronto würde arbeiten können, aber auch wenn wir hoffen, etliche Sendungen vor dem Start der Reihe im Kasten zu haben, bedeutet dies, daß ich zusätzlich zu den NET-Filmen[2], dem Neufundland-Feature[3] (geplanter Studiotermin Juni und Juli) und einer Dokumentation über Stokowski[4] (die ist neu), die für Oktober eingetragen ist, nichts anderes übernehmen kann vor November oder Dezember, wenn von K., so, wie ich es verstanden habe, in Nordamerika wird arbeiten können.

Hoffe, Du kannst etwas damit anfangen.

Inzwischen alles Gute.

Mit freundlichen Grüßen

Glenn Gould.


AN PETER HERMAN ADLER[5]

Mr. Peter Herman Adler, c/o National Educational Television, New York City.

6. Juli 1969

Lieber Peter,

vielen Dank für Ihre Notiz, für den Saturday-Review-Artikel[6]

---

1. CBC-Radio sendete *The Art of Glenn Gould*, insgesamt 21 Folgen, von 20. Mai bis 7. Oktober 1969.
2. *Stokowski: A Portrait for Radio*; es wurde gleichzeitig als Film für das National Educational Television (NET) gedreht.
3. *The Latecomers.*
4. *Stokowski: A Portrait for Radio.*
5. Amerikanischer Dirigent tschechischer Abstammung. 1969 war Adler musikalischer Leiter des Baltimore Symphony Orchestra sowie musikalischer und künstlerischer Leiter des National Educational Television (NET).
6. In dem Artikel »Why Radio Is Here to Stay« widersprach der Autor Richard L. Tobin der Ansicht, das Fernsehen werde den Rundfunk verdrängen (*Saturday Review*, 9. Juli 1966, S. 47).

(eine, wie ich finde, bemerkenswert klare Darstellung der Probleme und Möglichkeiten des Mediums), und entschuldigen Sie bitte die späte Antwort. Ich hoffe doch, daß wir uns sehr bald in New York treffen können, doch zur Zeit bin ich in einen C.B.C.-Terminplan eingespannt, wozu eine wöchentliche Rundfunksendung gehört sowie einhundertundachtundsechzig (wiederhole: 168) Stunden Nachbearbeitung eines Docudramas über Neufundland bis zur ersten Augustwoche, so daß ich sehr bezweifle, daß ich vor der zweiten Hälfte des Monats dazu komme, irgendwelche Aufnahmen chez C.B.S. zu machen.

Es kann zwar sein, daß Sie dann gerade in Maine sind, doch wir müssen uns unbedingt zusammensetzen und uns absprechen, sobald Ihr Herbstplan angelaufen ist. Die Fugensendung[1] ist inzwischen vollständig im Kasten, aber die eigentliche Arbeit beginnt im August, wenn wir uns an das Schneiden machen, doch nach der recht großen Anzahl an Takes zu urteilen, mit denen wir unsere harmonischen Spuren zu verwischen suchten (die Texturen von Orgel, Cembalo und Klavier werden über große Strecken zu einem einzigen Teppich verwoben), haben wir zumindest den Grundstock für eine äußerst vielversprechende Sendung.

Haben Sie zufällig den Bata-Film gesehen, in dem von Karajan Beethovens Sechste macht? Ich weiß, Sie waren von der Fünften Symphonie viel weniger angetan als ich, doch ich hoffe sehr, Sie haben die Gelegenheit, sich diese einmal anzusehen – sie wurde vor ein paar Wochen in Toronto gesendet –, denn sie ist eines der zwei oder drei bemerkenswertesten Filmerlebnisse, die ich je hatte. Vorangestellt ist eine nicht besonders herausragende – weder musikalisch noch visuell – Aufführung der h-Moll-Bach-Suite, doch die Pastorale war meiner Meinung nach schlicht überwältigend, und ich bat um eine Privatvorführung bei der C.B.C., weil ich dachte, ich traue

---

1. *The Art of Glenn Gould*, Folge 19. *Die Kunst der Fuge* BWV 1080 erklang neben einer Diskussion zwischen Gould und Ken Haslam über die Fugen von Bach, Mozart, Bartók, Verdi, Buxtehude und Beethoven.

meinen Augen nicht. Sie sollten sie unbedingt sehen, wenn es irgendwie geht.

Inzwischen alles Gute.

Ihr


AN RONALD WILFORD

Mr. Ronald Wilford, Columbia Artists Management, New York City.

Glenn Gould

110 St. Clair Avenue West

Toronto 7, Kanada

10. August 1969

Lieber Ronald,

ich schicke Dir mit getrennter Post 3 Kopien (19 cm/sec mono) der wöchentlichen Rundfunkreihe, der wir, wie Du wohl weißt, in diesem Frühjahr und Sommer sehr viel Aufmerksamkeit gewidmet haben. Die Reihe läuft über insgesamt zweiundzwanzig Wochen – die Ausstrahlung endet am 12. Oktober –, und da es überhaupt kein erprobtes und bewährtes Schema gibt, auf das wir uns von Woche zu Woche gestützt haben, sind die Überspielungen, die ich mitschicke, nichts anderes als willkürliche Beispiele für die Serie als Ganzes. Obwohl für die UKW-Version eine volle Stunde Material erforderlich ist, beträgt die tatsächliche Länge der Sendung ungefähr 56 Minuten 30 Sekunden, um in das MW-Sendeschema zu passen; für die UKW-Hörer wurde jedesmal ein Puffer von ungefähr 3 Minuten Länge angehängt[1]. Ich glaube, ich erwähnte bereits vor einiger Zeit bez. des QXR-Vor-

---

1. Die Serie mit dem Titel *The Art of Glenn Gould* startete am 20. Mai 1969 und lief bis 7. Oktober 1969. Wie Gould sagte, war sie eine »verkappte Diskographie«, allerdings mit einigen Wiederholungen von Sendungen, die für CBC-Radio produziert worden waren, wie etwa *Anti-Alea*, *The Idea of North* und *Conference at Port Chilkoot*. *The Art of Glenn Gould* entstand für den englischsprachigen UKW-Sender der CBC, der 1964 als Kulturkanal mit dem Schwerpunkt Musik eingerichtet wurde. 1975 wurde daraus der Stereokanal CBC-FM.

schlags, daß es ausgesprochen schwierig sein dürfte, die meisten dieser Sendungen auch nur um drei oder vier Minuten zu kürzen, da mit ein oder zwei Ausnahmen das 56-Minuten-Limit unsere Formvorstellungen für die Sendung bestimmt hat, und ich glaube nicht, daß es möglich wäre, auch nur einen Anschein von Kohärenz zu erwecken, wenn wir entweder drei oder vier Minuten vom Wortanteil oder gegebenenfalls eine entsprechende Menge Musik opfern würden. Kurz gesagt, ich denke, diese Sendungen sind in einer Weise konzipiert worden, daß sie in Gänze und ohne jegliche Kürzungen über die 56-Minuten-Grenze hinaus gehört werden müssen. (Falls Du in dieser Frage übrigens ein Mitspracherecht haben solltest, wäre es mir viel lieber, wenn die 56minütige Version verwendet würde anstelle der sechzigminütigen Fassung, da in der letzteren der unvermeidliche »Puffer« bestenfalls ein unauffälliges Füllsel ist, das entweder die Atmosphäre der vorausgehenden Sendung fortführt oder irgendwie mit dem Hinweis des Ansagers auf die der kommenden Woche verknüpft ist. Die 56minütige Version ist natürlich besonders geeignet für solche Sendepläne wie der von CBC-AM, bei denen eine drei- oder vierminütige stündliche Nachrichtensendung die Regel ist.

Die Sendung ist in gewissem Sinne nichts anderes als eine verkappte Diskographie – ungefähr die Hälfte meiner derzeitigen Schwann-Titel kommen darin vor (nebst einigen gestrichenen), aber da jede der Sendungen eine thematische Rechtfertigung erfährt, ist der Gesamteindruck hoffentlich der, daß die Katalogtitel zur Veranschaulichung der vorgebrachten Argumente oder Aussagen einer bestimmten Sendung dienen und nicht einfach nur ausgeschlachtet werden, weil sie zufällig gerade lieferbar sind. Das Verhältnis zwischen Wort und Musik variiert von Sendung zu Sendung – das Skript, das ich gerade schreibe, Folge 13, ist bei weitem das kürzeste, ungefähr 3 Minuten –, während bei ein oder zwei Gelegenheiten dem Gespräch beziehungsweise dem Interviewmaterial annähernd 40 Minuten vorbehalten sind. Viele der Interviews drehen sich um relativ unerforschte oder jedenfalls unzureichend erforschte musikalische Themen – zum Beispiel das Interview mit dem Psychiater Doktor Joseph Stephens, das die Psychologie des Konzertspielens und Konzertschreibens betrachtet und mir dabei die Gelegenheit bietet, einige Erklärungen abzugeben, auf die die Welt in all diesen Jahren wohl gewartet hat. Andere Sendungen dagegen sollen auf eine beinahe surreale Weise »unterhaltend« sein – zum Beispiel die Kombination von Claude Rains und Petula Clark sowie Richard Strauss und Tony Hatch, die ich ebenfalls dem vorliegenden (Care-)Paket beigefügt habe; und in ein paar Sendungen, wie etwa Folge 8, der Hommage an Schnabel, in der Claude Frankes Glossen und Reminiszenzen meinen eigenen Erinnerungen an den Einfluß dieses Gentleman auf mich als etwa Dreizehnjährigen gegenübergestellt wurden, konnten wir beide Formen miteinander verbinden.

Gewisse Sendungen enthalten natürlich dokumentarisches Material, das für andere Anlässe erstellt wurde und das hier nicht nur als Kostprobe unserer besseren Rundfunkarbeit von Anno dazumal mit einbezogen wurde, sondern damit es nicht den Anschein hat, als seien die Sendungen durchweg dem Plattenspieler verpflichtet. Daher »Anti-Alea« (eine Sendung über Zufallschancen in der Musik), der Dialog zwischen LeMoyne und Carlos über die theologischen Folgerungen der Technologie und natürlich »Idea of North« (das hier als eineinhalbstündige Sondersendung behandelt wird), dessen halbstündiger Prolog einer Betrachtung seines Prozesses gewidmet ist und einigen Überlegungen darüber, was der Rundfunk sein und leisten sollte, was wohl implizit vermittelt wird.

In Anbetracht dessen halte ich es jedoch für wichtig, den Sendern, die sich für diese Serie interessieren, klarzumachen, daß Sendungen wie »North«[1] und deren Nachfolgeprojekt, »The Latecomers«, in dem es um Neufundland geht, etwas ganz anderes und nicht zu verwechseln sind mit der viel weniger aufwendigen Art, in der mit der wöchentlichen Serie als sol-

---

1. *The Idea of North.*

cher verfahren wurde. Mit anderen Worten, es wäre unfair, die wöchentliche Serie zu verkaufen, so als bestünde sie aus zweiundzwanzig Sendungen, denen dieselbe Aufmerksamkeit gewidmet wurde, die wir »North« widmeten (ungefähr 150 Stunden Nachbearbeitung) oder der Neufundland-Sendung widmen werden (336 Stunden wurden bisher aufgewendet). Das ist natürlich nicht der Fall, und bei einem wöchentlichen Quantum von ungefähr acht Stunden für Stimmaufzeichnung, Schneiden und Mischen kann es auch gar nicht so sein. Sie erreicht jedoch, denke ich, ein außerordentlich hohes Niveau, und ich hoffe, die Kopien, die ich mit getrennter Post schicke, wecken Deinen Appetit nach mehr.
Vorerst alles Gute und
mit freundlichen Grüßen
Glenn Gould.
P.S. Ich lege ein paar Rezensionen und Werbematerialien bei; vielleicht kannst Du etwas damit anfangen.


AN DMITRI SCHOSTAKOWITSCH[1]
Mr. Dmitri Schostakowitsch, c/o Botschaft der Union
der Sozialistischen Sowjetrepubliken,
Ottawa, Ontario.

7. Februar 1970
Sehr geehrter Mr. Schostakowitsch,
vielen Dank für Ihren Brief und für die freundliche Einladung, während des Tschaikowski-Wettbewerbs nächsten Juni in Moskau Ihr Gast zu sein. Ich muß leider mit Bedauern absagen, da meine Terminplanung für das kommende Jahr ausgedehnte Reisearrangements nicht zuläßt, doch ich danke Ihnen sehr für Ihr großzügiges Angebot an Gastfreundlichkeit[2].
Mit freundlichen Grüßen
Glenn Gould.

---

1. Sowjetischer Komponist (1906–1975).
2. Dies war eine reine Höflichkeitsantwort. Gould lehnte Wettbewerbe grundsätzlich ab und unternahm schon lange keine Flugreisen mehr.

An William Stevenson[1]
Mr. William Stevenson, Willowdale, Ontario.

5. März 1970

Sehr geehrter Mr. Stevenson,
vielen Dank für Ihren Brief vom 19. Februar und für die ausgesprochen bewegenden Erinnerungen an Albert Schweitzer.
Ich entsinne mich noch gut, wie ich zum Zeitpunkt seines
Todes im Jahre 1965 von CBC-Radio beauftragt wurde, eine
kurze Würdigung seines Lebens und musikalischen Schaffens
vorzulegen[2], und wie ich in dem Skript erwähnte, daß ich
einige Jahre zuvor einen ziemlich typischen und typisch
gestreßten Manager vom Typ Werbeagent in seinem New Yorker Büro besucht hatte. Es war recht spät am Nachmittag, doch
sein Arbeitstag, so schätzte ich, war noch längst nicht zu Ende,
und im Hintergrund erklang wie eine Art Schallberieselung
Schweitzers Aufnahme von Bachs g-Moll-Fuge. Der fragliche
Manager erklärte, daß wegen der Lebensumstände in New
York City – womit ihn eine »Haßliebe« verband – die Seelen-
ruhe in jeder Note, die Schweitzer spielte, irgendwie das einzige geeignete Heilmittel sei.
Ich kann mir vorstellen, daß Schweitzer für viele von uns eine
ähnlich heilsame Erfahrung darstellte (für mich ganz sicher),
und aus diesem Grund bin ich ganz besonders angerührt durch
Ihre Erinnerungen an sein Leben in Lambarene.
Mit freundlichen Grüßen
Glenn Gould.


An Elizabeth McKay[3]
Miss Elizabeth McKay, Downsview, Ontario.

5. März 1970

Sehr geehrte Miss McKay,
vielen Dank für Ihren Brief vom 20. Februar und für Ihre

---

1. Ein Fan.
2. Diese Sendung wurde nicht produziert.
3. Ein Fan.

freundlichen Anmerkungen zum »Well-Tempered Listener«[1].
Wie Sie vermuten, haben wir tatsächlich versucht, die Sendung so zu gestalten, daß sie in sich eine organische Einheit bildet, und zu vermeiden, daß die verschiedenen erläuternden Episoden (der Recitalteil natürlich ausgenommen) telegrafiert[2] werden, und sie vielmehr so zu behandeln, als seien sie im Grunde eine spontane Ergänzung des Basso continuo, den unsere Unterhaltung bildete.
Ich habe im Augenblick noch nicht genügend Abstand zu der Sendung, um das Maß ihrer Wirksamkeit überhaupt klar zu beurteilen, doch ich würde sie gerne als den Beginn einer neuen Art des Musikfernsehens betrachten und danke Ihnen sehr für Ihre aufmerksamen Zeilen.
Alles Gute.
Mit freundlichen Grüßen
Glenn Gould.


AN AUGUSTUS PERRY[3]
Mr. Augustus Perry, New York, N.Y.

354 Jarvis Street,
Toronto 5, Ontario
17. April 1970
Sehr geehrter Mr. Perry,
vielen Dank für Ihren Brief und Ihre freundlichen Anmerkungen zu unserer Radioserie. Bitte entschuldigen Sie die verspätete Antwort.
Im Hinblick auf Ihre Frage bez. Barockinterpretation kenne ich tatsächlich leider keinen Schleichweg, außer dem zwangsläufig mechanischen, den Sie beschreiben, mit dem man sich dieses spezielle Repertoire leichter aneignen könnte. Mir scheint jedoch, daß in dieser Musik die intellektuellen Ambitionen der Komponisten (wobei Bach das einleuchtendste Bei-

---

1. CBC-Fernsehsendung, die am 18. Februar 1970 ausgestrahlt wurde.
2. »Telegrafiert« soll heißen »teleskopisch komprimiert«.
3. Ein Fan.

184

spiel ist) und die taktilen Überlegungen, die das Ausführen ihrer Werke erfordert, wenn nicht ein und dasselbe, so doch zumindest eng miteinander verknüpft sind und daß folglich die Aufgliederung, Stimme für Stimme, beispielsweise einer Bach-Fuge, sich nicht nur wegen ihrer taktilen Wirkung lohnt, sondern überhaupt erst das wahre Wesen dieser Musik aufzeigt, die natürlich ein mehrstimmiges Phänomen ist.

Ich hatte letztes Jahr Gelegenheit, mehrere von Bachs Fugen experimentell aufzunehmen – mit Kopfhörern, immer nur jeweils eine Stimme. Dieses Experiment, das angesichts der unvermeidbaren Mängel im Ensemble natürlich nicht veröffentlicht wird, diente der Firma Columbia Records rein als interne Demonstration der Möglichkeiten eines quadrophonen Tonsystems – das heißt, jede Stimme wurde auf einer eigenen Tonbandspur aufgenommen und erklang aus einem separaten Lautsprecher (in jeder Ecke des Raums einer). Doch für mich bestand der eigentliche Nutzen dieser nichtkommerziellen Aufzeichnung darin, daß sie den überzeugenden Beweis dafür erbrachte, wie zweckdienlich die Einzelstimmenmethode bei Bach ist. Selten gewann ich einen so klaren Blick auf die betreffenden Fugen, und ich bin überzeugt, daß dieses Prinzip in der einen oder anderen Abwandlung nach wie vor der lohnendste Zugang zu Bachs Klaviermusik ist.

Ich wünsche Ihnen alles Gute.
Mit freundlichen Grüßen
Glenn Gould.


AN LEOPOLD STOKOWSKI
Mr. Leopold Stokowski,
New York, N.Y., U.S.A.

354 Jarvis Street,
Toronto, Ontario
17. August 1970

Lieber Maestro Stokowski,
ich freue mich, Ihnen mitteilen zu können, daß das Radio-feature über Sie, an dem ich, wie Sie wissen, viele Monate

gearbeitet habe, endlich fertig ist. Der Sendetermin steht noch nicht fest, doch soweit ich weiß, soll es unter anderem als eine der Eröffnungssendungen für den neuen UKW-Stereokanal verwendet werden, den die CBC, wenn alles gutgeht, im nächsten Frühjahr starten wird[1].

Entsprechend dem Vorhaben, das ich in meinem ursprünglichen Brief an Sie bezüglich dieses Projekts kurz darlegte, ist die einzige Stimme, die die ganze Zeit über zu hören ist (außer einer vierminütigen Einführung von mir), die Ihre. Das Interview, das Sie mir letzten Winter gewährten, war sehr ergiebig hinsichtlich des Materials, das dabei entstand, und ich glaube, es vermittelt durchaus den Eindruck von Entspanntheit und Konzentration zugleich.

Den Hintergrund zu Ihren Äußerungen bildet ein durchgehendes und, wie ich hoffe, nahtloses musikalisches Gewebe von Fragmenten aus Werken, die Sie im Laufe der Jahre aufgenommen haben. Keines der Werke ist natürlich in Gänze zu hören; sie verschmelzen alle, filmisch gesprochen, zu einer großen Überblendung, so daß im musikalischen Hintergrund eine gleichbleibende harmonische Atmosphäre herrscht. Es wird Sie vielleicht interessieren, woraus die Auswahl in erster Linie besteht: Verklärte Nacht (ungefähr die ersten acht Minuten daraus), etwa die Hälfte des zweiten Satzes unserer Einspielung des »Kaiser«-Konzerts, ein Teil des ersten Satzes der Brahms-Serenade, der gesamte erste Satz der Vierten Symphonie von Ives, ungefähr sieben Minuten aus dem ersten Satz von Schostakowitschs Symphonie Nr. 11, ein kurzer Ausschnitt aus dem »Schwan von Tuonela«[2], mehrere Minuten aus »Francesca da Rimini«[3], ungefähr die Hälfte des »Saturn«-Satzes aus den »Planeten«[4] und die letzten beiden Minuten aus »Le Poème de l'extase«[5]. Außerdem kommt eine Sequenz vor, die Ihr frühes Interesse an Aufnahmetechniken zum Ausdruck

---

1. *Stokowski: A Portrait for Radio.*
2. Von Jean Sibelius.
3. Von Pjotr Tschaikowski.
4. Von Gustav Holst.
5. Von Alexandr Skrjabin.

bringt und für die ich mit Hilfe eines Archivars bei der CBC
eine Reihe von Platten mit 78 U.p.M. auftreiben konnte, die mit
dem Philadelphia Orchestra entstanden. Ich hoffe sehr, daß ich
bald Gelegenheit habe, Ihnen das Band vorzuspielen.
Ich möchte Sie jedoch schon jetzt darauf hinweisen, daß
Mr. Jim Gonzalves von der Abteilung, die bei der CBC für die
Veröffentlichung von Tonträgern zuständig ist, Ihnen in Kürze
in dieser Sache schreiben wird. Die Abteilung von Mr. Gonzalves gibt gelegentlich in Plattenform und natürlich zum
Selbstkostenpreis Sendungen heraus, die als ungewöhnlich
wertvoll betrachtet werden, damit sie von Bildungseinrichtun-
gen usw. zur Förderung diverser Lernprogramme eingesetzt
werden können. Er ist ausgesprochen begeistert von dieser
speziellen Sendung und würde Sie gerne um Erlaubnis bitten,
sie in dieser Form zu reproduzieren[1].
Ich hoffe, Sie erleben einen schönen Sommer – weit weg von
New York, vermute ich –, und ich freue mich, Sie in der nächsten Spielzeit bei Gelegenheit wiederzusehen.
Ich wünsche Ihnen alles Gute.
Ihr
Glenn Gould
cc: Mr. Jim Gonzalves
CBC-Abt. f. Öffentl.k.


AN PAUL HOLLIS-ELLERY[2]
Mr. Paul Hollis-Ellery, Te Aroha, North Island,
Neuseeland

354 Jarvis Street
Toronto, Ontario
17. Oktober 1970
Sehr geehrter Mr. Hollis-Ellery,
vielen Dank für Ihren Brief. Ich entschuldige mich vielmals
für die verspätete Antwort. Es freut mich zu hören, daß meine

---

1. Das Stokowski-Porträt erschien nicht auf Platte.
2. Ein Fan.

Interpretationen des »Wohltemperierten Claviers« Ihr Interesse gefunden haben, allerdings bedauere ich zu hören, daß Präludium und Fuge Nr. 36 in Neuseeland noch nicht erhältlich ist. In Nordamerika haben wir die ersten vierzig bereits herausgebracht und planen, die Reihe in der laufenden Saison abzuschließen[1].

Bezüglich der Fantasie c-Moll: Leider habe ich dieses spezielle Werk noch nie gespielt, und ich würde wirklich sehr ungern auch nur eine Mutmaßung darüber wagen, welches Tempo dafür angemessen wäre[2]. Auf jeden Fall stimme ich Ihnen zu, daß das Wesentliche bei Bach, wie übrigens bei jeder Art von Musik, die »eigene Urteilsfähigkeit« ist, wie Sie so treffend sagten. Wie Sie wissen, sind viele meiner Tempi im W. T. C. ziemlich unorthodox, und auch wenn sie in keiner Weise auf irgendeine Sensation oder Schockwirkung abzielten (meistens war ich mir der »traditionellen« Interpretationsweise des betreffenden Werks relativ wenig gewahr), so glaube ich nicht, daß es möglich ist, ein einziges Konzept durchzusetzen, gerade bei solchen Werken, die idealerweise so viele unterschiedliche Sichtweisen eröffnen sollten[3].

Nochmals vielen Dank für Ihren Brief und alles Gute bei Ihrer Prüfung.

Mit freundlichen Grüßen

Glenn Gould

---

1. Aufgenommen 1969 und 1971. *Das Wohltemperierte Clavier*, Teil II: Nr. 17–24, BWV 886–893 (Columbia).
2. Gould nahm Johann Sebastian Bachs *Fantasie c-Moll* BWV 919 im Jahre 1980 auf. Der Musikabteilung der National Library of Canada zufolge nahm Gould auch Bachs *Fantasie d-Moll* BWV 903 und die *Fantasie c-Moll* BWV 906 auf. Diese Einspielungen sollen zu einem späteren Zeitpunkt herausgebracht werden.
3. Gould pflegte sich nie Einspielungen des Standardrepertoires von anderen Pianisten anzuhören. In dieser Hinsicht haben seine Interpretationen etwas Unschuldiges und Unvoreingenommenes.

AN ANDREW KAZDIN[1]
Mr. Andrew Kazdin, c/o CBS Records,
New York, N.Y.

354 Jarvis Street
Toronto, Ontario
21. November 1970

Lieber Andy,
anbei, wie vor einigen Wochen versprochen, ein paar Gedanken über die Zukunft[2]. Da mein jüngstes Geschoß an die Adresse der Buchhaltung – in dem ich sämtliche strittigen Fragen systematisch und Punkt für Punkt aufführte – eine so außergewöhnliche Wirkung erzielte, dachte ich, ich wende dieselbe Methode auch in diesem Brief an. Also, dann mal los:

KATEGORIE »A« – MATERIAL, DAS BEREITS »IM KASTEN« IST
1. Mr. Schönbergs gesamte Lieder (außer op. 12 Nr. 2) – das heißt Sechs Lieder op. 3, Acht Lieder op. 6, Ein Lied op. 12, Drei Lieder op. 48, Zwei Lieder op. posth.
Die genannten Stücke wurden zwischen 1964 und 1970 eingespielt.
2. Hindemiths Sonaten Nr. 1 und 3 (1966).
3. Mozarts Sonaten KV 310, 311, 330, 331, 332, 333 und 545.
Diese Werke wurden zwischen 1965 und 1970 aufgenommen.
4. Mozarts Fantasie c-Moll KV 475 (1966).
5. Beethovens Sonaten op. 31 Nr. 2, op. 31 Nr. 3, op. 78 (1966–68).
6. C. P. E. Bach, eine preußische Sonate (weiß nicht mehr welche) 1968.
7. Scarlatti – zwei Sonaten (1967)
8. Pentland – Ombres (1967)

---

1. Andrew Kazdin produzierte über einen Zeitraum von 15 Jahren mehr als 40 Gould-Platten für die Columbia. Er ist der Autor des Buches *Glenn Gould at Work: Creative Lying* (New York: E. P. Dutton, 1989).
2. Der Brief ist ein Beispiel für die detaillierte Planung, die Goulds Plattenproduktion zugrunde lag.

9. William Byrd und Orlando Gibbons – fünf Stücke des ersteren, und ich glaube, auch fünf des letzteren (1967/68).
10. Skrjabins Sonate Nr. 5 (1970)

Wenn ich auf diese Liste zurückblicke, habe ich ganz allgemein den Eindruck, daß darin verdammt viel Arbeit enthalten ist, daß vieles davon bereits mindestens ein halbes Jahrhundert alt ist und daß wir, wenn wir es für Veröffentlichungen nutzen wollen, sicher daran denken sollten, dies in naher Zukunft zu tun. Wie Du weißt, sind etliche der Stücke bereits geschnitten – Mozarts Sonate KV 332 und mindestens ein Satz aus KV 331, beispielsweise –, und sehr viele andere, einschließlich sämtlicher Schönberg-Lieder, sind bereits schnittbereit, zumal alle Takes inzwischen ausgewählt wurden; und einige weitere, wie die unter Ziffer 6, 7 und 8, die ursprünglich für den doppelten Zweck gedacht waren, unsere »Konserven« aufzustocken und die Sendeleistung der Herren CBC zu erhöhen, sind bereits für die CBC vorbereitet, und ihre definitive Endfertigung ist schon festgelegt.

Wie Du weißt, geben die oben aufgeführten zehn Punkte etliche Platten ab, die ich besonders gern in Umlauf sehen würde. Ich denke, die Schönberg-Kollektion stellt einen unserer bedeutsamsten Kraftakte dar und sollte sicherlich so bald wie möglich der Öffentlichkeit angedreht werden. Dazu wäre es nützlich, wenn wir uns für einen Baritonsolisten für op. 12 Nr. 2 entscheiden könnten, als Ersatz für Donald Gramm, für den die Tessitura nicht ideal liegt. Wie Du weißt, schlägt Mr. Thompson von CAMI Tom Krause vor – sicherlich eine ausgezeichnete Idee. Falls es aus irgendeinem Grund nicht geraten oder geboten scheint, ihn in Anspruch zu nehmen, läßt sich für eine Aufnahme bei uns in Toronto bestimmt jemand in der heimischen Szene finden, insbesondere der Bariton Maurice Brown. Ich weiß, daß Mr. Brown sich im Januar in diese Gegend wagt (er wohnt zur Zeit in Deutschland), und falls es Überlegungen gäbe, es ihn zu diesem Zeitpunkt machen zu lassen, sollten wir wohl versuchen, in nächster Zukunft Kontakt aufzunehmen. Insgesamt bin ich jedenfalls besonders stolz, an dem Schönberg-Projekt beteiligt zu sein, und ich bin der Meinung, auch wenn die Plattenausgaben seiner Werke in Mehrfachboxen abgeschrieben sind, sollte diese spezielle Platte so bald wie möglich verfügbar gemacht werden.

Eine weitere Platte, von der ich sehr überzeugt bin – und ich weiß, Du bist es auch – verbirgt sich hinter Ziffer 9 – die Byrd-Gibbons-Sammlung. Ich erinnere mich zwar nicht mehr an die genaue Länge dieser Stücke, meinem Eindruck nach dürfte sie aber durchschnittlich so um die drei Minuten pro Stück sein, und folglich sind wir mit diesem Material in Hinsicht auf eine Platte ein bißchen knapp dran. Anfang Frühjahr 1971 nehme ich eine Sendung für die Union Europäischer Rundfunkanstalten auf, unter anderem mit zwei Variationszyklen – oder Grounds, genauer gesagt – von William Byrd; sie sind beide zugleich von einer geeigneten Länge, um die Platte zu füllen, und von genügend virtuosem Reiz, um ihr einen notwendigen Glanzpunkt zu verleihen. Es würde bloß darum gehen, die Byrd-Variationen bei einem unserer Aufnahmetermine in Toronto noch einmal aufzuzeichnen, dann besäßen wir, denke ich, eine recht bemerkenswerte und völlig ausgefallene Platte.

Ziffern 3 und 4 – die Mozart-Sonaten und -Fantasien – bringen uns natürlich zu einer unserer größeren Initiativen, auf die ich unter Kategorie B (weiter unten) ausführlicher eingehen werde. Vielleicht sollten wir uns jedoch daran erinnern, daß die Nachbearbeitung von KV 332 abgeschlossen ist, daß zumindest der erste Satz von 331 vor etwa vier oder fünf Jahren ähnlich weit zusammengestellt wurde und daß ich nun in der Lage bin, aus dem vorhandenen Material von KV 330, 333 und 310 auszuwählen. Die »Rokokosalon«-Sonate KV 545 ist offensichtlich nicht für das nächste Volume unserer Mozart-Reihe vorgesehen, deshalb sollten wir wohl ausschließlich die Köchelnummern 310 bis 333 in Betracht ziehen. Wie ich neulich am Telefon erwähnte, dürfte es praktisch unmöglich sein, diese fünf Sonaten auf einer einzigen 60-Minuten-Platte unterzubringen, doch zu machen wäre es vermutlich mit einem bißchen Glück und einem lässigen Hinwegsehen über eine Klangverschlechterung am Ende jeder Seite. Ich denke jedoch, daß Dir ein Sortiment von vier Sonaten wenn möglich lieber wäre, wofür sich zwei mögliche Lösungen anbieten. Wir könnten entweder KV 310 vorläufig überspringen und uns auf die vier direkt nacheinander geköchelten Sonaten konzentrieren oder aber 310 aufnehmen und in dieser Ausgabe die KV 331 auslassen, die uns ohnehin einigen Horror beim Schneiden bereiten dürfte. Fünf Jahre können dem Gedächtnis sicherlich einen Streich spielen, aber ich glaube mich zu erinnern, daß es im zweiten Satz von 331 ein paar Tempobrüche gab und daß wir 1965 bei dem Versuch einer vorläufigen Montage ziemlich entschlossen waren, noch einmal ins Studio zu gehen und angemessene Korrekturen zu machen. Dies wäre heute ein wenig schwierig, da sich der Charakter des CD 318 in den dazwischenliegenden Jahren beträchtlich verändert hat und wir zuallermindest den gesamten zweiten Satz an einen zukünftigen Termin anhängen müßten. In jedem Fall liefern uns die Koppelungen von 310, 330, 332 und 333 oder von 330, 331, 332 und 333 ein relativ gehaltvolles Volume 3 für unsere Mozart-Reihe.

Bezüglich Ziffer 5 – die Beethoven-Sonaten – haben wir mit op. 31 Nr. 2 und op. 31 Nr. 3 bereits genügend Material für eine Scheibe. Die Länge beider Sonaten bewegt sich so um die 20 Minuten, und es wäre vielleicht sogar ein wenig ungeschickt, das entsprechende Ergänzungsstück, op. 31 Nr. 1, hinzuzufügen, das ich zwar noch nie gespielt habe, das aber gleich lang ist (es würde außerdem einen äußerst ungünstigen Seitenwechsel erforderlich machen). Ich denke jedoch, falls das Problem mit dem Seitenwechsel nicht als zu großer Nachteil empfunden wird, sollten wir versuchen, op. 31 Nr. 1 aufzunehmen, da dies dann ein passendes Gegenstück zu unseren drei Sonaten Opus 10 wäre, die 1965 als Platte herauskamen.

Ich bin mir nicht so sicher, was wir mit op. 78 anfangen können, aber eine naheliegende Kombination wäre wohl die mit op. 81, 90 und 101. Es wäre wohl möglich, es zusammen mit etlichen anderen der diversen Titel unter den Ziffern 6, 7 und 8 (vielleicht nicht gerade 8) zu einer Art Recitalpotpourri zusammenzufassen. Ich weiß nicht, ob heutzutage ein Markt für solch eine Scheibe existiert und ob es sinnvoll wäre, überhaupt an ein Recitalgemisch zu denken, aber es wäre schön, wenn solch – wie ich mich entsinne – ausgezeichnet aufgenommene Titel wie das Scarlatti-Paar und die Philipp-Emanuel-Bach-Sonate untergebracht werden könnten, ohne sich die Mühe machen zu müssen, zahlreiche Ergänzungsstücke einer ähnlichen Gattung vorzulegen. Ich erinnere mich, daß sich Peter Munvies einmal begeistert über ein Projekt mit den sechs »Preussischen« Sonaten von C. P. E. geäußert hat, und wir könnten bestimmt etwa ein Dutzend Scarlatti-Sonaten aufnehmen und mit den beiden bereits eingespielten verbinden, aber vielleicht gibt es doch eine Möglichkeit, zumindest diese beiden Stücke mit anderen Werken des 18. Jahrhunderts zu koppeln, die ebenfalls aus dem Repertoire herausfallen, um somit eine regelrechte Entwicklungsgeschichte der Klaviersonate vorzulegen, sozusagen als Ergänzung zu unseren diversen Projekten mit Mozart- und Beethoven-Sonaten. Über diesen Gedanken haben wir eigentlich noch nie gesprochen; für Deine Kommentare dazu wäre ich ganz besonders dankbar.

Mit Skrjabins Sonate Nr. 5 kommen wir natürlich zu jener anderen größeren Projektreihe, mit deren Planungsphasen wir uns schon seit einiger Zeit befassen, und ich spare mir meine Kommentare dazu auf, bis wir zur nächsten Kategorie kommen.

KATEGORIE »B« – KÜNFTIGE ERFORDERNISSE FÜR BEREITS LAUFENDE PROJEKTE

1. Mozart-Sonaten KV 570, 576 und 457 (ob Du es glaubst oder nicht, so nahe sind wir dem Ende des Mozart-Projekts).

1A. Mozart-Fantasien KV 394, KV 396 und KV 397. Ich gehe hier davon aus, daß es vorteilhaft wäre, alle vier Fantasien zu haben, wovon eine, KV 475, als Ergänzung zur c-Moll-Sonate innerhalb dieses Projekts eingeplant ist. Dies ist keineswegs ein wichtiges Stück, doch auf lange Sicht wäre es vielleicht geeignet als passendere Füllung für die beinahe unumgängliche 5. Scheibe der Mozart-Reihe. Zum Beispiel angenommen, KV 330 bis 333 wären auf einer Scheibe (Volume 3 in der Reihe), dann müßte Volume 4 aus KV 310, KV 570, KV 576 und KV 545 bestehen. Mit Ausnahme von 545, die vielleicht nicht ganz 8 Minuten lang ist, sind all dies überdurchschnittlich lange Mozart-Sonaten, und ich würde im Augenblick schätzen, daß man bei einer realistischen Einschätzung der Länge dieser Platte von etwas in der Größenordnung von 14 Minuten für KV 310 und 16–18 Minuten für 570 und 576 ausgehen müßte. Auf jeden Fall und mit Sicherheit bei Einbezug von 545 dürfte es praktisch unmöglich sein, auf Volume 4 die Sonate c-Moll unterzubringen, die vom Umfang her vielleicht die größte der 17 ist und die nach des Komponisten eigener Vorstellung auf jeden Fall die Fantasie c-Moll als Einleitung erfordert. Sollte diese Fantasie (siehe Ziffer 4 in Kategorie A) auf diese Weise Verwendung finden, ergäbe das ungefähr 30–32 Minuten Musik auf der einen Seite der Scheibe, und als Ergänzung für die B-Seite, finde ich, dürften sich am ehesten die drei übrigen Mozart-Fantasien eignen, wovon eine, KV 394, ursprünglich 1957 oder '58 natürlich in Mono aufgenommen wurde, für dieses Projekt aber mit Sicherheit noch einmal in Stereo gemacht werden sollte. Fazit ist also: Das Mozart-Projekt steht im Grunde kurz vor dem Abschluß – nur drei größere Sonaten und (falls Du mit dem Schema einverstanden bist, das ich eben skizziert habe) drei relativ kurze Fantasien stehen noch aus.

2. Bach-Fugen Volume 2 (W. T. C. Nr. 17–24). Da dies das Projekt ist, das Du im Augenblick am schnellsten zum Abschluß bringen möchtest, brauche ich darüber nicht viele Worte zu verlieren. Wie ich neulich am Telefon erwähnte, sehe ich keinen Grund, weshalb wir es nicht in vielleicht vier oder fünf dreistündigen Sitzungen schaffen könnten, und selbst auf die Gefahr hin, es mit gemieteter Ausrüstung zu machen, wäre es mir am liebsten, wenn dies in Toronto geschehen würde.

3. Bachs Konzerte Nr. 1 und 6. Bevor zuviel weitere Zeit verstreicht, sollten wir uns unbedingt wieder den Bach-Konzerten zuwenden und die Reihe mit den zwei noch ausstehenden Kon-

zerten zu Ende bringen. Siehst Du irgendeine Möglichkeit, daß wir, anstatt in New York zu arbeiten, sie in Cleveland machen könnten? Mir ist natürlich klar, daß Deine Besuche dort dadurch erschwert werden, daß Du mobile Ausrüstung und mobiles Personal mitnehmen mußt und daß Du daher verständlicherweise den maximalen Gewinn aus dem entsprechenden Aufwand ziehen und nach Möglichkeit das Cleveland Orchestra mehr oder weniger in toto einsetzen willst. Trotzdem, wenn es Dir recht ist, wäre ich durchaus bereit, ein- oder zweimal dorthin zu fahren und ein Bach-Konzert an eine Sitzung anzuhängen, die Du ohnehin bereits eingeplant hast. Mir ist natürlich klar, daß dies zusätzlich zu den möglichen Terminen mit Ančerl, die derzeit im Gespräch sind, geschehen müßte.

4. Skrjabin-Sonaten – ich finde, wir sollten mit diesem Projekt so bald wie möglich vorankommen, auch wenn es vielleicht keinen Vorrang vor den eher dringlichen Dingen hat, die unmittelbar davor aufgeführt sind. Wir sollten uns auf jeden Fall überlegen, auf welche Platte die Sonate Nr. 5 passen würde, die bereits »im Kasten« ist; ebenso verfahren sollten wir wahrscheinlich entweder mit der Sonate Nr. 4 oder Sonate Nr. 6, die beide relativ kurz sind und zusammen mit Nr. 5 eine Seite der Scheibe abgeben würden. Für die Rückseite dieser Platte sollten wir, wie ich es wohl bereits vor ein paar Monaten in einem Gespräch mit Tom andeutete, entweder die Erste oder Zweite Sonate in Betracht ziehen, die beide in seinem typischen Stil, jenem Chopin-Abglanz, gehalten und um einiges länger als ihre späteren Gegenstücke sind. Somit könnten wir, wenn wir dann zu den anderen, späteren Sonaten kommen, wiederum jeweils zwei davon an eine der drei frühen anhängen, vielleicht einschließlich der Wiedergabe von Nr. 3, die ursprünglich mit der Prokofjew-Sonate herauskam, und somit so viel stilistische Vielfalt bewahren, wie der Skrjabin-Kanon zuläßt.

KATEGORIE »C« – PROJEKTE, DIE FÜR DIE ZUKUNFT ERWOGEN WERDEN SOLLTEN
1. Bachs Englische Suiten – es gibt sechs davon, und sie sind ganz genauso attraktiv und wichtig wie die Partiten. Wir

hätten mit diesem Set eigentlich schon längst beginnen sollen.

2. Französische Suiten sowie die Ouvertüre im französischen Stil. Hier gilt dasselbe, was zu den Englischen Suiten zu sagen ist.

3. Beethoven-Sonaten – op. 2. Wenn wir Glück haben, bringen wir alle drei auf eine Scheibe. Ich sage Glück, denn sie sind um einiges länger als viele der späteren Beethoven-Sonaten (op. 2 Nr. 3 ist mindestens 25 Minuten lang), aber es wäre zu machen, und ich denke, wir sollten es machen.

4. Beethoven »Hammerklavier«-Sonate – Da ich sie eben für die CBC eingespielt habe, bin ich bereit, sie zu machen, wann immer Dir danach ist. Sie zählt nicht zu meinen Lieblingsstücken, muß ich hinzufügen, aber sie ist ein Meilenstein, und ich denke, früher oder später sollten wir sie in Angriff nehmen.

Hiermit schließt die Repertoireliste – für die Vergangenheit, Gegenwart und Zukunft. Betonen möchte ich »Repertoire«-Liste, im Unterschied zu anderen musikalischen und außermusikalischen Projekten, die wir entwickeln könnten und, wie ich unbedingt meine, auch sollten. Wie Du weißt, reicht es meiner Meinung nach nicht, zu glauben, die Tätigkeit der Tonaufzeichnung stehe ausschließlich im Dienste der Musik und der Musiker; ich denke, es gibt sehr viele Dinge, die wir als Vehikel der Tonaufzeichnung in Betracht ziehen sollten – Dinge, die sonst womöglich Gefahr laufen, nur jene zu interessieren, die bewußt Ungewöhnliches erfahren wollen, die aber andererseits vielleicht gerade die Reifung des Tonaufnahmeprozesses widerspiegeln. Wir haben schon früher über diese Dinge gesprochen, und sie könnten im Laufe der Zeit Thema einer weiteren Mitteilung werden, doch mir läge wirklich viel daran, daß wir unsere Repertoireaktivitäten, egal, wie gewissenhaft geplant und vorbereitet sie sein mögen, lediglich als einen Teil – wenn auch einen sehr wichtigen – innerhalb unserer gesamten Plattenaufnahmetätigkeit betrachten.

Nachdem Du nun alles schriftlich vor Dir hast, kannst Du mir vielleicht sagen, wie Deiner Meinung nach die Prioritäten für diese Projekte gesetzt werden sollten; dementsprechend können wir dann für die nächsten paar Jahre einen Auslieferungsplan erstellen.

Alles Gute
Freundlichst
Glenn Gould


## An Carl Little

Mr. Carl Little, CBC, Toronto

354 Jarvis Street
Toronto, Ontario
5. Dezember 1970

Lieber Carl,

wie Sie wissen, soll das vierte und letzte unserer laufenden Recitalprojekte in naher Zukunft aufgenommen werden. Wir haben uns noch nicht über die Gestaltung des Programms unterhalten, und so möchte ich gerne ein reines Bach-Recital vorschlagen (seit Oktober '67 hatten wir keines mehr in dieser Reihe), bestehend aus einer der Englischen Suiten, einer der Französischen Suiten und dem Italienischen Konzert[1]. Ich möchte außerdem einen geeigneten Interviewgast auftreiben – vielleicht einen Musikwissenschaftler –, der ungefähr zehn Minuten lang etwas über die Aspekte des Nationalismus beim Künstler des 18. Jahrhunderts im allgemeinen und bei Bach im besonderen abspulen kann[2]. Ich denke, die Idee ist recht ansprechend, und die drei Werke dürften, zumindest auf dem Papier, ein interessantes Kompott abgeben.

Das Italienische Konzert wurde natürlich bereits 1959 für die CBC[3] eingespielt, als Füller für die Rückseite der Scheibe mit

---

1. Gould spielte in der CBC-Radiosendung »Musicscope« am 24. September 1971 Bachs *Englische Suite Nr. 2 a-Moll* BWV 807 sowie die *Französischen Suiten Nr. 5 G-Dur* BWV 816 und *Nr. 6 E-Dur* BWV 817.
2. Gould interviewte Hans Eichner von der University of Toronto zu den französischen Einflüssen auf die deutsche Kultur zur Zeit Bachs.
3. CBC soll heißen CBS.

den Partiten Nr. 1 und 2 [1]. Als ein paar Jahre später das Doppelalbum mit sämtlichen Partiten als Gesamtausgabe erschien [2], wurde diese Platte jedoch aus dem Katalog genommen, und vom Italienischen Konzert gibt es zumindest bisher keine Neuauflage. Wenn wir es in das Programm aufnehmen, dürfte dies also nicht gegen unsere Vereinbarung über bereits aufgenommenes Material verstoßen, aber wenn Sie es diesmal lieber sein lassen wollen, könnten wir den »französischen« und »englischen« Titeln ein Paar ausgesprochen »deutscher« Fugen gegenüberstellen.

Ich vermute, daß diese Sendung, im Gegensatz zu unseren früheren Projekten unter dem derzeitigen Vertrag, für UKW-Stereo geplant ist und daß wir folglich mit dem entsprechenden Verfahren aufnehmen sollten. Da ich eben erst einen erfolgreichen Versuch im Eaton Auditorium [3] abgeschlossen habe, würde ich vorschlagen, daß wir das Recital in jenem Saal aufnehmen, falls Gordon [4] noch ein paar Dollar lockermachen kann. Ich weiß natürlich nicht, welche Terminplanung Sie für die Sendung vorgesehen haben, aber ich hoffe doch, daß wir in den nächsten Monaten dazu kommen, damit ich mich dann auf das UER-Recital einstellen kann, das für das Frühjahr zugesagt wurde. Falls Sie die Idee mit dem Eaton Auditorium grundsätzlich gutheißen, spreche ich mit Mr. McLairnin von der Konzertsaalverwaltung (ich muß ohnehin ein paar Daten für CBS festmachen), und sobald ich ungefähr weiß, wie es mit deren und Ihren Terminen aussieht, können wir vielleicht einen entsprechenden Plan ausarbeiten.

Alles Gute.

Glenn Gould

---

1. Gould spielte 1959 Bachs *Partita Nr. 1 B-Dur* BWV 825 ein, ebenso Bachs *Partita Nr. 2 c-Moll* BWV 826 und das *Italienische Konzert F-Dur* BWV 971 (1960 bei Columbia erschienen).
2. Die Ausgabe sämtlicher Partiten erschien 1966 bei Columbia.
3. Den inzwischen geschlossenen Konzertsaal im siebten Stock des Kaufhauses Eaton benutzte Gould von 1970 bis 1977 regelmäßig als Aufnahmestudio.
4. Gordon Rosch war in der Musikabteilung von CBC Toronto für den Etat zuständig.

AN WENDY BUTLER
Wendy Butler, CBC

354 Jarvis Street
Toronto 116,
5. Januar 1971

Liebe Wendy,

anbei, wie versprochen, einige Gedanken zu Stokowski.

Die Sendung stellt, wie Du weißt, meinen zweiten Versuch mit Stereoradio dar und bildet in vielerlei Hinsicht eine einfachere und direktere (aber hoffentlich nicht weniger unterhaltsame) Nutzung des Mediums als ihr unmittelbarer Vorläufer, »The Latecomers«. Jene Sendung – eine Untersuchung des Grenzlandlebens in Neufundland – bot praktisch unbegrenzte Möglichkeiten für stimmlichen Kontrapunkt, allein aufgrund der Tatsache, daß 14 Personen darin vorkommen. In der Stokowski-Sendung hingegen führt uns die Stimme des Maestros allein durch die Stunde. (Wenn wir die »Probenszene« und die »Volksliedsequenz« mitzählen, kommen wohl auch andere Stimmen vor, doch im Grunde ist Stokowski sowohl Thema als auch Erzähler.)

Zum Glück war das Material, das ich aus den zwei kurzen Interviews mit ihm (Dezember 1969) gewann, unerhört reich in bezug auf die Qualität (Stokowski ist ein ungewöhnlich ausdrucksklarer alter Knülch; er denkt in Absätzen, korrigiert sich während des Sprechens selbst und signalisiert jedesmal das Ende der Antwort, indem er seinem Interviewer einen Auftakt anzeigt), auch wenn es hinsichtlich der Quantität etwas begrenzt ausfiel, zumal es das anwesende Kamerateam fertigbrachte, die Sicherungen in Stokowskis Wohnung durchschnittlich alle zehn Minuten durchbrennen zu lassen. (Wie Du weißt, drehte NET zur selben Zeit einen eigenen Dokumentarfilm über ihn; eine kurze Sequenz unseres Interviews bildet eine Szene in diesem Film, und etliche unserer brauchbaren Sätze dienen als Material für Off-Kommentare.)

Stokowski selbst ließ sich durch den Trubel scheinbar nicht erschüttern. Viele Male hat er, wenn er vom Fluchen der Kameraleute unterbrochen worden war, fünf bis zehn Minuten

Pause gemacht – so lange, bis die Sicherungen ausgewechselt waren –, hat uns Tee serviert, den Wasserstand im Reservoir kommentiert – von seiner Wohnung an der 5. Avenue hat man einen herrlichen Blick über den Central Park, und wenn man in N.Y. leben muß, dann muß man schon so einen Blick haben – und hat dann dort weitergemacht, wo er aufgehört hatte, hat ein paar Worte noch einmal wiederholt, damit wir das neue Material nahtlos anfügen konnten, und setzte sein ursprüngliches Thema fort, egal was es gewesen sein mochte. Er ist natürlich, wie wir alle wissen, der alte Show-man par excellence. Vieles von dem, was er sagt, scheint gezielt auf die Wirkung beim Zuhörer hin kalkuliert zu sein. Dies liegt zum Teil daran, daß die Aufgeschlossenheit gegenüber dem vertrauten Dialog, die den meisten Menschen unserer Generation in einer Interviewsituation zur zweiten Natur wird, zu Stokowskis Zeit keineswegs für selbstverständlich gehalten wurde – der Künstler galt damals als hochtrabender Wortführer einer etwas geheimnisumwitterten Zunft, dem es oblag, Urteile auszusprechen, anstatt sich auf einen Dialog einzulassen.

Etwas von dieser »Von-oben-herab«-Haltung kennzeichnet Stokowskis Interviewstil, zugegeben, aber interessanterweise nur dann, wenn er sich ausdrücklich mit dem Thema Musik befaßt. Auf diesem Gebiet diskutiert man nicht mit ihm, man widerspricht ihm nicht – man begegnet einer Haltung, die genauso monolithisch wirkt, die einem echten Meinungsaustausch gegenüber genauso abgeneigt scheint wie beispielsweise die von Marshall McLuhan. Außerhalb des Bereichs Musik allerdings ist Stokowski, wiederum ähnlich wie McLuhan, ein wahrhaft bescheidener Mensch. Seine Aussagen werden ständig durch subtile Einschränkungen relativiert, und er scheint unentwegt auf der Suche nach moralischen Wechselbeziehungen seiner ästhetischen Unterfangen zu sein. Da dies ferner die gefährlichste, letztlich aber die wichtigste Tätigkeit ist, der sich ein Künstler verschreiben kann, geht er verständlicherweise vorsichtig mit den Analysen um, die dies erfordert. Das Endresultat ist offensichtlich alles andere als ein konventioneller Gesprächsstil. Es hat im Grunde etwas von

einem alttestamentarischen Verseschmied – es ist eine ekkle-
siastesartige Sammlung von Gedanken und Überlegungen zur
Situation der Musik, zur Situation des Menschen und zwangsläufig zur Situation des Menschen innerhalb der Situation der
Musik. Für mich ist Stokowski eine ganz besondere und ganz
besonders eindringliche Persönlichkeit, und ich hoffe, daß in
dieser Sendung etwas von seiner außergewöhnlichen Liebenswürdigkeit, seinem großzügigen Wesen und seiner schonungslosen Hingabe an die Kunst zum Ausdruck kommt.
Nur ein Wort zu den angewandten Methoden: 26 verschiedene
Musikstücke (einzeln oder in Kombination) bilden den Hintergrund zu Stokowskis Äußerungen. Sämtliche Orchester-
stücke sind von ihm dirigiert (es gibt allerdings zwei Kadenzen, nämlich aus Schönbergs Konzert op. 42 – meine Einspielung mit Robert Craft –, aber beide ohne eine Note aus der
Orchesterpartitur, und es schien passend, sie einzubeziehen,
da Stokowski viele von Schönbergs späteren Werken zur
Uraufführung brachte). Doch ich betone *Orchester*werke,
denn wie Du weißt, gibt es eine Sequenz, in der ich etliche
Volksliedsegmente – rumänische, jugoslawische, schottische,
englische, italienische, amerikanische – auf einen Überbau
montierte, der aus dem ersten Satz von Schostakowitschs
Symphonie Nr. 11 besteht. Die anderen wichtigen Stokowski-
Aufnahmen, die verwendet wurden, sind:
Verklärte Nacht – Schönberg
Beethoven – »Kaiser«-Konzert
Brahms – Serenade Nr. 1
Ives – Symphonie Nr. 4
Tschaikowski – »Francesca da Rimini«
Holst – »Die Planeten«
»Le Poème de l'extase« von Skrjabin.
Hoffentlich kannst Du damit etwas anfangen.
Viele Grüße
Glenn Gould

An Gilles Potvin[1]
M. Gilles Potvin, Montreal, P.Q.

25. Februar 1971

Lieber Gilles,

anbei »Radio as Music«[2]. Es ist vielleicht ein ganz klein wenig länger, als Du gerechnet hattest, doch ich hoffe, es gefällt Dir ebensosehr wie mir, wenn ich das bescheidenerweise sagen darf.

Es wird offensichtlich nötig sein, die Umstände des Gesprächs zu erläutern, das als Rohmaterial für diesen Text diente – wie ich in einem früheren Brief erwähnte, schreibt John Jessop[3] eine Diplomarbeit über die Techniken in meinen Dokumentarsendungen für den Rundfunk –, und ich denke, die beste Lösung für das Problem wäre ein einleitender Absatz (vielleicht in einer anderen Schrifttype), der klarstellt, welche Rolle Jessop bei dem Ganzen spielte. Er sollte am besten die Form einer »Anmerkung der Redaktion« haben, aber wenn ich ein paar Zeilen aufsetzen soll, die die Fakten liefern und die trotzdem als »Anmerkung der Redaktion« durchgehen, dann sag mir Bescheid.

In Deinem letzten Brief hast Du die lästige Honorarfrage angeschnitten. Wie Du weißt, schreibe ich recht häufig für eine Reihe amerikanischer Zeitschriften und Magazine – zuletzt für »Look«[4] –, und ich habe es längst aufgegeben, die Bezahlung, die größere Verlagswerke südlich der Grenze für Artikel bieten, mit dem, was hier zu Hause zu Gebote steht, in eine vernünftige Relation zu setzen. Folglich, denke ich, ließe

---

1. Der aus Montreal gebürtige Potvin war bis 1988 Produzent bei Radio Canada International; er war auch Musikkritiker für *Le Devoir* und *La Presse*.

2. »Radio as Music: Glenn Gould in Conversation with John Jessop«, in: *The Canadian Music Book*, Frühjahr/Sommer 1971; deutsch: »Radio als Musik: Glenn Gould im Gespräch mit John Jessop«, in: *Vom Konzertsaal zum Tonstudio. Schriften zur Musik II* (München: Piper, 1987), S. 190–209.

3. 1971 war John Jessop Student am Ryerson Institute of Technology in Toronto.

4. Rubinstein-Interview, in: *Look* XXXV, Nr. 5, 9. März 1971.

sich die Sache am einfachsten lösen, indem überhaupt keine ungewöhnlichen Forderungen an Deinen Etat gestellt werden; aber statt dessen muß ich zwei ganz konkrete Bitten äußern: Zunächst einmal möchte ich gerne sämtliche Rechte für zukünftige Nachdrucke von »Radio as Music«, sowohl für Kanada als auch für andere Länder, beibehalten. Ich kann Dir versichern, daß ich nicht die Absicht hege, es anderweitig in Kanada anzubieten, zumindest nicht in der gegenwärtigen Form, doch ich würde es gerne im Ausland nachgedruckt sehen. Die zweite Bedingung – und diese habe ich in meine Verträge mit »Look« und anderen Zeitschriften aufnehmen lassen – lautet, daß ohne Rücksprache keinerlei Kürzungen und keinerlei Änderungen, einschließlich Änderungen der Interpunktion, an dem Artikel vorgenommen werden dürfen. Die Interpunktionsklausel ist durchaus keine Laune meinerseits – sie ist besonders wichtig bei einem Artikel dieser Art, bei dem die Integrität des Gesprächsflusses bewahrt bleiben muß. Ich möchte Dich bitten, diese beiden Bedingungen in einem Brief an mich zu bestätigen und Deine Korrektoren usw. entsprechend zu unterrichten.

Lorne Tulk arbeitet an den beiden Skizzen, die ich als Ausschmückung des Artikels bereits erwähnte, und hofft, sie Anfang nächster Woche fertig zu haben. Eine erläutert die Einführung zu »The Idea of North«, wird überwiegend im Querformat sein und sollte wohl etwa eine halbe oder eine drittel Seite einnehmen. Die zweite Skizze ist eine ziemlich detaillierte Anlage zum Nachwort von »The Latecomers«. Sie enthält sehr viele Informationen, ist am linken Rand mit einer Zeittafel versehen und könnte folglich leicht eine ganze Seite füllen. Der ideale Platz dafür wäre übrigens, wenn alles andere gleich bleibt, im Bereich der Seiten 17 und 18 des Textes. Auf jeden Fall werde ich Dir die Skizzen in den nächsten Tagen schicken.

Alles Gute.

Mit freundlichen Grüßen

Glenn Gould

cc: J. Roberts

An Susan Edwards[1]
Miss Susan Edwards,
CBC Toronto

27. März 1971

Liebe Miss Edwards,
vielen Dank für Ihre Zeilen und die Aufforderung, meine
Lieblingsspeiselokale vor Ort und deren Spezialitäten zu
benennen. Leider haben Sie sich mit dieser Aufgabe ganz und
gar an den Falschen gewandt – ich bin so ziemlich das Gegenteil von einem Gourmet; eigentlich ist mir jegliches Essen
fast völlig gleichgültig, und sobald die gesamte Praxis der
Nahrungsaufnahme durch eine bequeme Tablette künstlich
erledigt werden kann, bin ich einer der allerersten, der sämtliche Restaurants wie die Pest meiden wird.
Viel Glück mit der Sendung. Bedaure, daß ich Ihnen nicht
mehr dienen kann.
Mit freundlichen Grüßen


An Lee Brown[2]
Mr. Lee Brown,
Music Department,
Ferguson Junior High School,
Arlington, Texas, U.S.A.

5. April 1971

Sehr geehrter Mr. Brown,
vielen Dank für Ihren Brief. Ich befürchte, daß meine etwas
verspätete Antwort Ihr Unterrichtsprojekt vielleicht schon
gefährdet hat, doch ich schicke Ihnen trotzdem das Foto mit,
um das Sie baten. Ich bedaure jedoch, daß ich Ihnen keinen
Pressespiegel zur Verfügung stellen kann – es sei denn, Sie
begnügen sich mit einem, der seit mindestens 10 Jahren nicht
mehr aktuell ist –, und zwar hat das einen einfachen Grund:
Als ich vor einigen Jahren den Entschluß faßte, die Konzert-

---

1. Ein Fan.
2. Ein Fan.

bühne zu verlassen und meine Aufmerksamkeit statt dessen auf die Produktion von Platten sowie Rundfunk- und Fernsehsendungen zu richten, wurde die Presseschau, die für Konzertmusiker ein unentbehrlicher Gegenstand ist, für mich zum Übergepäck.

Ihre Frage bezüglich Komponisten der »romantischen« Epoche interessiert mich sehr. Ich denke, von den Komponisten, die die späteren Erscheinungsformen der Romantik verkörpern, ist der für mich bedeutendste wohl Wagner. Zugleich jedoch war ich immer der Meinung, daß innerhalb der frühen Generation »romantischer« Komponisten – Chopin, Schumann, Schubert usw. – der leider am meisten unterschätzte Felix Mendelssohn[1] ist. Wie Sie wissen, war Mendelssohns Musik mit einiger Regelmäßigkeit in und außer Mode (ausgesprochen »in« beispielsweise bei den englischen Viktorianern; so ziemlich »out« für viele Leute von heute, die sie eher »brav« und vielleicht ein bißchen verhalten finden), doch meiner Meinung nach erreichen nur sehr wenige Komponisten im 19. Jahrhundert die handwerkliche Präzision, die Mendelssohn unter Beweis stellt – vor allem in seiner Orchestermusik –, und dieses Handwerk wird vor allem in den Dienst einer außerordentlich bewegenden cäcilianischen Haltung gestellt, die ich als besonders einnehmend empfinde.

Ich wünsche Ihnen alles Gute für Ihr Projekt und bitte noch einmal um Entschuldigung für die verspätete Antwort.

Mit freundlichen Grüßen

Glenn Gould

---

1. Gould spielte ein paar von Mendelssohns *Liedern ohne Worte* in einem Rundfunkrecital, das im Juli 1970 in der Sendereihe »CBC Thursday Night« ausgestrahlt wurde. Einmal dachte er auch daran, Mendelssohns *Sechs Präludien und Fugen* op. 35 aufzunehmen.

An Richard Johnston[1]

Professor Richard Johnston, c/o University of Calgary,
Calgary, Alberta

5. April 1971

Lieber Dick,

John Roberts erwähnte vor einigen Wochen, daß er mit Ihnen
über eine Dokumentarsendung zum allgemeinen Thema
»Westkanada« gesprochen habe. Ich habe damals nicht reagiert, weil mir zu diesem Sujet nicht gleich etwas einfiel, doch
schreibe ich heute, weil ich glaube, daß ich endlich auf etwas
gestoßen bin, was mir zugleich als kongenial erscheint und
zumindest geographisch mit der entsprechenden Region zu
tun hat.

Die Sendung würde sich um die Mennoniten, Hutterer und
wenn möglich die Doukhobors-Kultur drehen. Alle drei Grup-
pen interessieren mich sehr, und da jede natürlich einen unterschiedlichen Ansatz zum Thema Gemeinschaft in Isolation
darstellt, das als Grundlage sowohl für »The Idea of North« als
auch »The Latecomers« – meine Sendung über Neufundland –
diente, wäre solch eine Sendung zugleich eine lohnende Aufgabe und eine logische Fortsetzung meiner vorherigen Docudramen[2].

Es dürfte wohl auch eine recht knifflige Aufgabe sein. Ich
würde kein Problem darin sehen, Zugang zu ausdrucksfähi-
gen Mennoniten zu finden – bei ihrem »Fortschritt« (wenn es
denn ein solcher ist) dreht es sich nämlich genau darum, daß
sie ihre Vorstellungen von geistiger und physischer Isolation
erfolgreich mit einem recht breiten Wissen über die Außen-
welt verbinden. In der letzten Woche, während ich dieses Projekt ausbrütete, habe ich auch ein paar Fährten zu einigen
relativ redegewandten Hutterern aufgenommen, und mit ein

---

1. Richard Johnston war Professor, Komponist, Publizist, Kritiker und ehe-
   maliger Dekan der Fakultät der Schönen Künste an der University of Calgary. Gould zeigte Interesse an Johnstons Auseinandersetzung mit der
   Volksmusik und den Kulturen von Minderheiten in Westkanada.
2. Goulds Ideen entwickelten sich zu einem Radiofeature mit dem Titel *The
   Quiet in the Land*, das die CBC am 25. März 1977 ausstrahlte.

wenig Spürsinn können wir sicher eine größere Anzahl auftreiben.

Das Problem dürften zweifellos die Doukhobors sein. Ich habe
keine Ahnung, ob diese Leute irgend jemandem von »außen«
zugänglich sind oder ob die Anwesenheit eines Menschen, der
als Medienvertreter angesehen werden könnte – egal, wie
wohlgesinnt er ist –, vielleicht sogar als Bedrohung und als
Belästigung betrachtet würde. Vielleicht müssen wir uns also
auf einen Zweierpack beschränken (Mennoniten und Hutterer – trotzdem viele Gegensätze), doch unterdessen kann ich
mich erkundigen, ob es irgendeinen zugänglichen Doukho-
bors-Menschen gibt [1].

Im Grunde ginge es mir darum, daß die Sendung dieses
spezielle Thema (Themen?) weitgehend so abhandelt, wie
»North« und »The Latecomers« die Themen behandelten, um
die es sich damals drehte. Ich finde, sie sollte ein quasi spezi-
fisches Thema entwickeln und dessen universelle Folgerungen
entsprechend ausleuchten. Sie könnte auch, so hoffe ich, die
Methoden erweitern, die bei der Produktion von »North« und
»The Latecomers« angewandt wurden. Letzteres war natürlich
eine Übung in einer besonders komplizierten Stereophonie
(»North« war ausschließlich mono), und obgleich ich derzeit
die große Versuchung verspüre, mit der Quadrophonie zu
experimentieren, möchte ich erst noch ein paar weitere Tricks
ausprobieren, bevor ich mich vom konventionellen Stereo
verabschiede.

John wußte nicht genau, ob Sie einen größeren Musikeinsatz
in der Sendung erwarten, zumal sie teilweise für den Canadian
Music Council [2] hergestellt wird, aber obwohl es in dieser Hinsicht natürlich zahlreiche Möglichkeiten gibt, insbesondere
ausgehend von der mennonitischen Tradition, würde es sich
nicht um eine »Musik«-Sendung handeln, außer in dem Sinne,
daß die menschliche Stimme als Teil der Gesamtstruktur meiner Meinung nach ohnehin immer in musikalischer Weise

---

1. Das Projekt befaßte sich nur mit den Mennoniten.
2. Canadian Music Council (CMC), Kanadischer Musikrat.

behandelt wird. (Ich habe übrigens einen recht langen Aufsatz für die CMC-Zeitschrift – Band 2 – geschrieben, mit dem relativ provokativen Titel »Radio as Music«, und ich würde mir wünschen, daß diese Sendung die dort dargelegten Argumente mit untermauern würde.)

Das Hauptproblem im Augenblick ist die Zeit. Soviel ich weiß, findet die Konferenz ungefähr in einem Jahr statt; ich könnte zwar diesen Sommer nach Westen reisen und das reine Interviewmaterial aufnehmen, doch der Feinschnitt, das Mastering und das Mischen einer Sendung wie dieser dauern normalerweise 3 bis 6 Monate. Ich habe mir kürzlich eine eigene Zwei-Spur-Ausrüstung zugelegt und bin nun in der Lage, das gesamte Material für den Feinschnitt zu Hause vorzubereiten, doch die 8-Spur-Bearbeitung ist ein Problem und erfordert die Mitarbeit der Herren CBC und Zugang (wahrscheinlich in den Stunden nach Mitternacht) zu einem Studio, das zur Zeit tagsüber fast ununterbrochen belegt ist. Im Augenblick bin ich übrigens mehr oder weniger fest dazu verpflichtet, mit der Arbeit an meiner nächsten größeren Dokumentarsendung für CBC-Radio anzufangen, und da deren 8-Spur-Bearbeitung für Januar und Februar nächsten Jahres geplant ist, muß der Feinschnitt etwa in den letzten 3 Monaten des Jahres 1971 erfolgen. Da ich für diese Sendung ungefähr 400 Studiostunden vorgesehen habe und die Sendung, die ich Ihnen vorschlage, mindestens ebensoviel Zeit erfordern würde (ausschließlich der eigentlichen Interviews an sich), wäre es praktisch unmöglich für mich, beide Aufgaben vor April 1972 abzuschließen. Es ist natürlich durchaus möglich, daß die CBC einverstanden wäre, das andere Projekt zu verschieben, aber da wir das 8-Spur-Gerät brauchen, wäre ihre Beteiligung auf jeden Fall bei dem MHD-Projekt (wie es im folgenden genannt werden soll) unbedingt erforderlich.

Die andere Lösung wäre eventuell die, MHD, wiederum in Zusammenarbeit mit der CBC, für eine andere Veranstaltung zu entwickeln, die Sie vielleicht in den nächsten ein, zwei Jahren an der University of Calgary planen. Der Vorteil wäre der, daß ich dann den gegenwärtigen Zeitplan einhalten könnte und

die bereits strapazierten Produktionsanlagen hier nicht über-
belasten müßte.

Teilen Sie mir auf jeden Fall mit, was Sie von der Idee halten
und ob sie irgendeinen Bezug zu dem Thema »Westkanada«
hat, das wir, wie ich mich entsinne, schon vor Jahren zur Sprache brachten.
Inzwischen alles Gute,
mit freundlichen Grüßen
Glenn Gould


AN HANS RICHARD STRACKE[1]
Herrn Hans Richard Stracke, CBS Schallplatten GmbH,
Frankfurt/Main, Deutschland

6. April 1971

Sehr geehrter Herr Stracke,
vielen Dank für Ihren Brief vom 1. März. Ich lege die Kopie
einer Notiz bei, die ich Earl Price bezüglich unseres Projekts
schickte und die zumindest in den meisten Punkten sicherlich
ohne Erläuterungen verständlich ist. Vielleicht sollte ich
jedoch erklären, daß sich die »Ustinowisierung«, auf die ich
verweise, auf Werbematerial bezieht, das ich kürzlich zur nordamerikanischen Ausgabe der »48«[2] für die CBC zusammengestellt habe. Man schlug eine Sammlung von Statements vor,
in denen Mr. Biggs, Mr. Kipnis, Mr. Ormandy usw. – die alle in
den Neuerscheinungen dieses Monats vertreten sind – einige
Gedanken zur Musik von JSB beisteuern sollten.
Da ich weiß, daß so etwas übermäßig ernst werden kann, und
da ich nicht genau wissen konnte, welche Gebiete meine Kollegen abdecken würden, beschloß ich, jeden Anflug einer Wiederholung zu vermeiden. Ich orientierte mich an unserem
Beethoven-Liszt-Cover[3], das Sie so meisterhaft übersetzten,

---

1. Ein deutscher Bekannter, der in Frankfurt für CBS arbeitete.
2. Johann Sebastian Bach, *Das Wohltemperierte Clavier* (CBS).
3. Beethoven, *Symphonie Nr. 5 c-Moll* op. 67 (Klaviertranskription von Franz
   Liszt) (Columbia).

und beschloß, mich selbst zu interviewen und – indem ich einen Part nach dem anderen spielte – eine Diskussionsrunde zu bilden, bestehend aus Sir Humphrey Price-Davies, Herrn Klopweisser (dem gefeierten Poeten, wie Sie sich erinnern werden) und dem berühmten jungen amerikanischen Virtuosen Theodore Slutz[1], der Ihnen in Deutschland vielleicht noch nicht begegnet ist.

Nachdem ich für jeden Mitwirkenden an dem Forum ein eigenes Band angefertigt hatte, lieferte ich meine eigenen Antworten auf ihre Fragen, schnitt alles zusammen und mischte ein wenig aus der b-Moll-Fuge, Teil 2, hinein (die alle vier im letzten Teil unserer Diskussion angeblich anhörten). Das Ganze wurde wirklich sehr gut, und vielleicht kann Earl Price Ihnen eine Kopie zukommen lassen, doch mit dem Hinweis auf den Brief an ihn wollte ich zu verstehen geben, daß ich nicht vorhatte, für die deutsche Fassung ein ähnlich komödiantisches Feuerwerk zu entfachen.

So, wie es im Augenblick aussieht, kann ich das Skript vermutlich im Mai schreiben und es im Juni mit Musikbeispielen schneiden und mischen lassen. Wie ich in meinem Brief an Earl andeutete, ist meine eigene Ausrüstung (die wir inzwischen für alle unsere CBS-Sitzungen in Toronto benutzen) mehr als ausreichend, und der einzige Kostenpunkt wäre das Anheuern eines Technikers zur Bedienung der Apparatur. Auf jeden Fall halte ich Sie auf dem laufenden, während ich meinen ersten zaghaften Sprung in die deutsche Sprache wage, und werde Ihnen das Ergebnis hoffentlich bis Ende Juni zukommen lassen.

Alles Gute,
mit freundlichen Grüßen
Glenn Gould

---

1. Pseudonyme von Gould.

Miss Jane Friedman,
CBS Records,
New York, N.Y., U.S.A.

10. April 1971

Liebe Jane,

hier, wie versprochen, eine Aufstellung des Repertoires für unsere kommenden Sitzungen:

1) Nächste Woche, am 18. und 19. April, machen wir »Hughe Ashton's Grownde« und »Sellinger's Rownde« von William Byrd sowie die »Variationen im italienischen Stil« von Bach. Wie ich bereits am Telefon erwähnte, sind beide Werke Teil eines Projekts für die Union Europäischer Rundfunkanstalten[1], und aus diesem Programm, so meinte Andy, wären Byrd, Bach und Bizet am interessantesten oder vielmehr brauchbarsten für CBS. Auf jeden Fall wird der Byrd unsere Byrd-Gibbons-Sammlung abrunden (allerdings muß ich das Gibbons-Material noch einmal überprüfen, da ich meine, mich zu erinnern, daß eine seiner Fantasien – die vor ungefähr drei Jahren aufgenommen wurde – ohne die vorgesehenen Korrekturtakes zur Seite gelegt wurde), und insbesondere »Sellinger's Rownde« dürfte den Glanzpunkt dieser Scheibe abgeben. Die Bach-Variationen kommen wohl ganz gelegen, denn bei den Englischen Suiten brauchen wir Füllmaterial von der Art, wie es bei unseren Partitenplatten das »Italienische Konzert«, die »Toccata e-Moll« usw. waren. Wie die Partiten sind auch die meisten der Englischen Suiten ungefähr 20 Minuten lang und lassen sich ohne lästigen Seitenwechsel nicht gut zu dritt auf einer Scheibe unterbringen. Ich habe nicht bei allen die Zeit gemessen, aber ich bin sicher, daß eine oder mehrere recht kur-

---

1. Anfang der siebziger Jahre wurde Gould auf Initiative der CBC gebeten, zur Konzertreihe der Union Europäischer Rundfunkanstalten (UER) ein Recital beizusteuern. Die UER besteht aus den staatlichen Rundfunkanstalten Europas; angeschlossen sind weitere Mitglieder, wie etwa Kanada über die CBC. Die UER präsentierte grundsätzlich Live-Veranstaltungen; insofern war Goulds Studiorecital eine Ausnahme, die sicher nur bei einem Künstler seines Ranges gemacht wurde.

zen Prozeß mit der Gesamtzeit machen und daß es vorteilhaft wäre, ein Werk wie die »Italienischen Variationen« im Kasten zu haben, das eine kurze Seite nötigenfalls um ungefähr 10 Minuten verlängern könnte.

2) Am 2. und 3. Mai nehmen wir Schönbergs Ballade op. 12 Nr. 2 mit Cornelis Opthof und die »Variations chromatiques« von Bizet auf. Der Schönberg bringt unseren kompletten Liederzyklus zum Abschluß, und da ein großer Teil dieses Materials bereits an die sieben Jahre auf Eis liegt, wäre es meiner Meinung nach wünschenswert, wenn wir es so bald wie möglich herausbringen könnten. Wie ich bereits am Telefon erwähnte, weiß ich noch nicht genau, welches Programm der Bizet zieren wird. Ich meine jedoch, daß wir bei allem Respekt vor Peter Munvies über eine Box mit zwei, drei oder sogar vier LPs nachdenken sollten, die einen historischen Abriß über die Form der Variation abgeben würde. Wir verfügen bereits über einiges an Material, das von anderen Veröffentlichungen abgeknapst werden könnte (vor allem falls das Projekt zu einem Sonderpreis angeboten wird), und zusätzlich zu dem Material, das wir freundlicherweise durch die UER reinkriegen, könnten wir irgendwann in Zukunft ein paar weitere ausgefallene Stückchen wie den Bizet aufnehmen, der die Gattung der Variation gänzlich neuartig – für das 19. Jahrhundert jedenfalls – angeht.

3) Am 22. und 23. Mai sollten wir das Projekt Französische Suiten, Französische Ouvertüre abschließen können. Es fehlen uns im Augenblick für das erste Volume dieses Projekts vier Sätze aus der E-Dur-Suite (Nr. 6) und der lange Einleitungssatz zur »Französischen Ouvertüre«. Der wichtigste Punkt auf der Tagesordnung wird dann allerdings die »Englische Suite Nr. 2 a-Moll« sein. Ich habe sie für eine CBC-Sendung diesen Sommer eingeplant, die im Laufe des Juni geschnitten werden muß – daher die unregelmäßige Reihenfolge (Nr. 1 A-Dur war in einem meiner CBC-Recitals vor einigen Jahren enthalten).

Ich vermute, wenn die Maitermine abgeschlossen sind, wird Andy wenn nicht eine Pause, so doch zumindest einen gemächlicheren Fahrplan nötig haben. Da ich einen großen Teil des Sommers außerhalb von Toronto zu verbringen gedenke, wäre es vielleicht ratsam, nach Ende Mai weniger häufige Sitzungen zu planen. Wie Du weißt, berührt ein Großteil des Materials, das wir sowohl in den derzeitigen Sitzungen als auch in den letzten paar Jahren in New York in den Kasten gebracht haben, meinen Sendevertrag mit der CBC. Dieser Vertrag schreibt vor, daß ich nur Werke in das Sendeprogramm nehmen darf, die ich nicht kommerziell eingespielt habe, und zwingt mich somit, bei der Zusammenstellung dieser Programme ziemlich erfindungsreich zu sein, und ein Großteil des eher ausgefallenen Materials, das wir in den letzten paar Jahren aufgenommen haben (Byrd, Philipp Emanuel Bach, Skrjabin, Bizet usw.), kam auf diese Weise zustande. In den nächsten Wochen werde ich die Einzelheiten für die CBC-Sendungen der nächsten Saison ausarbeiten, und dann kann ich Dir eine Aufstellung der Titel schicken, die für unsere Zwecke bei CBS geeignet scheinen.

Es bestehen jedoch gewisse fortlaufende Projekte bei CBS, die wir bei den Sitzungsterminen für die nächste Saison oder, falls es die Zeit erlaubt, sogar für diesen Sommer bedenken sollten:

1) Skrjabin-Sonaten: Wie Du weißt, ist Nr. 5 inzwischen unter Dach und Fach, und unsere Absicht war es, sie mit einer der anderen späten Sonaten auf einer Seite einer Platte zu kombinieren, auf der als Hauptwerk entweder die Sonate Nr. 1 oder Nr. 2 erscheinen sollte. Die langfristige Überlegung bei diesem Projekt ist die, daß es schön wäre, auf, sagen wir, drei Scheiben sämtliche »Mystische-Akkord«-Stücke[1] aus den späteren Jahren zu verbinden, die zwar wunderbare Kunstwerke sind, harmonisch aber ein wenig wie eine der ersten drei entschieden tonalen Sonaten klingen. Dazu wäre es letztlich nötig, die Sonate Nr. 3 aus dem Schönberg-Prokofjew-Album zu klauen, und da es insgesamt 10 Sonaten sind, würde eines

---

1. Der sogenannte »mystische« Akkord besteht in seiner Grundform aus C, Fis und B im Baßschlüssel sowie E, A und D im Violinschlüssel.

der späteren Werke übrigbleiben. Weil aber viele sehr kurz sind (in einigen Fällen kaum länger als 10 Minuten), ist es jedoch möglich, daß wir eventuell drei davon auf die Rückseite einer Scheibe quetschen, aber vielleicht können wir uns mit diesem Problem befassen, wenn es soweit ist.

2) Mozart-Sonaten: Wie Du weißt, ist Volume drei bereits im Kasten, wenn auch noch nicht geschnitten, und die einzigen Sonaten, die noch fehlen, sind KV 457, 570 und 576 (KV 545 wurde vor etlichen Jahren außer der Reihe aufgenommen). Ebenso machen sollten wir wahrscheinlich auch die Fantasien c-Moll KV 396 (die längere der beiden in dieser Tonart – KV 475 – wurde 1966 aufgezeichnet), d-Moll und C-Dur (dieses Stück war als Füllsel auf der lange gestrichenen Mozart-Haydn-Platte von 1958, doch es sollte noch einmal in Stereo aufgenommen werden).

Das kommende Album besteht aus KV 310, 330, 332 und 333. Es könnte auch KV 331 in einer Aufnahme von 1965 enthalten, die aber, wenn ich mich nicht irre, einige ziemlich falsch eingeschätzte Temposchwankungen bei den Korrekturtakes aufwies; der erste Satz dieses Werkes wurde damals provisorisch geschnitten, doch beim 2. Satz gab es in dieser Hinsicht so viele Probleme, daß es gerechtfertigt schien, zumindest ihn neu einzuspielen. Jedenfalls besteht ein Präzedenzfall, bei dem wir uns nicht an die Reihenfolge der Sonaten gehalten und eine der Köchelnummern ausgelassen haben, denn in Volume zwei haben wir just auf diese Weise KV 310 übersprungen.

Dies ist wohl alles, was ich im Augenblick an Information zu dem Projekt aufbieten kann, aber sobald ich das CBC-Repertoire vorliegen habe, melde ich mich wieder.

Inzwischen alles Gute,

mit freundlichen Grüßen,

Glenn Gould

30. April 1971

Liebe Wendy,

ein paar Gedanken zum »Hammerklavier«[1]: Es ist, wie Du sicher weißt, das längste, rücksichtsloseste und wahrscheinlich undankbarste Stück, das Beethoven für das Klavier geschrieben hat. Ich sage dies mit einem gewissen Zögern, denn seit meiner Studentenzeit bin ich fest entschlossen, etwas wirklich Lohnendes darin zu entdecken und dies in einer Übertragung oder Einspielung oder beidem zu dokumentieren. Vor Jahren hatte ich sie mehrmals für öffentliche Vorträge eingeplant – gewöhnlich an Orten wie Dry Gulch, Montana, oder Los Yahoos, New Mexico, habe aber immer im letzten Augenblick heimlich das Programm geändert. Das Stück erschloß sich mir einfach nicht als Ganzheit, und ich wollte unbedingt seine Rätsel lösen, bevor ich damit an die Öffentlichkeit ging. Jedenfalls hat der zweihundertste Geburtstag, wie Du weißt, den Tag der Abrechnung beschleunigt – aufgrund einiger komplizierter Terminprobleme, auf die ich hier nicht eingehen will, wurde das Stück anvisiert und im Dezember 1970 eingespielt –, und abermals wollte ich unbedingt versuchen, seine erheblichen Rätsel zu lösen. Nun ja, es ist mir wohl nicht gelungen, allzu viele davon zu entschlüsseln, aber immerhin probierte ich dabei einige interessante Methoden der Systemanalyse aus. Da das Stück hoffnungslos unpianistisch ist – nicht nur weil es schrecklich schwierig ist (und, was noch schlimmer ist, für ungeschulte Ohren gar nicht so schwer klingt), sondern weil es mit wenig oder keinerlei Rücksicht auf die Sympathien und Antipathien, die zwischen den verschiedenen Regionen der Tastatur existieren, geschrieben wurde –, wollte ich beispielsweise einen orchestralen Ansatz ausprobieren. Ich versuchte, die erste und letzte Note durch eine rein dirigentische Dynamik zu verbinden – nicht durch Tempo an sich, sondern durch Tempi, die in einen Guß gezwungen wer-

---

1. Beethovens *Sonate Nr. 29 B-Dur* op. 106.

den – und sämtliche klavierspezifischen Gesten zu minimieren, die aufgrund von Beethovens hochgradig antiinstrumen-
teller Einstellung auf störende und widernatürliche Weise der
Musik trotzdem an so vielen Stellen in die Quere kommen.
Und da gibt es viel zu minimieren. Es gibt beispielsweise viele
Stellen, an denen Arabesken von beinahe chopinesker Zartheit
(das zweite Thema des ersten Satzes ist ein Beispiel) in
undankbare Register (meistens hohe) gesetzt und von ihren
Begleitstimmen um mindestens eine Oktave zu weit getrennt
sind. Die meisten dieser Probleme treten im ersten und dritten
Satz auf – der zweite ist kurz und straff genug, um unbemerkt
vorüberzurauschen, und das Fugenfinale ist trotz all seiner
mathematischen Albernheiten und seines hartnäckigen Be-
strebens, die neohändelianische Schallmauer zu durchbre-
chen, zugleich fesselnd und amüsant.
Aber hat mein orchestraler Ansatz, der nichts für irgendwelche Pianomätzchen übrig hatte, diese vier unterschiedlichen Gebilde wirklich zusammengefügt zu einem einzigen
großen Werk, das funktioniert? Eigentlich nicht. Es gibt wohl
einige Momente, die funktionieren, und einige, die nicht funktionieren – was, wenn man es recht bedenkt, auch mehr oder
weniger auf Beethovens Konto geht –, aber wenigstens habe
ich es einmal versucht und werde mir bis 2027 nicht mehr den
Kopf darüber zerbrechen müssen.
Alles Gute,
mit freundlichen Grüßen
Glenn Gould


An Mrs. John M. Johnston[1]
Mrs. John M. Johnston,
Silver Spring, Maryland, U.S.A.

13. Mai 1971
Sehr geehrte Mrs. Johnston,
vielen Dank für Ihren Brief vom 26. April mit Ihren freund-

---

1. Ein Fan.

lichen Bemerkungen zu meinen Bach-Platten und den Schilderungen Ihrer eigenen Bemühungen in dieser Richtung. Ich möchte keinen falschen Cheerleader-Optimismus anstimmen, aber ich bin mir relativ sicher, daß Sie nach einer genügend langen Beschäftigung mit der Musik von Bach das Gefühl haben, daß sich deren vielschichtige Geheimnisse Ihnen offenbaren.

Ich würde jedoch behaupten, daß die zumindest in meinen Augen ideale Vorbereitung auf die kontrapunktischen Studien in Bachs Musik in der Musik der englischen Tudorkomponisten – insbesondere William Byrd[1] – zu finden ist. Byrd geht mir zur Zeit viel durch den Kopf, denn ich habe eben die Aufnahmen für eine Platte[2] abgeschlossen, die aus einem halben Dutzend größerer Stücke dieses Komponisten sowie drei oder vier kürzeren Sachen seines Zeitgenossen Orlando Gibbons[3] bestehen wird, aber ganz abgesehen von meiner eigenen immensen Begeisterung für diese Musik, werden Sie wohl feststellen, daß bei den Tudormeistern sozusagen die Einstellung zur Klaviatur zwar auf eine ganz andere Art der Tastatur ausgerichtet ist, die zugegebenermaßen der von Bach nicht unähnlich ist, daß aber ihre Musik insgesamt eine äußerst lohnende Ergänzung zu einer Auseinandersetzung mit JSB darstellt.

Nochmals vielen Dank für Ihren Brief.

Mit freundlichen Grüßen

Glenn Gould

---

1. Englischer Komponist (1543–1623).
2. *A Consort of Musicke bye William Byrde and Orlando Gibbons.* William Byrd: *First Pavan and Galliard, Hughe Ashton's Ground, Sellinger's Round, Sixth Pavan and Galliard, A Voluntary*; Orlando Gibbons: *Allemande, or Italian Ground, Fantasy in C, »Lord of Salisbury« Pavan and Galliard* (Columbia, 1971).
3. Englischer Komponist (1583–1625).

An Roy Vogt[1]

Prof. Roy Vogt, Fak. für Wirtschaftswissenschaften,
University of Manitoba, Winnipeg, Manitoba.

3. August 1971

Sehr geehrter Herr Prof. Vogt,

danke für Ihren Brief. Ich kann sehr gut verstehen, daß Sie
besorgt darüber sind, in welcher Form Ihr Interviewmaterial
Verwendung finden wird; was die Methoden betrifft, nach
denen ich es einzusetzen gedenke, kann ich sie jedoch beruhi-
gen.

Wie ich Ihnen bei unserem Treffen zu verstehen gab, möchte
ich das größtmögliche Meinungsspektrum aufzeigen, das sich
hinter dem Begriff Mennoniten verbirgt. Insofern sind Ihre
Kommentare ein wertvoller Bestandteil dieser Zeugnisse, weil
sie einen besonders liberalen Standpunkt vertreten und diesen
ausgesprochen überzeugend und klar darlegen.

Es stimmt natürlich, daß ich für die Sendung eine Form zu entwickeln hoffe, die, musikalisch gesprochen, als »kontrapunktisch« bezeichnet werden könnte. Ich kann mich für diese
Analogie aber keinesfalls entschuldigen, denn nach meiner
Meinung – und ich denke, dieser Meinung sind auch die meisten Historiker im 20., im Gegensatz vielleicht zum 19. Jahrhundert – ist der Kontrapunkt keine trockene akademische
Übung in Motivpermutation, sondern eine Methode der Komposition, bei der, wenn alles gutgeht, jede einzelne Stimme ein
Eigenleben führt. Natürlich müssen selbst in den komplexe-
sten kontrapunktischen Gefügen in Anpassung an die harmonische und rhythmische Gangart des Ganzen von jedem musikalischen Strang gewisse Zugeständnisse gefordert werden.
Es wäre aber durchaus treffend zu sagen, daß der präzisere
Ausdruck des totalitären Ideals, das Sie in Ihrem Brief

---

1. Gould interviewte Vogt für sein Feature *The Quiet in the Land*, in dem es
um die Mennoniten geht und das den dritten Teil der »Einsamkeitstrilogie«
bildet. Durch die Sendung zieht sich ein Spannungsbogen zwischen der
Loslösung von den fundamentalistischen Überzeugungen, wie sie einige
Mennoniten vertreten, und dem starren Festhalten an den Glaubens-
grundsätzen, das andere propagieren.

218

anschneiden, musikalisch gesprochen in homophoner Musik zu finden wäre, in der ein bestimmter thematischer Strang – gewöhnlich die Sopranlinie – zum Zentrum der Aufmerksamkeit werden darf und in der alle anderen Stimmen in die Rolle der Begleitung verwiesen werden.

Es ist auch zutreffend, daß meine persönliche Vorliebe für einen, wie man vielleicht sagen könnte, neothoreauschen Lebensstil in einem gewissen Grad die Wahl der Themen bei meinen Dokumentationen bestimmt. Gewiß verfolgen Sendungen wie »The Idea of North«, »The Latecomers« (mein Feature über Neufundland) und das vorliegende Projekt ähnliche thematische Anliegen. Ich glaube jedoch nicht, daß meine persönlichen Überzeugungen mich dazu bewegen, das Interviewmaterial, das mir zur Verfügung steht, zu verzerren. Ehrlich gesagt – und ganz egoistisch gesprochen –, ich würde meiner Rolle als Produzent alles andere als gerecht werden, würde ich die »kontrapunktische« Integrität eines bestimmten Wertesystems bewußt opfern, um einem anderen mehr Geltung zu verleihen.

Selbstverständlich sind die Sendungen, die ich mache, gänzlich anders als die »linearen« (um das Wort hier im McLuhanschen Sinn zu verwenden) Dokumentationen, mit denen sich der Rundfunk traditionellerweise abgibt. Wenn ich beispielsweise bei einem Projekt wie dem vorliegenden ein Dutzend Personen interviewe, kann ich natürlich innerhalb der Struktur, die diese Sendung bietet, nicht ein Dutzend Tonporträts versuchen. Aus diesem Grund mache ich mir, wie gesagt, keine Mühe, einzelne Sprecher kenntlich zu machen, gebe mir aber alle Mühe, eine getreue Wiedergabe jeder einzelnen Aussage zu gewährleisten, nicht nur in bezug auf ihre Funktion im Kontext des Features, sondern auch in bezug auf das Originalmanuskript, dem sie entnommen wurde.

Alles Gute,

Ihr

Glenn Gould

An den Herausgeber des »Toronto Telegram«
An den Herausgeber, Toronto Telegram,
Toronto, Ontario

354 Jarvis Street
Toronto, Ontario
26. August 1971

Sehr geehrter Herr,

aufgrund eines Gambits im Einleitungssatz von Mr. John Frasers[1] Artikel über Heintzman-Klaviere scheine ich von etlichen Ihrer Korrespondenten mit der darin ausgedrückten Auffassung identifiziert worden zu sein. Ich möchte daher den Sachverhalt und meine Beziehungen zur Firma Heintzman in die richtige Perspektive rücken[2].

Seit nunmehr 20 Jahren bin ich Vertragspartei in einem Gentleman's Agreement mit der amerikanischen Firma Steinway and Sons, worin diese im Gegenzug zu meinem Versprechen, jeden beruflichen Kontakt mit irgendeinem anderen Klavier zu meiden, bei sämtlichen Engagements ein oder mehrere Instrumente meiner Wahl bereitzustellen sich verpflichtet. Solche Vereinbarungen, nebenbei bemerkt, mögen ein verlockendes Ziel für die Scharfschützen unter den Kartellfeinden sein, sind aber unter meinen Kollegen in den Vereinigten Staaten eher die Regel als die Ausnahme und stützen sich auf einen historischen Präzedenzfall, der bis in die ersten Jahrzehnte des 19. Jahrhunderts zurückreicht. Es sollte indes klar sein, daß wegen der schwierigen Paarung von Piano und Pianist, die entscheidend für eine befriedigende Tastentätigkeit ist, solche »Kontrakte« selten als reine Zweckehen eingegangen werden. Ich stehe wirklich niemandem nach in meiner Bewunderung für die einzigartige Kunstfertigkeit und Sorgfalt, durch die das Steinway-Klavier hervorgebracht wurde.

---

1. John Fraser war der letzte Musik- und Ballettkritiker des inzwischen eingestellten *Toronto Telegram*. Er hatte einen Artikel über den Niedergang des kanadischen Klaviers geschrieben.
2. Heintzman and Co. Ltd. ist der älteste Klavierhersteller Kanadas. Die Firma war von 1866 bis 1978 in Toronto ansässig und übersiedelte dann nach Hanover, Ontario.

Dies vorausgeschickt, muß ich jedoch darauf hinweisen, daß die Firma Steinway in den vergangenen zwei Jahrzehnten in drei Fällen wegen Transportproblemen nicht in der Lage war, ihrer Verpflichtung nachzukommen, und in jedem dieser Fälle wählte ich mit Zustimmung der Steinway-Geschäftsführung einen Heintzman als Ersatz. Mein Verhältnis zur Heintzman Company war infolgedessen immer sehr freundschaftlich, und meiner Meinung nach fertigte sie (die Vergangenheitsform ist bewußt gewählt, da sie keinen Neunfuß- oder, im Laienjargon, »Konzert«-Flügel mehr herstellt) ein Instrument, das sich durchaus vergleichen ließ mit den Produkten jenes gefeierten Quartetts pianistischer Bs – Baldwin, Blüthner, Bösendorfer und Bechstein –, das sogar gewisse taktile Eigenschaften besaß, die an einen Bechstein erinnern, und das sämtlichen Importerzeugnissen aus dem Fernen Osten, denen ich bisher begegnet bin, in jeder Hinsicht überlegen war[1].
Mit freundlichen Grüßen
Glenn Gould


AN HELEN WHITNEY
Miss Helen Whitney, NBC News, New York,
N.Y., U.S.A.

3. September 1971

Liebe Helen,
hier, wie versprochen, einige Gedanken über Möglichkeiten für eine künftige Zusammenarbeit. Da viel von dem folgenden Material vor meiner Reise nach Westen als Entwurf vorgelegt wurde, muß ich sicherlich nicht darauf hinweisen, daß die darin enthaltenen Ideen inzwischen vielleicht ein alter Hut für Sie sind. Also, dann mal los:

---

1. Gould änderte seine Meinung über Klaviere. In seinen letzten Lebensjahren verliebte er sich in New York in einen Yamaha-Konzertflügel, den er umgehend kaufte. Dieser fand Verwendung bei Goulds Aufzeichnung der Haydn-Sonaten (CBS) und bei seiner zweiten Einspielung von Bachs *Goldberg-Variationen* BWV 988 (CBS), der letzten Aufnahme vor seinem Tod.

Wie ich vor einigen Wochen am Telefon erwähnte, geht es mir im Augenblick vor allem um eine grundlegende Verständigung über die Art von Fernsehen, die wir machen wollen. Selbstverständlich bin ich mir nicht im klaren über die Bedeutung eines soliden Handlungsfadens, sozusagen, aber ich will im Laufe dieses Schreibens derer zwei vorstellen. Vor allem aber, meine ich, sollte unsere Aufmerksamkeit dem jeweiligen Prozeß gelten, und ich denke, wenn wir in dieser Frage eine prinzipielle Verständigung erzielen, ergeben sich alle anderen Dinge von selbst.

Zunächst möchte ich feststellen, daß meine größten Einwände gegen das Fernsehen seinem Gebrauch als Einwegware gelten. Wenn man in diesem Medium arbeitet, so scheint mir, verläßt man sich schlicht und einfach auf die sofortige Zugriffsmöglichkeit, die es bietet, und damit auf die Annahme, daß die dadurch erzielte Verbreitung die Einwegnatur vieler, ja sogar der ehrgeizigsten Projekte für dieses Medium genügend rechtfertigt. Ich bin mir relativ sicher, wenn ich beispielsweise Gelegenheit hätte, auf einer vollen Stelle im Zeitschriftenbereich zu arbeiten, würde mich der Begriff »Periodikum« wohl sehr bald stören, und ich würde mich daranmachen, etwas zu entwickeln, was die Bezeichnung »Permanentum« verdiente; beim Fernsehen widerstrebt es mir dementsprechend, den Einwegstatus von »Specials« zu akzeptieren, und ich meine, wir sollten versuchen, etwas zu erfinden, was ständig neu zu erleben ist, nicht nur durch Wiederholungen im TV, sondern durch Videokassetten oder dergleichen[1]. All dies mag selbstverständlich scheinen, aber ich muß es erst einmal loswerden, damit ich dann von spezielleren Techniken reden kann, die diesen Prozeß des »Permanenten« einfach voraussetzen.

Wie Sie wissen, drehten sich die meisten Fernsehsendungen, mit denen ich zu tun hatte, um Musik; im Gegensatz dazu gingen relativ wenige meiner größeren Radiosendungen (kon-

---

1. Lange bevor die Videokassette allgemeine Verwendung fand, sah Gould voraus, daß Videoaufzeichnungen in der einen oder anderen Form aufkommen würden.

ventionelle Recitalübertragungen natürlich ausgenommen) von der Musik aus, und zur gegebenen Zeit werde ich versuchsweise ein musikalisches und ein nichtmusikalisches Thema vorschlagen. Meine Erfahrungen mit Musik im Fernsehen haben mich jedoch zwangsläufig zu der Überzeugung gebracht, daß die Musik in den allermeisten Fällen über den Bildschirm zu Hause einfach nicht lebendig wird, und die Gründe dafür sind meiner Meinung nach nicht allzu schwer auszumachen. Der offensichtlichste Grund ist der, daß die meisten Fernsehproduzenten versuchen, das Ambiente des Konzertsaals mit allen dazugehörenden Bühnengegebenheiten ins Wohnzimmer zu bringen. Die Ergebnisse werden zwangsläufig von dieser Entscheidung beeinflußt, und die dabei entstehenden Aufnahmen mögen zwar mit außerordentlicher Sorgfalt und Finesse gemacht sein, wirken aber in den meisten Fällen starr und vorhersehbar. Ich behaupte nicht, daß man die studioorientierte, konzertsaalnachahmende Videoproduktion nicht lebendig gestalten kann, aber besonders wenn man es mit einem Orchester zu tun hat, gibt es meiner Ansicht nach nur sehr wenige Beispiele, in denen diese Vitalität in die Produktion einbezogen wurde.

Bezeichnenderweise habe ich die besten Erfahrungen mit der Videokamera bei Soloklaviermaterial gemacht, und sehr oft bei Sequenzen, in denen vielleicht allein ein Kameramann einen gewissen Spielraum hatte und einen bestimmten Musikabschnitt entsprechend choreographieren durfte. Doch die meisten im Studio gedrehten Orchesteraufführungen mit oder ohne Soloinstrument sind deprimierend brav und phantasielos, eben weil der Regisseur in den meisten Fällen Bedingungen billigen muß, die einfach nicht zum natürlichen Vokabular des Mediums gehören. Die meisten Orchesteraufnahmen werden so ausgeleuchtet, optisch aufgelöst und geschnitten, daß sie die konventionellen Gegebenheiten der Konzertbühne zu erkennen geben, und ganz abgesehen von den zeitlichen und finanziellen Beschränkungen, denen sie unterliegen mögen, spiegeln sie zwangsläufig all die am wenigsten wünschenswerten Aspekte dieser Bedingungen wider. Ich bin, wie Sie

223

wissen, kein begeisterter Befürworter des öffentlichen Konzerts, aber ich kann zumindest einräumen, daß das Verhältnis von Zuschauerposition zu Bühnendarbietung genügend Variablen aufweist, um dessen Reproduktion auf dem Bildschirm zu Hause vergleichsweise beschränkt und unbeholfen erscheinen zu lassen.

Es gibt andererseits Beispiele für die gelungene filmische Adaption von Orchestermusik, und wie ich bereits bei unserem Gespräch in Toronto andeutete, ist das meiner Meinung nach beeindruckendste Beispiel die Filmreihe, die mit verschiedenen Regisseuren von den Berliner Philharmonikern unter von Karajan gemacht wurde. In den besten dieser Filme – ich denke an die großartige »Neue Welt« (Dvořák) von Clouzot[1] – nimmt die Beziehung, oder die Vielfalt der Beziehungen, die zwischen von Karajan und den Mitgliedern seines Orchesters zu bestehen schien, keinerlei Kenntnis von der konventionellen Publikumsperspektive. Die Aufführungen sind natürlich im voraus aufgezeichnet worden (auf den eigenen Soundtrack synchronisiert) – Synchronitätsprobleme waren dabei ihr größter und manchmal sehr störender Nachteil –, und die Perspektive des Orchesters in seinem Verhältnis zum Dirigenten ändert sich von Bild zu Bild. Die Wirkung ist auf einer bestimmten Ebene vollkommen surreal; doch auf einer tieferen Ebene vermitteln diese Filme eine Vorstellung davon, was sich in der Partitur abspielt, von der Balance der Instrumente und den modulatorischen Veränderungen innerhalb dieser Partitur, und sie vermitteln dies viel wirksamer als jede andere musikalisch-visuelle Darstellung, die ich kenne. Dies sind überhaupt die einzigen speziell für das Fernsehen bestimmten Orchesteraufführungen, die ich mehr als einmal sehen will. (Ich habe Beethovens »Pastorale« sogar schon dreimal gesehen und finde, daß meine Bewunderung und Faszination mit jedem weiteren Mal sogar noch wächst. Und der Zusammenhang zwischen dieser Eignung zur Wiederholung

---

1. Henri-Georges Clouzot (1907–1977), französischer Filmregisseur und Drehbuchautor.

und dem integralen Einsatz des Bildschirms ist meiner Meinung nach kein Zufall.)

So viel jedenfalls zum Auftakt. Ich will gleich in zwei konkrete Vorschläge einsteigen. Die Idee, die mich im Rahmen des Musikfernsehens derzeit am meisten fasziniert – vorausgesetzt, daß der Einsatz eines Orchesters möglich und wünschenswert ist –, ist ein Blick auf Geburt, Entwicklung, Niedergang und Tod des Klavierkonzerts. Bei diesem Projekt ginge es im Grunde um viel mehr als um das ausgewiesene Thema, denn es würde dem Weg des Tasteninstruments als Protagonisten folgen und zusehen, wie der Klavierspieler sozusagen ins Rampenlicht rückt, seine Muskeln vor dem großen Ensemble spielen läßt und dann aus einer Reihe von Gründen, die mehr mit Sozialgeschichte zu tun haben als mit musikalischer Form an sich, wieder in den Hintergrund rückt und in unserer heutigen Zeit praktisch völlig verschwindet. Es würde im wesentlichen ungefähr 300 Jahre Geschichte abdecken, und da die formalen Fragen des Konzerts lediglich Erweiterungen anderer Gattungen sind, würde es in großem Maße auch die Entwicklungsprozesse von Sonate und Symphonie beleuchten.

An dieser Idee gefällt mir vor allem eins: Der Handlungsfaden (ich hasse das Wort, aber mir fällt kein besseres ein) liefert einen Vorwand nicht nur für viele unterschiedliche Arten von Musik – und somit für relativ kurze Stücke, die, allgemein gesagt, vor der Kamera auf jeden Fall besser funktionieren –, sondern zwangsläufig auch für viele unterschiedliche Arten von Kameratechnik, Bühnenbild und Klangbalance. Ich denke, es wäre eine kolossale Verschwendung, ein derartiges Projekt im Rahmen eines einzigen Szenenaufbaus, eines simplen audiovisuellen Verhältnisses von Klavier zu Orchester anzugehen. Das soll nicht heißen, daß wir eine Konzertsaaltour im Stil von E. Power-Biggs machen sollten, um für jedes Stück eine visuelle Rechtfertigung zu finden; ich meine im Gegenteil, mit dem richtigen Saal, dem richtigen Orchester und einer einfallsreichen Beleuchtung lassen sich praktisch alle unsere Erfordernisse zur Genüge erfüllen. Ich denke allerdings, wir sollten die Vielfalt der in Betracht kommenden Stile ausnutzen, um einen ebenso bunten Katalog von Kriterien für den Tonmann, die Beleuchter und den Kameramann aufzustellen.

Ich meine sogar, es sollte mit Filmkameras gedreht werden; um aber die Synchronitätsprobleme zu umgehen, die den Von-Karajan-Zyklus trüben, sollte es wo immer möglich als Aufführung gefilmt werden. Selbstverständlich wäre der Sinn und Zweck von Filmkameras verfehlt, wenn man versuchte, extrem lange Abschnitte in einem Durchgang zu drehen – dann könnte man genausogut auf das Videoformat zurückgreifen –, aber ich denke, in bezug auf irgendwelche längeren Einstellungen am Klavier, beispielsweise, sollte unser Schlachtplan sorgfältig jene Momente markieren, an denen voraussichtlich Synchronitätsprobleme auftreten, und sicherstellen, daß solche Abschnitte durchgehend als Aufführung gefilmt werden.

Das zweite, was wir meiner Meinung nach vermeiden sollten, ist jegliche Versuchung, die gesprochenen Kommentare mit der Szenerie oder den Szenerien, in denen die Sendung inszeniert wird, zu verknüpfen. Ich denke, wenn ich aufstehen und die Nation über irgendeinen Aspekt der Entwicklung des Konzerts belehren sollte, während die begleitenden Kräfte im Hintergrund gezeigt würden, dann wäre viel von jener gewollten Unwirklichkeit im Interesse einer höheren Wirklichkeit, die wir für meine Begriffe herausbilden sollten, verloren. Ich denke, die gesprochenen Abschnitte sollten ganz woanders gemacht werden, zu Hause, im Studio oder am besten an vielen verschiedenen Orten und nach Möglichkeit in Situationen, in denen Elemente des Gesprächs ganz natürlich auftreten. Ich bin überzeugt, daß sich die meisten Menschen, wenn sie nur die Gelegenheit dazu haben, sehr schnell an derartige Szenenwechsel gewöhnen, vorausgesetzt, der Rhythmus der Sendung bietet ihnen eine vernünftige Maßgabe für diese Wechsel. Ich bin bestimmt nicht dafür, daß wir die Logik im Stil eines Godard unterwandern, sondern lediglich, daß wir den gesprochenen Teilen der Sendung dieselbe Autonomie und Integrität verleihen, wie wir sie beim Filmen des Orchesters per se wohl walten lassen.

Ich vermute, es dürfte sich bei diesem Projekt entweder um eine Sendung handeln, die, sagen wir mal, eineinhalb Stunden dauern könnte, oder aber vielleicht um zwei einstündige Sendungen. Vielleicht auch nicht – vielleicht gelingt es uns, viele Ereignisse in eine relativ kurze Zeitspanne zu komprimieren. Bestimmt würde ich gerne einige musikalische Episoden sowohl akustisch als auch visuell innerhalb einer größeren Struktur verdichten (durchaus im Stil meines Rundfunkfeatures über Stokowski, das Sie gehört haben), aber natürlich könnte dies nicht endlos so gemacht werden, und irgendwann müßten wir innehalten und größere Musikausschnitte mehr oder weniger am Stück durchspielen.

Ich sagte eingangs, daß ich einen außermusikalischen Vorschlag machen werde, und in dieser Kategorie schwebt mir im Augenblick eine Betrachtung des Thoreauschen[1] Lebensstils vor, wie er sich im heutigen Amerika zeigt. Sie werden darin natürlich eine amerikanische Variante *meines* Themas erkennen – den c.f.[2] (wie wir in unserem Kontrapunktkurs zu sagen pflegten) zu »The Idea of North« und »The Latecomers« usw. –, das Verhältnis von Isolation und Einsamkeit zur eigenen Kreativität, ja zum eigenen Leben in dieser Welt. Wie Sie wissen, beleuchten die meisten meiner Radiofeatures, oder was immer sie sein mögen, diese Begriffe auf unterschiedliche Art, und selbst die, in denen es ausgewiesenermaßen um musikalische Themen geht, berühren diese Punkte (ich glaube, ich habe Ihnen von dem Gespräch zwischen Carlos, dem Moog-Manipulator, und Jean LeMoyne, dem Theologen, erzählt), und dieses Projekt würde im Grunde dasselbe Terrain abstecken, und zwar 1. in visueller anstatt rein akustischer Form und 2. auf eine Weise, die vielleicht von besonderer Bedeutung für ein amerikanisches Publikum wäre.

Wie ich neulich abends erwähnte, bin ich mir bei diesem Pro-

---

1. Henry David Thoreau (1817–1862), amerikanischer Schriftsteller und Philosoph.
2. Cantus firmus. Fest vorgegebene Stimme oder Melodie, deren Verlauf die Grundlage für die kontrapunktische Behandlung bildet.

jekt über meinen Standpunkt viel weniger im klaren. Das Problem liegt vermutlich darin, daß bei mir akustische Ideen meist unmittelbar auftauchen, und zwangsläufig konzipiere ich Dokumentarprojekte in bezug auf die akustischen Möglichkeiten, die sie bieten. Sollten wir uns also auf ein Thoreau-Opus einlassen, wäre dazu offensichtlich die verständnisvolle Geduld und Hingabe eines ausnehmend poetischen Kameramanns erforderlich.

Das Interessante daran – das, worauf ich mich wahrscheinlich konzentrieren würde, wenn es denn ein Radiofeature wäre – ist das Maß, in dem man übernationale Parallelen zu all jenen eigenartig amerikanischen Einstellungen finden kann, die Thoreau in »Walden« offenbart. Es ist offensichtlich, vielleicht allzu offensichtlich, daß die »Walden«-Themen nicht mehr speziell den Amerikanern eigen sind – ebensowenig, wie beispielsweise die Musik von Ives[1] mit all ihrem antiakademischen Nasführen, das wir gerne mit »Neue-Welt«-Attitüden in Verbindung bringen, heute noch als rein amerikanisches Phänomen betrachtet werden kann. Mir scheint, die Revolte gegen gewisse Aspekte des Materialismus – ja die Revolte einiger Seiten gegen das Fernsehen selbst als einem Vermittler dieser Aspekte – ist interessant nicht nur als Generationenphänomen, sondern interessant auch wegen der Art und Weise, wie sie sich jeweils in fremden Gefilden abspielt. Ich glaube, daraus ließe sich ein wunderbarer visueller Essay machen, aber ich weiß nicht, ob ich visueller Essayist genug bin, um mich daran zu versuchen[2].

Wir könnten natürlich die Form übernehmen, die in der Fernsehfassung von »The Idea of North« angewandt wurde, in der ein ungeheuer »aufgedrehter«, scheinbar antivideoistischer Soundtrack als Basso continuo für Filmmaterial verwendet wurde, das diesen in den meisten Fällen nur kommentierte und das zumindest an den gelungeneren Stellen gar nicht

---

1. Charles Ives (1874–1954), amerikanischer Komponist.
2. Gould behauptete manchmal, er hätte einen unterentwickelten visuellen Sinn.

erst versuchte, die verbale Beschreibung und die akustischen Sinneseindrücke ganz allgemein mit ihren eigenen Waffen zu schlagen. Ich halte diese Methode für eine dramatische und im Grunde weitgehend unerforschte, wenn auch etwas konträre Komponente des Fernsehens. Und ich muß gestehen, ich würde die Gelegenheit begrüßen, mich an einem weiteren Projekt zu versuchen, dem dieselbe, im wesentlichen konträre Haltung gegenüber dem Medium zugrunde liegt.

Sollten wir uns auf irgendein derartiges Unternehmen einlassen, müßten selbstverständlich die Tontechniken das Tempo bestimmen, in dem wir vorgehen könnten. Diese Techniken sind, wie Sie wissen, ungeheuer zeitraubend (400 Studiostunden wurden für das Schneiden und Mischen meines laufenden Projekts über die Mennoniten angesetzt), aber gerade weil es Tontechniken sind, sind sie eigentlich nicht sehr teuer, bis zu dem Zeitpunkt, wo die visuellen Kontrapunkte ins Spiel kommen. Ich müßte natürlich zur Herstellung eines solchen Soundtracks ziemlich viel herumreisen und etliche Leute interviewen – sämtliche Interviews außerhalb Nordamerikas müßten von jemand anderem gemacht werden, da ich meinen Vorsatz, nicht mehr zu fliegen, nicht zu brechen gedenke, aber ich könnte jederzeit relativ ausführliche Befragungsrichtlinien vorlegen, die ich dabei befolgt sehen möchte – und könnte dann anhand von Abschriften die Positionen herausbilden, die wir zur Sprache kommen lassen wollen. Im Unterschied zu »The Idea of North« könnten bei diesem Projekt die Klangkorrelate möglicherweise bereits vor der eigentlichen Tonmischung erstellt werden. Ich weiß zwar nicht, einen wie ernsthaften Kompromiß dies erfordern würde, aber solch ein Vorgehen würde sich noch genügend von dem konventionellen Dokumentaransatz – erst Bild, dann Ton – unterscheiden und zugleich eine interessante und provozierende Mischung abgeben, auf die ich mich sehr gerne einlassen würde.

Das wäre es also: ein Projekt, das mir selbst auf diese Distanz relativ klar erscheint, und eins, das sich im Augenblick zwar weniger leicht vorstellen läßt und vielleicht weit problematischer wirkt, auf jeden Fall aber viel mehr Spaß machen dürfte[1].

Es steht Ihnen frei, sich beider zu bedienen[2]. Inzwischen alles Gute.

Mit freundlichen Grüßen
Glenn Gould


AN GEORGE ROY HILL[3]
Mr. George Roy Hill, Universal Pictures,
New York, N.Y., U.S.A.

354 Jarvis Street
Toronto, Ontario,
27. September 1971

Sehr geehrter Mr. Hill,

vielen Dank für Ihren Brief und das Exemplar von »Schlachthof 5«. Nachdem ich es nun zweimal durchgelesen habe, bin ich furchtbar neugierig zu hören, welche filmischen Ideen Sie dabei anwenden wollen. Ein barockes Ambiente für die Dresdensequenzen klingt mit Sicherheit sowohl reizvoll als auch angemessen ironisch. Auf jeden Fall könnten wir, wenn es Ihnen recht ist, in Toronto darüber sprechen oder, falls Ihnen das lieber ist, per Telefon – meine Nummer ist (416) 922-9573 –, und selbstverständlich würde es mich besonders freuen, die Rohschnittfassung zu sehen, sobald sie verfügbar ist.

Nochmals vielen Dank für Ihren Brief. Ich würde mich freuen, bald von Ihnen zu hören.

Mit freundlichen Grüßen
Glenn Gould

---

1. Dieses Projekt wurde nicht verwirklicht.
2. Gould klagte oft, das Hauptproblem bei der Übernahme von Konzertmusik durch das Medium Fernsehen sei der Mangel an Zeit zum Experimentieren. Er meinte, bei der CBC sollte es ein Zentrum für Videoforschung geben, in dem Ideen ohne den Druck von Produktionsterminen erprobt werden könnten.
3. Amerikanischer Regisseur des Films *Slaughterhouse Five*, für den Gould die Musik lieferte. Für den gleichnamigen Roman von Kurt Vonnegut hatte Gould nicht viel übrig, doch er war neugierig auf die Gelegenheit, für einen

An Jane Friedman
Miss Jane Friedman, CBS Records,
New York, N.Y., U.S.A.

> 354 Jarvis Street
> Toronto, Ontario
> 23. Oktober 1971

Liebe Jane,

vor einigen Monaten hatte ich versprochen, Dich auf dem laufenden zu halten, falls bei der Planung der CBC-Recitals für diese Saison irgend etwas Neues und Ausgefallenes an Repertoire auftauchen sollte. Ein solches Stück hat sich tatsächlich aufgetan; ich weiß zwar nicht, ob sich CBS besonders dafür interessieren wird, doch ich dachte, ich sollte Dich auf jeden Fall darüber informieren.

Wie ich wohl in dem früheren Schreiben erwähnt haben dürfte, plane ich bereits seit einiger Zeit ein Recital mit einem »skandinavischen« Thema, unter anderem mit der Sonate op. 7 von Grieg[1]. Als Ergänzung dachte ich ursprünglich an solche inzwischen konventionellen Sachen wie Nielsen[2] usw., doch ich beschloß, auf gut Glück Kontakt mit dem jungen amerikanischen Komponisten Alan Stout[3] aufzunehmen, der sich recht ausgiebig mit skandinavischer Musik befaßt und sogar einen Teil seines Lebens in jenen Ländern verbracht hat. Er meinte, die ideale Ergänzung zu Grieg und die geeignetste Aktualisierung der norwegischen Szene sei in der Musik eines gewissen

---

amerikanischen Film die Musik zusammenzustellen. Goulds Filmmusik bestand aus einer Mixtur diverser Bach-Fragmente, die er arrangierte und mit einem Instrumentalensemble einspielte.

1. Recital vom 18. Juli 1972 in der Reihe »CBC Tuesday Night«. Gould musizierte nicht nur, sondern schrieb auch das Skript und fungierte als Produzent. Die Sendung wurde auch vom staatlichen norwegischen Rundfunksender NRK ausgestrahlt. Gould stand in einer interessanten Verbindung zu Skandinavien: Der Komponist Edvard Grieg (1843–1907) war ein Cousin seines Urgroßvaters mütterlicherseits. Das Programm bestand aus der *Sonate e-Moll* op. 7 von Grieg und der *Sonate Nr. 2* op. 38 von Fartein Valen.
2. Carl Nielsen (1865–1931), dänischer Komponist.
3. Der amerikanische Komponist und Pädagoge (geb. 1932) hatte 1954/55 an der Universität von Kopenhagen studiert.

Fartein Valen [1] zu finden. Richtig, ich hatte auch noch nie etwas von ihm gehört! Doch inzwischen fand ich heraus, daß einige seiner Werke in einer ziemlich obskuren norwegischen Ausgabe vorliegen, und beschaffte mir etliche seiner späteren Kompositionen für Klavier (er starb 1952), unter anderem eine Folge von Variationen – und eine Zweite Klaviersonate.

Valens Musik repräsentiert unter anderem die »raffinierteste« – falls dies das passende Wort ist – Anwendung der konventionellen 12-Ton-Techniken seit Alban Berg. Sie ist durchaus mit Berg vergleichbar in bezug auf das Maß an Freizügigkeit und Zwanglosigkeit, in dem er seine Materialien behandelt. Ihr fehlen jedoch jene frenetisch hyperromantischen Eigenschaften Bergs, und irgendwie verbindet sie ein außerordentlich reiches harmonisches Idiom mit einer praktischen und zugleich persönlichen Handhabung motivischer Elemente, was mich seltsamerweise an die 12-Ton-Werke von Frank Martin – Le Vin herbé [2] beispielsweise – erinnert. Jedenfalls liegt Fartein Valen irgendwo auf der Berg-Martin-Linie, und ich habe seit vielen Jahren erstmals wieder das Gefühl, einer großen Gestalt in der Musik des 20. Jahrhunderts begegnet zu sein.

Ich habe beschlossen, seine Zweite Sonate in dem oben erwähnten CBC-Recital zu bringen; in dem Fall wird sie zwar mit dem Grieg kombiniert, für den CBS natürlich eine andere Koppelung vorgesehen hat, doch wir könnten jederzeit die B-Seite einer möglichen Platte mit dieser Sonate einem oder mehreren der anderen Valen-Stücke widmen, an die ich mich in letzter Zeit herangemacht habe. Die Sonate ist schätzungsweise 20 bis 24 Minuten lang; dann gibt es einen wunderbaren Variationenzyklus mehr oder weniger aus derselben Zeit – Anfang der vierziger Jahre – sowie ein paar Gelegenheitswerke aus seinen letzten Lebensjahren. Ich habe übrigens vergessen

---

1. Norwegischer Komponist und Pädagoge (1887–1952), für dessen Werk Gould eintrat.
2. Schweizer Komponist (1890–1974). *Le Vin herbé* ist ein weltliches Oratorium für zwölf Solostimmen, sieben Streichinstrumente und Klavier.

zu erwähnen, daß Valen in jenen letzten Jahren praktisch als Einsiedler lebte, nachdem ihm eine Art staatliche Rente gewährt wurde, und das dürfte wohl die Erklärung dafür sein, daß praktisch niemand diesseits des Wassers etwas von ihm gehört zu haben scheint. In der kurzen biographischen Anmerkung im Begleittext der Sonate ist auch die Rede von einer Ersten Sonate und etlichen früheren (und vielleicht unveröffentlichten) Klavierwerken, die anscheinend die verschiedenen Stadien seiner an Schönberg orientierten Entwicklung erkennen lassen. Falls mir diese früheren Werke unterkommen, ist ja vielleicht eine noch zugkräftigere Koppelung darunter. Jedenfalls kannst Du jetzt über das Rätsel Fartein Valen nachgrübeln und mich zu gegebener Zeit in Deine Überlegungen darüber einweihen, ob wir ihm eine Platte widmen sollen.

Alles Gute,
Gruß
Glenn Gould
cc: Mr. Thomas Frost,
CBS Records

AN JOHN REEVES
Mr. John Reeves, Produzent,
Radio Drama, CBC

354 Jarvis Street,
Toronto, Ontario.
13. November 1971

Lieber John,

seit unserem letzten Gespräch über »quadrophone Specials«[1] konnte ich zumindest einige Einzelheiten meines Vertrags mit

---

1. John Reeves war Produzent bei der CBC. Er glaubte fest daran, daß sich der quadrophone Klang als neues Medium der Tonaufzeichnung und Wiedergabe durchsetzen würde. In der Zeit, als dieser Brief geschrieben wurde, plante er spezielle quadrophone Sendungen, um die Tauglichkeit dieses neuen Mediums zu demonstrieren. Gould war überzeugt, daß die Quadrophonie eine neue Ära für gewisse Arten der Tonaufzeichnung einläuten würde.

Universal Pictures[1] klären. Anscheinend zeigt man sich trotz energischer Proteste meinerseits unerbittlich in bezug auf die Klausel »Du sollst während der Laufzeit dieses Vertrages keinem anderen Arbeitgeber dienen«. Die fragliche Zeitspanne geht über 10 Wochen, ab 1. Dezember; und obwohl ich eine seit längerem bestehende Verpflichtung habe, in der ersten Februarwoche ein TV-Special aufzunehmen, was ich durch eine Zusatzklausel in dem Vertrag ermöglichen möchte, wird es ausgesprochen schwierig sein, irgendwelche weiteren Ausnahmen durchzusetzen.

In dieser Zeit werde ich jedoch soviel wie möglich vom Endschnitt des Mennonitenprojekts in Angriff nehmen – das kann ich alles in meiner eigenen Zeit machen, ohne vorherige Terminplanung, und muß in keiner Weise mit deren Recht kollidieren, meine Dienste kurzfristig in Anspruch zu nehmen –, und es ist denkbar, daß ich Anfang des neuen Jahres eventuell genügend Material fertig habe, um, sagen wir mal, eine Szene der Sendung zu quadrophonieren (?). Wegen der Bestimmungen in jenem Vertrag sehe ich, ehrlich gesagt, keine Möglichkeit, mich an die äußerst komplizierte Mischung zu wagen, die bei einer Vierkanalversion der gesamten Sendung anfallen würde, aber ich denke, ich könnte eventuell eine Szene von etwa zehn Minuten Länge ausarbeiten, die vielleicht als Ouvertüre oder Entreakt zu einer Ihrer anderen Sendungen dienen könnte. Ich bedaure es sehr, daß dieses Projekt nicht komplett in Quadrophonie herauskommen kann. Wie Sie wissen, hatte ich es ursprünglich in dieser Form konzipiert, und falls Sie irgendwelche anderen Vierkanalexperimente im weiteren Verlauf des Jahres planen, würde ich sehr gerne daran teilnehmen. Doch im Augenblick ist ein sehr bescheidener Beitrag leider das Äußerste, was mein Terminplan zuläßt. Ich würde mich freuen, Ihre Meinung dazu zu hören.
Mit freundlichen Grüßen
Glenn Gould

---

1. Im Zusammenhang mit dem Film *Slaughterhouse Five*.

AN DAVID RUBIN
Mr. David Rubin,
Steinway & Sons
New York City, N.Y.

354 Jarvis Street
Toronto, Ontario
12. Dezember 1971

Lieber David,

hier, wie versprochen, der Bericht des Stimmers über den jüngst verschiedenen und vielbetrauerten CD 318[1]. Ich bin sicher, daß diese Ausführungen von Ihren Technikern weitestgehend bestätigt werden, sobald sie Gelegenheit haben, den Schaden zu beurteilen, aber selbstverständlich möchte ich sehr gerne wissen, ob irgendwelche Teile zu retten sind und in Verbindung mit einem anderen Instrument verwendet werden könnten.

1. Das Klavier wurde anscheinend mit großer Wucht fallengelassen; der Punkt des Aufpralls scheint die vordere rechte Ecke (Diskantseite) zu sein.

2. Der Rahmen ist an vier kritischen Stellen gebrochen.

3. Der Deckel ist baßseitig gespalten, und auch diskantseitig ist er erheblich beschädigt.

4. Der Resonanzboden ist auf der Diskantseite gebrochen.

5. Die Stellschrauben und Tastenführungsstifte sind verbogen; die Wucht des Aufpralls war so groß, daß auch Schrauben von der Größe 10 verbogen.

6. Die Wucht war auch so gewaltig, daß der Klaviaturrahmen und die Tastenmechanik völlig verschoben wurden, das heißt am Diskantende nach vorn.

Wie ich Ihnen am Telefon mitteilte, hat Vern Edquist, mein Stimmer, das Transportgehäuse am Montag vormittag unter-

---

1. Dieser Brief spiegelt das Trauma wider, das die Beschädigung seines Aufnahmeinstruments, Steinway CD 318, für Gould bedeutete. Nach der Reparatur des Klaviers hatte Gould das Gefühl, daß es einen Teil seines ganz besonderen Klangcharakters und Reaktionsvermögens eingebüßt hatte.

sucht und gemeldet, daß sich an der linken Seite ziemlich weit oben eine tiefe Delle befinde und daß der Holzblock im Inneren durch die Kraft des Aufpralls losgerissen worden sei.

Nach unserem Telefongespräch am Montag unterhielt ich mich noch einmal mit Miss Mussen und konnte ein paar weitere Fakten über den Zeitablauf und die Mittel des betreffenden Transportes zusammentragen. Das Klavier wurde ihren Unterlagen zufolge am 17. September verpackt und sollte ursprünglich am 20. September von Maislin Transport abgeholt werden – sie glaubt jedoch, weil am 20. keine geeignete Mannschaft geschickt wurde, sei die Abfahrt auf den 21. verschoben worden. Die meiner Meinung nach interessanteren Angaben betreffen allerdings die Rückführung des Instruments. Wiederum laut ihren Unterlagen traf es per Intercity Transport (Ladungsmanifest Nr. BUF114949) am 14. Oktober an der Grenze ein und am 15. Oktober an der Stelle, die man bei Eaton's als »Schutthalde« bezeichnet, womit wohl die Zollhalle am Rand der Stadt gemeint ist. Es wurde am 18. von der Zollbehörde abgefertigt, am 20. zur oberen Rampe bei Eaton's in der College Street transportiert und am 26. im Auditorium aufgestellt.

Ehrlich gesagt, machen mich an dieser Darstellung einige Punkte skeptisch. Der dringendste Zweifel erhebt sich angesichts der Tatsache, daß man sechs Tage brauchte (zugegebenermaßen einschließlich eines Wochenendes), um das Klavier vom Erdgeschoß in den Konzertsaal im 7. Stock zu schaffen. Ich finde es auch ein wenig merkwürdig, daß es nach der Zollabfertigung zwei Tage dauerte, bis es vom Stadtrand in die Innenstadt gelangte. Ich möchte Sie bitten, diese Auskünfte, oder genauer gesagt meinen paranoiden Argwohn dagegen, mit Ihrer üblichen Diskretion zu behandeln, doch Sie werden mir sicherlich zustimmen, daß beide Fragen einiges an Erklärung vertragen könnten.

Ich finde es auch seltsam, daß von keinem Abschnitt der Reise irgendein Unfallbericht aufgetaucht ist. Zugegeben – bei Maislin, Intercity Transport oder der Spedition Robertson, die

wohl von Eaton's mit dem Transport vor Ort betraut wurde, hat
man das Ausmaß des inneren Schadens, den solch ein Sturz
verursacht haben dürfte, vielleicht nicht abschätzen können,
aber ich würde meinen, daß schon der äußere Schaden allein –
am Gehäuse usw. – Grund genug für irgendeine Meldung von
entsprechender Seite gewesen sein müßte.
Auf jeden Fall überlasse ich es Ihnen, über diese Dinge nach-
zusinnen, und sobald ich von Ihnen gehört habe, ob die
Mechanik usw. noch zu retten ist, können wir die Frage eines
Ersatzinstruments entsprechend erörtern.
Inzwischen alles Gute.
Mit freundlichen Grüßen
Glenn Gould


AN HUMPHREY BURTON
Mr. Humphrey Burton,
c/o London Weekend Television.

354 Jarvis Street
Toronto, Ontario.
21. Dezember 1971

Lieber Humphrey,
vielen Dank für Deine Zeilen und für Dein Angebot, bei
Volume 5 der vollständigen Burton-Gould-Gespräche teilzu-
nehmen. Selbstverständlich würde ich etwas von der Art sehr
gerne für die Zukunft ins Auge fassen, doch leider ist der
Februar absolut unmöglich für mich, und der Großteil des
Frühjahrs sieht allem Anschein nach kaum besser aus. Im
Augenblick arbeite ich am Soundtrack zu »Slaughterhouse
Five« – der Universal-Pictures-Verfilmung des Romans von
Kurt Vonnegut – und bin durch einen Vertrag gebunden,
wonach ich bis Ende Februar exklusiv dem Studio zur Ver-
fügung stehe[1]. Ich mußte bereits um Erlaubnis bitten, um eine

---

1. Gould wurde am 26. August 1972 in der CBC-Radiosendung »The Scene«
über seinen Soundtrack für den Film interviewt.

alte Zusage gegenüber John Barnes zu erfüllen, doch angesichts der Tatsache, daß die Endmischung im Februar stattfinden soll, kann ich wohl kaum mit einer weiteren Freistellung rechnen.

Du fragst nach neueren Projekten, die Du noch nicht gesehen hast: Soweit ich weiß, bist du so ziemlich auf dem laufenden, doch es gibt ein Projekt, das noch ziemlich vage formuliert ist und das Du vielleicht in Betracht ziehen möchtest, eventuell in Zusammenarbeit mit John oder Curtis Davis oder beiden. Ich habe derzeit einen Heidenspaß an Haydn und denke ernsthaft an eine Einspielung sämtlicher Klaviersonaten[1]. Wie Du weißt, bin ich eigentlich nicht der typische Rokokofan, aber irgendwie ist Haydn die große Ausnahme von meinem wie auch immer gearteten Vorurteil gegen diese Epoche, und ich möchte gerne eine größere Sendung – weitgehend musikalischer Vortrag, denke ich, aber sicherlich auch einiges an Plauderei – über seine Musik machen. Am liebsten würde ich mit etwas Symphonischem, vom Cembalo aus dirigiert, schließen oder vielleicht beginnen und schließen. Ich weiß nicht genau, wie gut die späten Symphonien in dieser Manier funktionieren würden, aber ich bin recht zuversichtlich, daß die frühen wunderbar klappen dürften und daß man mit der richtigen Inszenierung ein überzeugendes und eindringliches filmisches Statement abgeben könnte. Der Mittelteil des Programms würde natürlich aus Klaviersonaten bestehen – vermutlich auf dem Flügel, doch vielleicht könnte man den Übergang von barocken Resten über den »galanten Stil« zur eigentlichen Klassik besser durch einen Instrumentenwechsel veranschaulichen[2]. Falls Du Dich dafür interessierst, sollten wir konkreter darüber nachdenken.

---

1. Von Oktober 1980 bis Mai 1981 nahm Gould folgende Haydn-Sonaten auf: *Nr. 56 D-Dur* Hob. XVI/42, *Nr. 58 C-Dur* Hob. XVI/48, *Nr. 59 Es-Dur* Hob. XVI/49, *Nr. 60 C-Dur* Hob. XVI/50, *Nr. 61 D-Dur* Hob. XVI/51 und *Nr. 62 Es-Dur* Hob. XVI/52 (CBS).
2. Wechsel vom Cembalo zum Klavier.

Und falls Du im Februar in Nordamerika bist, laß doch bitte etwas von Dir hören, damit wir für die Zukunft den Kurs für weitere Gespräche abstecken können.

Alles Gute,
Dein
Glenn Gould

AN RONALD WILFORD
Mr. Ronald Wilford,
Columbia Artist's Management,
New York, N.Y., U.S.A.

354 Jarvis Street
Toronto, Ontario
21. Dezember 1971

Lieber Ronald,
Deinem Wunsch entsprechend habe ich in den vergangenen Wochen über geeignetes Repertoire für die DGG[1] nachgedacht und schicke Dir hiermit einige Vorschläge, die in bezug auf deren Katalog äußerst einleuchtend sein dürften. Selbstverständlich stützen sich alle diese Vorschläge auf die Annahme, daß die entsprechenden Titel einigermaßen exakt in der nordamerikanischen Ausgabe des Schwann ausgewiesen sind, was am Ende vielleicht gar keine so exakte Annahme ist. Jedes der Projekte wäre – einzeln ausgewählt und im Rahmen einer weiterbestehenden Zusammenarbeit mit CBS – eine angemessene Ausschmückung des recht umfangreichen Repertoires, das bei Columbia bereits aufgenommen oder vielmehr »im Kasten« ist. Sollten wir jedoch an etwas Exklusives mit der DGG denken, wäre es natürlich wichtig, etwas von dem Anschein einer Breite und Vielfalt an Material zu wahren, den unser derzeitiger Vertrag suggeriert, und folglich müßten wir dann diese Projekte unter dem Blickwinkel der Ausgewogenheit des Katalogs insgesamt prüfen.

---

1. Deutsche Grammophon Gesellschaft.

Das Projekt, das mich im Augenblick am meisten interessiert, ist eine Gesamtschau sämtlicher Haydn-Sonaten. Davon gibt es, wie Du wahrscheinlich weißt, insgesamt mehr als fünfzig, und laut Schwann ist die DGG nur mit einer einzigen vertreten – Nr. 44 in einer Einspielung von Richter. Natürlich würde es viele Jahre dauern, so ein Projekt abzuschließen. Mit etwas Glück, und je nachdem, welche Praxis wir in bezug auf Doppelstrich-Wiederholungen anwenden – in meinem Zyklus von Mozart-Sonaten habe ich diese meist vermieden –, wäre es vielleicht möglich, sämtliche Sonaten auf zehn Scheiben zu quetschen[1]. Wie gesagt, meine Erfahrung mit dem Mozart-Projekt hat gezeigt, daß durchschnittlich vier Sonaten pro Platte eine angemessene Einteilung darstellen und keinerlei Probleme bez. Seitenwechsel aufwerfen – das heißt, keine der Sonaten muß mitten im Satz geteilt werden. Ich halte es für durchaus angemessen, bei dem Haydn-Projekt genauso zu kalkulieren, aber da vor allem einige der früheren Werke recht kurz sind, würde es mich nicht überraschen, wenn wir bisweilen fünf oder sogar sechs Sonaten pro Scheibe unterbringen könnten. Eine Größenordnung von schätzungsweise zehn bis zwölf Platten wäre also realistisch, und ich denke, daß wir nötigenfalls zwei Haydn-Platten im Jahr schaffen dürften.

Am liebsten würde ich chronologisch vorgehen und – auch wenn ich mich nicht in den Marketingbereich einmischen möchte – sie zumindest bei der Erstausgabe in Boxen zu jeweils zwei oder drei Platten herausgeben. Jede Box würde dann ungefähr eine der etwa 3 ½ Dekaden abdecken, die Haydn seinem Klavierwerk widmete. Ich denke, es spricht einiges für das chronologische Vorgehen; die Entwicklung von den barocken Resten der 6oer Jahre des 18. Jahrhunderts über den »galanten Stil« zum tatsächlichen Klassizismus in den Werken, die im letzten Jahrzehnt des Jahrhunderts geschrieben wurden, läßt ganz deutlich den musiksprachlichen Wandel des 18. Jahrhunderts erkennen.

---

1. Das Projekt kam nicht zustande.

Im Falle eines Exklusivvertrags mit der DGG[1] wäre ich jedoch ziemlich unruhig, wenn nicht zusätzliche, und sei es auch weniger anspruchsvolle Projekte als Kontrapunkt zu dem Haydn-Unternehmen entwickelt werden könnten. Im barocken Bereich gibt es etliche Projekte, die uns eine Weile beschäftigen würden: Ich habe bisher nur eine der sieben Bach-Toccaten in Angriff genommen, und diese – Nr. 5 in e-Moll – wurde 1962 für CBS aufgenommen, im folgenden Jahr herausgebracht und liegt somit weit über der Fünfjahresgrenze, die unser Vertrag vorschreibt.

Da ich mit dem Projekt der gesamten »Französischen Suiten« für CBS schon recht weit bin – Nr. 5 und 6 und die »Ouvertüre im französischen Stil« sind bereits »im Kasten« –, fühle ich mich moralisch verpflichtet, das Projekt für CBS zu Ende zu bringen. Das in vielerlei Hinsicht ideale Bach-Projekt für die DGG wären die sechs Englischen Suiten. Leider habe ich von diesen erst kürzlich die Nr. 2 in a-Moll eingespielt, aber noch nicht herausgebracht, aber wenn wir im Tausch die Vervollständigung der Französischen Suiten anbieten, erlaubt uns CBS vielleicht, die a-Moll innerhalb der nächsten fünf Jahre ein zweites Mal einzuspielen. Wie dem auch sei, die Toccaten würden zwei Platten abgeben, die Englischen Suiten ein weiteres Paar, und vielleicht könnten wir eine weitere Reihe den gesamten Händel-Suiten widmen. Davon gibt es sechzehn, mehr oder weniger, und das dürfte nach derzeitiger Schätzung vier Platten ausmachen.

Alle obengenannten Projekte sind natürlich auf das 18. Jahrhundert fixiert, und ich hielte es für wichtig, auch einige bedeutende Werke des 20. Jahrhunderts auszugraben. Wie Du weißt, arbeiten wir uns gerade, und zwar ziemlich experimentell, durch die Sonaten von Skrjabin – das Experiment besteht

---

1. Hin und wieder dachte Gould über seine Laufbahn als Schallplattenkünstler nach und überlegte, ob er nicht zu einem anderen Label wechseln sollte. Bevor er seinen letzten, endgültigen Vertrag mit CBS unterschrieb, spielte er mit dem Gedanken, mit keiner Firma einen Exklusivvertrag zu haben. Er hielt es für denkbar, Plattenprojekte jeweils für die Firma zu machen, die am meisten zu bieten bereit war.

im Einsatz mehrfacher Aufnahmeperspektiven. Falls dieses Experiment Erfolg hat, könnte es meiner Meinung nach zum Prototyp künftiger stereophoner – oder darf man sagen quadrophoner[1] – Wunder werden. Wir könnten im Grunde einige der späteren Skrjabin-Sonaten – bisher habe ich nur Nr. 3 und 5 eingespielt und mich des weiteren der Nr. 1 und 4 verschrieben – für die DGG machen, mit oder ohne Einsatz von Mehrfachperspektiven. Es wäre jedoch sehr wichtig, auch völlig ausgefallene Repertoirebereiche aufzudecken.

Derzeit gilt meine Begeisterung – ich erwähne dies hier mehr als Beispiel denn als konkreten Vorschlag, denn wenn alles klappt, werde ich davon schon bald Aufnahmen für CBS machen – der Musik von Fartein Valen. Er war ein norwegischer Einsiedler, der ungefähr die letzten 15 Jahre seines Lebens mit einer staatlichen Rente zurückgezogen in einem Bauernhaus an den Ufern eines Fjords lebte – ich habe das keineswegs erfunden – und einige der außergewöhnlichsten Musikstücke des 20. Jahrhunderts schrieb. Die Entdeckung Valens ist mein Fund der Saison – in Europa wird seine Musik gelegentlich gespielt –, und ich möchte die 2. Klaviersonate bei einem CBC-Recital im März ins Programm nehmen. Zur Zeit ist dieser außergewöhnliche Musiker im Schwann-Katalog nicht vertreten; eine Einspielung der Sonaten ist zwar längst fällig, aber ich erwähne seinen Namen, wie gesagt, mehr als Prototyp für die Art von Projekt, die ich entwickeln möchte, und nicht als bindende Zusage im Rahmen unserer Vorschläge an die DGG.

Kurz gesagt, ich habe also das Gefühl, in bezug auf Solorepertoire und im Falle eines Exklusivvertrags sollten wir daran denken, uns auf drei spezielle Gebiete einzulassen: 1. Barock, 2. Haydn-Projekt – ergänzt durch bestimmte oder sämtliche Beethoven-Sonaten, die ich noch nicht eingespielt habe (das heißt ungefähr sechzehn von den zweiunddreißig) und 3. Spätromantik und 20. Jahrhundert.

---

1. Gould war überzeugt, die Quadrophonie würde sich als Norm durchsetzen.

Ich muß Dir sicher nicht sagen, daß ein Exklusivvertrag mit einer europäischen Firma aus meiner Sicht keineswegs ideal wäre. Viel günstiger erschiene mir ein Arrangement, bei dem wir unsere derzeitige Verbindung mit CBS aufrechterhalten und hauptsächlich in Hinblick auf den Überseemarkt ein beträchtliches Quantum zusätzlich für die DGG machen würden. Selbstverständlich würde ich von den oben aufgeführten Projekten in diesem Falle den Haydn-Sonaten den Vorzug geben. Damit kommen wir zu der recht unangenehmen Frage der Produktionsbefugnis, mit der eine Verbindung mit der DGG vermutlich stehen oder fallen dürfte. Wie Du weißt, genieße ich bei CBS ein außerordentliches Maß an Selbständigkeit, auch und vor allem in bezug auf die Repertoireauswahl, und, ganz ehrlich gesagt, diese Autonomie ist eine Errungenschaft, die ich nicht gewillt wäre preiszugeben. Folglich halte ich es für wichtig, daß Du in Deinen Gesprächen mit der DGG darauf hinweist, daß im letzten Jahr all meine Einspielungen in Toronto gemacht wurden, daß ich einen beträchtlichen Bestand an professioneller Ausrüstung angeschafft habe und daß ich bei etwaigen Aufnahmesitzungen – außer natürlich bei Orchesterrepertoire –, die wir für sie machen würden, weiterhin die Einrichtungen in Toronto nutzen möchte.

Wie Du weißt, praktiziert die DGG ein ganz unverwechselbares, zweifellos ultraraffiniertes Aufnahmeverfahren; ich hege zwar sehr viel Bewunderung für die Qualität, die sie produziert, doch die Aufnahmephilosophie, die dahintersteckt, spiegelt, wie ich finde, eine weitaus stärker am Konzernimage orientierte Haltung wider, als es der Aufnahmeprozeß meiner Meinung nach verbürgt. Ich würde mich sehr gerne über eine Verbesserung meiner derzeitigen Ausrüstung oder sogar über die Anschaffung neuer Apparaturen unterhalten und auf jeden Fall dafür sorgen, daß die verfügbaren Anlagen ihren Anforderungen entsprechen, aber ich könnte sicherlich nicht den relativ intimen, hochgradig analytischen Klang aufgeben, der das Markenzeichen unserer Aufnahmen bei CBS ist und der nicht nur meine persönliche Vorliebe bei Klavieraufnahmen

widerspiegelt, sondern vor allem eine durchgehende Grund-
haltung gegenüber der Gültigkeit des Aufnahmeprozesses im
Gegensatz zur Konzertpraxis erkennen läßt.

Praktisch möchte ich also lieber selbst als Produzent meiner
Aufnahmen fungieren, und dies wäre machbar, indem wir entweder das technische Personal der DGG einsetzen oder – was
vielleicht zweckmäßiger wäre – einen der zwei oder drei Techniker hinzuholen, die relativ regelmäßig bei der CBC mit mir
zusammenarbeiten und die im vergangenen Jahr bei der Vorbereitung unserer diversen CBS-Sitzungen im Eaton Auditorium mitgewirkt haben. Offen gesagt, fände ich die letztere
Lösung ideal für die DGG, denn selbst wenn sie ihr Bostoner
Studio behält, könnten wir auf diese Weise sämtliche Platten
für sie als Masterband fertigen und somit die ganze Nachbearbeitung hier bei uns überwachen. Dies würde ihre Aufgabe erheblich vereinfachen, würde mir ein großes Maß an
Seelenfrieden sichern und mir erlauben, den engen Austausch
mit der Produktion an sich beizubehalten, den ich bei CBS
schon so lange pflege.

Wie dem auch sei – ich lasse Dir erst einmal Zeit, diese Dinge
zu überdenken. Inzwischen alles Gute.

Mit freundlichen Grüßen
Glenn Gould


An Earl Price[1]
Mr. Earl Price, CBS Records
New York, N.Y., U.S.A.

354 Jarvis Street
Toronto, Ontario
8. Januar 1972

Lieber Earl,
kurz zum neuesten Stand des Werbematerials für CBS-
Deutschland[2]. Das Sprachband wurde vor ungefähr sechs

---

1. Vertriebs- und Marketingleiter von CBS International in New York.
2. Gould nahm *Glenn Gould über Bach* (CBS-Deutschland) um 1972 auf.

Wochen aufgenommen, ein Vierspurgerät wurde für zwei Tage in meine Wohnung gestellt, die Mischung erfolgte vor einem Monat, und das Resultat wurde dann an Dr. Knolke[1] abgeschickt. Vor zwei Wochen rief sie mich an und zeigte sich leicht entsetzt über meinen Umgang mit der deutschen Sprache – allerdings nicht unbedingt hinsichtlich der Aussprache, wie ich befürchtet hatte. Ihre Beanstandung galt vielmehr dem Tempo, in dem ich das Material zu lesen beliebte – »Sie hätten einen Volkswagen fahren sollen, keinen Jaguar«, lautete einer der originelleren Aussprüche. Ich bin überzeugt, die Bemerkung ist vollkommen gerechtfertigt und, wie gesagt, weitgehend der Tatsache zuzuschreiben, daß ich nicht den blassesten Schimmer hatte, was ich da eigentlich tat, und daher auf die alte Tour verfiel, »im Zweifelsfall Tempo zuzulegen«. Jedenfalls meint sie wohl, das Resultat sei so, als spiele man eine 33er mit 78 ab, und möchte, daß ich es noch einmal lese, »largo con espressione«.

Das gibt natürlich enorme Probleme, zumal die Mischung – ein nahtloses Gemisch von Bachschen Fugenstimmen – natürlich genau auf mein Lesetempo abgestimmt war. Sie erbot sich jedoch, ein Band mit einer echten deutschen Leseversion in geeignetem Tempo zu schicken, und meinte, ich möge selbige einfach nachahmen und entsprechend neu mischen. Ich erklärte ihr, daß ich zur Zeit mit dem Soundtrack zu »Slaughterhouse Five« beschäftigt sei – und daß ich mehr oder weniger durch einen Vertrag gebunden sei, wonach ich bis Mitte Februar exklusiv dem Studio zur Verfügung stehe. Somit hätte ich also erst danach Gelegenheit, neu zu mischen, und bei einem so späten Zeitpunkt könne sie die Bonusplatte natürlich nicht zusammen mit dem WTC[2] herausbringen. Das war so ziemlich der Stand, auf dem wir die Dinge bei dem Telefonat beließen – ich vergaß zu erwähnen, daß sich die Toningenieurs-

---

CBS gab eine Bonusplatte mit Ausschnitten aus früheren Einspielungen von Werken Johann Sebastian Bachs heraus.
1. Dr. Knolke war in Deutschland für CBS tätig.
2. Johann Sebastian Bach, *Das Wohltemperierte Clavier*.

kosten für die Werbeplatte inzwischen auf etwa 500 Dollar belaufen –, und ich glaube nicht, daß irgend jemand von uns bei diesem Preis zu einem weiteren Versuch bereit ist – doch mir kam der Gedanke, daß der vielleicht praktischste Ausweg bei diesem Projekt darin bestünde, nur das Sprachband noch einmal zu machen – und dabei die modulatorischen Feinheiten auf dem Band zu beachten, das sie zu schicken gedenkt –, dann sollen die sehen, wie weit sie mit der Mischung kommen.
Selbstverständlich ist dies für mich alles andere als eine befriedigende Lösung; die ursprüngliche Mischung war meiner Meinung nach eine besonders hübsche Ergänzung des Textes. Ich denke jedoch, ich sollte nicht die Auslieferung gefährden und diese Vorgehensweise zumindest anbieten, vor allem wenn sie einen verantwortungsvollen Menschen mit einer Mischung beauftragen kann, die nicht allzusehr von der des ursprünglichen Bandes abweicht. Ich habe sie diesbezüglich sogar telegrafisch benachrichtigt, und falls Du von ihr etwas darüber hörst, bist Du somit entsprechend im Bilde.
Inzwischen alles Gute.
Mit freundlichen Grüßen
Glenn Gould
PS: Irgendeine schlaue Idee, was wir mit den bisherigen Tonstudiokosten machen sollen?


AN HARRY GARFIELD
Mr. Harry Garfield, Universal Studios,
Universal City, U.S.A.

354 Jarvis Street,
Toronto, Ontario.
24. April 1972
Lieber Harry,
zunächst möchte ich Ihnen sagen, wie sehr mich unser Gespräch neulich gefreut hat. Ich bedaure nur, daß wir uns über diese Sache nicht schon früher direkt austauschen konnten. Wenn dies möglich gewesen wäre, hätten sicherlich viele der Probleme spielend gelöst werden können.

Nachdem ich Ihren Vorschlag nun vier Nächte überschlafen habe, bin ich mir ziemlich sicher, daß meine Überzeugung, Johann Sebastian Bachs ursprünglichen Absichten treu zu bleiben, nicht falsch war. Wie ich am Telefon andeutete, hätte ich keinerlei Bedenken, Änderungen in einer klassischen Partitur vorzunehmen, um ihre Übertragung auf die Leinwand zu erleichtern und sie dem visuellen Rhythmus eines Films anzupassen. Genauso verfuhr ich nämlich mit den letzten paar Sekunden des D-Dur-Konzerts, das in der Sequenz »Dresdner Bahnhof« vorkommt. Ich bin jedoch der Meinung, daß ich keine derartigen Änderungen vornehmen sollte, wenn es um eine Platteneinspielung geht. Ich glaube nicht, daß dies von einer allzu puritanischen Buchstabentreue gegenüber dem Bachschen Gesetz herrührt; ich denke einfach, weil jeder Musiker das Resultat mit dem Original vergleichen und jeder Laie selbst bei der geringsten Vertrautheit mit dem Original die Spuren meines Werks entdecken kann und vor allem weil beim Medium Tonaufzeichnung keine visuelle Begründung gegeben ist, gebietet jegliche musikwissenschaftliche Vernunft meinen Ausstieg aus diesem Unternehmen. (Ich erwähnte Ihren Vorschlag übrigens gegenüber unserem gemeinsamen Bekannten Steve Posen, und wie vorausgesagt, war damit die Woche für ihn gelaufen.)

Vorausgesetzt, es wird nichts umgeschrieben, und vorausgesetzt, Sie halten sich treu an das Bachsche Original, dann eignen sich meiner Meinung nach für eine Single am besten der zweite Satz aus dem Konzert Nr. 5 f-Moll (wovon im Laufe des Films alles zu hören ist) und das Finale aus dem Konzert Nr. 3 D-Dur. Wie ich am Telefon darlegte, war der letztgenannte Satz filmisch bedingt nicht in seiner ganzen Länge zu hören, und Sie müßten das zusätzliche Material (insgesamt ungefähr 45 Sekunden) bei Columbia anfordern, um es auf der B-Seite der geplanten Single zu verwenden. Dazu würden Sie allerdings die originalen Stereobänder beider Stücke brauchen, im Unterschied zu den Monobändern, die für den Film erbeten wurden.

Ich glaube wirklich, dies ist die einzige Alternative, die, musikalisch gesehen, überzeugt, auch wenn ich mir durchaus darüber im klaren bin, daß die Bearbeitungen im semiklassischen Stil, die Sie vorgeschlagen haben, kommerziell gerechtfertigt sein mögen. Melden Sie sich, wenn ich irgendwie behilflich sein kann. Inzwischen alles Gute.
Mit freundlichen Grüßen
Glenn Gould


AN ROBERT A. SKELTON[1]
Mr. Robert A. Skelton,
Bloomington,
Indiana, U.S.A.

354 Jarvis Street,
Toronto, Ontario.
23. Mai 1972

Sehr geehrter Mr. Skelton,
vielen Dank für Ihren Brief vom 3. Mai, in dem Sie mich auf Ihr hochinteressantes Projekt auf dem Gebiet der kanadischen Kammermusik aufmerksam machen. Die drei Werke, die Sie für Ihre Diplomarbeit ausgewählt haben, stellen gewiß ein »breites Spektrum an Formen und Stilen« dar, wie Sie zu verstehen geben.
Zu meinem eigenen Quartett gab es eine ziemlich ausführliche Werkanalyse als Beilage zu der Einspielung, die das Symphonia Quartet vor einigen Jahren machte und die damals bei Columbia erschien[2]. Wenn ich nun nach beinahe zwei Jahrzehnten darauf zurückblicke (es wurde schließlich 1953 begonnen), kann ich darin gewisse Grundhaltungen entdecken, die ich in den letzten Jahren wohl auf ein gänzlich anderes Medium angewandt habe. Ich schicke Ihnen mit getrennter Post die originalen Soundtracks von »The Idea of North« und »The Latecomers«, zweier Docudramen, die ich

---

1. Ein Fan.
2. *Streichquartett* op. 1, aufgenommen 1960 (Columbia).

Ende der sechziger Jahre für die CBC machte, und des weiteren eine recht ausführliche Analyse davon, die in einer der letzten Ausgaben des Journal of the Canadian Music Council erschien[1] und die der Form nach ein Gespräch mit einem Studenten des Ryerson Institute of Technology war, der damals eine Diplomarbeit über meine Radiofeaturetechniken schrieb. Oberflächlich betrachtet scheinen »The Idea of North« und »The Latecomers« – sowie ein aktuelles Projekt über eine Mennonitengemeinde, an dem ich seit einigen Monaten arbeite und das voraussichtlich im nächsten Winter herauskommen wird[2] – relativ wenig mit der Perspektive und den Haltungen des Quartetts zu tun zu haben, besonders da jenes Werk mehr oder weniger eine konventionelle Konzertsaalpartie für vier Streicher ist und die zwei fraglichen Dokumentationen mit einer Besetzung von fünf beziehungsweise dreizehn Mitwirkenden nicht nur nicht als öffentliche Spektakel gedacht sind, sondern auch in einem extremen Maße elektronische Mittel ausnutzen.

Es gibt jedoch gewisse Verbindungen, die meiner Meinung nach nicht übersehen werden sollten: vielleicht am offensichtlichsten die Konzentration auf Aspekte des Kontrapunkts (eine ausführlichere Diskussion über die mehrstimmigen Aspekte der Dokumentationen finden Sie im CHC Journal) und vielleicht weniger offensichtlich die Tendenz, in jedem der Fälle wenn nicht unbedingt eine Fin-de-siècle-Situation, so doch zumindest eine Lebensphilosophie zu würdigen, die in bezug auf ihre Zeit und ihr Milieu bewußt einen isolierten Standpunkt anstrebte. Gewiß war das Quartett, das zumindest oberflächlich in die harmonische Welt von, sagen wir, Strauss und Mahler zurückkehrte, eine seltsame Art von Kreation Mitte der fünfziger Jahre. (Nebenbei darf ich bemerken, daß das Werk aufgrund seiner intensiven – und eigentlich recht Schön-

1. »Radio as Music«, in: *Canadian Music Book* (Montreal: Canadian Music Council Journal, Frühjahr/Sommer 1971).
2. *The Quiet in the Land* wurde am 25. März 1977 von CBC-FM in der Reihe »Ideas« gesendet.

bergischen – Motivverdichtung nicht einfach nur zum Strauss-Mahlerschen Harmonieschema zurückkehrte, sondern dieses noch einmal hinsichtlich der Verwendung von Motivzellen, wie man sie bei der zweiten Wiener Schule findet, unter die Lupe nahm.) Es war dennoch und trotz aller gegenteiliger Behauptungen ein ungewöhnliches Werk für seine Zeit und seinen Ort, und es wäre wohl nicht überzogen, jenen Aspekt davon zu betonen, durch den ich im Grunde versuchte, den Zeitgeist zu hinterfragen.

Die Tyrannei stilistischer Kollektivität in den Künsten und ganz allgemein in den Lebensstilen an sich ist meiner Meinung nach das ureigentliche Thema in den meisten Werken, an denen ich mich versucht habe, und in etlichen der Artikel, die ich hin und wieder zum Stand der Musik geschrieben habe. Und wie ich oben dargelegt habe, auch wenn die Verbindung auf den ersten Blick weit hergeholt erscheinen mag, sehe ich eine echte Verwandtschaft – sowohl im Thema als auch in der Technik – zwischen der vokalen Polyphonie in »The Idea of North« und »The Latecomers« und dem chromatisch verdichteten Kontrapunkt im Quartett. Ich sollte Sie warnen, daß »The Idea of North« nur in glorreichem Mono vorliegt, wohingegen »The Latecomers« mit seiner vielschichtigen Aktivität der Stimmen am besten bei weit auseinandergestellten Stereoboxen zur Geltung kommt.

Ich weiß nicht, ob Ihnen dies etwas nützt oder die Art von Auskunft darstellt, die Sie wünschten, doch ich möchte Ihnen viel Erfolg für Ihre Diplomarbeit wünschen und weiterhin alles Gute.

Mit freundlichen Grüßen
Glenn Gould
P.S. Bitte grüßen Sie doch Prof. Gingold von mir[1].

---

1. Joseph Gingold (1909–1995), amerikanischer Geiger und Pädagoge russischer Abstammung.

AN PAUL ELLERY[1]
Mr. Paul Ellery, Epson,
Auckland, Neuseeland.

354 Jarvis Street,
Toronto, Ontario.
17. Juni 1972

Sehr geehrter Mr. Ellery,
vielen Dank für Ihren ausgesprochen interessanten Brief. Ich
will mein Bestes tun, um Ihre Fragen bezüglich Bach, Schönberg und den Aufnahmeprozeß zu beantworten – ich schätze,
die letzten beiden sind im Grunde ein und dieselbe Frage.
Zunächst möchte ich auf die Französischen Suiten eingehen,
denn darauf läßt sich viel leichter eine Antwort finden: Mit
Sicherheit hat Bach diese sechs reizenden Miniaturen
geschrieben, doch so weit bekannt ist, hatte er nichts damit zu
tun, daß sie »Suiten im französischen Stil« oder wie auch
immer betitelt wurden. Es trifft sicherlich zu, daß Bach als
mündiger Bürger seiner Zeit einiges über die zeitgenössische
französische Kultur gewußt haben dürfte, und es ist ebenso
richtig, daß er in gewissen Fällen – das »Italienische« Konzert
ist ein treffliches Beispiel – seine musikalischen Konzepte
nach irgendwelchen nationalen Prämissen ausrichtete. Doch
bei den »Französischen« Suiten deutet vieles darauf hin, daß
sie ihren nicht ganz unpassenden Titel – durch das Fehlen
jenes energischeren Kontrapunkts, der mit den Partiten in Verbindung gebracht wird, und vielleicht auch jener Breite und
Lebendigkeit, die in den »Englischen« Suiten zu finden ist,
scheinen sie schließlich eine frankophile Pose einzunehmen –
der Laune eines Verlegers und nicht der Absicht des Komponisten verdanken.
Ich habe im Grunde keine Patentantwort auf Ihre Frage zur
Herstellung einer Platte parat. Sicher erklärte ich mich schon
viele Male zu meiner Vorliebe für jene Sitzungen, in die man
ein beinahe gefährliches Maß an improvisatorischer Aufgeschlossenheit einbringen kann – das heißt, Sitzungen, bei

---

1. Ein Fan.

denen man auf keine absolute, vorgefaßte Interpretation festgelegt ist und bei denen der Prozeß des Einspielens selbst
spürbar wird in bezug auf das Konzept, das dabei entsteht. Ich
möchte allerdings nicht zu weit gehen, denn offensichtlich
könnte ich nicht mit gutem Gewissen dafür eintreten, daß man
ohne Vorbereitung in eine Sitzung geht. Ich bin jedoch der
Ansicht, daß die Tonaufzeichnung in gar keiner Weise eine
dokumentarische Reproduktion der Konzertsaalerfahrung ist
und daß man, egal, wie geplant oder ungeplant eine bestimmte
Interpretation sein mag, die speziellen Möglichkeiten, die der
Prozeß selbst bietet, voll ausnutzen sollte. Gar nicht beipflichten kann ich zum Beispiel den Vertretern des Dogmas »Einmal
und nie wieder« – Künstlern, die zu glauben scheinen, die
Gestaltung einer musikalischen Struktur mit mehreren Takes
oder mehreren Inserts hätte etwas Unredliches. Meiner
Meinung nach kann der Prozeß selbst gerade durch die
unerschrockene Ausnutzung dieser Faktoren, aufgrund derer
die Tonaufzeichnung mehr ist als nur das fotografische Einfangen der Vorzüge und Nachteile einer Konzertaufführung,
zu etwas Eigenständigem werden und einen ureigenen Beitrag
zur Musiktradition leisten.

Dies beantwortet natürlich nicht Ihre etwas speziellere Frage
in bezug auf Stefan George und »Das Buch der hängenden
Gärten« usw. Ich stimme Ihnen absolut zu, daß man versuchen
sollte, für jedes Plattenprojekt einen Vorrat an Wissen über die
betreffende Zeit parat zu haben, das einen bei den Aufnahmen
selbst eher unterschwellig als unmittelbar beeinflussen wird.
Es wird Sie vielleicht interessieren, daß ich erst kürzlich eine
Aufnahme aller übrigen Schönberg-Lieder[1] abgeschlossen
habe – das heißt diejenigen, die in unserer Einspielung von
Opus 1, 2 und 15, die vor einigen Jahren herauskam[2], noch

---

1. *Lieder* op. 3, 6, 12, 14, 48, aufgenommen zwischen 1964 und 1971, mit
   Donald Gramm (Baßbariton), Cornelis Opthof (Bariton) und Helen Vanni
   (Mezzosopran), erschienen 1972 bei Columbia.
2. Aufgenommen 1964 und 1965, mit Donald Gramm (Baßbariton), Ellen
   Faull (Sopran) und Helen Vanni (Mezzosopran), erschienen 1966 bei
   Columbia.

fehlten. Wie bereits im »Buch der hängenden Gärten« war Helen Vanni die Solistin beim Großteil des Materials für diese Platte, und manches davon, besonders die großartige Sammlung der acht Lieder op. 6, stellt meiner Meinung nach das allerhöchste Niveau in Schönbergs voratonalem Schaffen dar. Es freut mich, daß Ihnen die sieben Gespräche, die NZBC[1] vor einigen Jahren ausstrahlte, gefallen haben. Sie entstammten eigentlich einer Serie von 21 Sendungen, die 1969 für die CBC produziert wurden[2]; ich wußte zwar, daß ein Drittel der Serie in Neuseeland zu hören war, konnte jedoch nie in Erfahrung bringen, um welche sieben es sich handelte.
Nochmals vielen Dank für Ihren Brief.
Alles Gute,
mit freundlichen Grüßen
Glenn Gould


AN JAMES E. JONES[3]
Dr. James E. Jones, St. Peters, Missouri

> 354 Jarvis Street
> Toronto, Ontario.
> 12. September 1972

Sehr geehrter Dr. Jones,
vielen Dank für Ihren Brief vom 27. Juli und Ihre freundlichen Bemerkungen zu meinen Bach-Platten, und bitte entschuldigen Sie die verspätete Antwort. Mit getrennter Post schicke ich Ihrem Wunsch entsprechend ein Foto.
Ich weiß Ihr Interesse an meiner derzeitigen Einstellung gegenüber öffentlichen Aufführungen zu schätzen. Diese hat sich allerdings, so stur dies auch erscheinen mag, seit über einem Jahrzehnt kein bißchen geändert, und angesichts meines äußerst zeitraubenden Interesses an Radio, Fernsehen und Film sowie natürlich auch an der Tonaufzeichnung an sich

---

1. New Zealand Broadcasting Corporation.
2. *The Art of Glenn Gould.*
3. Ein Fan.

kann ich mir, offen gesagt, keine Situation vorstellen, die mich dazu bewegen könnte, wieder auf die Bretter zu steigen.

Mir ist natürlich klar, daß für viele Menschen – besonders für die ältere Generation (ich hatte letztes Jahr Gelegenheit, Arthur Rubinstein[1] zu interviewen, und er konnte meine Einstellung gegenüber dem Konzert als Medium einfach nicht verstehen) – der Kontakt zum Publikum ein unverzichtbarer Bestandteil ihres Künstlertums ist. Bei mir, kann ich gestehen, war dies nie der Fall; die Anwesenheit des Publikums war mir bestenfalls gleichgültig, schlimmstenfalls jedoch unvereinbar mit dem im Grunde privaten Akt des Musizierens. Meiner Meinung nach dient man der Musik viel überzeugender und kreativer über das Tonstudio oder ein Medium, das einem den Luxus gestattet, die Interpretationsentscheidung sozusagen im nachhinein zu beurteilen. Selbstverständlich erlaubt dies der Film, ebenso Radio und Fernsehen, und aus diesem Grund habe ich meine Aktivitäten ausschließlich auf jene Medien verlegt.

Nochmals vielen Dank für Ihren Brief und alles Gute.

Mit freundlichen Grüßen

Glenn Gould

## AN BRUNO MONSAINGEON[2]
Mr. Bruno Monsaingeon, Paris, Frankreich

354 Jarvis Street
Toronto, Ontario
12. November 1972

Lieber M. Monsaingeon,

haben Sie vielmals Dank für Ihren Brief vom 26. September und für die beigefügte Übersicht. Ich finde, sie faßt äußerst präzise die ungemein erfreulichen Gespräche zusammen, die

---

1. Amerikanischer Pianist polnischer Herkunft (1887–1982). Das Interview erschien in *Look* XXXV, Nr. 5, 9. März 1971.
2. Der französische Fernsehproduzent Bruno Monsaingeon ist international bekannt für seine Musiksendungen über Künstler wie Gould und Yehudi Menuhin.

wir im August führten, und zumindest im Augenblick habe ich keine größeren Änderungsvorschläge.

Es wäre mir natürlich recht – aber ich bin sicher, daß Sie dies bereits bedacht haben –, wenn wir gewisse Optionen bezüglich des konkreten Repertoires noch offenhielten. Ganz abgesehen von den Möglichkeiten, auf die wir uns bereits geeinigt haben – eine Bach-Ouvertüre gegen eine andere auszutauschen usw. –, sollten wir uns meiner Meinung nach zum Beispiel nicht allzusehr auf irgendwelche größeren Auszüge festlegen – zum Beispiel Chopin h-Moll, Beethoven op. 106, Schönberg op. 25 usw. –, sondern vielmehr unsere Gedanken über die wichtigsten Ansichten, die wir zum Ausdruck bringen wollen, weiterentwickeln und die Musikbeispiele, so, wie sie zur Zeit stehen, eher als Indiz für unsere Gesamtintention in bezug auf die Form der Sendung betrachten, anstatt uns konkret darauf festzulegen [1]. (Ich habe zum Beispiel erst letzte Woche eingewilligt, für den Vertrieb im nächsten September eine Platte mit meinen eigenen Transkriptionen von Wagner-Auszügen [2] zu machen – »Meistersinger-Vorspiel«, »Siegfried-Idyll«, »Vorspiel und Liebestod« –, und es wäre möglich, daß wir für dieses Material in Zusammenhang mit der einen oder anderen Sendung zusätzlich Verwendung finden könnten.) Ich bin mir sogar sicher, daß im Lauf des Jahres weitere »ausgefallene« Stücke auftauchen werden, und solche Möglichkeiten allein gebieten eine relativ flexible Repertoireplanung für die dreiteilige Serie.

Ich habe mir Gedanken über die nicht unerheblichen Probleme bei der Übersetzung der Kommentar- beziehungsweise Diskussionssequenz ins Französische gemacht. Wie Sie sich

---

1. Gould bezieht sich auf eine Fernsehserie, die Monsaingeon mit ihm für die französische Sendeanstalt ORTF machen wollte. In der Serie mit dem Titel *Chemin de la musique* interpretierte und kommentierte Gould verschiedene Werke, von den hier erwähnten allerdings nur die *Suite für Klavier* op. 25 von Schönberg.

2. 1973 wurden aufgenommen: *Siegfried-Idyll*, »Tagesgrauen« und »Siegfrieds Rheinfahrt« aus der *Götterdämmerung* (Columbia), *Die Meistersinger von Nürnberg*, Vorspiel zum 1. Aufzug (Columbia). Diese Transkriptionen von Gould wurden nicht in die Fernsehserie einbezogen.

erinnern werden, hielten wir es während Ihres Besuchs in
Toronto für das Geschickteste, alle diese Gespräche auf englisch aufzunehmen, sie so schnell wie möglich übersetzen zu
lassen und in meinem Interesse entsprechend über den Teleprompter laufen zu lassen. Diese Vorgehensweise ist insofern
problematisch, als sie voraussetzt, daß ich die Feinheiten der
Sprache praktisch über Nacht meistere; wie ich bereits angedeutet habe, kann ich das Material zwar recht ordentlich vor-
lesen, doch viel lieber wäre es mir, genügend Zeit zu haben,
mich mit dem Stoff vertraut zu machen und ihn folglich trotz
der unumgänglichen Zuhilfenahme des Teleprompters auf fast
improvisatorische Weise vortragen zu können[1].

Mein Vorschlag in bezug auf das Sprachproblem lautet daher
folgendermaßen: Irgendwann vor Ihrem Besuch umreißen wir
ein paar größere Themengebiete, und je nachdem, welche Fragen Sie mit mir behandeln möchten, skizziere ich einen entsprechenden Dialog für uns beide, auf englisch. Ich weiß, daß
geschriebener Dialog im allgemeinen gestelzt und schwer-
fällig klingt und nicht die Spontaneität vermittelt, die wir diesen Sendungen verleihen wollen. Ich verfüge jedoch über so
viel Erfahrung im Schreiben derartiger Dialoge für Radiofeatures hier bei uns – Dialoge, bei denen der Zuhörer praktisch
nie auf die Idee käme, daß sie nicht aus dem Augenblick heraus entstanden sind –, daß ich absolut zuversichtlich bin, daß
diese Methode funktionieren und daß meine Sicherheit im
Umgang mit der Sprache enorm profitieren würde, wenn eine
französische Übersetzung zum Beispiel einige Wochen im
voraus an mich zurückgeschickt werden könnte.

Erst letzten Monat, beispielsweise, schrieb ich eine 45mi-
nütige Minidokumentation – offiziell zum Thema Wettkampf-
sport (dem ich selbstverständlich ablehnend gegenüberstehe),
doch im Grunde benutzte ich dieses Thema als Metapher, um
die Konkurrenzaspekte unserer Gesellschaft insgesamt zu
betrachten[1]. Falls es Sie interessiert, welches Maß an Sponta-

---

1. Der Versuch, Gould Französisch sprechen zu lassen, wurde schließlich
aufgegeben; man verwendete eine französische Übersetzung seines Textes.

neität man einer Sendung mit der dargestellten Methode verleihen kann, schicke ich Ihnen gern ein Band der Sendung (und auch ein Exemplar des Skripts, wenn Sie eins wollen), dann können Sie die Wirksamkeit dieser Methode selbst beurteilen. Auf jeden Fall denke ich, daß es in bezug auf unser Projekt sehr viel ausmachen würde, und mich würde interessieren, was Sie davon halten.

Ich möchte aber noch einmal betonen, wie erfreut ich war, daß Ihre allgemeine Übersicht quasi das »Feeling« des gesamten Projekts, wie wir es in Toronto ausbrüteten, so getreu eingefangen hat, und daß ich ihm mit wahrer Begeisterung entgegensehe. Ich muß mich übrigens entschuldigen, weil ich die diversen Materialien, die ich Ihnen versprochen hatte, noch nicht aufgetrieben habe. Ich werde mich bemühen, dies in der kommenden Woche zu erledigen, und werde sie Ihnen so bald wie möglich zuschicken.

Nochmals vielen Dank für Ihren Brief und alles Gute.

Mit freundlichen Grüßen

Glenn Gould


AN KIMIKO NAKAYAMA[2]

Miss Kimiko Nakayama, Düsseldorf
Deutschland.

354 Jarvis Street
Toronto, Ontario
12. November 1972

Sehr geehrte Miss Nakayama,

vielen Dank für Ihren Brief vom 26. September[3], der mir zugestellt wurde, und insbesondere für Ihre freundlichen und interessanten Kommentare.

Selbstverständlich höre ich gern, daß Sie meine Bach-Platten

---

1. *The Scene* wurde am 7. Oktober 1972 von CBC-Radio ausgestrahlt.
2. Ein Fan.
3. In ihrem Brief schreibt Nakayama: »Ich höre etwas Dämonisches, etwas Übermenschliches in Ihrer Musik, was ich bisher bei keinem anderen entdeckt habe.«

besonders interessieren, aber wie Sie in Ihrem Brief ganz richtig zu verstehen geben, ist es überaus schwierig, die Deutungsfacetten zu analysieren, auf die man sich zu konzentrieren bemüht, wenn man es mit einem bestimmten Repertoire zu tun hat, und natürlich noch schwieriger, einen Zusammenhang herzustellen zwischen dem eigenen philosophischen Standpunkt und der Art, in der dieser Standpunkt musikalisch dargestellt wird. Offen gesagt halte ich die Fragen, die Sie anschneiden, für so komplex, daß man sie viel ausführlicher behandeln müßte, als es in einem einzelnen Brief möglich ist.

Ich denke jedoch, daß sich bestimmte Faktoren heraustrennen lassen, die vielleicht einen gewissen Einfluß auf meine Haltung gegenüber der Interpretation von Bachs Musik haben. Einer davon ist mit Sicherheit die fehlende Festlegung auf ein bestimmtes Instrument, die sich bei Bach zeigt. Wie Sie wissen, sind sehr viele seiner Werke beinahe gleichermaßen passend für das Cembalo, die Orgel und – auch wenn dies einige bestreiten – das zeitgenössische Klavier, und ich glaube, diese Neutralität in bezug auf das Instrument ist entscheidend dafür, daß wir die notwendige Freiheit entwickeln, um unsere vielleicht recht spezielle Betrachtungsweise seiner Musik ohne Verlegenheit zu artikulieren. Mit anderen Worten, im Unterschied zur Musik des späten 19. Jahrhunderts beispielsweise, in der ein recht ausführlicher Notationsstil und eine sehr präzise Intrumentenbestimmung Teil des kreativen Konzepts waren, regt einen die Musik Bachs wegen ihrer merkwürdigen Mischung aus struktureller Präzision und improvisatorischer Entscheidungsfreiheit dazu an, sie mit Aspekten der eigenen Persönlichkeit auszustatten. Es ist selbstverständlich, daß diese Aspekte zumindest teilweise mit den grundlegenden philosophischen oder vielmehr religiösen Anschauungen übereinstimmen müssen, von denen der Großteil von Bachs Musik durchdrungen war, sowie mit der spezifischen kontrapunktischen Anlage, die all seiner Musik eigen ist.

Bezüglich dieses letzteren Aspekts könnte man wohl sagen, daß mich kontrapunktische Manifestationen jeglicher Form schon immer besonders fasziniert haben, und so habe ich in den vergangenen Jahren einige Rundfunkdokumentationen produziert – die meisten davon haben, thematisch gesehen, überhaupt nichts mit Musik zu tun –, in denen die Mehrstimmigkeit der barocken und vorbarocken Polyphonie statt auf Musikinstrumente auf die menschliche Stimme angewandt wird. Eine dieser Sendungen, »The Idea of North«, zum Beispiel – in der es um die Lebensweise in der Abgeschiedenheit der Arktis ging –, begann mit einer Sequenz, in der drei Figuren – keine Schauspieler, muß man hinzufügen, sondern Menschen, die sich von mir über ihr Leben im Norden hatten befragen lassen – mehr oder weniger gleichzeitig sprachen – natürlich mit Hilfe mehrspuriger Aufnahmetechniken – und in dieser Sequenz das entstehen ließen, was man, musikalisch gesprochen und speziell in »barocker« Musikterminologie, als Triosonate bezeichnen würde. Dies ist nur eines von vielen Beispielen – und keineswegs das komplexeste unter meinen Dokumentationen –, das ich nur anführe, um zu zeigen, daß vielleicht die Unabhängigkeit von Stimmlinien, die Gleichzeitigkeit von Motiveindrücken, in meinem Leben und in meinem Verhältnis zur Musik immer eine besonders wichtige Rolle gespielt hat und daß wie in einer Fuge, in der die Stabilität der Struktur, wie bereits gesagt, mit der improvisatorischen Beziehung zwischen den Stimmen kontrastiert – das heißt mit der Art, in der man, ohne die Struktur zu zerstören oder zu gefährden, einzelne Linien beleuchten, sozusagen aus dem Zusammenhang herausschälen und dabei die oben erwähnte spezielle Polarität betonen kann –, daß die Möglichkeit der linearen Intervention in der Nachschöpfung eines Werkes zweifellos einer der Aspekte der spätbarocken Literatur ist, die mich besonders faszinieren.

Ich weiß nicht, ob dies Ihre Frage treffend beantwortet – wie gesagt, ich müßte viel weiter ausholen, um ihr voll gerecht zu werden; jedenfalls hoffe ich, daß Sie etwas damit anfangen können, und möchte Ihnen noch einmal für Ihren Brief danken. Ich wünsche Ihnen alles Gute.

Mit freundlichen Grüßen

Glenn Gould

Mr. J. Stephen Posen,
c/o Minden & Gross, Toronto,
Ontario, Kanada

Garfield, Garfield, Garfield & Grubb
Rechtsanwälte und Rechtsberater
10001 Galaxy Place
Alamagoro, New Mexico
30. November 1972

Sehr geehrter Mr. Posen,

es ist uns eine Freude, einen Scheck unseres Klienten Mr. Glenn Gould in Höhe von eintausenddreihundertundzweiundneunzig Dollar ($ 1 392,–) für Ihre Dienste bez. seines kürzlichen Engagements bei Universal Pictures beizulegen. Bei Einsicht jener Unterlagen, auf die Sie unser Klient wiederholt, selbstlos, wenn auch leider nur mit geringem Erfolg mehrfach aufmerksam gemacht hat, werden Sie feststellen, daß der beigefügte Betrag eine geringere Summe als der auf Ihrer Rechnung darstellt – die Differenz beträgt genau zwei Dollar und fünfunddreißig Cent ($ 2,35).

Dieser Betrag wird von unserem Klienten ganz bewußt einbehalten. Mr. Gould ist bereit zu bezeugen, daß er sich wiederholt und nachdrücklich dagegen ausgesprochen hat, daß Sie sich geistig – und in Anbetracht des künstlerischen Werts des betreffenden Werks verwenden wir diesen Begriff locker – mit der Novelle Schlachthof Fünf, im folgenden als »die Sache« bezeichnet, auseinandersetzen. Unablässig, unermüdlich und unter großem persönlichen Einsatz hat unser Klient viele Stunden seiner ungeheuer wertvollen Zeit geopfert, um Sie von der Lektüre der oben erwähnten »Sache« abzuhalten. Da seinem Bemühen, die moralische Integrität und – wenn uns der Ausdruck erlaubt ist – innere Unvoreingenommenheit in Ihrem Verhältnis zu der oben erwähnten »Sache« zu bewahren, kein Erfolg beschieden war, muß unser Klient nun das ihm verbleibende Vorrecht ausüben – den Einbehalt für eine even-

---

1. Goulds Anwalt.

tuelle Rückerstattung in Zusammenhang mit Ihrem Erwerb der genannten Sache.

Sollten Sie aus dem hierin begründeten Sachverhalt einen Präzedenzfall machen wollen, verweisen wir Sie schon jetzt auf das Urteil, das am 18. Juni 1972 in Sachen Lin gegen Lum beim Bezirksgericht Bangkok unter dem Vorsitz des Richters Lae Chin-Ho erlassen wurde. Da Sie zweifellos mit dieser wegweisenden Entscheidung vertraut sind, müssen wir Sie lediglich daran erinnern, daß der Kläger Lin vom Vormund des Beklagten Lum die Zahlung zuzüglich Zinseszins für ein Geschäft gefordert hatte, bei dem es um den Verkauf einer gewissen Menge Haschisch an ein Mündel des besagten Lum ging, wobei der Besitz des Haschischs dem erwähnten Mündel von seinem Vormund ausdrücklich verboten worden war. Kurzum, das weitschweifige Urteil erkannte, daß die fragliche Substanz innerhalb der von dem Gericht repräsentierten Rechtsordnung zwar nicht per se rechtswidrig war, daß es dem Gericht aber trotzdem oblag, seine Feststellungen auf jenen Sittenkodex zu stützen, der die persönliche und geistige Rechtsauffassung des Beklagten bestimmte.

Wir sind überzeugt, daß die Parallele – auch wenn sich der vorliegende Fall nicht in jeder Hinsicht deckt – Sie nicht gänzlich unbeeindruckt lassen wird. Wir gehen ferner davon aus, daß Sie die entsprechende Diskretion wahren und die Sache nicht weiterverfolgen werden und auf ewig und im gesamten Universum auf sämtliche Rechte, Ansprüche, Sicherungen und Pfändungen gegenüber unserem Klienten in dieser Sache verzichten.

Mit vorzüglicher Hochachtung

J. Henry Garfield III[1]

---

1. Dieser witzige Brief bezieht sich auf den Film *Slaughterhouse Five*. »Garfield« ist natürlich ein Pseudonym von Gould; es ist eine Anspielung auf Harry Garfield von den Universal Studios, mit dem der Vertrag über die Filmmusik ausgehandelt wurde und der von Gould und Posen, der Tradition Hollywoods folgend, bald nur noch als »Harry Baby« bezeichnet wurde, weil Garfield seinerseits Gould stets mit »Glenn Baby« titulierte.

AN H. A. OVERHOLTZER[1]
Mr. H. A. Overholtzer, Dundas, Ontario

354 Jarvis Street
Toronto, Ontario
17. Dezember 1972

Sehr geehrter Mr. Overholtzer,

vielen Dank für Ihren Brief. Ich danke Ihnen, daß Sie mir eine Kopie Ihrer Transkription der Bach-Chaconne geschickt haben, und bitte Sie, die verspätete Antwort zu entschuldigen.

Zunächst möchte ich festhalten, daß ich dies alles in allem für eine ausgesprochen gelungene Bearbeitung halte, und ich hoffe, daß sie irgendwann den Weg zur Veröffentlichung findet. Wie Sie vielleicht wissen, hege ich gewisse Vorbehalte gegen die ganze Frage der Transkription als Genre. Ich vermute, diese Vorbehalte stammen aus meiner jugendlichen Orgelspielzeit, als ich von meinen Konservatoriumskollegen von allen Seiten mit Klaviertranskriptionen von Orgelwerken überflutet wurde, von denen ich allen Grund hatte anzunehmen, daß sie die Domäne jenes Instruments bleiben sollten.

Doch in den letzten Jahren (vielleicht bin ich ein wenig weicher geworden) war ich zwar noch immer etwas argwöhnisch, aber schon viel aufgeschlossener gegenüber dem Prozeß als Prozeß. Vor ein paar Jahren spielte ich die Liszt-Transkription von Beethovens Fünfter Symphonie[2] ein, und obwohl ich Liszts grenzenlose Genialität sehr bewundere, zog ich aus dieser Erfahrung eine Art Umkehrlehre. Vermutlich war meine Auseinandersetzung mit Liszts Transkriptionstechnik nicht viel anders als Ihre mit der von Busoni – das heißt, Liszt hat genau wie Busoni gleichzeitig viel zu sehr ausgeschlachtet und viel zu sehr am Original geklebt. In seiner Transkription von Beethovens Fünfter und auch in seinen anderen Beet-

---

1. Ein Fan.
2. Beethovens *Symphonie Nr. 5 c-Moll* op. 67 in der Klaviertranskription von Franz Liszt wurde 1968 aufgenommen (Columbia).

hoven-Transkriptionen, die ich kenne, aber nicht aufgenommen habe, gibt es beispielsweise viele Stellen, an denen Liszt zur getreuen Wiedergabe etwa von Material, das für den Kontrabaß oder die Pauken bestimmt ist, den Pianisten zwingt, dieses Material in den unschmeichelhaftesten Registern des Klaviers und oft mit ziemlich abgedroschenen Mitteln (Tremoloeffekten usw.) darzustellen.

Dessen eingedenk wäre der einzige Vorschlag, für den ich mich in bezug auf Ihre Transkription für qualifiziert halte, der, daß Sie an manchen Stellen vielleicht ein paar Noten weglassen könnten, um so das Gewebe entsprechend klarer zu gestalten. Ein paar dieser Fälle beziehen sich auf Fragen der Leittonauflösung, ein paar andere auf Oktavverdoppelung, und selbstverständlich würde in vielen dieser Fälle ein einfaches Arpeggio die Parallelenlastigkeit aufheben. Jedenfalls hoffe ich, Sie halten mich nicht für hoffnungslos puritanisch mit meinen Vorschlägen, zumal mich Ihre Transkription in jeder anderen Hinsicht als ein Werk von großer Qualität beeindruckt.

Gestatten Sie mir jedoch, nur in bezug auf die ersten paar Seiten die oben erwähnte Art von Stellen zu veranschaulichen: In der ersten Akkolade, Takt 4, finde ich, daß der dritte Schlag entweder von unten nach oben arpeggiert oder ohne das Cis im Alt gespielt werden sollte. Entsprechend im ersten Takt in Akkolade 2: Ich finde, in der A-E-A-Kombination in der linken Hand könnte die Parallelenbewegung von A nach D in Takt 9 entweder durch ein Arpeggio umgangen werden (das wohl auch vom ersten Schlag des Takts in der linken Hand nachgeahmt werden müßte) oder aber dadurch profitieren, daß das obere A in der linken Hand bis zum dritten Schlag aufgespart und das Tenor-D in Takt 9 dann gestrichen wird. In Takt 16, denke ich, könnte die Parallelenbewegung von G nach E Schwierigkeiten bereiten (hier bin ich mir allerdings weniger sicher, und zwar wegen der wunderschön imitativen Bewegung vom G zum F im Tenor am Taktstrich), und wenn ja, könnte das A möglicherweise im Tenor im zweiten Takt als punktierte Viertel stehen.

Sie werden feststellen, daß all diese äußerst kleinen Einwände im Grunde alle in dieselbe Wahrnehmungskategorie fallen und im gesamten Werk durch einen lautenähnlichen Arpeggioansatz ausgeräumt werden könnten. Ich würde dies sogar empfehlen, auch wenn Fragen der Oktavverdoppelung usw. nicht auftauchen würden – wenn nicht als ausgeschriebene Anweisung, so doch sicherlich als Ad-libitum-Empfehlung an den Ausführenden –, da sich durch diesen Ansatz der Klang zwangsläufig auffächern und die ziselierte Klarheit nachahmen läßt, die wir zu Recht oder zu Unrecht mit dem Barock verbinden.

Ein letzter Punkt hilft vielleicht, diese Herangehensweise an das Werk zu erläutern. Mir scheint, in den Takten 33 bis 35 verursachen die Parallelen zwischen linker und rechter Hand Probleme in direktem Verhältnis zu den charakteristischen Eigenschaften des Instruments, auf dem es gespielt wird. Auf einem gut regulierten, sorgfältig abgestimmten Klavier müßte es möglich sein, den Stimmenverlauf so zu artikulieren, wie er notiert ist. Ich vermute jedoch, daß Sie bei den allermeisten modernen Klavieren, die weder gut reguliert noch sorgfältig gestimmt sind, feststellen werden, daß weniger duplizierende Information (oder, wie gesagt, die Arpeggioalternative) ein echteres barockes Ambiente entstehen läßt.

Wie bereits erwähnt, bin ich mir bewußt, daß viele oder alle vorgebrachten Einzelpunkte einer möglicherweise unnötig puritanischen oder sogar idiosynkratischen Einstellung gegenüber dem Klavier entspringen. Da Sie mich jedoch um Empfehlungen baten und ich Ihre Vorgehensweise bei der Chaconne für äußerst vital und dynamisch halte, dachte ich, diese kleineren Einwände könnten bedenkenswert sein.

Ich wünsche Ihnen alles Gute.

Mit freundlichen Grüßen

Glenn Gould

An unbekannt[1]

(Entwurf)
[um 1972]

Sehr geehrte Miss \*\*\*\_\_\_ ,
vielen Dank für Ihren Brief und Ihre freundlichen Anmerkungen zu meinen Platten usw., und entschuldigen Sie bitte die verspätete Antwort.

Leider kam ich nur sehr selten mit dem Yamaha-Klavier in Berührung. Wie Sie vielleicht wissen, habe ich über viele Jahre ausschließlich auf dem Steinway gespielt und folglich nur sehr wenig Gelegenheit gehabt, andere Instrumente zu beurteilen. Ein paarmal habe ich Yamaha-Klaviere in Studios der C.B.C. gesehen, doch ich hatte den Eindruck, daß diese Instrumente nicht für den Konzerteinsatz gedacht wären, und es wäre äußerst unfair, die Qualität der Yamaha-Erzeugnisse insgesamt an diesem Maßstab zu messen. Erst kürzlich gab ein gefeierter Jazzpianist, Bill Evans[2], in Toronto ein Konzert und erzählte mir, daß er unlängst mehrmals Yamaha-Instrumente gespielt hätte und enorm beeindruckt gewesen sei.

Sie wollten auch wissen, welche Klaviere ich ganz allgemein vorziehe; ich scheue mich zwar keineswegs, die Frage zu beantworten, doch Ihnen ist sicher klar, daß jede Antwort immer sehr subjektiv ausfällt und daß ein Klavier, das mich aus welchem Grund auch immer anspricht, für einen anderen völlig uninteressant sein kann und umgekehrt. In meinem Fall sind praktisch alle Einspielungen, die ich nach 1960 gemacht habe, auf dem Steinway-Flügel entstanden, der ursprünglich Ende der dreißiger Jahre gebaut und 1960 meinen Anweisungen entsprechend umgestaltet wurde – vielleicht, um genauer

---

1. Diesen Brief hat Gould seiner Schreibkraft offensichtlich telefonisch diktiert – eine Praxis, die immer mehr zur Gewohnheit wurde. Zwar ist der Empfänger unbekannt und der Brief zweifellos nur ein Entwurf, doch sind Goulds Äußerungen über das Anschlagsgewicht von Klaviertasten und andere Themen interessant genug, um das Schreiben in diese Sammlung aufzunehmen.
2. Bill Evans (geb. 1929), amerikanischer Tenor- und Sopransaxophonist und Jazzpianist.

zu sein, sollte ich sagen: ab 1960 über eine Reihe von Jahren umgebaut wurde. Davor hatte ich jahrelang das Gefühl, daß mir persönlich jene Instrumente am meisten zusagten, die in den zwanziger und dreißiger Jahren gebaut worden waren, und aus dem Grund versuchte ich, bei meinen Konzerten und Aufnahmen nach Möglichkeit Instrumente aus jener Zeit zu verwenden. Dies war jedoch nicht immer möglich, und nachdem ich mit vielen verschiedenen Mechaniken herumexperimentiert hatte, kam ich schließlich zu der Überzeugung, daß mich an den Klavieren, die in Amerika – und in gewissem Maße auch in Europa – gebaut wurden – in den letzten 25 Jahren –, am allermeisten die Tendenz stört, das Anschlagsgewicht zu vergrößern – das heißt den Abstand, um den die Taste heruntergeht, wenn sie gedrückt wird –, und möglicherweise bei dem Streben nach einer größeren und klareren Klangqualität wurden viele der besonderen Vorzüge jener Klaviere verdrängt, die in früheren Jahrzehnten gebaut wurden. Ich für meinen Fall ziehe ein Instrument vor, das mit einer Tastenauslösung reguliert ist, die etwas flacher ist als der Durchschnitt, teils deswegen, weil dies – unter der Voraussetzung, daß alle Begleitfaktoren berücksichtigt werden – im allgemeinen die Kontrolle über das Instrument erhöht und eine klarere und normalerweise gleichmäßigere Klangqualität gewährleistet. Natürlich ist es bei diesem Anschlagsgewicht äußerst wichtig, die entsprechenden Ausgleichsregulierungen vorzunehmen, aber es ist wohl im allgemeinen möglich, auf dem Klavier eine fast cembaloähnliche Transparenz der Töne zu erzeugen, die heute besonders für die Musik des 17. und 18. Jahrhunderts angemessen ist.

Ich sollte wohl betonen, daß die Tatsache, daß ich keinerlei Live-Konzerte mehr gebe und nur noch mit Plattenaufnahmen, Rundfunkrecitals, Fernsehkonzerten und Filmen zu tun habe, zwangsläufig eine wichtige Rolle dabei spielt, daß ich die oben genannte Vorliebe entwickelt habe. Oder vielleicht könnte man andersherum sagen, daß die vielen großen Konzertsäle, die in den letzten Jahren aus dem Boden gestampft wurden, die gegenläufige Tendenz bestärkt haben – das heißt

den Bau von Instrumenten, die zwar enorme Klangmöglich-
keiten bieten und diese Qualitäten lebendig vermitteln, aber
meiner Meinung nach nicht einmal annähernd an die Präzision
jener weitaus sensibleren Instrumente heranreichen, die vor 30
oder 40 Jahren gebaut wurden.
Auf jeden Fall ist das Instrument, das ich derzeit benutze, zwar
in jener Zeit gebaut, aber natürlich völlig erneuert worden, und
es stellt meiner Meinung nach die ideale Kombination dar. Ich
hoffe, ich habe Ihre Frage damit einigermaßen beantwortet,
und möchte Ihnen nochmals für Ihren Brief danken.
Mit freundlichen Grüßen


AN VIRGINIA KATIMS [1]
Mrs. Milton Katims, Seattle, Washington

354 Jarvis Street
Toronto, Ontario
20. Januar 1973

Liebe Virginia,
vielen Dank für Ihre Zeilen vom 10. Dezember, die mich auf
ziemlich großen Umwegen erreichten – daher die späte Antwort. Selbstverständlich bin ich durch die Presse über Miltons
wunderbar originelle Aktivitäten mit dem Seattle Symphony
Orchestra auf dem laufenden, und angesichts seiner außer-
ordentlichen Bemühungen um die Musik in jener Region sollten Sie sich in keinster Weise »isoliert« fühlen. Ich erinnere
mich noch mit der größten Freude an unsere gemeinsamen
Aufführungen [2] und bedaure, daß wir es nie geschafft haben,
unser Brahms-Quintett aufzuführen.
Wenn Sie erlauben, komme ich hiermit zur Sache – zu Ihrem
Kochbuch. Ich kann mir einfach nicht vorstellen, welche

---

1. Virginia Katims, Frau des amerikanischen Bratschisten, Dirigenten und
   Leiters des Seattle Symphony Orchestra, Milton Katims (geb. 1909).
2. Gould und Katims führten am 30. und 31. Oktober 1956 in Montreal
   gemeinsam Bachs *Konzert d-Moll* und die *Burleske* von Richard Strauss
   auf. Sie wiederholten dasselbe Programm am 24. und 25. Februar 1958 in
   Vancouver und am 26. Februar 1958 in Tacoma, Washington.

»Rezepte« Sie von mir haben sollten, die Sie darin aufnehmen könnten, und erinnere mich absolut nicht an die »persönliche Anekdote«, die Sie erwähnten. Ich erinnere mich vage an ein Gespräch mit Ihnen über das allgemeine Thema kulinarischer Geschäfte, aber ich kann unmöglich irgendwelche Original-rezepte beigesteuert haben – es ist denkbar, vermute ich, daß ich welche von Freunden oder Verwandten klaute –, aus dem einfachen Grund, daß ich nach bester angelsächsischer Tradition dem Vorgang des Essens fast völlig gleichgültig gegenüberstehe und es, offen gestanden, gerade noch schaffe, Dosen zu öffnen. Außerdem halte ich das Essen im Grunde für eine zeitraubende und lästige Angelegenheit – übrigens bin ich in den letzten Jahren praktisch Vegetarier geworden – und wäre nur allzu froh, wenn man sich mit allen notwendigen Nähr-stoffen versorgen könnte, indem man einfach soundso viele Kapseln pro Tag einnimmt. Ich weiß, das klingt bedrohlich asketisch, doch es drückt meine Haltung zu diesem Thema treffend aus, und ich bitte Sie dementsprechend, um Aus-schluß aus Ihrem Band ersuchen zu dürfen.

Aber selbstverständlich wünsche ich Ihnen viel Erfolg und hoffe, daß Ihnen mein Teilnahmeverzicht keine Layout-probleme usw. bereiten wird.

Beste Grüße an Milton, und Ihnen alles Gute.

Mit freundlichen Grüßen

Glenn Gould


AN JOHN P. L. ROBERTS
Mr. John P. L. Roberts, C.B.C.

354 Jarvis Street
Toronto, Ontario
28. Januar 1973

Sehr geehrter Mr. Roberts,

erlauben Sie, daß ich mich vorstelle: Ich bin ein junger Cem-balist und habe als Beweis meines bescheidenen Talents eine Kritik meines Plattendebüts beigelegt. Sie werden sich wohl fragen, wie ich, ein Unbekannter, für die außergewöhnliche

Ehre einer C.B.C.-Aufnahme auserkoren wurde. Der Grund dafür ist leider nicht meine künstlerische Befähigung, wenn ich sie einmal so bezeichnen darf – und ich werde mich bemühen, Ihnen die unangenehmen finanziellen Details zu ersparen –, sondern meine Staatsangehörigkeit. Ich habe zwar schon seit langem meinen Wohnsitz in Kanada, doch offiziell »registriert« – um den Sprachgebrauch der Seeleute zu belehnen – bin ich als Andorraner, und die ungewöhnlichen Umstände meines Cembalodebüts kamen zustande durch die Fürsprache meiner Großtante Elspeth-Yvonne, die, wie Sie vielleicht wissen, seit Jahrzehnten eine Vertraute Seiner Durchlauchten Hoheit, des Großherzogs Willibald-Christoph, ist[1].

Aufgrund eines Handelsbilanzdefizits, das dadurch entstand, daß der amerikanische Geheimdienst die Kostendeckung für etwa 120 andorranische Reisepässe verweigerte – deren Herstellung den wichtigsten Gewerbezweig in meinem Heimatland bildet –, und zwar unter dem fadenscheinigen Vorwand, die darin enthaltenen wichtigen, wenn auch gefälschten Daten seien durch Ziegenmilchflecken unkenntlich geworden, geriet Andorra in eine beinahe unüberwindliche Staatsverschuldung in Höhe von 223,20 Dollar. (Vielleicht sollte ich erwähnen, daß andorranische Pässe en gros bei 1,86 Dollar (U.S.) kursieren.) Während die C.I.A. sich weigerte, die Kosten für die zu Unrecht als »schadhaft« bezeichnete Ware zu ersetzen, war die amerikanische Regierung verständlicherweise darum bemüht, einen internationalen Zwischenfall zu vermeiden, der aller Wahrscheinlichkeit nach zu einem bewaffneten Zusammenstoß mit der geballten Macht des andorranischen Militärs geführt hätte, und deswegen wurde der Unterzeichnete auf die findige Idee von Tante Elspeth-Yvonne hin dafür engagiert, für das amerikanische Label das in der beiliegenden Broschüre

---

1. Gould verfügte über einen unbezähmbaren Sinn für Humor. Diese Parodie erinnert an den Film *The Mouse that Roared*, in dem Peter Sellers die Rolle einer herrischen, aber liebenswürdigen Monarchin eines kleinen Landes spielt, das versehentlich in den Besitz der »Q-Bombe« kommt.

angegebene Repertoire auf Platte einzuspielen. (In einer für den amerikanischen Wirtschaftsimperialismus typischen Kalkulation wurde errechnet, daß die Platte, selbst wenn sie auf ausländischen Märkten keinerlei Beachtung und folglich keinerlei Tantiemen erzielen sollte, als obligatorischer Kaufartikel für alle Andorraner noch vor der Erstpressung die obengenannte Summe hereinholen würde.)

Keineswegs möchte ich Sie, geehrter Herr, mit den Einzelheiten belästigen, die mit der Produktion der fraglichen Platte verbunden sind. Dieses Schreiben dient vielmehr dem Zweck, Sie auf die Tatsache aufmerksam zu machen, daß meine Talente am Cembalo während meines langjährigen Verweilens in Kanada bei den hohen Tieren der Canadian Broadcasting Corporation völlig unbeachtet blieben. Tante Elspeth-Yvonne hat erst unlängst in einigen ausgesprochen unwirschen Briefen an den Unterzeichneten dieses Thema angeschnitten und hat, um diesem traurigen Zustand abzuhelfen, mit einem Staatsbesuch in Kanada gedroht, und da sie einen Hang zur Publicity hat und es fertigbringt, in den Eingängen von Regierungsgebäuden über längere Zeit Hungerstreiks abzuhalten, fürchte ich, daß sie Ihnen und Ihren geschätzten Mitarbeitern äußerst peinliche Unannehmlichkeiten bereiten könnte.

Deshalb kam mir der Gedanke, daß Sie zur Verhütung des beabsichtigten Besuchs den Unterzeichneten per Zugeständnis in einer Reihe von Cembalorecitals vor Collegepublikum im ganzen Land präsentieren könnten. Soweit ich weiß, fördert die Musikabteilung der C.B.C. eine Reihe sogenannter »Starrecitals« an solchen Colleges; allerdings habe ich gehört, daß es normalerweise nur einen Auftritt pro Künstler gibt. Weil aber ein internationaler Zwischenfall auf dem Spiel steht und weil Tante Elspeth-Yvonne immer wieder sagt, »Einmal ein Star, immer ein Star«, und vor allem, weil ich absolut der Meinung bin, daß eine Platte, so fachmännisch sie auch produziert werden mag, nur ein blasser und falscher Abglanz der Konzerterfahrung ist [1], werden Sie es sicherlich für richtig halten, Ihre

---

1. Das Gegenteil von Goulds wahrer Überzeugung.

Praxis in diesem Fall zu ändern und mir dementsprechend eine angemessen ausgedehnte Reiseroute vorzulegen.

Schließlich möchte ich bemerken, daß zwar meine Loyalität in erster Linie der Kultur Andorras gilt und daß es sehr verlockend wäre, ein Programm ausschließlich mit Musik andorranischer Komponisten zusammenzustellen, aber soviel ich weiß, herrscht in diesem Land eine ziemlich seltsame Sitte, der sogenannte »kanadische Kontext«. Seien Sie deshalb versichert, daß ich angesichts dieser regionalen Besonderheit bereit bin, auf meine eigenen Repertoirevorlieben zu verzichten und mein Instrument notfalls entsprechend zu verstärken. Mit Rücksicht auf die örtlichen Empfindungen habe ich sogar schon ein Programm vorbereitet, das mit meiner eigenen Cembalotranskription von Oskar Morawetz'[1] Erster Symphonie beginnt, mit einer ähnlichen Transkription von Healey Willans[2] Zweiter Symphonie fortfährt und als großes Finale und unter Einsatz sämtlicher mir zu Gebote stehender elektronischer Möglichkeiten mit einem Übereinanderblenden der beiden Kompositionen endet, die – wenn ich das bescheiden erwähnen darf – viele einmalige harmonische Effekte aufweist.

Um die Anforderungen dieses Repertoires zu erfüllen, habe ich dafür gesorgt, daß die Cembaloklänge mit einem quadrophonen 5 000-Watt-RMS-Linearverstärker (wie er von der UER anerkannt wird) verstärkt werden und daß der Sound in Vierwege-Superacryl-Tieftönern und 0,0075er Hochtönern mit Akustiklinsen aus Gußaluminium für eine 90-Grad-Hochfrequenz-Streuung in Kreissymmetrie aufgeteilt wird. Diese von mir selbst entworfenen Lautsprecher (Patente sind angemeldet) sollen die Bezeichnung »Stimme des Stadions« tragen und haben bereits Stanley Horobins[3] »Siegel für Studiotauglichkeit« erhalten.

---

1. Kanadischer Komponist tschechischer Herkunft (geb. 1917).
2. Healey Willan (1880–1968), aus England stammender kanadischer Komponist, Organist, Dirigent und Pädagoge.
3. Toningenieur bei der CBC.

Ich hoffe, daß dieser Programmvorschlag Ihren begeisterten Beifall findet, und würde mich freuen, bald von Ihnen zu hören. Seien Sie versichert, daß ich sofort nach Erhalt eine Durchschrift Ihrer Antwort zusammen mit einigen besänftigenden Zeilen von mir selbst an Tante Elspeth-Yvonne weitersenden werde.

Mit freundlicher Hochachtung
G. Herbert Gould
cc: Mr. Carl Little

AN WILLIAM CLARK[1]
Mr. William Clark, San Diego, Kalifornien

354 Jarvis Street
Toronto, Ontario
14. Februar 1973

Sehr geehrter Mr. Clark,
vielen Dank für Ihren Brief vom 1. Januar, der mir erst letzte Woche von Columbia Records zugestellt wurde, und danke auch für Ihre freundlichen Anmerkungen zu meinen Platten. Sehr gerne würde ich mir Ihre Musik ansehen und, wenn ich kann, ein paar sachdienliche Erläuterungen dazu abgeben.

Ich sollte Sie jedoch darauf hinweisen, daß ich die Gültigkeit jener Art von Beurteilung, die Sie vorschlagen, stets ernsthaft in Zweifel gezogen habe. Im Grunde bin ich überzeugt, daß man notgedrungen sich selbst der beste Kritiker sein muß und daß man sich vor der Meinung anderer sogar ziemlich in acht nehmen sollte. Ich weiß natürlich, daß dies dem akademischen Betrieb völlig gegen den Strich geht – allerdings gilt dies für viele der sonderbaren Ansichten, die ich nun einmal vertrete –, aber ich bin durchaus überzeugt, daß die eigene Kreativität vor allem durch die mehr oder weniger zielstrebige Entdeckung und Entwicklung der eigenen Anlagen gefördert wird, ohne Berücksichtigung der Trends, Geschmacksrichtungen, Moden usw. um einen herum. Akzeptieren Sie also diese leicht ikono-

---

1. Ein Fan.

klastische Ansicht und die etwas zögerliche Haltung, mit der ich mich auf dieses Unternehmen einlasse, so sehe ich mir gern Ihre Arbeit an und gebe, wenn ich kann, ein paar zweckdienliche Kommentare dazu ab.

Ich wünsche Ihnen alles Gute.

Ihr

Glenn Gould

P.S. Leider wurde mein »Quartett« vor etlichen Jahren aus dem Katalog genommen, und ich bezweifle, daß Sie es über den normalen Handel auftreiben können. Es kann jedoch sein, daß es wie andere, ähnlich skurrile Stückchen auf einer jener »Restpostenlisten« von etwas ältlichen Platten auftaucht, die Columbia hin und wieder veröffentlicht.


An Madame Casals

Mme. Pablo Casals, c/o Dr. Fuhrman,
Kew Gardens, N.Y.

354 Jarvis Street
Toronto, Ontario
14. Juni 1973

Sehr geehrte Madame Casals,

ich schreibe Ihnen auf Vorschlag von Mr. Frank Solomon und selbstverständlich in bezug auf mein Dokumentarprojekt über Maestro Casals für den Rundfunk der C.B.C. Wie ich bei unserer Begegnung in Marlboro letzten Sommer erwähnte, bin ich ein unverbesserlich langsamer Arbeiter, doch ich freue mich, Ihnen mitteilen zu können, daß der größte Teil der Nachbearbeitung für die Sendung inzwischen abgeschlossen ist, und wenn alles gutgeht, müßte ich das Projekt in den nächsten paar Monaten abschließen können. (Ein Sendetermin steht bislang noch nicht fest, doch ich vermute, daß die Erstausstrahlung Ende Herbst oder Anfang Winter erfolgen wird.)[1]

---

1. *Pablo Casals: A Portrait for Radio*, ein von Gould geschriebenes und produziertes Rundfunkfeature, wurde am 15. Januar 1974 in der Reihe »CBC Tuesday Night« gesendet.

Meine »Endmischung« ist vorläufig für einen zweiwöchigen Block Anfang August geplant. Alle anderen Materialien liegen zwar vor – anregende Interviews mit Mr. Kahn[1], Mr. Galimir[2] und einigen jungen Teilnehmern des Marlboro-Festivals, ganz zu schweigen von dem Interview mit Meastro Casals[3] –, doch ich benötige dringend einen weiteren Baustein für die Sendung, daher diese Zeilen.

Wie Sie wissen, möchte ich viele von Maestro Casals' Einspielungen in der Sendung unterbringen, und bei seiner gewaltigen Diskographie hat man natürlich die Qual der Wahl. An einem Punkt weiß ich jedoch nicht mehr so recht weiter: Wir haben uns eine Szene ausgedacht, in der sich jeder Teilnehmer speziell über Maestro Casals' Probentechnik und insbesondere über seine Proben beim Marlboro-Festival äußert. So, wie die Szene derzeit aussieht, macht sie ungefähr 12 Minuten der einstündigen Sendung aus, aber trotz der erhellenden Kommentare, zu denen sie Anlaß gibt, müssen unbedingt ein paar Ausschnitte aus tatsächlichen Probenszenen in Marlboro oder andernorts eingefügt werden. Mr. Solomon hat mir gesagt, daß es von den Marlboro-Proben ein umfangreiches Archiv gibt, aber daß 1. die Genehmigung der Musikergewerkschaft eingeholt werden muß, um Musikausschnitte zu verwenden, und 2. Maestro Casals' Einwilligung nötig ist, um seine Kommentare auf den Bändern zu verwerten. Die Verhandlungen mit der Gewerkschaft könnten ein wenig unangenehm werden, doch Mr. Solomon hat sich freundlicherweise angeboten, sich in meinem Namen an sie zu wenden. Zuerst brauche ich jedoch die Genehmigung des Maestros, die Bänder verwenden zu dürfen (selbstverständlich sind nur Kopien erforderlich; mir ist klar, daß die Originale im Marlboro-Archiv bleiben müssen). Ich schlug Mr. Solomon vor, ich könnte, falls Sie dies

---

1. Pablo Casals, *Joys and Sorrows* (New York: Simon and Schuster, 1970); deutsch: *Licht und Schatten auf einem langen Weg. Erinnerungen*, aufgezeichnet von Albert E. Kahn (Frankfurt a. M.: S. Fischer, 1971).
2. Felix Galimir (geb. 1910), österreichischer Violinist und Pädagoge.
3. Goulds Feature enthielt Ausschnitte aus Probenszenen mit Casals beim Marlboro-Festival.

wünschen, sämtliche Probenkommentare von Maestro Casals, die ich in die Sendung aufnehmen möchte, zusammenstellen und Ihnen vorlegen, damit der Maestro seine Genehmigung erteilen kann.

Auf jeden Fall werde ich versuchen, Sie während Ihres Besuchs in New York telefonisch in dieser Sache zu sprechen, denn, ehrlich gesagt, ich denke, daß die Einbeziehung [des Probenmaterials] nicht nur für den Aufbau der Sendung wichtig ist, sondern vor allem für die genaue Porträtierung von Maestro Casals' Musikerpersönlichkeit, und ich hoffe sehr, daß wir Ihre Einwilligung erhalten, es zu verwenden, und wenn auch nur in Teilen.

Bitten richten Sie Maestro Casals freundliche Grüße von mir aus, und Ihnen alles Gute.

Ihr
Glenn Gould


An Margaret Ireland Nagel[1]
Mrs. Margaret Ireland Nagel,
New York City, N.Y. U.S.A.

354 Jarvis Street
Toronto, Ontario
14. Juni 1973

Liebe Margaret,
vielen Dank für Deine Zeilen, und entschuldige die späte Antwort. Glaub mir, Du wirst chez C.B.C. schrecklich vermißt, und ich hoffe, Du rufst mich an, falls eines Deiner Dokumentarprojekte Dich in naher Zukunft hierherführt – und ich schätze, Du hast mehrere Eisen im Feuer, bei denen dies durchaus der Fall sein könnte.

Ich möchte Dir auch eine TV-Sendung zeigen, die wir gerade abgedreht haben und zur Zeit schneiden – einen audiovisuellen Essay über die Musik der ersten Dekade des 20. Jahrhun-

---

1. Kanadische Pianistin, ehemalige Produzentin bei der CBC in Toronto.

derts, dem wir den Titel »The Age of Ecstasy«[1] gegeben haben. Das Repertoire ist Skrjabin, Debussy (meine erste und sehr wahrscheinlich letzte Auseinandersetzung mit M. Claudes Œuvre), Schönberg und Berg. Mit Hilfe der Zauberkraft von Chroma-key und dem genialen Einsatz eines Clavi-Lux-Scheinwerfers während einiger Skrjabin-Préludes hat Mario Prizek[2] wohl ein paar phantastische visuelle Aussagen über die Musik der Zeit gemacht. Jedenfalls würde ich sie Dir gerne zeigen, und wenn Du glaubst, der Bizet[3] hätte Rätsel aufgegeben, dann warte, bis ich ein Band, das wir gerade fertig geschnitten haben, an Dir ausprobiere! Mehr sage ich nicht; falls es Dich neugierig genug gemacht hat, kommst Du vielleicht sogar nach Toronto.

Inzwischen alles Gute.

Mit freundlichen Grüßen

Glenn Gould

AN JOHN CAGE[4]
Mr. John Cage,
c/o Artservices,
New York, N.Y.

354 Jarvis Street
Toronto, Ontario
10. Oktober 1973

Sehr geehrter Mr. Cage,
ich wurde von der Canadian Broadcasting Corporation beauftragt, zum Gedenken an den 100. Geburtstag eine Doku-

---

1. *The Age of Ecstasy, 1900–1910* wurde am 20. Februar 1974 in der Reihe »CBC Musicamera« gesendet.
2. Kanadischer Fernseh- und Filmregisseur, -produzent und -autor sowie Videoregisseur. Prizek arbeitete seit 1951 für die CBC; für CBC-TV produzierte er 1966 *Glenn Gould / The Well-Tempered Listener* und 1970 *Glenn Gould Plays Beethoven.*
3. Gould nahm 1971–73 Georges Bizets *Nocturne* und *Variations chromatiques* auf (Columbia).
4. Amerikanischer Komponist (1912–1992).

mentation über das Leben und Wirken von Arnold Schönberg [1] zu erstellen. Vor ein paar Jahren arbeitete ich an einem anderen Schönberg-Feature, in dem gründlich auf die für sein Leben relevanten Zahlen und Fakten eingegangen wurde, doch diesmal möchte ich etwas weiter gehen und das kulturelle Klima, in dem er lebte und arbeitete, so ausführlich wie möglich und aus so vielen Blickwinkeln wie möglich analysieren. Ich weiß, daß Ihre persönliche Einstellung gegenüber Schönberg wohl eher ambivalent ist, aber ohne Sie in die Rolle eines Advocatus Diaboli drängen zu wollen, denke ich, daß Ihre Ansichten über ihn, als Mensch und Musiker, von unschätzbarem Wert für die Sendung wären. Deshalb hoffe ich, Sie überreden zu können, mir ein Interview zu gewähren, bei dem wir die C.B.C.-Studios in New York benutzen könnten. Ich sollte jedoch darauf hinweisen, daß ich in der Vergangenheit erstaunlich gute Resultate bei Studio-zu-Studio-Interviews erzielte – das heißt der Interviewer in einer Stadt, der Interviewte in einer anderen –, so daß wir, falls Ihnen wegen Ihres Terminplans ein Besuch in New York ungelegen ist, mit Hilfe einer angeschlossenen Organisation in einer anderen Stadt sicherlich etwas Entsprechendes einrichten könnten [2].

Da wir diese Dokumentation Ende Frühjahr 1974 auf ein ahnungsloses Publikum loslassen wollen, möchte ich den Großteil der Interviews nach Möglichkeit spätestens im Januar unter Dach und Fach haben; ich würde es daher sehr schätzen, wenn Sie mich so bald wie möglich über Ihre Terminplanung unterrichten.

Ich hoffe, daß Sie mit von der Partie sein können, und freue mich auf die Gelegenheit, mit Ihnen zu plaudern.

Ich wünsche Ihnen alles Gute.

Mit freundlichen Grüßen

Glenn Gould

---

1. *Arnold Schoenberg: The First One Hundred Years. A Documentary/Fantasy* wurde am 19. November 1974 von CBC Radio gesendet.
2. Gould führte sein Interview mit Cage per Telefon.

AN THOMAS FROST[1]
Mr. Thomas Frost, C.B.S. Records,
New York, N.Y.

354 Jarvis Street
Toronto, Ontario
10. Oktober 1973

Lieber Tom,
hier die versprochenen Informationen bezüglich der Musik-
rechte für die Schönberg-Sendung.

Wie Sie wissen, wird sie wie die meisten meiner größeren Sendungen über Musikthemen einen fast nahtlosen Klangteppich
enthalten – nicht nur aus Schönbergs eigener Musik, sondern auch von verschiedenen seiner Landsleute –, und bei
Gesprächen mit der Lizenzabteilung der C.B.C. erfuhr ich, daß
wir bei der Rundfunkausstrahlung in Kanada keine Probleme
mit den Urheberrechten an seiner Musik haben, daß die
Lizenzprobleme aber weitaus größer werden, wenn wir die
Möglichkeit einer Auslandsausstrahlung im allgemeinen und
eines europäischen Vertriebs im besonderen erwägen. Wie ich
wohl schon am Telefon erwähnte, könnte es in bestimmten
Fällen erforderlich sein, die ausdrückliche Erlaubnis der
Künstler einzuholen, die bei verschiedenen Platten mit-
wirkten, um die Sendung auf gewissen Auslandsmärkten einzusetzen. Das Problem ist dringend, denn die Union Europäischer Rundfunkanstalten hat großes Interesse gezeigt, und das
würde natürlich die Abgabe an alle größeren Länder West-
europas und wegen ihrer Angliederung auch an die Staaten
hinter dem Eisernen Vorhang bedeuten. Ferner wollen die Berliner Festspiele die Rechte für ihre geplante Hommage an
Schönberg im Herbst 1974, und ich vermute, daß es neben
konventionelleren Ausstrahlungsweisen weitere ähnliche Ver-
wendungsformen geben wird.

Aus diesem Grund hat die C.B.C. vorgeschlagen, ich solle versuchen, das Problem der Lizenzeinholung bereits im Vorfeld
wenigstens so weit wie möglich zu vereinfachen. Selbst-

---

1. Produzent bei CBS Records.

278

verständlich bin ich zum jetzigen Zeitpunkt nicht in der Lage, die betreffenden Werke und ihre Interpretationen festzulegen, aber als wir neulich über diese Sendung und ihren Absatz in Europa diskutierten, kam der Vorschlag, daß wir zumindest eines der größeren Hindernisse umgehen könnten, indem wir versuchten, den gesamten Musikhintergrund aus dem Katalog einer einzigen Firma zusammenzustellen und die entsprechende Erlaubnis dieser Firma im voraus einzuholen. (Mir ist natürlich klar, daß in Absatzgebieten, in denen die Zustimmung des Künstlers ebenfalls eine Rolle spielt, der Betreffende trotz allem auf seine spezielle Beteiligung angesprochen werden muß.)

Der Vorschlag lautet also schlicht folgendermaßen: Da wir aller Wahrscheinlichkeit nach die gesamte Musikspur aus Schallplatten zusammenbauen können, die bei Columbia erscheinen oder erschienen sind, würden wir uns den Segen von C.B.S. für das Projekt sehr gerne vorab geben lassen – wobei selbstverständlich klar ist, daß dieses Einverständnis in keiner Weise in die Rechte der betreffenden Künstler eingreift, wo die Einwilligung des Künstlers ausdrücklich erforderlich ist.

Ich hoffe, Sie können die Geschäftsabteilung überreden, mir für diese Dokumentarsendung ein »Blankoindossament« für Ihre Produkte zu geben, denn die einzige Alternative bestünde, offen gesagt, darin, für die Auslandsverwertung eine zusätzliche Version herzustellen, was angesichts der Art von Dokumentation, die ich zu machen versuche, gelinde gesagt ein Alptraum wäre[1].

Inzwischen alles Gute.

Mit freundlichen Grüßen

Glenn Gould

---

1. In diesem Brief geht es um die Überwindung der urheberrechtlichen Hürden bei der Auswahl von Tondokumenten für Goulds zweites Rundfunkfeature über Schönberg, *Arnold Schoenberg: The First One Hundred Years*.

A N   P E T E R   M U N V I E S [1]
Mr. Peter Munvies,
c/o R.C.A. Records,
New York, N.Y.

354 Jarvis Street
Toronto, Ontario
27. Oktober 1973

Lieber Peter,
längst überfälligen Dank für das wunderbare »Carepaket«, das
Sie mir vor ein paar Wochen zukommen ließen. Sie haben
wirklich Glück, Zugang zu zwei so wunderbaren Streich-
quartetten zu haben, und ich wünschte, wir könnten die maßgeblichen Stellen dazu bringen, irgendwann einmal mit dem
Guarneri zusammenzuarbeiten.
Ich habe darum gebeten, daß auch Ihnen ein »Carepaket«
zugestellt wird. Wie ich wohl erwähnte, bin ich recht glücklich
über die Platte mit den Wagner-Transkriptionen, und da Sie
vermutlich ein ebenso eingefleischter Wagnerianer sind wie
ich, hoffe ich, daß sie Ihnen ebenso gut gefällt wie mir. (Ich
muß Sie jedoch warnen, daß die Betonung bei meiner Interpretation des »Siegfried-Idylls« eher auf »Idyll« und nicht auf
»Siegfried« liegt – das heißt, es ist wahrscheinlich die gemes-
senste Wiedergabe seit Knappertsbusch [2]; ich hatte immer das
Gefühl, daß dem Stück eine melancholische Sehnsucht inne-
wohnt, die das »ruhig bewegt«, oder was auch immer in der
Partitur steht, nicht angemessen bezeichnet.) Dagegen werden
Sie sicherlich feststellen, daß meine Tempi bei den Meister-
singern und der Rheinfahrt beinahe beängstigend konventio-
nell sind.
Lassen Sie jedenfalls bald von sich hören. Alles Gute.
Ihr
Glenn Gould

---

1. Mitarbeiter von RCA Records.
2. Hans Knappertsbusch (1888–1965), deutscher Dirigent.

AN ROBERT WALKER
Mr. Robert Walker, C.B.S. Records,
London, England.

354 Jarvis Street
Toronto, Ontario
11. April 1974

Sehr geehrter Mr. Walker,
herzlichen Dank für das äußerst hübsch aufgemachte Doppelalbum der »48«, Teil 1 [1]. Earl Price hatte die Händlerbroschüre,
die Sie vor ein paar Wochen abgeschickt hatten, bereits an
mich weitergeleitet, und wie ich in meinem letzten Brief an
Paul Myers bemerkte, hat es mich natürlich gefreut zu hören,
wie es in Großbritannien aufgenommen wurde, und aus Ihrem
Brief zu erfahren, daß Volume II zu gegebener Zeit folgen soll.
Die beigelegte Notiz aus Hi-Fi News und besonders den recht
seltsam formulierten Absatz darin habe ich zur Kenntnis
genommen. Ich finde, es sollte darauf hingewiesen werden,
daß wir uns die ziemlich extravagante Nachbearbeitung, die
man uns unterstellt, gar nicht als Verdienst anrechnen lassen
können. Wie Sie wissen, könnte solch eine Beschreibung derartiger Nachbearbeitungsverfahren nur dann als treffend gelten, wenn man bescheinigte, daß das Masterband nach der
Herausgabe in Großbritannien einer aufwendigen Equalizer-
Bearbeitung usw. unterzogen worden wäre. Ich hatte noch
nicht die Gelegenheit, mir die beiliegende Platte anzuhören,
aber ich bin mir sicher, daß keine derartigen Tricks angewandt
wurden, wie Paul, der schließlich Produzent von Volume I war,
bestätigen wird.
In gewisser Weise befinde ich mich in einer recht ambivalenten Lage, denn im Idealfall ist die geniale Nachbearbeitung,
die man uns zuschreibt, zumindest in meinen Augen das Privileg des Plattenproduzenten und -künstlers. Ferner nahm der
Rezensent zweifellos Notiz von etlichen meiner Äußerungen,
wonach das Klavier, das bei all meinen Bach-Aufnahmen zum
Einsatz kam, »cembalisiert« wurde, merkte aber nicht, daß

---

1. Johann Sebastian Bach, *Das Wohltemperierte Clavier*.

281

dasselbe Klavier ohne Veränderung auch bei Prokofjew, Skrjabin, Bizet, Hindemith usw. benutzt wurde und daß dieses
»Cembalisieren« lediglich meine Art war, einen ziemlich ein-
zigartigen Tastenklang zu charakterisieren, der durch diverse
Veränderungen der Mechanik zustande kommt.
Wie gesagt, sehe ich die Sache eher ambivalent. Einerseits ist
die Schallplattenphilosophie, die man uns unterstellt, wenn-
gleich höchst antirealistisch, so doch in hohem Maße auf-
geschlossen gegenüber den Bedingungen des Mediums
Schallplatte, andererseits wurde keines der komplizierten Ver-
fahren, die es uns, wie man vermutet, ermöglicht hätten, die
fragliche Klangqualität zu erzeugen, tatsächlich angewandt.
Ich überlasse die Sache Ihrer wohlüberlegten Beurteilung;
vielleicht wäre es am vernünftigsten, die ganze Angelegenheit
einfach zu ignorieren.
Nochmals vielen Dank für Ihren Brief und die Platte, und alles
Gute.
Mit freundlichen Grüßen
Glenn Gould


AN HENRY-LOUIS DE LA GRANGE[1]
M. Henry-Louis de La Grange, Paris, Frankreich

13. Juni 1974
Sehr geehrter M. de La Grange,
herzlichen Dank für Ihren letzten Brief und ganz besonders für
Ihre freundlichen Anmerkungen zu meinen Beethoven- und
Wagner-Platten[2]. Selbstverständlich bin ich höchst erfreut,
daß sie Ihnen gefallen haben.

---

1. Französischer Musikwissenschaftler und Mahler-Spezialist; Autor von
   *Gustav Mahler* (3 Bde.; Paris: Fayard, 1979–84).
2. Beethovens *Sonaten Nr. 16 G-Dur* op. 31/1, *Nr. 17 d-Moll* op. 31/2 und
   *Nr. 18 Es-Dur* op. 31/3, aufgenommen für CBS, erschienen im Oktober
   1973. Die *Piano Transcriptions of Orchestral Showpieces* von Richard
   Wagner, darunter *Die Meistersinger von Nürnberg*: Vorspiel zum 1. Aufzug, *Götterdämmerung*: »Tagesgrauen« und »Siegfrieds Rheinfahrt«
   sowie das *Siegfried-Idyll*, hatte Gould selbst transkribiert und 1973 für
   CBS aufgenommen. In einem Brief vom 1. Mai 1974 schreibt La Grange:

Ich wollte Ihnen nur mitteilen, daß wir vorhin die »simulierte« Fassung unserer Konversation zusammenstellten, die den Schwerpunkt der 5. Sendung meiner 10wöchigen Schönberg-Reihe[1] bilden wird. Wie Sie sich bestimmt erinnern werden, ist dies der Abschnitt, in dem wir wegen der schlechten Verbindung am Tag des Interviews das New Yorker Tonmaterial nahmen und meine Fragen nebst geeigneten »ähm«-artigen Reaktionen ineinanderfügten. Dies gelang uns, indem wir Ihre Stimme ungefähr bei halb elf auf dem Stereomonitor plazierten, während meine ungefähr bei halb zwei einsetzte. Erstaunlicherweise kam dabei ein vollkommen spontanes Dialogsegment heraus; ich war zwar absolut überzeugt, daß uns dies mit dieser Methode gelingen müßte, aber ich hatte keine Ahnung, wie gut es funktionieren würde. Nächste Woche machen wir die Endmischung der Sendung, und dann überspiele ich Ihnen eine Kopie mit sämtlichen Dialogteilen (wie Sie wissen, war das wichtigste Musikstück Barbirollis Einspielung von »Pelleas«, so daß unserer vorangehenden Unterhaltung wiederum ein fünf- oder sechsminütiges Zwischenspiel vorausgeht, in dem der »begleitende« Ansager, mein Komoderator in der Serie, Ken Haslam, und ich über eine Musikspur gelegt werden, die aus ungefähr vier Minuten Ein Heldenleben und zwei Minuten aus Mahlers c-Moll-Symphonie besteht. Dies ist natürlich eine absichtlich »verrückte«, aber gleichwohl amüsante Sequenz, wie ich finde, zumal ein erheblicher Teil des Interviews aus Ihren nicht besonders begeisterten Ansichten über den Charakter von Richard Strauss besteht. Auf jeden Fall bin ich sehr zufrieden damit, wie die Sequenz geworden ist, und hoffe, sie wird Ihnen gefallen.

Wie ich wohl bei einem unserer diversen Telefongespräche erwähnte, habe ich für einen bestimmten Teil Ihres Interviews noch einen weiteren Verwendungszweck, nämlich im Rahmen

---

»Ich bin tief beeindruckt von den Wagner-Transkriptionen und Beethovens Opus 31 – mit Ihre eindrucksvollsten Leistungen bislang.«

1. Am 9. Oktober 1974 von CBC-Radio in der Reihe »Music of Today« ausgestrahlt.

des weitaus »impressionistischeren« Features, mit dessen Skript ich noch nicht angefangen habe, das aber im November ausgestrahlt werden und im Grunde eine Kompilation von Ausschnitten aus sämtlichen Interviews für die wöchentlichen Folgen sein soll – nebst einigen anderen, darunter eines mit Ernst Krenek, das noch diesen Monat aufgenommen werden soll, das aber nicht mehr rechtzeitig für die eigentliche Serie fertig wird. In dem Feature möchte ich verschiedene Kommentare über einen durchgehenden Hintergrund legen, der nicht nur aus Schönbergs Musik bestehen soll, sondern auch aus den anderen »Musiken«, sozusagen, die ihn sein Leben lang umgaben. Eine ähnliche Taktik probierte ich vor etlichen Jahren bei einer Dokumentation über Stokowski aus, und ich kann nur hoffen, daß bei diesem hier die verfügbaren Studiotechniken nicht vom Thema ablenken. Selbstverständlich besorge ich Ihnen ebenfalls eine Kopie des Features, wenn wir schließlich so weit sind, es auf eine ahnungslose Nation loszulassen.

Ich hoffe, daß mit Band II alles gut läuft und mit Ihren Plänen für das Sommerfestival (die übrigens hochinteressant klingen) alles klappt.

Inzwischen alles Gute.

Mit freundlicher Hochachtung

Glenn Gould


AN ROBERT CHESTERMAN [1]

Mr. Robert Chesterman, c/o Canadian Broadcasting Corporation, London, England

28. Juni 1974

Sehr geehrter Mr. Chesterman,

vielen Dank für Ihren Brief vom 18. Juni, in dem Sie mich über Ihr hochinteressantes Projekt [2] unterrichteten. Selbstständ-

---

1. Chesterman war Rundfunkproduzent bei CBC Vancouver und verbrachte damals ein Jahr in London.
2. Bei dem Projekt handelte es sich um eine Buchausgabe von Gesprächen

lich wäre es mir eine Freude, wenn das Stokowski-Material in das Projekt einginge; den Segen des Maestros natürlich vorausgesetzt, können Sie es gerne jederzeit verwenden.

Vor allem weil ich Ihre äußerst prägnanten und detaillierten Interviews mit anderen Dirigenten seit langem bewundere, sollte ich vielleicht etwas zum Hintergrund der bewußt unkonzentrierten Mixtur sagen, die bei meinem Interview mit Maestro Stokowski herauskam. Ursprünglich hatte man mir zwei dreistündige Sitzungen mit ihm versprochen, verlangte dann aber von mir, besagte Sitzungen mit den Kameraleuten von NET zu teilen, die für eine Dokumentation über sein Leben und Wirken, welche damals in Arbeit war, möglichst viel an Voice-over-Material aufnehmen und an Zwischenschnitten drehen wollten. Um es kurz zu machen, Stokowski hat nie so recht verstanden, daß ich für den Hörfunk etwas gänzlich anderes brauchte als die für ihre Fernsehsendung, und da die NET-Crew durchschnittlich jede halbe Stunde – ich übertreibe nicht – die Sicherungen in seiner Wohnung durchbrennen lassen mußte und Stokowski zum Ende beider Sitzungen sichtlich müde wurde, hatte ich zum Schluß eine Gesamtsumme von 50 Minuten mehr oder weniger brauchbaren Materials, wovon, wie Sie wissen, ungefähr 25 Minuten in die eigentliche Sendung eingingen. Als mir klar wurde, daß ich keine Gelegenheit haben würde, ihn ausführlich über musikalische Themen zu befragen, nahm ich mir bewußt ein Stimmungsbild vor und justierte meine Fragen dementsprechend. Mit dieser einleitenden Erklärung möchte ich zu verstehen geben, daß für den Fall, daß das Material in Ihrem Buch verwendet wird, vielleicht eine Anmerkung des Herausgebers oder ein ähnlicher Kommentar von Ihrer Seite die eher ungewöhnliche Atmosphäre erläutern sollte, in der das Feature entstand. In Hinsicht auf das etwas impressionistische Resultat, das ich für den Rundfunk anstrebte, war ich mit Stokowskis Reaktionen mehr

---

mit »berühmten Pultstars«. Chesterman wollte Stokowskis Kommentare aus Goulds Radiosendung darin aufnehmen. Das Buch erschien unter dem Titel *Conversations with Conductors* (London: Robson Books, 1976).

als zufrieden. Ich finde jedoch – wiederum im Vergleich mit den ausgesprochen prägnanten Fragen, die Sie vielen der anderen Dirigenten gestellt haben –, daß die etwas gedämpfte Stimmung der Stokowskischen Kommentare durchaus eine Fußnote verdient.

Ein letzter Punkt – eine Sache, die ich nur ungern einem Brief anvertraue, aber sei's drum: Stokowski hat das Feature nie gehört, und ich möchte Sie bitten, unter allen Umständen dafür zu sorgen, daß er es nicht hört. Dies war/ist keine wunderliche Laune meinerseits – vielmehr die Folge eines Briefwechsels zwischen Stokowski und CBC Publications, die es unbedingt als Platte herausbringen wollte und alle nötigen Rechte bei den betreffenden Plattenfirmen sicherte und meinte, Stokowski müsse in allen Einzelheiten wissen, welche Musikausschnitte ausgewählt worden waren, um sein Werk zu repräsentieren. Als Reaktion meinte er, ohne das Endergebnis gehört zu haben, als Reportagetechnik könne er die Montage nicht gutheißen (dies waren vielleicht nicht genau seine Worte, aber sinngemäß).

Ich fand die ganze Episode 1. amüsant, zumal der Maestro selbst gerne symphonische Synthesen usw. zusammenbraut, und 2. ganz schön ärgerlich. Ich bin später von etlichen hochqualifizierten Stokowski-Kennern in New York gewarnt worden, daß er aus unerfindlichen Gründen gerne nach dem Muster »Du machst deinen Zug, dann mache ich meinen« verhandelt, und der beste Rat, den ich in bezug auf eine diskographische Zukunft der Dokumentation erhalten konnte, war der, um jeden Preis zu verhindern, daß er direkt damit konfrontiert wird. Ich konnte und wollte keine neue Mischung vornehmen und hielt es für ratsam, nichts Schriftliches vorliegen zu haben, worin er sich dafür ausspricht, daß genau dies geschehen solle.

Ich würde Ihnen also eines empfehlen: Wenn Sie an ihn herantreten und um die Einwilligung in die Verwendung seines Voice-over-Materials ersuchen, sollten Sie vielleicht betonen, daß es sich um das Interview handelt, das die CBC in Zusammenarbeit mit NET durchführte. Sicherlich werden Sie die betreffenden diplomatischen Feinheiten zu würdigen wissen, und ich freue mich auf einen Bericht über Ihre Begegnung mit ihm. Er ist im Grunde ein äußerst liebenswürdiger Gentleman, aber schließlich ist er über neunzig, und da muß man schon gewisse Nachsicht üben.

Bitte bleiben Sie in Verbindung. Alles Gute.

Mit freundlichen Grüßen
Glenn Gould


An John Cage
Mr. John Cage,
c/o Performing Artservice Inc.,
New York, N.Y.

354 Jarvis Street
Toronto, Ontario
2. Juli 1974

Sehr geehrter Mr. Cage,
ich möchte Ihnen nur kurz mitteilen, wie hoch erfreut ich über das Ergebnis unseres Interviews vom letzten Donnerstag bin. Ihr Beitrag zeichnete sich durch eine bemerkenswerte Spontaneität aus, und ich bin wirklich sehr dankbar, daß Sie es sich Zeit und Mühe kosten ließen, bei unserer Dokumentation mitzuwirken[1].

Zu gegebener Zeit wird Ihnen eine dankbare Corporation zweifellos ihr übliches mickriges Honorar zukommen lassen, doch bevor diese niederdrückende Sendung eintrifft, wollte ich Ihnen mitteilen, daß eine kurze Inspektion der eben eingetroffenen Bänder meine Begeisterung bez. unseres Gesprächs mehr als bestätigt hat.

Nochmals vielen Dank und alles Gute.

Mit freundlichen Grüßen
Glenn Gould

---

1. *Arnold Schoenberg: The First One Hundred Years.*

AN GERALD POCOCK[1]
Rev. Gerald Pocock,
St. Mary's Hospital,
Montreal, P.Q.

6. Juli 1974

Sehr geehrter Pater Pocock,
vielen Dank für Ihren Brief – vielmehr Ihre beiden Briefe –
und vor allem für Ihre äußerst freundlichen Kommentare zu
meinen Platten[2] und »The Age of Ecstasy«[3]. Ich bedaure, daß
Sie es nicht in Farbe sehen konnten, da speziell im Fall der
Skrjabin-Darbietung die Lichteffekte zur Unterstreichung der
musikalischen Architektur gedacht waren (ich weiß nicht, ob
»Architektur« genau das richtige Wort ist bei einem Komponisten, der schließlich nur noch einen einzigen Akkord ad infi-
nitum verwendete, aber Sie wissen, was ich meine). Vielleicht
interessiert Sie eine Sendung, die wir gerade fertiggestellt
haben und die, soweit ich weiß, nächsten Januar gesendet werden soll, und zwar unter dem Titel »The Flight From Order«[4].
Sie befaßt sich mit der zweiten Dekade des Jahrhunderts und
bringt Ausschnitte aus Schönbergs »Pierrot lunaire«, Strawinskys »L'Histoire du soldat«, Strauss' »Ophelia-Liedern« usw.
Merkwürdigerweise erreichte mich Ihre Empfehlung bez.
Oscar Peterson[5] ganz kurz, nachdem mir ein Programmvorschlag in dieser Richtung über einen CBC-Manager über-
mittelt worden war. Dies war allerdings nicht die erste der-

---

1. Ein Fanbrief des römisch-katholischen Kaplans am St. Mary's Hospital in
   Montreal.
2. In seinem Brief vom 15. Mai 1974 schrieb Pocock: »Ihr Werk ist eine Her-
   ausforderung, die mehr als nur passives Zuhören erfordert. Ich finde, Sie
   helfen mir, ein tieferes Verständnis für die Musik eines jeden Komponisten
   zu entwickeln.«
3. Sendung in der Reihe »CBC Musicamera«, ausgestrahlt am 20. Februar
   1974. Pocock schrieb ferner: »Diese Sendung gefiel mir besser als alles,
   was die CBC (oder ein anderer Sender) bisher brachte.«
4. Weitere Folge dieser Reihe, ausgestrahlt am 5. Februar 1975.
5. Kanadischer Jazzpianist (geb. 1925). In seinem Brief schrieb Pocock, es
   sei sein Traum, einen NFB-Dokumentarfilm mit Glenn Gould und Oscar
   Peterson zu sehen.

288

artige Empfehlung. Soweit ich mich erinnere, hat bereits Ende der fünfziger Jahre Patrick Watson[1], der damals bei der CBC arbeitete, ähnliche Möglichkeiten sondiert, aber wenn ich mich nicht irre, scheiterte die Initiative damals an Mr. Petersons Terminplanung. Schon damals, wie auch heute noch, hegte ich die größte Bewunderung für sein außergewöhnliches Können am Klavier. Ich habe seine pianistische Begabung immer für höchst ungewöhnlich, ja für außergewöhnlich gehalten und habe innerhalb der Grenzen meines Verständnisses für Jazz seine Werke über viele, viele Jahre mit großer Begeisterung gehört.

Diese Grenzen haben sich in den letzten Jahren jedoch nicht merklich erweitert, und ich bin inzwischen der Meinung, daß die grundlegende Voraussetzung für Musikverfilmungen eine von allen mitwirkenden Parteien geteilte Begeisterung ist und daß folglich diese spezielle Mischung nicht das wirkungsvollste Resultat erzielen würde. Ich würde natürlich unterscheiden zwischen einer Beteiligung in einer Sendung, wie sie Ihnen vorschwebt, und einem regelrechten Interview; ich hatte oft Gelegenheit, Musiker zu interviewen, deren Werk sich meinem Verständnis bis zu einem gewissen Grad entzieht – John Cage, zum Beispiel, steuerte ein Interview für eine Schönberg-Serie bei, die ich zur Zeit in Arbeit habe –, und ich finde, daß ich in der Rolle des Interviewers kaum eine angemessene Objektivität wahren kann.

Jedenfalls hoffe ich, daß Sie als Jazzenthusiast sich durch die obigen Bemerkungen nicht zurückgesetzt fühlen. Selbstverständlich empfinde ich die gleiche Trauer wie Sie bezüglich Ellington[2]. Er war ohne Frage einer der einfallsreichsten Harmoniker des Jahrhunderts, und sein Werk wird sicherlich auf jeder Ebene der Betrachtung noch auf Jahre hinaus für alle Musiker von Interesse sein.

---

1. Damals Fernsehproduzent bei der CBC.
2. Pocock schrieb Gould am 24. Mai 1974 erneut und teilte ihm mit, daß Duke Ellington (1899–1974), der amerikanische Jazzkomponist, Dirigent, Pianist und ein persönlicher Freund von ihm, an jenem Tag gestorben sei.

Nochmals vielen Dank für Ihre Kommentare und Vorschläge.
Mit freundlichen Grüßen
Glenn Gould


AN BORIS BROTT[1]
Mr. Boris Brott,
c/o Hamilton Philharmonic Institute

August 1974

Lieber Boris,
vielen Dank für Ihren Brief und die weiteren Einzelheiten über
Ihre äußerst spannenden Pläne für das nächste Semester. Wie
ich bereits zu verstehen gab, würde ich (unter gewissen Bedingungen, die ich unten darlege) sehr gerne teilnehmen und
hoffe, daß ich in irgendeiner Weise zum Erfolg des Lehr-
programms am Institut beitragen kann.
In Ihrem Brief erwähnten Sie eine Reihe von Sitzungen, die
der »Ode an Napoleon« beziehungsweise »Pierrot lunaire«[2]
gewidmet werden sollen. Ich hatte nicht gemeint, daß wir
beide Werke nehmen sollten; angesichts der jeweiligen
Schwierigkeiten dürften wir Glück haben, wenn wir eines
davon anständig hinkriegen. Ich hatte allerdings gemeint, daß
ich persönlich die »Ode« vorziehen würde, da Sie erwähnt
hatten, Sie könnten auf ein respektables Studentenquartett am
Institut zählen. Ein zusätzlicher Anreiz bei der »Ode« wäre
selbstverständlich der Einsatz eines gewissen B. Brott als
Erzähler-Sprechstimme – eine Rolle, die ihm in »Pierrot«
natürlich versagt bliebe.
Ich denke, wir könnten wahrscheinlich mit 3 oder am besten
4 Sitzungen mit dem Quartett eine anständige Aufführung der
»Ode« erarbeiten (ich gehe natürlich davon aus, daß die Sitzungen ungefähr 2 ½ Stunden dauern). Ich denke, am prak-

---

1. Boris Brott (geb. 1944), damaliger Dirigent des Hamilton Philharmonic
   Orchestra.
2. Brott bat Gould in seinem Brief vom 30. Juli 1974, »die Mitglieder in Werken Ihrer Wahl zu unterrichten«, und erwähnte Schönbergs *Ode to Napoleon* und *Pierrot lunaire* mit ihm selbst als Sprecher.

tischsten wäre es, wenn ich in einem mehr oder weniger wöchentlichen Rhythmus in Hamilton auftauchte – wenn Ihnen ein größeres Maß an Einsatz bei den Vorbereitungen lieber wäre, könnten wir natürlich 2 Besuche pro Woche über einen Zeitraum von 2 Wochen planen –, aber der mögliche Wert meiner Besuche muß in hohem Maße von dem Arbeitspensum abhängen, das in der Zwischenzeit geleistet wird, und folglich ziehe ich instinktiv eine wöchentliche Zusammenkunft mit dem Quartett und unserem illustren Erzähler vor.

Wie Sie wissen, habe ich bisher noch nie eine solche Rolle übernommen, aber ich denke, meine Anwesenheit kann nur dann von Wert sein, wenn 1. das Quartett mit seinen jeweiligen Instrumentallehrern vor meinem ersten Besuch gründlich geprobt hat und 2. ich sicher sein kann, daß die Mitglieder sich mit der gesamten Partitur und nicht nur mit ihren eigenen Stimmen vertraut gemacht haben. Es wäre wirklich sehr deprimierend, in der ersten Sitzung eine Leseprobe mit ihnen machen zu müssen. Mir ist natürlich klar, daß ihre Zeit von vielem und verschiedenem beansprucht wird, doch ich halte beide oben genannten Bedingungen für absolut unerläßlich (die Partitur ist übrigens bei Schirmer erschienen).

Unter den folgenden Bedingungen willige ich also ein, eine Aufführung der »Ode an Napoleon« am Hamilton Philharmonic Institute einzustudieren:

1. Die entsprechenden Termine werden in gegenseitigem Einvernehmen festgelegt – auf die Terminfrage gehe ich weiter unten ein –, und die Sitzungen finden ausschließlich am späten Nachmittag oder abends statt.

2. Es gilt als vereinbart, daß das Hamilton Philharmonic Institute keine Einwände erhebt, sollte ich im Rahmen einer oder mehrerer Proben Film- beziehungsweise Videoaufnahmen arrangieren. Offen gestanden, halte ich es für unwahrscheinlich, daß ich von diesem Recht Gebrauch machen werde – daß es sinnvoller wäre abzuwarten, wie die Sache diesmal klappt, und falls wir in Zukunft ein Projekt planen, vielleicht dann Filmaufnahmen zu probieren –, aber ich möchte mir diese Möglichkeit offenhalten.

3. Kein Vertreter der Presse und kein Fotograf wird ohne meine Einwilligung zu den Sitzungen zugelassen; die Zuschauer, sozusagen, werden ausschließlich aus den aktiven Angehörigen des Instituts bestehen – ihre Zahl darf in keinem Fall 2 Dutzend überschreiten –, und ich behalte mir das Recht vor, mit den Mitgliedern des Quartetts und dem Erzähler bei einzelnen oder sämtlichen Proben exklusiv (das heißt ohne jegliche Publikumsbeteiligung) zu arbeiten.

4. Wie oben erwähnt, gilt es als vereinbart, daß die Mitglieder des Quartetts so weit wie möglich im voraus von ihren jeweiligen Tutoren instruiert werden und daß sie sich alle rechtzeitig ein Exemplar der Partitur besorgen.

5. Es gilt als vereinbart, daß für jede der Proben ein Klavier meiner Wahl bereitgestellt wird, und ich wäre froh, wenn Sie mir rechtzeitig mitteilten, welche Instrumente vor Ort zur Verfügung stehen.

Schließlich die Terminfrage: Wie ich am Telefon erwähnte, sehen meine Studiotermine in den Wintermonaten so aus, daß ich jeweils in der ersten Januar-, Februar- und Märzwoche Sitzungen für Columbia habe. Ich würde daher vorschlagen, daß die Termine, vorausgesetzt, wir entscheiden uns für die Variante einmal pro Woche, so gelegt werden, daß sie nicht mit den folgenden Daten kollidieren: 4., 5. und 6. Januar; 1., 2. und 3. Februar; 1., 2. und 3. März. Mir persönlich wäre Januar oder Februar lieber (im April oder Mai kann ich auf keinen Fall); ich bin zwar durchaus bereit, eine vorläufige Terminplanung ganz nach Ihren Wünschen zu akzeptieren, muß mir aber das Recht vorbehalten, einen oder mehrere der Termine zu einem späteren Zeitpunkt auszutauschen. (Sie werden sicherlich verstehen, daß die oben genannten Daten nur CBS-Verpflichtungen darstellen und daß diverse Projekte für CBC, ORTF usw., die noch nicht endgültig feststehen, unter Umständen eine Änderung unserer Planung erforderlich machen.)

Ich hoffe, Sie verzeihen mir das obige Juristendeutsch. Bei all meiner Vorliebe für das Formulieren parenthetischer Ausnahmen, Ausschlüsse usw. bin ich mir im klaren darüber, daß

Ihnen eine gewaltige Organisationsaufgabe obliegt, um das Gesamtprogramm des Instituts zu planen, und ich möchte Ihnen das Leben in dieser Hinsicht sicherlich nicht noch schwerer machen. Ich meine jedoch, wir sollten jedes »Ja, aber« schriftlich haben, damit das Projekt so rasch wie möglich vonstatten gehen kann.

Ich würde mich freuen, bald von Ihnen zu hören, und wünsche Ihnen alles Gute.

Ihr

Glenn Gould

AN LEONARD ROSE[1]
Mr. Leonard Rose,
Hastings-On-Hudson
New York.

22. September 1974

Lieber Leonard,

vielen Dank für Deine Zeilen. Ich kann Dir versichern, daß unsere Platte in ihren verschiedenen Formen – als unbearbeitetes Band, geschnittenes Band, Acetat und schließlich als Endprodukt – nun schon seit Monaten an der Spitze meiner persönlichen Hitparade steht. Das ganze Projekt war ein großes Vergnügen und eine Erfahrung, die wir in der Zukunft hoffentlich wiederholen können. Isaacs[2] Enthusiasmus war ich bereits begegnet, über Walter Homburger, und selbstverständlich freut es mich, von seinen PR-Bemühungen für unser »Baby« zu hören.

Das mit dem Beethoven-Zyklus ist eine komplexe Frage – sicherlich nicht, weil ich dem Projekt ambivalent gegenüberstehe, sondern vielmehr wegen der nüchternen Realitäten meiner Aufnahmetermine. Wie Du weißt, halte ich es schon seit

---

1. Amerikanischer Cellist (1918–1984). Rose spielte 1973 und 1974 mit Gould für die Platte ein: Johann Sebastian Bachs *Sonaten für Viola da gamba und Cembalo Nr. 1 G-Dur* BWV 1027, *Nr. 2 D-Dur* BWV 1028 und *Nr. 3 g-Moll* BWV 1029 (CBS).
2. Isaac Stern (geb. 1920), amerikanischer Violinist ukrainischer Herkunft.

langem für geradezu tragisch, daß Du in Mr. Schwanns Katalog nicht besser vertreten bist; ich glaube, ich habe Dich während einer unserer ersten Sitzungen letzten Dezember sogar gedrängt, ernsthaft daran zu denken, soviel Zeit wie möglich darauf zu verwenden, Deine Interpretationen aller wichtigen Cellowerke für die Platte einzuspielen. Ich hatte schon lange das Gefühl, daß Du auf Platte extrem unterrepräsentiert bist und daß jeder Versuch unternommen werden sollte, dem abzuhelfen. (Ich weiß natürlich auch, daß das Beethoven-Projekt, so um 1970, wahrscheinlich eine äußerst frustrierende Erfahrung für Dich gewesen sein muß, und ich bin absolut der Meinung, daß alle geeigneten Schritte unternommen werden sollten, um Deine Interpretationen insbesondere des Beethoven-Kanons auf Platte zu bringen.)

Nun zu dem Problem: Wie Du weißt, habe ich sehr wenig Kammermusik eingespielt – offensichtlich nicht mangels Interesse, sondern einfach weil unsere Pläne für die diversen Zyklen Vorrang haben mußten. Bei besonderen Gelegenheiten wie dem Gambenprojekt wurden diese durch Gemeinschaftsprojekte der einen oder anderen Art auf erfreuliche Weise unterbrochen. Dabei handelte es sich vor allem um das gesamte Kammermusikrepertoire von Schönberg (sämtliche Lieder usw.), und unsere Bach-Scheibe ist im Grunde das erste »Mainstream«-Kammermusikwerk, das ich für die Platte eingespielt habe. In der mehr oder weniger nahen Zukunft habe ich jedoch schon zugesagt, Bachs Violinsonaten mit Laredo[1], Hindemiths Bläsersonaten[2] und »Das Marienleben«[3] desselben Komponisten zu machen. Das ergibt also vier Platten

---

1. Jaime Laredo (geb. 1941), in Bolivien geborener amerikanischer Violinist und Dirigent. Bach: sechs *Sonaten für Violine und Cembalo Nr. 1 h-Moll* BWV 1014, *Nr. 2 A-Dur* BWV 1015, *Nr. 3 E-Dur* BWV 1016, *Nr. 4 c-Moll* BWV 1017, *Nr. 5 f-Moll* BWV 1018 und *Nr. 6 G-Dur* BWV 1019 (CBS).
2. Paul Hindemith, *Sonaten für Althorn und Klavier, für Baßtuba und Klavier, für Horn und Klavier, für Posaune und Klavier* und *für B-Trompete und Klavier*, mit Mitgliedern des Philadelphia Brass Ensemble (CBS).
3. *Das Marienleben* (1. Fassung) mit Roxolana Roslak, Sopran (CBS).

mit Kammermusikrepertoire (die meisten nehmen zwei für
»Das Marienleben«, aber ich habe vor, sie auf eine zu quetschen), zu denen ich während der nächsten zwei Jahre verpflichtet bin, und da ich in dieser Zeit auch die Mozart-Sonaten abschließen, mit den Beethoven-Sonaten weitermachen
und die Englischen Suiten von Bach zu Ende bringen muß
usw., glaube ich einfach nicht, daß ich in naher Zukunft ein
weiteres größeres Kammermusikprojekt bewältigen kann. Das
Beethoven-Cello-Projekt[1] würde mit Sicherheit aus mindestens drei (wahrscheinlich vier) Platten bestehen, und ich
bezweifle sehr, ob ich mehr als eine pro Jahr zusagen kann.
Also kurz gesagt: Ich würde das Projekt sehr gerne mit Dir
realisieren, wenn wir es über einen Zeitraum von 3 Jahren
machen könnten, ab der Saison 76/77, was einen Abschluß so
um 1980 herum bedeuten würde, aber ich weiß nicht, ob solch
eine Terminplanung Dir gegenüber fair wäre.
Offen gesagt, würde ich Dir vorschlagen, die ganze Angelegenheit mit Andy[2] zu besprechen; ich bestätige ihm gegenüber gerne mein Interesse an dem Projekt, mit den oben
genannten Termineinschränkungen, und versuche herauszufinden, ob CBS in dem Fall mit einem solch gemütlichen Pro-
duktionstempo einverstanden wäre. Ich hoffe sehr, denn meiner Meinung nach sollte das Projekt verwirklicht werden, und
ich würde mich sehr gerne daran beteiligen.
Inzwischen alles Gute.
Mit freundlichen Grüßen
Glenn Gould

---

1. In seinem Brief vom 13. September 1974 schrieb Rose:»Glaubst Du, Du
hättest Lust, sämtliche Beethoven-Werke für Klavier und Cello mit mir
einzuspielen?« Er fuhr fort:»Neben den fünf Sonaten und drei Variationszyklen, alles Meisterwerke, sollten wir, denke ich, auch die frühe Hornsonate machen, die, wie Beethoven selbst meinte, auf dem Cello gespielt
werden kann.«
2. Andrew Kazdin.

Mrs. Morris Hochberg, Detroit,
Michigan, U.S.A.

6. Dezember 1974

Liebe Sylvia,

vielen Dank für Ihre Zeilen bez. »La Valse«[1]. Es freut mich,
daß Ihnen der Ausschnitt gefallen hat, und ich hoffe, daß Sie
die komplette Sendung im Februar sehen können[2]. Ich fürchte
jedoch, daß meine allgemeine Frankophobie rasch fortschrei-
tet: Die derzeitige dekadenweise Fernsehserie ist zumindest
ein gutes Übungsfeld, denn sie zwingt mich, zum erstenmal in
meinem Leben Debussy und Ravel zu spielen – aber auch,
muß ich Ihnen gestehen, zum letztenmal; Columbia plagt mich
schon, ich solle »La Valse« einspielen, und ich fürchte, ich bin
mindestens genauso stur wie damals vor ein paar Jahren, als
man ähnliche Vorstellungen über die eine oder andere Chopin-
Sonate hatte.

Mit »La Valse« hatte ich jedenfalls viel Spaß, denn ich fand
Ravels eigenen Beitrag[3] zumindest über die Hälfte des Stücks
völlig unbrauchbar; wie Sie vielleicht wissen, schrieb er die
harmonische Grundlage des Stücks einfach auf zwei konventionellen Notensystemen aus und fügte als eine Art wahl-
weisen Zusatz in sehr kleiner Schrift in einem dritten System
die meisten koloristischen Elemente hinzu, die dem Stück
seine Würze geben; aber meistens ist es einfach unmöglich,
die Elemente aus der dritten Zeile zu integrieren und gleichzeitig dem Material der beiden Hauptsysteme zu folgen. Folglich lichtete ich soviel wie möglich von dem Gestrüpp in der
unteren Zeile und übernahm so viel von dem Material in der
dritten Zeile, wie ich konnte – und nahm dabei zugegebenermaßen ein paar diskrete Änderungen in der Stimmführung von

---

1. Sylvia Hochberg plädierte dafür, daß Gould seine Transkription von
Ravels *La Valse* op. 45 für die Platte einspielte.
2. *The Flight from Order, 1910–1920* wurde am 5. Februar 1975 in der Reihe
»CBC Musicamera« gesendet.
3. Gould bezieht sich auf Ravels eigene Transkription seines Orchesterstücks
*La Valse*.

Monsieur Maurice vor. Wie gesagt, es machte großen Spaß, und ich hoffe, Sie sehen die Sendung im Februar – die Ophelia-Lieder von Strauss und die Auszüge aus Pierrot lohnten die ganze Mühe.

Inzwischen alles Gute
Ihr
Glenn Gould

AN ROBERT PRESTIE
Mr. Robert Prestie,
Palm Springs, Kalifornien

26. Dezember 1974

Lieber Bob,
vielen Dank für Ihre Zeilen und für die Einladung, bei Kreneks 75. mitzumachen. Selbstverständlich würde ich liebend gern dabeisein, aber wegen meiner Aerophobie und eines besonders vollen Terminkalenders im Januar wird das leider nicht gehen.

Hat Mr. Krenek Ihnen erzählt, daß er nächsten Sommer zu einem CBC-Konzert ihm zu Ehren eingeladen wurde[1]? Nach unserem Interview wies ich die maßgeblichen Stellen auf die Tatsache hin, daß sein 75. unmittelbar bevorstehe, und in der Musikabteilung waren alle der Meinung, daß dieser Anlaß nicht unbemerkt bleiben sollte. Mit dem Projekt wurde inzwischen Larry Lake betraut – einer der jüngsten, aber tüchtigsten Produzenten der Abteilung –, und vermutlich hat er sich letzte Woche telefonisch mit Krenek in Verbindung gesetzt. Im Grunde geht es darum, aus seinem gesamten Musikschaffen ein repräsentatives Konzertprogramm zusammenzustellen, das Krenek selbst auswählen und, je nachdem, wie eingeschränkt er in seiner Terminplanung ist, mit vorbereiten

---

1. Gould machte dem CBC-Produzenten Larry Lake den Vorschlag, zu Kreneks 75. Geburtstag ein Konzert zu veranstalten; es fand 1975 statt und wurde von Lake für den Rundfunk der CBC mitgeschnitten. Krenek wählte das Programm aus und dirigierte die Werke für Kammerorchester.

würde. Wie ich Lake verstanden habe, überlegt sich Krenek das Ganze hinsichtlich seiner diversen Verpflichtungen für nächsten Sommer, aber ich hoffe sehr, daß es klappt.

Ich muß Ihnen übrigens sagen, daß das Interview mit Krenek zwar ein großer Erfolg war (wie könnte es bei einem so begabten Rhetoriker auch anders sein!) und einen ungemein prägnanten Beitrag zu meinem Schönberg-Feature[1] bildete, das letzten Monat auf eine ahnungslose Nation losgelassen wurde und im Januar wiederholt werden soll, doch die Tonqualität des betreffenden Senders – die Kennung fällt mir im Augenblick nicht ein – ließ einiges zu wünschen übrig, und wir mußten Kreneks Stimme praktisch über jedes vernünftige Maß hinaus filtern. (Falls Sie einmal jemandem begegnen sollten, der das Patent für den ultimativen Equalizer beansprucht, schicke ich das Original-Krenek-Band als Testmaterial non pareil ein.) Wir haben, wohlgemerkt, alle von diesem lockeren südkalifornischen Lebensstil bei euch gehört, doch das war schlicht absurd!

Auf einer der Bandkopien war ein ständiges Pfeifen zu hören, leider nicht nur an einer Stelle, an der man es hätte wegfiltern können, ohne dabei Kreneks Stimme zu zerstören; auf dem anderen gab es überhaupt keine Höhen (ich denke, die Einmessung des fraglichen Geräts war schuld, aber das ist nur eine Vermutung), und, wie gesagt, wir mußten bei den Höhen massiv wegfiltern und bei ungefähr 100 Hertz dementsprechend drastisch kappen. Obendrein, das schwöre ich, gab es Hintergrundgeräusche, zwar nicht überall, aber häufig genug, die genau mit Kreneks aufschlußreichsten Aussagen kollidierten, Geräusche, die ich beim ersten Anhören auf unsauberes Löschen zurückführte, die aber, wie ich später feststellte, von einer Party herrührten, wenn nicht im Regieraum, dann sicherlich im Studio nebenan. An einer Stelle hörte man eine Dame deutlich »Michael, du kommst sofort hierher« oder etwas Sinngemäßes sagen. Es gibt auch einen unvergeßlichen Augenblick, in dem ein Flugzeug direkt über Kreneks Kopf zu

---

1. *Arnold Schoenberg: The First One Hundred Years.*

einer Landung anzusetzen scheint. Es ist wirklich jammer-
schade, denn selbstverständlich waren all diese gesprächs-
fremden Leckerbissen für den Müll und mit ihnen viele der
faszinierendsten Aussagen, die Krenek machte. Trotzdem ist
die Sendung in ihrer surrealistischen Machart ein Knüller, und
ich würde mich freuen, wenn Sie sie einmal hören könnten.
Die übrigen Teilnehmer waren übrigens John Cage, Erich
Leinsdorf, Henry-Louis de La Grange, Denis Stevens und –
dank eines Tonbands aus dem Schönberg-Nachlaß – Arnold
selbst.
Nochmals vielen Dank für Ihre Zeilen. Grüßen Sie Krenek
ganz herzlich von mir, und Ihnen alles Gute [1].
Ihr
Glenn Gould


## An Ernst Krenek

Mr. Ernst Krenek,
Palm Springs, Ca., U.S.A.

[um 1975]

Sehr geehrter Mr. Krenek,
selbstverständlich bedaure ich es sehr, daß wir während Ihres
Besuchs in Toronto nicht Kontakt aufnehmen konnten.
Ich hatte mich besonders auf ein lockeres »Interview« im Stil
eines Pausengesprächs mit Ihnen gefreut, aber wie Larry
Lake [2] Ihnen vielleicht mitteilte, machte der plötzliche Tod
meiner Mutter eine Terminplanänderung in der zweiten
Julihälfte erforderlich.
Ich habe von allen Seiten vom ungeheuren Erfolg des Konzerts
gehört. Larry hat mir eine interne Testvorführung der Bänder
versprochen, und ich bin äußerst gespannt darauf, denn alle
meine Kollegen sprechen vom absoluten Höhepunkt des
diesjährigen CBC-Festivals. Vermutlich gab es einige Vor-

---

1. 1975 bereitete Gould ein Krenek-Feature für die BBC vor; es wurde jedoch
   nicht fertiggestellt.
2. Rundfunkproduzent bei CBC und Komponist.

gespräche bez. einer Inszenierung von KARL 5[1] in Toronto, doch niemand scheint genau zu wissen, wie man die potentiellen Sponsoren am besten koordiniert, das heißt die University of Toronto, die CBC usw., aber jeder, mit dem ich gesprochen habe, scheint der Ansicht zu sein, daß die Canadian Opera Company – die sich die meiste Zeit irgendwelchen Puccini-Wiederaufnahmen verschreibt, aber trotzdem die einzige Institution vor Ort wäre (natürlich mit Ausnahme der CBC), die für eine völlig professionelle Inszenierung geeignet ist – wahrscheinlich aus den bekannten Gründen nicht in Frage kommt.

Ich selbst bin der Meinung, daß für eine Realisierung des Projekts eine Zusammenarbeit zwischen der University of Toronto und dem CBC-Fernsehen am aussichtsreichsten wäre. Soweit ich weiß, hat es in der Vergangenheit keine derartige Zusammenarbeit gegeben, aber ich glaube, daß eine kanadische Erstaufführung von KARL 5 ein epochales Ereignis wäre und daß wir alle sämtliche Hebel in Bewegung setzen sollten, damit das Ganze zustande kommt.

Mit allen guten Wünschen
Glenn Gould


AN PAUL KUHNE[2]
Mr. Paul Kuhne,
Berlin

[um 1975]

Sehr geehrter Mr. Kuhne,
ich kann Ihnen gar nicht sagen, wie betroffen mich die Nachricht vom Tod von Hr. Schiller[3] gemacht hat, aber ich danke Ihnen, daß Sie mich davon unterrichtet haben. Ich erinnere mich noch ganz deutlich an seine außerordentliche Freundlichkeit während meiner diversen Besuche in Berlin und

---

1. *Karl V.*, Oper von Krenek.
2. Paul Kuhne arbeitete für Steinway & Sons in Berlin.
3. Ein Mitarbeiter von Steinway & Sons in Berlin.

möchte Sie bitten, seiner Familie mein tiefstes Beileid auszusprechen.

Leider muß ich Ihnen sagen, daß ich das wunderbare Instrument, das ich in Berlin bei Ihnen kaufte, nicht mehr besitze[1].
Ich möchte jedoch rasch hinzufügen, daß meine Bewunderung für dessen einzigartige Qualitäten in der Zeit, in der ich
es in Nordamerika benutzte, ungebrochen anhielt. Ich stellte
jedoch fest, daß die besonderen Eigenschaften, durch die
es sich beim Konzerteinsatz so auszeichnete, für das Aufnahmestudio weniger gut geeignet waren. Sie werden sich
erinnern, daß meine große Begeisterung für das Instrument
weitgehend auf seinen außergewöhnlichen Legatoklang
zurückzuführen war, der einem beim Recital sehr entgegen-
kam. Ging man damit aber ins Aufnahmestudio, speziell mit
dem Barockrepertoire, von dem ich so viel einspielte, und
stellte man die Mikrophone so nah ein, wie es in Nordamerika
nun einmal Tradition ist, so entstand das Problem, daß genau
diese Qualität eher gegen die kontrapunktische Klarheit arbeitete, die ich anstrebte.

Inzwischen macht das Einspielen von Platten den größten Teil
meiner Tätigkeit aus, und ich habe in den vergangenen Jahren
etliche Experimente mit einem Klavier unternommen, das ich
für Bach-Einspielungen besonders geeignet fand. Durch eine
gewisse Verringerung des Anschlagsgewichts und ähnliche
Veränderungen haben wir, glaube ich, eine eher ungewöhnliche Klarheit bei kontrapunktischen Stilen erreicht. Ich schicke
Ihnen eine unserer neueren Einspielungen und hoffe, Sie stimmen mir zu.

Nochmals vielen Dank, daß Sie mir geschrieben haben, und
alles Gute.

Ihr

---

1. Gould hatte sich auf Anhieb in den erwähnten deutschen Steinway verliebt.
Beispiele für seinen Klang hört man in Goulds Einspielungen der *Intermezzi* von Brahms op. 76/6 und 7, op. 116/4, op. 117/1, 2 und 3, op. 118/1,
2 und 6 und op. 119/1.

AN KATHLEEN MCILHATTEN[1]
Ms. Kathleen H. McIlhatten,
Alexandria, Virginia

19. Januar 1975

Sehr geehrte Ms. McIlhatten,
vielen Dank für Ihren Brief und Ihre freundlichen Anmerkungen zu meiner Platte mit den Brahms-Intermezzi usw.
Im Augenblick plane ich nicht, irgendwelche Wagner-Liszt-Transkriptionen einzuspielen. (Wie Sie vielleicht wissen, habe ich 1973 eine Reihe eigener Wagner-Transkriptionen für die Platte ausgearbeitet[2], und ich entschloß mich dazu hauptsächlich, weil ich den Eindruck hatte, daß die meisten Liszt-Transkriptionen, die ich zu sehen bekam, entweder frühe Opernauszüge zum Gegenstand hatten oder, im Falle der reiferen Werke, sich auf Material bezogen, das sich meiner Meinung nach gar nicht für eine Klavierbearbeitung eignet – der Liebestod zum Beispiel.)
Es ist im Grunde sicherlich nur eine Frage des Geschmacks, aber ich bin der Überzeugung, daß sich das Klavier entgegen seiner üblichen Verwendungsweise um die Jahrhundertwende am wirkungsvollsten als Vehikel für kontrapunktische, im Gegensatz zu homophoner, Musik eignet, und ich bin ferner der Meinung, daß sich von den Werken Wagners am ehesten diejenigen für das Klavier eignen, die am wenigsten von der Orchesterfarbe abhängen oder vielmehr in denen die formalen Strukturen abstrakt als Kontrapunkt dargestellt werden können. Aus diesem Grund wählte ich das »Meistersinger-Vorspiel«, das »Siegfried-Idyll« und unter gewissen Vorbehalten »Tagesgrauen und Siegfrieds Rheinfahrt«. Die Vorbehalte bez. der letzteren Transkription beziehen sich auf das langgedehnte »Tagesgrauen« und nicht auf die eigentliche »Rheinfahrt«. (Vielleicht finden Sie es übrigens amüsant zu hören, daß ich

---

1. Ein Fan.
2. *Die Meistersinger von Nürnberg*, Vorspiel zum 1. Aufzug; *Götterdämmerung*, »Tagesgrauen und Siegfrieds Rheinfahrt«; *Siegfried-Idyll* (Klaviertranskription Glenn Gould) (CBS).

vor kurzem eine eigene Transkription von Ravels »La Valse«
für das Fernsehen aufgenommen habe.)
Nochmals vielen Dank für Ihren Brief, und alles Gute.
Mit freundlichen Grüßen
Glenn Gould


AN DAVID ROSSITER

Mr. David Rossiter, Manager, Classical Department,
CBS Records, England

26. Juni 1975
Sehr geehrter Mr. Rossiter,
haben Sie vielmals Dank für Ihren Brief vom 19. Mai. Ent-
schuldigen Sie bitte die verspätete Antwort. Zuallererst
möchte ich Ihnen sagen, was für eine Freude es ist, einen
»Aerophobie«-Kollegen[1] zu grüßen. (Heißt das, daß Sie in der
glücklichen Lage sind, der bevorstehenden Konferenz in
Toronto zu entgehen? – Ich suche selbst verzweifelt nach einer
Ausrede!)
Was soll ich Ihnen über das Hamilton von heute schon sagen?
Ich weiß ja nicht, in welchem Alter Sie jetzt sind und wie lange
Sie nicht mehr dort waren, aber höchstwahrscheinlich kennen
Sie nicht den Nervenkitzel der Umgehungsstraße von Bur-
lington ohne die Mautstationen, die vor ein paar Jahren ent-
fernt wurden. Bezüglich aller kulturellen Einzelheiten ver-
weise ich Sie an Boris Brott, der, wie Sie vielleicht wissen, das
BBC Welsh Orchestra sowie die Hamilton-Band dirigiert.
Nun gut... ich danke Ihnen jedenfalls für Ihre freundlichen
Zeilen und für die vielen Neuerscheinungen auf dem britischen Markt. Selbstverständlich kann ich der Aufforderung,
meine eigenen »Top 40« zu benennen, nicht widerstehen, aber
dazu komme ich später, wenn Sie gestatten.
Zunächst möchte ich auf den Artikel für Hi-Fi News eingehen:
Ich weiß von der Existenz dieses Magazins, in erster Linie
wegen eines gewissen Barockspinners, der sich ständig über

---

1. Eine Anspielung auf Goulds Flugangst.

meine verdrehten Wechselnoten oder so ähnlich beklagt, aber aufgrund der Art und Weise, wie das Heft an den örtlichen Zeitungsständen vertreten ist, wäre ich nie auf die Idee gekommen, daß es »Records and Recordings« in der Avis-Plazierung abgelöst hat (»Wir sind die Nr. 2 und geben uns noch mehr Mühe« und so weiter). Trotz der »verdrehten Wechselnoten« würde ich mich jedenfalls freuen, wenn das Magazin einen Artikel bringen würde – das einzige Problem besteht darin, daß ich bei meiner derzeitigen Terminplanung zumindest in den nächsten 6 Monaten unmöglich einen Originalbeitrag schreiben kann, und Sie möchten ihn (verständlicherweise) mit der Beethoven-Ausgabe im November[1] verbinden. Wäre es nicht möglich, daß man irgendeinen Artikel nimmt, der auf dieser Seite des großen Teichs bereits im Umlauf ist, oder einen, der demnächst erscheint? In der nächsten Ausgabe von »High Fidelity« – das heißt im Augustheft, das hier Mitte Juli herauskommt – habe ich einen Beitrag von ungefähr 6 000 Wörtern mit dem Titel »The Grass is Always Greener in the Outtakes«[2]. Er erscheint übrigens gleichzeitig in »High Fidelity« und in »Piano Quarterly«, doch die Rechte verbleiben bei mir, und es wäre überhaupt kein Problem, ihn auch Hi-Fi News zu überlassen.

Ob der Artikel zu dem Anlaß paßt, ist eine völlig andere Frage. Es ist eine Art Kinsey-Report über die Weise, in der Hörer Klebestellen entdecken können oder glauben, entdecken zu können. Das Rohmaterial bestand mit einer einzigen Ausnahme aus meinen eigenen Platten, und abgesehen von ein paar allgemeinen Bemerkungen zu Beginn, bewegt sich das Ganze sichtlich in die Richtung statistischer Tabellen usw. Bei einem englischen Lesepublikum könnte es möglicherweise zum Problem werden, daß beim Leser sehr viel vorausgesetzt wird – das heißt, es wird vorausgesetzt, daß der Leser in einem

---

1. Beethoven, *Sieben Bagatellen* op. 33 und *Sechs Bagatellen* op. 126 (CBS).
2. *High Fidelity* XXV, Nr. 8, August 1975; deutsch: »In den Outtakes ist das Gras immer grüner: Ein Hörexperiment«, in: *Vom Konzertsaal zum Tonstudio. Schriften zur Musik II* (München: Piper, 1987), S. 167–182.

gewissen Grad über meine Voreingenommenheit für Aufnahmetechniken usw. Bescheid weiß. Das ist hier drüben natürlich kein Problem, da ich in »High Fidelity« und anderen Magazinen oft über verwandte Themen geschrieben habe, aber da in diesem Text einfach davon ausgegangen wird, daß der Leser diesen Ideen bereits begegnet ist und diese Begegnung als Sprungbrett benutzt, weiß ich nicht, ob der Text in fremden Gefilden auf eigenen Füßen stehen könnte. Jedenfalls werde ich Ihnen eine Kopie einer Kopie schicken, dann können Sie mir sagen, was Sie davon halten. Das Copyright ist, wie gesagt, kein Problem, und ich halte es eher für unwahrscheinlich, daß mehr als ein sehr kleiner Prozentsatz der Hi-Fi-News-Leserschaft bereits die Bekanntschaft mit diesem oder anderen Artikeln im Stil von High Fidelity gemacht hat.

Selbstverständlich wäre ich gerne bereit, dieses schwierige Thema im Rahmen des fortlaufenden Gesprächs von »Glenn Gould« mit »glenn gould« noch einmal anzugehen. Vor dem »Interview« in High Fidelity[1] habe ich einen Glenn-Gouldgegen-glenn-gould-Text über Beethoven geschrieben[2] – siehe da, ich mag seine Musik nicht besonders –, der wegen seines kompakteren Themas wohl besonders wirkungsvoll war und der ebenfalls verwendet werden könnte (er erschien zuerst in Torontos »Globe and Mail« und wurde anschließend von einigen anderen Blättern übernommen, aber, wie gesagt, die Rechte liegen bei mir). Für einen Originalbeitrag hingegen brauche ich die Art von Zeit, die ich im Augenblick einfach nicht habe, und ich hoffe, Sie können Hi-Fi News überreden, einen existierenden Text zu verwenden, anstatt auf etwas Neues zu warten. In den nächsten 6 Monaten muß ich etliche Sachen schreiben – insbesondere einen Artikel über die Feiern

---

1. »Glenn Gould Interviews Glenn Gould about Glenn Gould«, in: *High Fidelity* XXIV, Nr. 2, Februar 1974; deutsch: »Glenn Gould interviewt Glenn Gould über Glenn Gould«, in: ebd., S. 107–126.
2. »Glenn Gould Interviews Himself About Beethoven«, in: *The Piano Quarterly* XXI, Nr. 79, Herbst 1972; deutsch: »Glenn Gould interviewt sich selbst über Beethoven«, in: *Von Bach bis Boulez. Schriften zur Musik I* (München: Piper, 1986), S. 74–83.

zu Ernst Kreneks 75. Geburtstag[1] und einen über den Theologen Jean LeMoyne[2], aber ich glaube, bei keinem der beiden handelt es sich um das, was Hi-Fi News will. Teilen Sie der Redaktion bitte mit, selbst wenn ich einen Originalbeitrag für sie verfaßte, würde ich darauf bestehen, die Rechte zu behalten, und würde ihn wahrscheinlich in irgendeinem Magazin hier verwerten.

Und nun zu TV, Film usw. Der Hinweis auf Skrjabin–Schönberg in einem früheren Brief an Robert Walker bezog sich ziemlich sicher auf eine Sendung, die sich als musikalisch-bildliche Betrachtung der ersten Dekade des Jahrhunderts entpuppte und am Ende auch Ausschnitte von Berg und Debussy enthielt[3]. Sie bildete auch die erste Folge einer geplanten 7teiligen Serie (3 sind derzeit im Kasten), die sich Dekade für Dekade mit dem 20. Jahrhundert befaßt. All diese Sendungen liegen auf Video vor, nicht auf Film, und wenn nur eine einzige ausgewählt werden müßte, würde ich unbedingt Nr. 2 empfehlen. Sie hieß »The Flight from Order«, drehte sich um die Jahre 1910–1920 und war wohl die beste Musiksendung auf Video, die wir bisher produziert haben. Das Programm (meine Kommentare erfolgen zwischen den Stücken) beinhaltet:

1. eine der »Visions fugitives« von Prokofjew;
2. Ophelia-Lieder von Strauss;
3. das erste Drittel von »Pierrot lunaire«;
4. die letzten 4 Abschnitte aus der L'Histoire-Suite und
5. meine eigene Transkription von »La Valse«[4].

---

1. »A Festschrift for ›Ernst Who‹???«, Rezension des Buches *Horizons Circled: Reflections on My Music* von Ernst Krenek (Berkeley: University of California Press, 1974), in: *The Piano Quarterly* XXIV, Nr. 92, Winter 1975/76; deutsch: »Eine Festschrift für ›Ernst Wer‹???«, in: *Von Bach bis Boulez. Schriften zur Musik I* (München: Piper, 1986), S. 275–282.
2. »An epistle to the Parisians: Music and Technology, Part 1«, in: *The Piano Quarterly* XXIII, Nr. 88, Winter 1974/75; deutsch: »Musik und Technologie«, in: *Vom Konzertsaal zum Tonstudio, Schriften zur Musik II* (München: Piper, 1987), S. 161–166.
3. *The Age of Ecstasy, 1900–1910.*
4. *The Flight from Order.*

Die CBC plant eine Wiederholung der Sendungen, wenn die Serie in drei Jahren komplett ist, aber es dürfte keine vertraglichen Probleme mit der unabhängigen Vermarktung einer einzelnen Folge geben – ich glaube sogar,»The Flight from Order« ist bereits nach Deutschland verkauft worden. Was Filmprojekte jüngeren Datums betrifft, so dürfte das interessanteste wohl die vierteilige Serie sein, die letztes Jahr für ORTF gedreht wurde und im Dezember gesendet wurde [1]. Ich habe sie noch nicht gesehen, doch das Team schien sich ungewöhnlich viel Mühe dabei zu geben, und ich habe nur das Beste aus Paris gehört. Falls Sie mit den Leuten direkt Verbindung aufnehmen wollen (wobei Sie natürlich bedenken sollten, daß sich der Aufbau von ORTF in den letzten Monaten geändert hat) – der Produzent war Bruno Monsaingeon und der Regisseur François Ribadeau. Die Folgen wurden übrigens französisch untertitelt, aber es dürfte sicherlich möglich sein, eine Kopie ohne Untertitel zu beschaffen.

Nun zu Rundfunkinterviews. Abgesehen von den Gesprächen mit John McClure [2], die Sie sicherlich kennen, gibt es eigentlich kein Interview von der konventionellen Art. Ungefähr alle paar Jahre versuche ich, neben der Produktion größerer Reportagen eine kurze Serie über irgend etwas für den Rundfunk zu machen – das letzte war eine 10wöchige Werkschau über Schönberg –, in der ich als Kommentator oder vielmehr als Gesprächsteilnehmer fungiere. 1969 brachten wir sogar eine 21wöchige Serie, die im Grunde eine bessere Diskographie war, die aber einen gewissen Spielraum für Clownereien zuließ und in der ich als mein eigener Kritiker auftreten konnte, wobei ich jeweils den Tonfall annahm, der jenen Herren angemessen schien, die die Anmerkungen zur amerikanischen Ausgabe meiner 5. Beethoven-Liszt-Symphonie schrieben. (Falls Sie mit diesem speziellen Cover nicht vertraut sind, sagen Sie mir Bescheid, dann lasse ich es Ihnen

---

1. *Chemins de la Musique.*
2. Produzent und Manager bei Columbia Records, New York.

von Earl Price schicken.) Unter der Voraussetzung der oben erwähnten Wartezeit wäre ich jedenfalls gerne bereit, ein Radiointerview mit mir selbst zu führen, möglicherweise in einer Form, wie ich sie vor ein paar Jahren bei einem CBS-Werbegag für Bach ausprobierte. Dabei spielte ich eine Reihe von Figuren, die sich in einer Art Diskussionsrunde über Platten unterhielten und übereinandersynchronisiert wurden, bis ungefähr die Atmosphäre einer echten Studio-Diskussionsrunde entstand. Dieses Band wäre übrigens über Earl Price zu beschaffen und dürfte – wenn ich es mir recht überlege – mit einer entsprechenden Erläuterung ganz gut zu gebrauchen sein. Die Laufzeit, soweit ich mich erinnere, beträgt ungefähr 15 Minuten.

Schließlich die Vorschläge für die Top 40. Ich bin etwas zögerlich, denn meiner Meinung nach können Sie die speziellen Erfordernisse des englischen Marktes sehr gut absehen, nicht nur in Hinsicht auf Ihren eigenen Katalog, sondern auch den anderer Firmen, und im Grunde sollte ich all solche Entscheidungen Ihnen überlassen. Allerdings... ich würde Ihnen gerne Vol. 1 der Bach-Konzerte empfehlen (das sind die Konzerte 3, 5 und 7), die Skrjabin-Prokofjew-Scheibe, die Hindemith-Sonaten, Beethovens Opus 31, und, sobald Sie meinen, der Spezialist für verdrehte Wechselnoten könnte soweit sein, die Mozart-Sonaten, in Teilen oder im Ganzen. In umgekehrter Reihenfolge: Ich bin extrem eingenommen von der Mozart-Reihe (die 5. und letzte Folge ist, wie Sie wahrscheinlich wissen, bisher lediglich als limitierte Sonderausgabe veröffentlicht worden), trotz oder vielleicht sogar aufgrund der Tatsache, daß ich Mozart eigentlich gar nicht so besonders mag. Die Alben haben natürlich innerhalb der nordamerikanischen Kritikerzunft Bestürzung ausgelöst, und ich bin ziemlich sicher, daß Sie in Anbetracht des unendlich viel größeren Konservatismus Ihrer britischen Kollegen den größten Skandal aller Zeiten am Hals hätten, und deswegen wies ich darauf hin, daß vielleicht ein bißchen mehr Hörervorbereitung angebracht wäre. Auf jeden Fall sollen die 5 Alben in ungefähr einem Jahr im Paket heraus-

kommen[1], und ich werde dazu einen größeren Aufsatz schreiben, möglicherweise in Form eines »Gesprächs mit«, und werde versuchen, eine Erklärung dazu abzugeben, so, wie RVW[2] über die 4. Symphonie sagte: »Weiß nicht, ob sie mir gefällt, weiß aber, daß ich es ernst meinte.«
Die Hindemith-Sonaten sind im Grunde der Beginn einer ziemlich umfassenden Hindemith-Kampagne. Zur Zeit arbeiten wir an den Bläsersonaten (die Hornsonate nehme ich übrigens nächste Woche auf), und nächstes Jahr machen wir die, wie ich meine, allererste Einspielung der *Originalfassung* vom »Marienleben«. Das Opus 31 erwähne ich nur, weil ich die Stücke ausgesprochen gern habe und einigen Gefallen an der Platte finde, aber mir ist klar, daß dieses Material in Ihrem Katalog wohl bereits enthalten ist, und, offen gesagt, ich weiß nicht, ob die Prokofjew-Skrjabin-Stücke und die Bach-Konzerte nicht schon in England erschienen sind. Wir haben vor, den Zyklus der Bach-Konzerte etwa innerhalb des nächsten Jahres abzuschließen – eine Neueinspielung der Nr. 1, die 1957 nur in Mono aufgenommen wurde, und das bearbeitete 4. Brandenburgische (das heißt die Nr. 6) stehen noch aus, und vielleicht wäre es sinnvoller zu warten, bis der Zyklus komplett ist. Ich denke, dies sind Entscheidungen, in die ich mich nicht einmischen sollte, aber ich bin Ihnen sehr dankbar, daß Sie mir die Gelegenheit gaben, und würde mich freuen zu hören, was Sie von meinen obigen Vorschlägen halten. Geben Sie mir Bescheid, wenn ich bei ORTF, CBC und so weiter in bezug auf Ihre TV-Pläne irgend etwas für Sie tun kann. Alles Gute.
Ihr
Glenn Gould

---

1. Mozart, *The Complete Piano Sonatas*, einschließlich »Mozart, A Personal View« – Glenn Gould im Gespräch mit Bruno Monsaingeon (Columbia, erschienen 1979).
2. Ralph Vaughan Williams.

Mr. Paul Myers, c/o CBS Records,
London, England

6. Februar 1976

Lieber Paul,

zunächst einmal möchte ich der erste sein, der Dir frohe Weihnachten für 1976 wünscht, oder, falls Du diese Dinge unbedingt genau nehmen mußt, der letzte für 1975. Als die Zeit des Weihnachtskartenschreibens nahte, verknüpfte ich Dich und CBS automatisch mit der alten Adresse in der Theobalds Road, und ich konnte einfach keinen aktuellen Brief finden, der dem Umzug zum Soho Square Rechnung trug. Wenn auch verspätet, jedenfalls die allerbesten Wünsche zum Jahreswechsel.

Es freut mich zu hören, daß Du bei dem Strauss-Projekt als Interviewer mitwirken kannst. Selbstverständlich bedaure ich, daß wir keine Gelegenheit fanden, vor Deiner Abreise von New York ausführlicher über die »Besetzungsliste« zu sprechen (Deine Mack-Sennett-artige Schilderung dieser letzten paar Stunden in New York machte dies allerdings fast wett), und ich möchte diese Gelegenheit nutzen, ein paar Ideen über mögliche Teilnehmer aus Großbritannien usw. zu äußern.

Wie Du weißt, wechseln meine größeren Reportagen bei der CBC zwischen musikalischen und nichtmusikalischen Themen – das heißt der Hommage zu Schönbergs Hundertstem folgte »The Quiet In The Land«, dem wiederum das Strauss-Projekt folgen wird, usw. Jedenfalls interessiere ich mich immer weniger für faktenbeladene Musikreportagen, sondern mehr und mehr dafür, etwas mit Atmosphäre und Ereignischarakter zu schaffen und das Sujet sozusagen als Sprungbrett zu benutzen. Im Falle des Schönberg habe ich sogar versucht, dem Hörer diese Tatsache bewußt zu machen, indem ich es eine »Dokumentar-Fantasie« nannte. Ob ich nun mit dem Titel der Strauss-Sendung ähnlich verfahre oder nicht – bei deren formalem Aufbau will ich auf jeden Fall in derselben Weise vorgehen. Höchstwahrscheinlich wird sie ein mehr oder weniger nahtloses Klanggewebe aufweisen – nicht unbedingt nur Musik von Strauss selbst; im Falle der Schön-berg-Sendung brauchte ich, abgesehen von seinen Transkrip-tionen des »Kaiserwalzers« und von Brahms' »g-Moll-Quar-tett«, einundzwanzig Minuten, um das erste echte Stück Schönbergiana »einzuführen« – der Rest dieser einundzwan-zig Minuten ist einem Überblick über seine Vorläufer und Zeitgenossen gewidmet – Strauss, Mahler usw. Bei der Strauss-Sendung gehe ich vielleicht genauso vor oder auch nicht, das Entscheidende ist jedoch, daß sie in jedem Fall eine durchgehende Klangtapete bilden wird, an die ich die Kom-mentare unserer diversen Interviewgäste heften werde, und daß folglich ein Übermaß an Fakten – Dinge, die der auf-merksame Hörer durch einen kurzen Blick in den Grove[1] erfahren kann – in solch einer Umgebung ziemlich untergehen würde. Ich denke, wir brauchen Leute, die über Strauss und seine Zeit so sehr im Bilde sind, daß sie schlicht davon aus-gehen, daß biographische Daten an sich völlig entbehrlich sind, aber daß ihre Anwesenheit gerade deswegen nützlich ist, weil sie sich aufgrund ihrer gesicherten Kenntnis seines Lebens und Wirkens wenn auch auf völlig unterschiedliche Weise zu diesem Thema äußern können.

Ich glaube, wir sprachen von der Möglichkeit, Norman Del Mar[2] einzuladen, und wenn ich mich recht erinnere, gabst Du zu verstehen, daß er persönlich ganz genauso klar und präzise ist, wie es seine Bücher vermuten lassen. Ich halte es immer noch für eine großartige Idee und wäre sehr dafür, daß Du die Einladung in meinem Namen aussprichst – oder falls Dir das lieber ist und Du mir seine Adresse besorgen kannst, schreibe ich ihm direkt und unterrichte ihn kurz über das Projekt und Deine Mitwirkung als Interviewer. Sag mir einfach Bescheid, was Dir lieber ist.

---

1. Umfangreiche Musikenzyklopädie, *The New GROVE Dictionary of Music and Musicians*; benannt nach dem ursprünglichen Herausgeber, George Grove (1820–1900) (Anmerkung des Übersetzers).
2. Englischer Dirigent und Autor der dreibändigen Studie *Richard Strauss* (London: Barrie, 1965).

Was würdest Du von Barbara Tuchman halten? Sie schrieb – in »Der stolze Turm«[1], wenn ich mich nicht irre – sehr sensibel über Strauss; wenn ich mich recht erinnere, verwendete sie ihn sogar als Leitmotiv für ein gesamtes Kapitel. Ich habe es seit geraumer Zeit nicht mehr gelesen, aber ich erinnere mich, den Eindruck gehabt zu haben, daß sie in all ihren Verweisen auf Strauss voll ins Schwarze traf, auch wenn sie nicht ganz so richtig lag, als sie den Schönberg des »Pelleas und Melisande« als »atonalen« Komponisten bezeichnete. Aber je nachdem, was Du über ihre Fähigkeiten vor dem Mikrophon weißt, hielte ich es für einen genialen Coup, sie zu gewinnen. (Habe ich übrigens erwähnt, daß es so aussieht, als könnte ich der Tochter von Hugo von Hofmannsthal ein Interview abluchsen?)[2]

Ich möchte die »Besetzungsliste« in einer überschaubaren Größenordnung belassen. In der Schönberg-Sendung verwendete ich nur fünf »Charaktere« – Ernst Krenek, John Cage, Henry-Louis de La Grange, Erich Leinsdorf[3] und Denis Stevens[4] –, und das hat sehr gut funktioniert. Im Fall von Strauss verlege ich mich wahrscheinlich auf eine 90minütige Dauer und könnte eventuell sechs oder sogar sieben Teilnehmer unterbringen, aber gewiß nicht mehr. Ich möchte auch Spielraum für eine Idee offenlassen, die noch weitgehend in der Entwicklung ist, die aber ganz gut wirken könnte – mir eine Gruppe junger Studenten vornehmen und sie befragen, was ihnen Richard Strauss, wenn überhaupt, bedeutet. Und wenn es auch nur darum ginge zu sehen, wie man die Abneigung gegenüber Strauss und die Begeisterung für Mahler innerhalb

---

1. Amerikanische Autorin (1912–1989), zweimalige Trägerin des Pulitzer-Preises. *The Proud Tower* erschien 1966; deutsch: *Der stolze Turm. Ein Porträt der Welt vor dem Ersten Weltkrieg 1890–1914* (München/Zürich: Droemer Knaur, 1969).
2. Dichter und Strauss-Librettist (1874–1929). Es gelang Gould nicht, dieses Interview zu bekommen.
3. Erich Leinsdorf (1912–1993), österreichischer Dirigent.
4. Englischer Violinist, Musikwissenschaftler und Dirigent (geb. 1922), den Gould interviewte.

der jüngeren Generation gegeneinander abgrenzen könnte (fast wie der Beifall der Beat-Generation für Hermann Hesse und ihre Ablehnung Thomas Manns), das könnte ein interessanter Zeitvertreib sein.

Wenn Du jedenfalls Tuchman und Del Mar drüben dingfest machst, könnte ich wohl den Rest der »Rollenliste« auf dieser Seite des Teichs besetzen – mit einer Ausnahme möglicherweise, die ich mich fast nicht auszusprechen traue – bist Du gefaßt? – bist Du bereit? – Ken Russell[1]! Ich weiß, es klingt absolut verrückt und ist es wahrscheinlich auch, aber sei es auch nur um der reinen Auflockerung willen – es dürfte ein ziemlicher Spaß sein, ihn auf Band festzuhalten. Was meinst Du? Weißt Du etwas über seine Gesprächsgewandtheit usw.?

Wie wär's, wenn ich diese drei Vorschläge Dir überlasse und Dich in London anrufe, wenn Du genügend Zeit gehabt hast, eine eigene »Gästeliste« zusammenzustellen oder vielmehr herauszufinden, ob Tuchman, Del Mar und – darf ich es noch einmal aussprechen – Russell verfügbar sind, dann können wir besprechen, wie wir am besten vorgehen. Da ich die Besetzung auf dieser Seite besser abwägen kann, sobald ich das Material kenne, das aus London kommen dürfte, würde ich lieber warten, bis Deine Interviews abgeschlossen sind, bevor ich selber damit anfange, und obwohl wir das ganze Kalenderjahr für die Produktion haben, hätte ich gerne die englischen Interviews nach Möglichkeit nicht später als Mai unter Dach und Fach[2].

Inzwischen alles Gute. Ich laß Dich ein bißchen über die Sachen nachdenken und setze mich in ein paar Wochen telefonisch mit Dir in Verbindung.

Mit freundlichen Grüßen
Glenn Gould

---

1. Englischer Filmregisseur (geb. 1927).
2. Goulds Dokumentation über Richard Strauss mit dem Titel *The Bourgeois Hero* wurde vom Rundfunk der CBC in zwei Folgen am 2. und 9. April 1979 ausgestrahlt.

AN BARBARA TUCHMAN
Miss Barbara Tuchman,
Cos Cob, Conn., U.S.A.

Music Department
354 Jarvis St.
Toronto
Ontario, Kanada
14. April 1976

Sehr geehrte Frau Tuchman,
die CBC hat mich beauftragt, eine 90minütige Rundfunkreportage über das Leben und Wirken von Richard Strauss zu
produzieren, und ich dachte mir, ob ich Sie wohl zur Teilnahme überreden kann. Die Sendung ist nicht als rein formale
Studie seines Werks gedacht, sondern ähnlich wie frühere
Sendungen über Schönberg, Casals, Stokowski usw. als
»Stimmungsbild«, in dem wir etwas vom Geist des Menschen
und der turbulenten Zeiten einfangen wollen, in denen er lebte.
Einbeziehen würde ich gerne die Ansichten von:
a) Menschen, die ihn persönlich kannten;
b) jüngeren Leuten, die vielleicht eine Erklärung für die recht
vertrackte Frage haben, weshalb ein so großer Teil seines
Schaffens in Verruf gekommen zu sein scheint, zumindest in
Musikerkreisen; und
c) Leuten wie Sie, die einen historischen Überblick über seine
Laufbahn geschaffen haben – selbstverständlich denke ich an
das außergewöhnliche sechste Kapitel in »Der stolze Turm«.
Wir denken, in naher Zukunft die Ansichten unter anderem
von Sir Georg Solti[1], Rolf Liebermann[2] und John Culshaw[3]
auf Band zu haben, und ich wäre überaus erfreut, wenn Sie
sich bereit finden könnten, mir ein Interview zu gewähren[4].

---

1. Englischer Dirigent ungarischer Abstammung (geb. 1912).
2. Schweizerischer Komponist und Opernintendant (geb. 1910).
3. Englischer Schallplatten- und Fernsehproduzent.
4. Tuchman sagte ab mit der Begründung: »Ich bin von einem Buch über ein
   völlig anderes Thema so in Anspruch genommen, daß ich zur Zeit nicht
   umschalten kann.«

Meine übliche Vorgehensweise bei der Produktion dieser Art von Feature besteht darin, jeden der Teilnehmer ungefähr eine Stunde lang zu interviewen – meine Fragen werden später herausgeschnitten – und letztlich eine Collage von Meinungen zusammenzustellen – pro, kontra oder gegebenenfalls dazwischen. Uns stehen die CBC-Studios in New York zur Verfügung, und aus einleuchtenden praktischen Gründen würde ich das Interview am liebsten dort durchführen, aber wenn das unbequem für Sie ist, könnte ich es sicherlich einrichten, mit einem Techniker und einem Nagra oder etwas ähnlichem nach Cos Cob zu kommen. Die Sendung soll erst im nächsten Jahr ausgestrahlt werden, aber ich möchte gerne sämtliche Interviews spätestens diesen Sommer abgeschlossen haben, so daß im Herbst das Schneiden und Mischen beginnen kann.
Ich hoffe, daß Sie teilnehmen können, und würde mich freuen, von Ihnen zu hören.
Mit freundlichen Grüßen
Glenn Gould


An Paul Myers
Mr. Paul Myers, c/o CBS Records,
London, England

25. Mai 1976

Lieber Paul,
hier die längst überfälligen Fragenvorschläge für das Strauss-Interview[1]:
1) Der Arbeitstitel der Sendung lautet, wie vielleicht schon erwähnt, »The Bourgeois Hero«, und folglich würde ich gerne das etwas widersprüchliche Wesen dieses Menschen erforschen, der über einen Großteil seines Lebens im Mittelpunkt der österreichisch-deutschen Avantgarde stand und über eine

---

1. Weil Gould sich weigerte zu fliegen, mußte er bei Reportagen mit internationaler Besetzung getreue Kollegen in anderen Winkeln der Erde als Interviewer einspannen. Die Instruktionen in diesem Brief sollten sicherstellen, daß Myers ein Interview lieferte, das in Goulds Konzept paßte.

noch größere Anzahl von Jahren völlig jenseits der Grenzen dessen stand, was für seine radikaleren Kollegen zulässig war. Kurzum, ich möchte Strauss' Verhältnis zum Zeitgeist beleuchten.

Ich weiß, daß Du meine Einstellung zu dieser Frage sehr wohl kennst; wir haben uns oft darüber unterhalten, und soweit ich mich erinnere, sind sich unsere Ansichten auffallend ähnlich – das heißt, man sollte nicht gezwungen sein, sich den Maßstäben seiner Kollegen anzupassen, und sollte den treibenden Rhythmen des eigenen künstlerischen Gewissens folgen. Im Sinne dieser Interviews spielen unsere Ansichten, außer als unterschwellige Botschaft, allerdings überhaupt keine Rolle; vielmehr will ich einen lebendigen Austausch von Meinungen zu diesem Thema und brauchbare Äußerungen über die ungewöhnlich lange Laufbahn von Strauss, die scheinbare Rückentwicklung in bezug auf die technische Tollkühnheit und die unauffällige Stilwandlung bei Strauss.

Letztes Jahr, während des Interviews für die Schönberg-Sendung, erklärte Erich Leinsdorf, seiner Meinung nach verkörpere Strauss' Spätwerk (Metamorphosen, Capriccio usw.) nicht die wunderbare Wiederbelebung der Inspiration des Komponisten, als die es so oft gewürdigt wird. Er warf dies nur so nebenbei ein, und da unsere Zeit sehr eingeschränkt und das Thema eigentlich Schönberg war, habe ich ihn auf diesen Punkt nicht weiter festgenagelt. Wäre es indes ein Gespräch über Strauss gewesen, hätte ich gewiß viel mehr hören wollen als bloß seine allgemeinen Äußerungen – ich hätte so viele Belege gefordert, wie er nur aufbieten könnte (»Na ja, sie sind voller Klischees, die harmonischen Grundrisse sind völlig vorhersehbar usw.«). Gewiß, viele Leute sehen wie Leinsdorf Strauss' Schwimmen gegen den Strom ganz anders als ich, aber ohne ihnen das Thema auf unangenehme Weise aufzudrängen, wünsche ich mir zu dieser Thematik soviel konstruktiven Dialog wie möglich. Der Dialog muß selbstverständlich nicht die Form einer ausschließlichen Analyse des Lebens und Wirkens von Strauss annehmen; alle naheliegenden historischen Parallelen sind zulässig – Bach ist vielleicht

316

das beste Beispiel –, und innerhalb des 20. Jahrhunderts könnte man Strauss' Fixierung auf die Tonalität sicherlich Schönbergs Ruhelosigkeit, Strawinskys Rücksichtslosigkeit, Weberns kabbalistischer Skrupelhaftigkeit usw. gegenüberstellen. Es gibt im Grunde unendliche Verzweigungen, und man landet schließlich bei der Frage, was – wenn überhaupt – eine Gesellschaft von einem Künstler erwarten darf, und bei anderen ähnlich hochtrabenden Abschweifungen. Genau diese Abschweifungen machen die Sendung jedoch interessant, und meine größte Hoffnung besteht darin, daß das spezielle Thema Strauss sozusagen einen geistigen Generalbaß abgibt und daß die konkreten Aussagen über ihn und sein Werk in den uns zur Verfügung stehenden 90 Minuten universelle Dimensionen annehmen.

2) Trotz des eben Gesagten würde ich eine Erörterung der spezifischen Merkmale der Strausssschen Musik begrüßen – der Quartsextakkord, der Strawinsky zur Raserei brachte, die Vorliebe für triadisch formulierte Themen, der Bezug zwischen Tonartencharakteristik und atmosphärischer Stimmung (zum Beispiel steht Es-Dur in den frühen Werken für Abenteuer, in den späten für Resignation, und so weiter). Außerdem wäre ich wahnsinnig glücklich, wenn Du in bezug auf eine oder mehrere der oben vorgeschlagenen Ideen für einen Übergang sorgen würdest. Zum Beispiel wenn Del Mar sagen würde, die »Metamorphosen« beispielsweise seien, um meinen eigenen Streisand-Artikel von unlängst zu zitieren, »dreiundzwanzig Solostreicher auf der Suche nach einem Quartsextakkord«, so wäre es sehr günstig, zu diesem Gedanken entweder eine Fortsetzung zu haben oder aber, im Sinne der Debatte, eine Replik von Solti. Bemühe Dich bitte nicht darum, nach einem besonderen Effekt zu haschen, aber solche Übergänge bieten mir eine phantastische Gelegenheit, meine durchgehende Hintergrundpartitur entsprechend zu planen. Auf jeden Fall kann man normalerweise zwei oder drei kontroverse Gedanken, die ein Gast geäußert hat, aufgreifen und in aller Unschuld zu einer Frage an den nächsten umformen.

317

Ich möchte jedem der Gäste in der Diskussion über die Beziehung – die musikalische, nicht die persönliche – zwischen Strauss und seinen wichtigsten Kollegen – Schönberg, Strawinsky usw. – soviel Freiheit wie möglich einräumen. Diese Diskussion berührt natürlich auch persönliche Beziehungen – zum Beispiel Strauss' Assistenz bei Schönberg in dessen voratonaler Zeit und seine spätere Absage an Schönbergs Werk und Ideen –, aber vor allem kommt es mir hier darauf an, einen Eindruck von den vitalen Ereignissen in der Musik zu vermitteln, die Strauss munter ignorierte. In diesem Zusammenhang ist es wichtig, mir die Gelegenheit zu geben, in das musikalische Gewebe möglichst viele Zitate aus Werken anderer Komponisten außer Strauss einzuflechten und etwas von dem musikalischen Gärungsprozeß der Zeit, in der er lebte, erkennen zu lassen.

3) Im persönlichen Bereich, denke ich, interessiert wohl unter anderem die augenscheinliche Unausgewogenheit (so kommt es mir jedenfalls vor) zwischen einem Künstler, der einige der schamlos-sinnlichsten Partituren des Jahrhunderts schuf und sie sämtlichen Zeugnissen zufolge in einer erstaunlich verhaltenen Weise dirigierte (wie überhaupt fast alles andere auch), der sich besonders in seinen frühen Jahren Themen der Dekadenz zuwandte und gleichzeitig ein ausgesprochen maßvolles Leben führte. Ich habe den Eindruck, daß diese Seite im Wesen von Strauss eine weitere Variation des Themas ist, das oben unter Punkt 1 erörtert wurde, und daß die Fähigkeit, außerhalb des eigenen Werks zu stehen und gleichzeitig dem Hörer den Eindruck einer hochintensiven emotionalen Verstrickung zu vermitteln, zweifellos eine Rolle in seinem (milde gesagt) ambivalenten Verhältnis zur Ideologie des Zeitgeistes spielte.

Was andere persönliche Zeugnisse betrifft, nehme ich, was ich kriegen kann (besonders von jemandem wie Deiner Sängerin – wie hieß sie noch gleich? –, die sich vielleicht nicht in allen Diskussionsbereichen gleichermaßen zu Hause fühlt); aber im großen und ganzen wäre es mir lieb, wenn die persönlichen Anekdoten aufs engste mit einem profunderen

Niveau der Beobachtung und der Analyse verquickt wären. Wenn jemand zum Beispiel im Zusammenhang mit einer Anekdote über die Zusammenarbeit zwischen Strauss und Hofmannsthal meint, daß Hofmannsthals oft bevormundende Haltung gegenüber Strauss, besonders in den letzten Jahren ihrer Verbindung, Strauss in eine kompositorische (oder zumindest thematische) Richtung drängte, die eine Fortsetzung der Salome-Elektra-Harmonik implizit unterband, gewinnt das Thema sofort eine andere und interessantere Dimension. Man könnte ferner spekulieren, daß sich vielleicht alle Komponisten tyrannische Librettisten vom Hals schaffen sollten, daß vielleicht sämtliche äußeren Einflüsse, besonders für einen Menschen wie Strauss, eine ernste Gefahr darstellen usw. usw. Dieser letzte Gedankengang dient nur der Veranschaulichung und muß nicht unbedingt nachvollzogen werden; allerdings würde ich mich freuen, wenn Du ihn entsprechend aufgreifst, falls Dir danach ist.

Ich wäre auch sehr dankbar, wenn ein paar der Teilnehmer einige Worte darüber sagen würden, wie die heutige jüngere Generation auf die Musik von Strauss reagiert – das heißt einige Kommentare zu der doch recht sonderbaren Situation, daß nämlich Mahler von den jüngeren Musikern aufgenommen wird, als sei er das musikalische Pendant zu Hermann Hesse (was er vielleicht sogar ist, wenn man es recht bedenkt), während Strauss, der genau dieselben musikalischen Mittel einsetzt (wenn auch zugegebenermaßen in einer anderen Absicht), im großen und ganzen ignoriert wird. Solch einen Kommentar, so kurz er auch sein mag, brauche ich unbedingt; meine eigenen Interviewpläne bleiben zwar noch offen, bis das Material von Dir und von Bruno Monsaingeon aus Paris eintrifft, aber ich will unbedingt ein paar piepsende junge Stimmen (allerdings klar artikulierte) zusammenbringen und versuchen, diese für mich ziemlich unerklärliche Sachlage zu ergründen.

Ich hoffe, dieser Überblick vermittelt Dir eine Vorstellung davon, welche Art von Sendung mir vorschwebt. Angesichts Deiner Erfahrung als Interviewer sollte ich wahrscheinlich überhaupt nichts sagen und alles seinem natürlichen Gang überlassen. Ob Du nun die genannten Ideen aufgreifst oder sie lieber in den Wind schlägst und einen völlig anderen Weg einschlägst – ich weiß jedenfalls, daß sich die Interviews interessant anhören und einen enormen Beitrag zu der Sendung leisten werden.

Abschließend ein paar technische Aspekte:
– Bitte sorge dafür, daß die Aufnahmen mit 38 cm/sec ohne Dolby aufgenommen werden, daß zwei Mutterkopien direkt vom Masterband gemacht werden, falls zwei Geräte zur Verfügung stehen (was natürlich nicht möglich ist, wenn bei Solti ein tragbares Uher verwendet wird), und daß auf jeden Fall Kopien gemacht und in getrennter Post nach Kanada geschickt werden.

– Ich wäre auch sehr dankbar, wenn das Material drüben gemäß NAB-Norm gemacht oder konvertiert werden könnte; allerdings können wir all solche Errata besprechen, sobald Du die Interviews im Kasten hast.

– Soweit es möglich ist und die Unwägbarkeiten beim »Drehen« vor Ort es zulassen, hätte ich bei jedem der Interviews gerne dieselbe Aufnahmequalität. Dies ist besonders wichtig für jene Szenen, in denen ich reale Gesprächssituationen mit Hilfe von Material simuliere, das in Wirklichkeit aus separaten Interviews stammt.

– Je nach der Persönlichkeit des jeweiligen Gastes wäre ich sehr froh, wenn ich ein paar beiläufige Floskeln hätte, wie zum Beispiel »Ich stimme Ihnen absolut zu« oder »Nein, dem kann ich überhaupt nicht beipflichten«. Der Zweck ist der, daß ich bei den erwähnten simulierten Gesprächen einen stärkeren Eindruck von Realität erzeugen kann, und folglich sollte jede derartige Phrase in einem absolut natürlichen Tonfall geäußert werden, so als sei sie Teil eines längeren Satzes oder Gedankengangs. Solche Kommentare können in den Antworten auf Deine Fragen natürlich automatisch auftauchen, aber man kann sich nicht darauf verlassen, und ich bin dahintergekommen, daß ein paar derartige Bemerkungen von unschätzbarem Wert sind, wenn am Schneidetisch eine Krise herrscht.

320

- Versuche nach Möglichkeit dafür zu sorgen, daß das Mikro ein Richtmikrophon ist; da ich den Eindruck erwecken möchte, als redeten die Personen miteinander und nicht mit Dir oder mit Bruno oder mit mir, ist es wichtig, daß wir ihnen so stillschweigend wie möglich beipflichten, damit die Anwesenheit des Interviewers in allen Fällen unbemerkt bleibt.

Ich werde Jill Cobb bei CBC Toronto über unsere Pläne unterrichten; falls irgend etwas aus Toronto gebraucht wird (Bestellungen usw.), kann es ohne Verzögerung bereitgestellt werden. Inzwischen alles Gute. Halte mich auf dem laufenden, wenn Du mit unseren Probanden Kontakt aufnimmst.

Mit freundlichen Grüßen
Glenn Gould

## AN DEN INTERNATIONAL MUSIC COUNCIL

International Music Council,
c/o Mr. John Roberts,
CBC, Toronto

Toronto, Ontario
29. Mai 1976

Sehr geehrte Kollegen [1],

ich möchte diese Gelegenheit nutzen, um den Mitgliedern des International Music Council Grüße und die besten Wünsche anläßlich des Internationalen Tags der Musik 1976 zu übermitteln.

Vor vielen Jahren bezeichnete einer der großen Musiker unserer Zeit, Maestro Leopold Stokowski, die damals jungen Künste der Ton- und Filmaufzeichnung als »eine höhere Berufung«. Seine Beurteilung, die ich teile, beruhte auf der

---

1. Gould schrieb diesen Brief auf Wunsch von John Roberts, der damals dem Exekutivausschuß des International Music Council angehörte, einer Unterorganisation der UNESCO in Paris, in der die nationalen Musikräte und andere Musikorganisationen auf der ganzen Welt zusammengefaßt sind. Dies war einer von vielen Briefen, die bekannte Musiker anläßlich des Internationalen Tags der Musik am 1. Oktober schrieben, um die universelle Bedeutung der Musik zu unterstreichen.

Vorstellung von einem technologischen Netz, durch das die vielen Musiken der Welt endlich zum Gemeingut der Menschheit werden würden. Ich hoffe, der Internationale Tag der Musik regt an zum Nachdenken über das Band des Karitativen und des Kreativen, durch das die Musik und die Medien zu einer Einheit werden, die die Summe ihrer scheinbar pragmatischen Teile weit übersteigt, denn in den vergangenen Jahrzehnten erlebten wir die Schaffung dieses Netzes, das inzwischen buchstäblich die ganze Welt umspannt.

Mit freundlichen Grüßen
Glenn Gould

AN ROBERT L. DOERSCHUK [1]
Mr. Robert L. Doerschuk,
c/o Contemporary Keyboard Magazine,
Saratoga, Kalifornien, U.S.A.

c/o Music Department
354 Jarvis Street
Toronto, Ontario
[um 1977]

Sehr geehrter Mr. Doerschuk,

vielen Dank für Ihren Brief vom 3. November, der mir eben von CBS zugestellt wurde.

Selbstverständlich freut es mich zu hören, daß wir zum Thema Wettbewerb im Grunde einer Meinung sind, und ich bin wirklich sehr erfreut, daß mein Artikel in Musical America [2] Ihr Interesse gefunden hat. Ich muß gestehen, daß ich in den Jahren, seit dieser Artikel geschrieben wurde, keinen Gedanken an die »Reform« oder »Umstrukturierung« von Wettbewerbsveranstaltungen verschwendet habe. Vor fünf Jahren habe ich

---

1. Stellvertretender Chefredakteur des *Contemporary Keyboard Magazine*.
2. »We, Who are About to Be Disqualified, Salute You!«, in: *High Fidelity / Musical America* XVI, Nr. 12, Dezember 1966; deutsch: »Wir, die wir im Begriff sind, disqualifiziert zu werden, wir grüßen euch!«, in: *Vom Konzertsaal zum Tonstudio. Schriften zur Musik II* (München: Piper, 1987), S. 17–23.

allerdings eine todernste Satire für den Rundfunk produziert[1], die sich unterschiedliche Arten des Wettbewerbs zur Zielscheibe nahm – sie war sogar zeitlich auf die Olympiade von 1972 und die Schachbegegnung Spasski–Fischer in Island abgestimmt –, aber soweit ich mich entsinne, berührte das Skript nur einmal und nur ganz flüchtig das Thema Musikwettbewerb speziell.

Meine persönliche Wettbewerbserfahrung – abgesehen vom üblichen Reigen der Prüfungen am Konservatorium usw. – ist zum Glück gleich null. Allerdings habe ich den Eindruck, daß es Ende der vierziger und Anfang der fünfziger Jahre weit weniger solcher Ereignisse gab und daß sie eine weniger große Rolle für den Werdegang spielten. Um aber auf Ihre Frage einzugehen: Ich war nicht »versucht«[2], und ich kann mich an keinen Zeitpunkt erinnern, an dem ich eine Einstellung gegenüber dem höchst unmoralischen Gepräge des Wettbewerbsprozedere hegte, die sich grundlegend von der unterschied, die ich heute vertreten würde und die ich in dem Artikel vom Dezember '66 vermitteln wollte.

Alles Gute.

Ihr
Glenn Gould


An Thomas Henighan[3]
Dr. Thomas Henighan,
Conference & Fair,
Ottawa.

26. Juni 1978

Sehr geehrter Dr. Henighan,
haben Sie vielen Dank für Ihren Brief, in dem Sie mich über Ihre Pläne bez. »Kanada in der globalen Gesellschaft« unter-

---

1. *The Scene*, am 7. Oktober 1972 vom Rundfunk der CBC gesendet.
2. »Gab es jemals eine Zeit in Ihrer Laufbahn«, wollte Doerschuk wissen, »in der Sie als junger Künstler versucht waren, in die Wettbewerbsarena zu steigen?«
3. Henighan koordinierte die Konferenz und Messe »Die Gestaltung der

richteten und zur Teilnahme einluden[1]. Ich würde mich freuen, in irgendeiner Weise mitzuarbeiten; das Problem ist nur, ganz ehrlich gesagt, daß ich einen Termin im August und etliche Verpflichtungen in der übrigen Zeit des Sommers habe, weswegen ich keinen »Originalbeitrag« auf Film oder Video beisteuern kann. Ich werde jedoch sehr gerne die Einwilligung in die Wiederholung von geeignetem Material (in toto oder in Ausschnitten) geben.

Auf Anhieb fallen mir drei Möglichkeiten ein:

(1) *Das Menuhin-»Gespräch«*

Diese Episode wurde letzte Woche gedreht. Sie sollte sich an ein recht sorgfältig verfaßtes 8-Minuten-Skript anlehnen, das ich ausgearbeitet hatte und in dem es um das Verhältnis zwischen Musik und Medien ging; gedreht wurde im Regieraum eines Tonstudios, und Schwerpunkt war natürlich die Technologie der Tonaufzeichnung. Sie schweifte jedoch auf einige etwas spekulativere Themen ab, die eventuell in das Endprodukt mit einbezogen werden – das heißt wenn sie in der Serie »Music of Man« erscheint. Ich sage »eventuell«, denn obwohl mein ursprüngliches Skript jedes »Und«, »Wenn« und »Aber« angab, war Yehudi schlicht und einfach unfähig, sich an einen vorbereiteten Text zu halten. Folglich wurde zwar der allgemeine Rahmen des ursprünglichen Skripts eingehalten, doch es diente letztlich bloß als Gerüst; wir drehten im Verhältnis 4 oder 5 zu 1, und natürlich kann ich nicht sicher sagen, welche Aspekte in dem endgültigen, geschnittenen Produkt das größte Gewicht erhalten. Ich glaube jedoch, daß es einen unbeschwert heiteren Tonfall haben wird (Mr. Menuhin ist ein reizender Gesprächspartner, auch wenn er kein Skript lesen kann!), und da das Ganze als 8- bis 10minütige Sequenz geplant ist, paßt die Länge für Ihre Zwecke. Das große Frage-

---

Zukunft: Kanada in der globalen Gesellschaft«, die vom 23. bis 27. August 1978 stattfand.

1. In seinem Brief vom 2. Juni 1978 schrieb Henighan: »Wir wären durchaus an Ihrem Meinungsaustausch mit Mr. Menuhin interessiert, insofern er sich um das Thema Kunst und Technologie dreht.«

zeichen ist allerdings der Terminplan für den Schnitt bei der CBC. Ich habe keine Ahnung, wann diese spezielle Sequenz zusammengefügt wird, aber sicher kann Ihnen John Barnes ungefähr sagen, was diesbezüglich geplant ist.

(2) *Radio as Music*
Dies war ein Film von ungefähr 30 Minuten Länge, der von der CBC für den Weltmusiktag 1975 hergestellt, aber noch nie gesendet wurde. Darin kam ein Gespräch mit dem Regisseur, John Thompson (der sich an das Skript hielt), vor, in dem es um viele jener Themen ging, die uns auch in dem Menuhin-Skript beschäftigten. Der Schwerpunkt dieses Films lag jedoch auf den Techniken in meinen Rundfunkdokumentationen – er simulierte zum Beispiel die Mischung einer ziemlich unruhigen, vokalpolyphonen Sequenz in »The Quiet in the Land«, einer Reportage über eine Mennonitengemeinde –, aber diese Techniken dienten sozusagen als »Basso continuo«, über den andere, weniger spezifische Aspekte gelegt werden konnten. Dieser Film hat natürlich den großen Vorteil, daß er eine bekannte Größe ist, und ich denke, er würde sich auch ausschnittweise zeigen lassen, falls sich seine derzeitige Länge als unhandlich erweist.

(3) Es gibt einen Film von ungefähr 40 Minuten Länge – der zweite Teil einer vierteiligen Reihe, die 1974 für ORTF produziert wurde[1] –, der sich meiner Meinung nach besonders präzise und scharfsichtig mit den Methoden und der Moral der Technologie befaßt. Er simuliert verschiedene Aufnahmeverfahren (unter anderem eine 8spurige multiperspektivische Wiedergabe einiger Skrjabin-Préludes – ein Ausschnitt daraus wird auch in der Menuhin-Szene vorkommen) und wird eingerahmt von einem Gespräch mit dem Produzenten des Films, Bruno Monsaingeon. Das Gespräch ist auf englisch, und die Filme wurden für ihre Ausstrahlung in Frankreich untertitelt. Die Genehmigung für ihre Verwertung müßte bei der INA eingeholt werden, der Organisation, die die ORTF-Produkte auf

---

1. *Chemins de la Musique / Glenn Gould: L'Alchemiste*, produziert von Bruno Monsaingeon, wurde am 7. Dezember 1974 von ORTF gesendet.

Exportmärkten vertritt, und insbesondere bei Madame Jeanne-Marie Rousseau, c/o INA, Distribution Internationale, Voie des Pilotes, 94360 Bry-sur-Marne, Frankreich.

Ich muß Sie jedoch vorwarnen, daß eine Korrespondenz mit der INA zu Chaos hoch zehn führen kann. Falls Sie diesen Film in Betracht ziehen, würde ich Ihnen empfehlen, Madame Rousseau anzurufen. Es wird außerdem nötig sein, die Einwilligung von M. Monsaingeon einzuholen, aber er wird sich bestimmt sehr hilfsbereit zeigen. Seine Adresse lautet: 8bis, Rue Blomet, Paris 15. Selbstverständlich müßte die Genehmigung für die Verwertung von »Radio as Music« oder der Menuhin-Ausschnitte von John Barnes bei der CBC eingeholt werden.

Ich wünsche Ihnen alles Gute.

Mit freundlichen Grüßen

Glenn Gould

cc: John Barnes


An John Fraser [1]

Mr. John Fraser, c/o Globe & Mail,
Peking, China.

4. Juli 1978

Lieber John,

vielen Dank für Deine Zeilen und Deine Begeisterung über – Du hast nicht geschrieben was, also vermute ich, über die jüngste Globe-Rezension; ich habe in letzter Zeit ziemlich wild vor mich hingeschrieben – daher das Durcheinander. Ich werde den O'Dacre Express beauftragen, Dir einen Artikel über Stokowski zuzustellen, der vor ein paar Wochen im Sonntagsmagazin der New York Times erschien. Aber bevor Du ihn liest – vorausgesetzt natürlich, daß Du ihn noch nicht gelesen hast –, muß ich Dir versichern, daß ich jegliche Verantwortung für den blödsinnigen, nichtssagenden Titel (In Praise of Mae-

---

1. John Fraser war von Oktober 1977 bis Oktober 1979 Pekingkorrespondent von *The Globe and Mail*.

stro Stokowski) von mir weise. *Mein* Titel (Stokowski in Six Scenes) wurde für zu akademisch beziehungsweise obskur erachtet; darüber hinaus erforderte er bei den Szenenwechseln römische Zahlen, und römische Zahlen gehen anscheinend nicht mit dem Stil der Times konform. Dabei umschrieb »Stokowski in Six Scenes« (sowie eine kurze Einleitung) ganz genau die Machart des Artikels, und wenn ich ein paar dieser Texte später einmal zwischen Buchdeckeln herausbringe, kommt alles wieder genau dorthin, wo es hingehört. Ich hoffe jedenfalls, er gefällt Dir[1].

Also: ich denke, die Aussichten auf eine Chinareportage klingen sehr interessant, auch wenn die Aussichten auf einen Besuch von mir in Fernost gleich null sind. Wie Du weißt, fliege ich nicht – seit sechzehn Jahren nicht mehr –, und kein Auftrag, egal, wie verlockend er sein mag, bringt mich wieder in die Luft. Außerdem verschreibe ich mich mit jedem Jahr mehr einem seßhaften Lebensstil und bin immer weniger bereit, jegliche Form von Reisen in Betracht zu ziehen. Heutzutage ist bereits eine Autofahrt nach N.Y.C. ein größeres Ereignis in meinem Leben, und selbst wenn es ein langsames Schiff nach China gäbe, wäre ich nicht draufzukriegen. Andererseits kommt mir sofort eine Alternative in den Sinn: Interviewmaterial J. F., Produktion G. G. Es gibt sogar schon einen Präzedenzfall. Ich arbeite derzeit an einem seit zwei Jahren fälligen Feature über Richard Strauss, für das ich die Interviews führte, die in Nordamerika gemacht werden konnten (wenn auch per Telefon – ich rühre mich für kein Projekt vom Fleck), während die Überseeinterviews in London, Wien und vor allem München von Freunden durchgeführt wurden, die sich an jenen Orten herumtreiben. Die Münchner Interviews zum Beispiel (Wolfgang Sawallisch, Wolfgang Fortner) wur-

---

1. Das Magazin der *New York Times* veröffentlichte diesen Artikel, der auf Goulds Reportage über Leopold Stokowski basierte, ohne zu wissen, daß er auch in *Piano Quarterly* erscheinen sollte. Als dies herauskam, waren Goulds Kollegen vom Magazin der *New York Times* alles andere als erfreut.

den von Jürgen Meyer-Josten (Musikchef beim Bayerischen Rundfunk) gemacht, und zwar anhand einer Liste von Fragen, die ich ihm vorgelegt hatte. (Wenn Harry Mannis soweit ist, den Nachspann aufzunehmen, wird Jürgen Meyer-Jösten selbstverständlich als »Produktionsassistent« oder sinngemäß gewürdigt; in Deinem Fall kann über die Nennung im Abspann natürlich noch verhandelt werden.) Die große Frage ist: Finden wir einen Aufhänger, egal wie verquer, der solch eine Sendung rechtfertigt? Ich glaube nicht, daß die Welt auf ein Epos im Stil von Lowell Thomas über »China heute« wartet, und ich bezweifle, daß sich eine »Geschichte der Akupunktur« zu spannender Rundfunkkost aufbereiten läßt. Wie bei all meinen Dokumentationen würde ich im Grunde ein »Stimmungsbild« machen wollen. Vor allem interessiert mich die Möglichkeit, einen Chinaessay mit dem allgemeinen Thema meiner sogenannten »Einsamkeits-Trilogie« (»The Idea of North«, »The Latecomers«, »The Quiet in the Land«) in Beziehung zu setzen. Jede dieser Sendungen drehte sich um einen bestimmten Aspekt der Isolation – »North« um Individuen in der Isolation, »Latecomers« um eine Gemeinschaft in Isolation und »Quiet in the Land« um eine religiöse Dimension desselben Themas. Angenommen – das kommt mir jetzt völlig spontan in den Sinn – wir machten eine Sendung über »Die letzten Puritaner« – mit Verbeugungen vor George Santayana. Der Titel gefällt mir gut, und vor allem gefällt mir die mögliche Verbindung zu meiner »Einsamkeits-Trilogie« (Tetralogie!) – das heißt die politische Dimension der Isolation.

Was hältst Du davon? Natürlich bin ich offen für Themenvorschläge, und selbstverständlich müßte man klären, ob die CBC für solch ein Projekt offen wäre. Meinem derzeitigen Vertrag zufolge darf ich völlig außerhalb des Senders arbeiten – das heißt in meinem eigenen Studio und zu meinen eigenen Zeiten –, aber die Sendethemen müssen mit gegenseitigem Einverständnis vereinbart werden.

Teile mir bitte mit, was Du davon hältst; mein Interesse wächst von Minute zu Minute. Das Strauss-Projekt wird meine große

Rundfunkproduktion in diesem Jahr, und ich könnte »Die letzten Puritaner« (gefällt mir!) frühestens in einem Jahr angehen; somit hätten wir genügend Zeit, einen Ansatz für das Projekt zu entwickeln[1].

Inzwischen alles Gute.

Viele Grüße

Glenn Gould

P.S. Deine Post ist eine stete Wonne; schätze, der neue Wagen hatte inzwischen seine 1 000-km-Inspektion.

AN ROBERT SUNTER[2]

Mr. Robert Sunter, CBC

30. Januar 1979

Lieber Bob,

anbei ein paar Anmerkungen zu »The Bourgeois Hero«. Die Sendung besteht aus zwei »Akten« (ungefähr 44 beziehungsweise 50 Minuten lang) und umfaßt sechs »Szenen« – die ersten zwei im »ersten Akt« und die restlichen vier im »zweiten Akt«. Jede »Szene« ist einem bestimmten Aspekt im Leben von Strauss gewidmet; Szene 2 (mit 32 Minuten die bei weitem längste) enthält eine Diskussion über seine musikalische Entwicklung in den ersten vierzig Jahren – sie endet mit der Komposition von Salome – und einen ziemlich nüchternen Blick auf seinen Charakter, einschließlich diverser Spekulationen über sein Verhältnis zu Pauline. Szene 3 betrachtet seine Reaktionen auf solche Kollegen/Zeitgenossen wie Mahler, Schönberg, Strawinsky und Webern; Szene 4 konzentriert sich auf die Verbindung mit Hofmannsthal, Szene 5 auf Strauss' Aktivitäten während der Hitler-Zeit, und die abschließende Szene befaßt sich mit seinen letzten Jahren und einigen Mutmaßungen über seine Aussichten bez. der Nachwelt. Ich erwähne »Szene 1« zuletzt, weil es darin weniger um Strauss selbst geht als vielmehr um eine Einführung unserer »Beset-

---

1. Aus dem Vorschlag für eine Radioreportage über China wurde nichts.
2. Damals Leiter der Musikabteilung bei CBC Radio.

zung«; jede der acht Personen ergreift die Gelegenheit, sich an ein Ereignis zurückzubesinnen, das sie – egal wie indirekt – mit Strauss verbindet.

Ich sollte betonen, daß trotz der unterschiedlichen Diskussionsthemen und natürlich abgesehen von der Zäsur am Ende von »Akt eins« sämtliche »Szenen« durch musikalische »Überblendungen« miteinander verbunden sind; es gibt keine Pausen oder andere Markierungspunkte, und die Musik zieht sich vielmehr durch die gesamte Sendung, mit einer einzigen Ausnahme: ein paar Sekunden von den Einleitungs- und Schlußworten, in denen Jonathan Cott zuerst Nabokov zum Thema »Erinnerung« zitiert und am Ende der Sendung seine persönliche, von Strauss inspirierte Revision des Zitats liefert, werden a cappella dargeboten.

Die Besetzung sieht folgendermaßen aus:

| | |
|---|---|
| Jonathan Cott | – amerikanischer Kritiker, Dichter und Publizist |
| Stanley Silverman | – amerikanischer Komponist |
| Henry Levinger | – deutsch-amerikanischer Kritiker – und der einzige, den ich kenne, der es ein Jahr lang in der berühmten Bude in Garmisch-Partenkirchen aushielt |
| Geoffrey Payzant | – kanadischer Philosoph |
| Norman Del Mar | – englischer Autor und Dirigent |
| John Culshaw | – englischer Autor und Plattenproduzent |
| Wolfgang Sawallisch | – deutscher Dirigent |
| Wolfgang Fortner | – deutscher Komponist |

Die Musik besteht aus Auszügen aus Salome, Elektra, der Frau ohne Schatten und Capriccio, aus Macbeth, Till Eulenspiegel, Also sprach Zarathustra, Ein Heldenleben und Don Juan sowie aus dem Oboenkonzert, dem Bürger als Edelmann, der Alpensymphonie, den Metamorphosen und den Vier letzten Liedern.

Ich hoffe, Sie können etwas damit anfangen. Alles Gute.
Mit freundlichen Grüßen

P.S. Jill sagte mir, Sie interessierten sich speziell für die Einzelheiten in »Akt eins«; vielleicht sollte ich also darauf hinweisen, daß die Musik in diesem Abschnitt aus den Ausschnitten aus dem Oboenkonzert, den fünf oben genannten Tondichtungen und Salome besteht.

## AN CAROL MONT PARKER[1]

Mrs. Carol Mont Parker,
Huntington, New York

P.O. Box 500, Station A
Toronto, Ontario MSW 1E6
30. September 1979

Sehr geehrte Mrs. Parker,
haben Sie vielen Dank für Ihre Zeilen. Ich wünschte, ich hätte eine einfache Erklärung – oder überhaupt irgendeine Erklärung – für dieses recht ungewöhnliche Phänomen (wenn ich eine hätte, würde ich sie patentieren lassen)[2].
Tatsache ist jedoch, daß mir das Ganze ebenso ein Rätsel ist wie allen anderen, die davon gehört oder gelesen haben. Ich bin es übrigens schon gewohnt, ungläubig angeschaut und von Freunden verdächtigt zu werden, ich hätte diese unwahrscheinliche Geschichte einfach erfunden und schmuggelte wahrscheinlich im Schutz der Dunkelheit Stimmer ein; selbstverständlich hat noch nie jemand erklärt, weshalb dies nützlich oder sinnvoll wäre, aber die beiläufige Bemerkung darüber in der Times war das erstemal, daß ich damit an die »Öffentlichkeit« ging. Ich erinnere mich, daß ungefähr ein Jahr nach dem letzten Stimmen – das heißt irgendwann 1964 – Emil Gilels vor einem Konzert in Toronto in meiner Wohnung übte, einige entsprechend freundliche Laute (auf deutsch) darüber äußerte, was für ein erstklassiges Instrument das sei, und

---

1. Ein Fan.
2. In ihrem Brief vom 18. August 1979 fragte Mrs. Mont Parker: »Habe ich das richtig verstanden, daß Ihr Klavier seit etwa 20 Jahren nicht mehr gestimmt werden mußte, und falls dieser seltsame Umstand wahr ist, WIESO?«

mich auf die Mitteilung hin, daß es (damals) seit mehr als 12 Monaten nicht mehr gestimmt worden sei, anschaute, als sei beim Dolmetschen etwas untergegangen.

Das Klavier steht außerdem mehr oder weniger vor einem Heizkörper, und es ist weit und breit kein Luftbefeuchter in Sicht; zwar trübt sich die Temperierung von Zeit zu Zeit, doch es scheint die Fähigkeit zu besitzen, sich immer wieder selbst zu korrigieren. Es ist, wie ich schon sagte, ein Rätsel, und ich habe selbst keine annähernd befriedigende Erklärung dafür, aber wie bei den meisten Rätseln ist es vielleicht am besten, gar keine zu suchen[1].

Ich wünsche Ihnen alles Gute.

Mit freundlichen Grüßen

Glenn Gould

## AN RUSSELL HERBERT GOULD

[um 1979?]

Lieber Vater,

ich hatte Gelegenheit, gründlich über die Sache mit Deiner Hochzeit nachzudenken und insbesondere über den Wunsch, Dein Trauzeuge zu sein[2]. Sicherlich wäre es Dir (und Mrs. Dobson) unter den gegebenen Umständen am liebsten, eine Feier im kleinsten Kreis abzuhalten – eine, bei der jedes derartige konventionelle Zeremoniell unpassend wäre; zwar weiß ich Dein freundliches Ansuchen zu schätzen, bedaure aber, absagen zu müssen. Selbstverständlich wünsche ich Dir viel Glück, und ich möchte Dich bitten, Mrs. Dobson meine besten Wünsche auszurichten.

Mit freundlichsten Grüßen

---

1. Dieser Brief bezieht sich auf Goulds Steinway, den er in seinem Penthouse in der St. Clair Avenue in Toronto zum Üben benutzte.
2. Es läßt sich nicht sicher sagen, ob dieser Brief abgeschickt wurde. Er fand sich ohne Datum und ohne Unterschrift als Entwurf in Goulds Tagebuch. Sein Vater heiratete am 19. Januar 1980 ein zweites Mal.

AN DEN HERAUSGEBER DES »ESQUIRE«
The Editor, Esquire Magazine,
New York, N.Y., U.S.A.

354 Jarvis Street
Toronto, Ontario
25. Oktober 1979

Sehr geehrter Herr,
auf die Gefahr hin, wie ein Spielverderber zu wirken, muß ich
auf Martin Meyers Variationen über jene uralte Mär eingehen,
wonach der verstorbene George Szell[1] mir angeblich neue
Verwendungsweisen für einen Klavierhocker anriet. Die
Geschichte ist natürlich auch in anderen Schriften aufgetaucht, wenn auch meist in einer etwas schicklicheren
Abwandlung, aber auf Ihren Seiten leidet sie, gelinde gesagt,
an dem, was wir im Schallplattengeschäft als Generationen-
verlust bezeichnen – das heißt an einem Mangel an Original-
treue aufgrund übermäßigen Kopierens.
Dr. Szell hat weder mir ins Gesicht noch in meiner Gegenwart
jemals etwas Derartiges gesagt – denn hätte er tatsächlich
solch eine Äußerung fallen lassen, dann hätte sich das Cleveland Orchestra ganz schnell nach einem anderen Solisten
umsehen müssen –, es ist allerdings durchaus möglich, daß
diese plump-witzige Bemerkung vom Maestro öfter erzählt
und öfter abgewandelt wurde, bis sie schließlich in seiner
Schublade »Schlagfertige Antworten, die mir rechtzeitig hätten einfallen sollen« gelandet ist. Da sich Dr. Szell aber nicht
gerade durch einen ausgeprägten Sinn für Humor auszeichnete, weder als Mensch noch als Musiker, erscheint es mir als
einzigartige Geschmacklosigkeit, daß in Mr. Meyers Würdigung seiner beachtlichen diskographischen Leistungen davon
die Rede ist[2].
Mit freundlichen Grüßen
Glenn Gould

---

1. George Szell (1897–1970), amerikanischer Dirigent ungarischer Herkunft.
2. Mit diesem Brief dementierte Gould eine Story, die sich auf einen Auftritt

AN JOHN DIAMOND [1]
Dr. John Diamond, Valley Cottage, N.Y.,
U.S.A.

30. März 1980

Sehr geehrter Dr. Diamond,
vielen herzlichen Dank für Ihren Brief vom Mai 1979. Be-
dauerlicherweise wurde er verlegt. Bitte entschuldigen Sie
diese späte Antwort.

Ich bin ganz derselben Meinung wie Sie in bezug auf die therapeutischen Wirkungen der Musik und des Musizierens; ich
war stets der Überzeugung, falls solch ein Zusammenhang
nicht besteht, so sollte er bestehen. In bezug auf meine eigene
Arbeit allerdings versuche ich lieber gar nicht festzustellen,
welcher Quelle ein möglicher therapeutischer Wert genau entspringt. Vielleicht ist es nichts weiter als ein Aberglaube meinerseits – so etwas Ähnliches wie das Zaudern von Jazz-
musikern, die sich oft weigern, Noten zu lernen, weil dabei
eine gewisse magische Befähigung zum Kommunizieren ver-
lorengehen könnte. Auf jeden Fall fand ich es interessant, von
Ihren Studien zu hören, genoß die Lektüre von B. K. und kann
mir kein größeres Kompliment vorstellen als Ihre freundlichen
Worte über den therapeutischen Wert meiner Arbeit.
Mit freundlichen Grüßen
Glenn Gould

---

mit dem Cleveland Orchestra bezog und von der verschiedene Versionen
existieren. Während einer Probe soll der Dirigent George Szell angeblich
die Geduld verloren haben, als Gould das Klavier mit Klötzen »auf-
bocken« ließ. Gould tat dies oft, um tiefer zu sitzen und so den idealen
Abstand zur Tastatur zu haben. Einer Version zufolge soll Szell gebrummt
haben: »Vielleicht sollten wir ein sechzehntel Inch von Ihrem Hintern weg-
schneiden, Mr. Gould, damit wir endlich anfangen können.« Eine andere
Version, an die sich Gould erinnerte, lautete ungefähr so: »Wenn Sie nicht
sofort mit diesem Unsinn aufhören, werde ich Ihnen eigenhändig eines dieser Stuhlbeine in den Hintern schieben.«
1. Dr. John Diamond war der Autor von *B. K.: Behavioral Kinesiology; how
   to activate your thymus and increase your life energy* (New York: Harper
   & Row, 1979). Er wollte wissen, ob Gould daran interessiert sei, an der
   Messung der therapeutischen Wirkung seines Musizierens teilzunehmen.

AN DELL¹

[um 1980?]

Du weißt,
ich bin total verliebt in eine gewisse wundersch. junge Frau.
Ich bat sie, mich zu heiraten, aber sie wies mich ab, aber ich
liebe sie noch immer mehr als alles auf der Welt, und jede
Min., die ich mit ihr verbringen kann, ist der reinste Himmel;
aber ich will ihr nicht lästig sein; wenn ich sie nur dazu bringen könnte, mir zu sagen, wann ich sie sehen könnte, wäre mir
schon geholfen. Sie genießt eine ständige Einlad., sich jederzeit von mir ausführen zu lassen, wohin sie will, aber sie
scheint nie Zeit für mich zu haben. Wenn Du sie siehst, sag ihr
bitte, sie soll mir sagen, wann ich sie sehen kann und wann
ich...


AN SUSAN KOSCIS²

[undatiert]

18/24 Koscis
Ich habe ein böses Gerücht gehört – das Gerücht, ich widmete mich nie oder ohne jede Begeisterung der Musik sogenannter romantischer Komponisten – Musik von Chopin und
Schubert und Schumann zum Beisp. Nun, wenn die Aufzählung genau hier enden würde, dann wäre das Gerücht
tatsächlich begründet... In meiner gesamten ber. Laufbahn
habe ich genau ein Werk von jedem der eben genannten Komponisten gespielt.
Ich finde die Klaviermusik, die in der ersten Hälfte des 19. Jh.
geschrieben wurde (als all diese Komponisten tätig waren),
widerlich. Ich finde sie mechanistisch. Ich finde, sie ist ein

---

1. Dieser rätselhafte Brief fand sich in Goulds handgeschriebenen Tage-
büchern von 1980. Andere Briefe dieser Art, falls es welche gab, sind uns
nicht erhalten. Das genaue Datum läßt sich nicht bestimmen, ebensowenig
wie die Identität von Dell.
2. Dieser Brief ist zwar ein unvollständiger Entwurf, doch Goulds Äußerungen über die Musik des 19. Jahrhunderts sind es wert, hier aufgenommen
zu werden.

echtes Produkt der industriellen Revolution, sie beutet die neu entwickelten Möglichkeiten des Klaviers aus – und ich finde sie außerdem unangenehm sentimental und voller Salonmätzchen. Aber, und das ist ein großes »Aber« – wenn es um die zweite Hälfte des 19. Jahrhunderts geht, sieht die Sache ganz anders aus. Weil sie von der unvergleichlichen Poesie eines R. W.[1] beherrscht war und ich zufällig ein waschechter Wagnerianer bin – und zeit meines Lebens war (vor ein paar Jahren habe ich versucht, diese Hingabe unter Beweis zu stellen, indem ich eigene Transk. etwa von Siegfrieds R.F. und den Meister-Vorspielen aufnahm).

Aber für die, die wir Wagner und die nachwagnerianischen Komponisten wie Strauss (der in seine Spuren trat) verehren, besteht das Problem darin, daß sie fast nichts für Klavier geschrieben haben. Das Orch. war damals d. M., das Klavier war bestenfalls etwas, an dem Müßiggänger [Lücke] und man erste Skizzen entwarf. Wenn Wagner überhaupt für das Klav. schrieb, so tat er dies mit einem erstaunlichen Ungeschick. Strauss hingegen [Lücke] akribisch, klavieristisch – er versuchte gar nicht, das Klav. wie ein Unterorch. zu behandeln. (Wir haben übrigens gerade Aufn. von R.-S.-Stücken für Klavier solo abgeschlossen – wovon das meiste übrigens im reifen Alter von 15 geschrieben wurde.)[2]

Die Pl., die ich Ihnen erläutern soll, ist jedoch keine mit Musik von Str., sondern vielmehr von Brahms[3], und ich zög., solange ich kann, denn wie die meisten [Lücke] habe ich eine ziemlich ambivalente Einstellung gegenüber Brahms.

Brahms war nicht dagegen gefeit, das Klavier mechanistisch zu behandeln; einige seiner berühmten Stücke – die Variationen über ein Thema von Händel und von Paganini zum Beisp. – tun genau das. Andererseits konnte er auch erstaunlich zart und verhalten schreiben – bes. ganz am Ende seines

---

1. Richard Wagner.
2. *Glenn Gould Plays Strauss: Fünf Klavierstücke* op. 3 SWV 105, *Klaviersonate h-Moll* op. 5 SWV 103 (CBS, erschienen 1983).
3. Johannes Brahms' *Vier Balladen* op. 10 und *Zwei Rhapsodien* op. 79 (CBS, erschienen 1983).

Lebens. Vor ungefähr 20 Jahren nahm ich meine einzige bisherige Brahms-Platte auf (sie ist noch immer in Umlauf und bestand aus Intermezzi –

AN DEN CHEFREDAKTEUR[1]
The Editor, Publications Committee,
Canadian Music Council, Ottawa, Ontario,
z. Hd. Mr. Guy Huot

c/o Music Department
354 Jarvis Street
Toronto, Ontario
9. September 1981

Sehr geehrter Herr,
ich habe mich sehr über Ihr Juniheft[2] gefreut, in dem Mr. Eric McLeans[3] reizende Reminiszenzen an meine frühen Konzertjahre abgedruckt waren. Ein beachtlicher Prozentsatz von Mr. McLeans Anekdoten war in der Tat zutreffend, die meisten übrigen fielen in die Kategorie »für staatliche Stellen durchaus gut genug« (mein Debüt mit dem Toronto Symphony Orchestra, zum Beispiel, war nicht »unter Sir Ernest MacMillan im Alter von 15«, sondern unter Sir Bernard Heinze im Alter von 14), und manche lagen zwar weit neben den Fakten, gaben aber solch glänzenden Stoff ab, daß sie eventuell sogar in meinen eigenen Anekdotenschatz Eingang finden werden.
Aus der letzteren Kategorie muß ich als Beispiel den witzigen Dialog anführen, an dem ich nach einem Auftritt in einem »Altenheim in Winnipeg« beteiligt gewesen sein soll. Nun, zu meiner Schande muß ich gestehen, daß ich weder in Winnipeg noch sonstwo, weder beruflich noch sonstwie, vor einem Seniorenpublikum aufgetreten bin. Ich gab zwar einmal ein Tafelkonzert für Arbeitslose in einer United Church Mission,

---

1. Generalsekretär des Canadian Music Council.
2. *Musicanada*, Nr. 46, Juni 1981.
3. Der Kritiker, Historiker und Pianist McLean wurde 1949 Musikkritiker des *Montreal Daily Star* und blieb dort bis zur Einstellung der Zeitung 1979, woraufhin er zur *Montreal Gazette* wechselte.

doch das war in Toronto, nicht in Winnipeg, ich war damals elf, nicht sechsundzwanzig wie in Mr. McLeans Artikel, und da mein Programm bei jenem Anlaß ausschließlich und vielleicht etwas widernatürlich aus Walzern von Chopin und Liszt bestand – Werke, die nicht gerade einen auffälligen Bestandteil meines Repertoires in späteren Jahren bilden sollten –, dürfte Mr. McLean, falls er tatsächlich jenes Ereignis meint, dieses außergewöhnlich charakteristische Detail in seinem Bericht wohl kaum unterschlagen haben.

Natürlich weiß ich, daß es kaum etwas Irritierenderes gibt als den pingeligen Leser einer so wohlwollenden und gutgemeinten Denkschrift, wie Mr. McLean sie Ihren Lesern vorgelegt hat, und ich käme wohl kaum auf die Idee, sein Erinnerungsvermögen überhaupt in Zweifel zu ziehen, wenn er nicht in einer seiner Anekdoten ein so virtuoses Potpourri falscher Informationen servieren würde, daß ich mich gezwungen fühle, die Sache klarzustellen.

Die fragliche Mär bezieht sich auf mein Debüt mit den New Yorker Philharmonikern unter der Leitung von Leonard Bernstein im Jahre 1957.

Ort der Handlung ist »das Künstlerzimmer nach der Aufführung, in der er Beethovens Nr. 2 spielte... mit seiner eigenen Kadenz. Glenn stand etwas abseits von den anderen, mit dem Mantel über den Schultern und den Händen in Wollhandschuhen – wohlgemerkt, es war Mai, in New York, und drinnen...

Leonard Bernstein kam zu uns herüber. ›Glenn, das war großartig‹, sagte er in aufrichtiger Begeisterung. ›Wir sollten es aufnehmen – wir müssen unbedingt eine Schallplatte zusammen machen.‹ ›Schön, daß es Ihnen gefallen hat‹, erwiderte Gould unverbindlich. ›Wir werden darüber sprechen.‹ Als dann aber Bernstein zu seinen Freunden zurückgekehrt war, flüsterte mir der vierundzwanzigjährige Gould zu: ›Er ist noch nicht reif dafür.‹«

Nun, das erste Problem mit diesem Bericht ist die Tatsache, daß mein Debüt mit den New Yorker Philharmonikern nicht im Mai 1957 stattfand, wie Mr. McLean behauptet, sondern im

Januar desselben Jahres. Der tiefwinterliche Termin rechtfertigt natürlich in keiner Weise meine unerhörte Gleich-
gültigkeit gegenüber der Kleidungsetikette – bekanntlich trieb
ich mich sogar bei Hitzewellen im August in genau demselben
Aufzug hinter der Bühne herum –, doch er läßt Zweifel an der
Ausgewogenheit von Mr. McLeans Erinnerung an das Ereignis aufkommen und insbesondere an der Behauptung bez.
meiner recht frechen Bemerkung über Mr. Bernsteins »Reife«
für Beethoven-Aufnahmen. Tatsache ist, daß Mr. Bernstein und ich im April 1957, einen
Monat vor den Ereignissen, an die sich Mr. McLean in solch
einer Detailfülle erinnert, das 2. Konzert von Beethoven im
Columbia-Studio in der 30. Straße einspielten, und ein Blick
in meine Diskographie, die Sie freundlicherweise in Ihrem
Heft abdruckten, verrät, daß das Werk nicht nur in jenem Jahr
aufgenommen, sondern auch herausgebracht wurde.
Auf jeden Fall hatte ich mich im Mai 1957, jenem Monat, in
dem Mr. McLeans Geschichte spielt, nach Berlin begeben, um
die Möglichkeiten für die Zusammenarbeit mit einem anderen aufstrebenden Beethovenianer, Herbert von Karajan, zu
erkunden.
Meine Lieblingsstelle in Mr. McLeans Geschichte ist allerdings seine Reminiszenz, ich hätte meine eigene Kadenz
gespielt. In Wahrheit habe ich damals wie auch bei meiner
späteren Einspielung mit Mr. Bernstein und überhaupt bei
allen anderen Aufführungen des B-Dur-Konzerts Beethovens
Kadenz gespielt – jene phantasievolle, fugenhafte Reflexion
des späten Beethoven über die Themen seines Jugendwerks.
Aber wie jeder bestätigen wird, der meine unverdrossene Art
kennt, Beethoven mit einem Maß an stilistischer Mehrdeutig-
keit und kontrapunktischer Komplexität zu Leibe zu rücken,
ist dies ein verständlicher (und gewiß schmeichelhafter)
Irrtum.
Mit freundlichen Grüßen
Glenn Gould

AN WILLIAM GLENESK
Rev. William Glenesk,
c/o St. James United Church,
Montreal, Quebec H3A 2E4

110 St. Clair Ave. West
Toronto, Ontario
M4V 1N4
22. Mai 1982
Lieber Bill,
vielen Dank für den Brief vom 25. März, und entschuldigen
Sie die verspätete Antwort. Danke auch für den erstklassigen
Artikel über Adler[1], den ich noch nicht gelesen hatte.
Ihr Brief hatte in zweierlei Hinsicht etwas beinahe Unheim-
liches – vielmehr nicht der Brief an sich, sondern der Zeitpunkt, zu dem er eintraf. Erstens hatte sich »Reader's Digest«
ungefähr einen Monat davor mit der (unangenehmen) Nachricht gemeldet, das Magazin wolle in der Maiausgabe eine
gekürzte Version eines Artikels bringen, der letzten Herbst in
»People« erschienen war und der zugleich durch seine Anhäu-
fung von Klischees und seinen Mangel an Information besto-
chen hatte. Ich wollte wissen, ob ich irgend etwas tun könne,
um die Veröffentlichung zu unterbinden; leider war das nicht
möglich, und ich gebe zu, daß die Kurzfassung zumindest
weniger ärgerlich war als der Urtext.
Jedenfalls wußte ich, daß man bestimmt nicht zwei Kurz-
biographien (egal wie unterschiedlich) über dieselbe Person in
Betracht ziehen würde, und dank dieses Wissens hatte ich ein
weniger schlechtes Gewissen, weil ich mich damals nicht
mehr bei Ihnen gemeldet habe.
Das zweite Unheimliche an Ihrem Brief war, daß ich im März
und April an der Filmmusik für »The Wars«, nach dem
Roman von Timothy Findley[2], arbeitete – eine Koproduktion

---

1. Peter Herman Adler (1899–1990), amerikanischer Dirigent tschechischer
   Abstammung.
2. *The Wars* von Timothy Findley.

von Nielsen-Ferns, N.F.B.[1] und Polyphon (Deutschland) –, und in der Woche, in der Ihr Brief (mit der Adler-Beilage) eintraf, schrieb ich gerade zwei Passagen für – Sie werden es nicht glauben – Mundharmonika; sie sollen so klingen, als würden sie von einem Landser nicht weit entfernt im Schützengraben gespielt. Der erste Abschnitt ist ein kurzer Zyklus von Variationen über das Thema von Brahms, der zweite ein Arrangement von »Abide with Me« (beide Themen besitzen eine wichtige leitmotivische Funktion in der Filmmusik), und selbstverständlich ist dies meine erste professionelle Begegnung mit der Mundharmonika. Ich hatte so wenig Ahnung von diesem Instrument, daß ich mich erkundigen mußte, was wohl der tiefste Ton auf der durchschnittlichen staatseigenen Mundharmonika sein könnte – das mittlere C, wie sich herausstellte –, aber das wird in keinem Standardbuch über Orchestrierung behandelt. Auf jeden Fall kam genau in diesem Augenblick Ihr Brief; wenn das kein Zufall ist.

Übrigens bin ich gespannt darauf, wie Sie auf »The Wars« reagieren. Ich finde, es ist ein außerordentlich gelungener Film – sehr verhalten, ziemlich langsam, interessant vor allem aufgrund dessen, was unausgesprochen und ungezeigt bleibt. Es ist eine Art kanadisches »Licht im Winter« – der einzige Bergman-Film, mit dem ich etwas anfangen kann –, wenn auch nicht ganz so perfekt durchstrukturiert. Hoffe, er gefällt Ihnen. Inzwischen alles Gute; melden Sie sich wieder.

Mit freundlichen Grüßen
Glenn Gould

---

1. National Film Board of Canada.

AN PETER LUST
Mr. Peter Lust,
Pointe Claire, Que.

Glenn Gould
P.O. Box 682
Don Mills, Ontario
M3C 2T6
12. Juni 1982

Sehr geehrter Mr. Lust,
vielen herzlichen Dank für Ihren Brief vom 18. März[1], und
entschuldigen Sie bitte die verspätete Antwort.

Ich war absolut fasziniert von dem Interview Karl Böhm[2] –
Felix Schmidt[3]; es ist eines der lebendigsten und über-
zeugendsten Beispiele von Musikjournalismus, die mir seit
langem untergekommen sind. Es zeichnete auch ein Bild von
Böhm (oder vielleicht sollte ich sagen: ließ Böhm selbst ein
Bild zeichnen), das sich deutlich von meinem recht stereo-
typen Eindruck von diesem Menschen unterscheidet. Wahrscheinlich wegen meines Eindrucks von seinem Dirigieren
hatte ich ihn mir immer irgendwie als gelassene, freundliche,
sogar leicht selbstgefällige Großvaterfigur vorgestellt und
war nun recht erstaunt, in dem Interview diesen schrulligen
Menschen zu erleben, der eher den Eindruck eines schwarzen Schafs macht und kein Blatt vor den Mund nimmt. Es
ist ein hervorragendes Porträt, und ich hoffe, Sie richten
Herrn Schmidt meine Glückwunsche aus, und auch Alison
Ames, deren Übersetzung beispielhaft war (man möchte
fast schwören, Böhm habe die ganze Zeit Englisch gesprochen).
Was jedoch meine eigene Reaktion auf ein Interview mit
Herrn Schmidt betrifft, so muß ich noch einmal darauf hin-

---

1. In seinem Brief vom 18. März 1982 hatte Lust angefragt, ob Gould dem
   Journalisten Felix Schmidt ein Interview geben würde.
2. Karl Böhm (1894–1981), österreichischer Dirigent.
3. Felix Schmidt (geb. 1934), deutscher Autor; er verfaßte *Das Chanson.*
   *Herkunft, Entwicklung, Interpretation* (Ahrensburg: Damokles, 1968).

weisen (wie ich bereits vor einigen Monaten am Telefon angedeutet habe), daß sich mein persönlicher Interviewstil – offensichtlich ganz im Gegensatz zu dem von Karl Böhm – am besten für Situationen eignet, die sich – so seltsam es auch erscheinen mag – durch ein Minimum an Spontaneität und ein Maximum an Überlegung auszeichnen. Wie ich bei unserem Telefongespräch erwähnte, habe ich in den vergangenen vier oder fünf Jahren bei verschiedenen Gelegenheiten entweder die Antworten zu vorgelegten Fragen oder in manchen Fällen sogar die Fragen und die Antworten geschrieben und mich dabei um einen Stil bemüht, den die meisten Leser, soweit ich es beurteilen kann, als Ausdruck einer spontanen Unterhaltung mit dem betreffenden Gesprächspartner akzeptiert haben. (Sie werden sicher verstehen, daß ich Ihnen aus naheliegenden Gründen nicht verraten kann, welche »Interviewer« im einzelnen mir die genannten Privilegien einräumten.)

Im Falle von Herrn Schmidt, dessen Fragen stets Gedankenanstöße geben, würde ich es selbstverständlich nicht wagen, mir selbst die Fragen zu stellen; trotzdem, wegen des Erfolgs zahlreicher anderer Interviews der erwähnten Art und des relativen Mangels an Erfolg bei Interviews mit einer zwangloseren Gesprächsatmosphäre bin ich ganz sicher, daß man in Zukunft alle größeren journalistischen Arbeiten auf diese Weise ausführen wird.

Nochmals vielen Dank für die bemerkenswerte Kostprobe und alles Gute.

Mit freundlichen Grüßen

Glenn Gould

(für Glenn Gould Limited)

.

AN MEL HINDE
Mr. Mel Hinde, c/o Sony of Canada Ltd.

Glenn Gould
P.O. Box 682
Don Mills, Ontario
M3C 2T6
14. August 1982

Sehr geehrter Mr. Hinde,
ich möchte nicht versäumen, Ihnen ein sehr spätes »Danke-schön« zukommen zu lassen. Es war ausgesprochen großzügig von Ihnen, uns vor ein paar Monaten den PCM-1600 (bei Sounds Interchange) zu leihen. Ich konnte es kaum erwarten, die digitalen Resultate einer New Yorker Aufnahmesitzung zu inspizieren, von der meine analogen Kopien Fehler aufwiesen. Zum Glück war es falscher Alarm – das Sony-Produkt befand sich in bestem Zustand –, aber ich bin Ihnen sehr dankbar, daß Sie uns geholfen haben, das Problem aufzuspüren. Ich habe Ray Roberts gebeten, Ihnen ein Exemplar von »The Six Last Haydn Sonatas«[1] vorbeizubringen. – meine erste Einspielung mit dem Sony-System. (Ende nächsten Monats erscheint eine neue Version von Bachs »Goldberg-Variationen«[2], und ich werde dafür sorgen, daß Sie auch davon ein Exemplar bekommen.) Ich finde die Klarheit und Unmittelbarkeit des Klangs auf beiden Scheiben bemerkenswert und hoffe, Sie teilen meine Begeisterung über das digitale Resultat. Alles Gute.
Ihr
Glenn Gould

---

1. *Haydn: The Six Last Sonatas*: *Nr. 56 D-Dur* Hob. XVI/42, *Nr. 58 C-Dur* Hob. XVI/48, *Nr. 59 Es-Dur* Hob. XVI/49, *Nr. 60 C-Dur* Hob. XVI/50, *Nr. 61 D-Dur* Hob. XVI/51 und *Nr. 62 Es-Dur* Hob. XVI/52 (erschienen 1982).
2. Johann Sebastian Bachs *Goldberg-Variationen* BWV 988 (erschienen 1982). Dies waren Goulds letzte Einspielungen, beide auf einem Yamaha-Flügel.

AN TERESA XIMENES[1]
Miss Teresa Ximenes,
New York, N.Y.

                          Glenn Gould
                          P.O. Box 682
                          Don Mills, Ontario
                          M3C 2T6
                          14. August 1982

Sehr geehrte Miss Ximenes,
vielen Dank für Ihren Brief vom 29. Juli[2]. Ich würde mich
freuen, wenn Sie Bachs Präludium und Fuge C-Dur in Ihrem
Film verwenden. Zufällig ist der Tierschutz eine der großen
Passionen meines Lebens, und wenn Sie darum ersucht hätten,
mein gesamtes Schallplattenœuvre zu verwenden, um solch
eine Sache zu unterstützen, hätte ich es unmöglich ablehnen
können[3].
Viel Glück mit Ihrem Film und alles Gute.
Mit freundlichen Grüßen
Glenn Gould

---

1. Ein Fan.
2. Dies ist der letzte datierte Brief in der Gould Collection der National
Library of Canada.
3. In seinem Testament hatte Gould die Toronto Humane Society, eine Art
Tierschutzverein, zu einem seiner Haupterben bestimmt.

# Zeittafel

1932   Glenn Herbert Gould kommt am 25. September in Toronto als Sohn von Russell Herbert (Bert) und Florence (geb. Greig) zur Welt.

In seiner Kindheit und Jugend wohnt er im Southwood Drive Nr. 32 in Torontos Stadtteil Beaches.

Klavierunterricht bei der Mutter, bis er im Alter von zehn Jahren in das Toronto Conservatory of Music (das heutige Royal Conservatory of Music) eintritt.

1940–47   Studium der Musiktheorie bei Leo Smith.

1942–49   Orgelstudium bei Frederick C. Silvester.

1943–52   Klavierstudium bei Alberto Guerrero. Im Alter von zwölf Associate-Grad des Konservatoriums mit den besten Noten landesweit.

1945   Organistendebüt, Eaton Auditorium, Toronto (12. Dezember). Eintritt in das Malvern Collegiate Institute in Toronto.

1946   Orchesterdebüt mit dem Toronto Conservatory of Music Orchestra unter Ettore Mazzoleni mit dem ersten Satz aus Beethovens *Klavierkonzert Nr. 4* (8. Mai).

1947   Debüt mit dem Toronto Symphony Orchestra unter Sir Bernard Heinze in der Massey Hall. Komplette Aufführung des *Klavierkonzerts Nr. 4* von Beethoven (14. Januar).

Erstes öffentliches Klavierrecital im Eaton Auditorium, Toronto (20. Oktober).

1950   Erstes Rundfunkrecital für die Canadian Broadcasting Corporation (CBC) (24. Dezember).

Beendet seine *Sonate für Fagott und Klavier.*

1951   Tournee durch Westkanada. Debüt mit dem Vancouver Symphony Orchestra (28. Dezember).

1952   Fernsehdebüt bei der CBC; wird als erster Pianist im CBC-Fernsehen gesendet (8. September).

Debüt in Montreal im Ladies' Morning Music Club des Ritz Carlton Hotel (6. November).

1953 Erste kommerzielle Einspielung (mit Albert Pratz, Violine) für das Label Hallmark in Toronto.

*Klavierkonzert* op. 42 von Schönberg mit dem CBC Symphony Orchestra unter Jean-Marie Beaudet (23. Dezember).

Erster Konzertauftritt beim Stratford Festival, Ontario.

1955 Solodebüt in Washington, Philips Gallery (2. Januar).

Solodebüt in New York, Town Hall (11. Januar).

Am Tag darauf unterzeichnet Gould einen Exklusivvertrag mit Columbia Records.

Vollendet sein *Streichquartett* op. 1.

1956 Schallplattendebüt bei Columbia Records mit Bachs *Goldberg-Variationen*.

Herbsttournee durch Kanada und die Vereinigten Staaten.

Das Montreal String Quartet macht für die CBC einen Rundfunkmitschnitt von Goulds *Streichquartett* op. 1.

1957 Debüt mit dem New York Philharmonic Orchestra unter Leonard Bernstein in der Carnegie Hall: Beethovens *Klavierkonzert Nr. 2* (26. Januar).

Dirigiert für das CBC-Fernsehen ein Studioorchester mit Maureen Forrester als Solistin (20. Februar).

Erste Überseetournee. Recitals in Moskau, Leningrad und Wien. Europäisches Orchesterdebüt mit den Moskauer Philharmonikern (8. Mai).

Konzerte mit den Leningrader Philharmonikern (18. Mai) und den Berliner Philharmonikern unter Herbert von Karajan (24.–26. Mai).

Während seine Konzertkarriere Fortschritte macht, »flieht« er so oft wie möglich in das Landhaus seiner Eltern in Uptergrove am Lake Simcoe nördlich von Toronto, wo er in aller Zurückgezogenheit arbeitet und die ländliche Idylle genießt.

1958 Zweite Überseetournee. Spielt mit dem Hart House Orchestra of Toronto unter Boyd Neel bei der Brüsseler Weltausstellung (25. August). Weitere Konzerte in Stockholm, Berlin, Salzburg und Florenz. In Israel elf Auftritte innerhalb von 18 Tagen.

1959 Spielt in London die ersten vier der fünf Klavierkonzerte von Beethoven mit dem London Symphony Orchestra unter Josef Krips. Sein letztes Konzert in Europa findet im Rahmen der Musikfestwochen in Luzern statt (31. August).
Erleidet Schulterverletzung durch einen Mechaniker bei Steinway & Sons in New York. Gould verklagt Steinway 1960; die Firma willigt in einen außergerichtlichen Vergleich ein.

1960 Das Symphonia String Quartet spielt Goulds *Streichquartett* op. 1 ein.
National Film Board of Canada produziert die zwei halbstündigen Filme *Glenn Gould: Off the Record* und *Glenn Gould: On the Record.*
Amerikanisches Fernsehdebüt mit dem New York Philharmonic Orchestra unter Leonard Bernstein (31. Januar).
Galakonzert mit dem Montreal Symphony Orchestra (19. April). Drei Auftritte beim Vancouver Festival (27., 29. Juli, 2. August).

1961 Stratford Festival, Ontario: Tätigkeit als Kodirektor und Aufführungen mit den anderen Kodirektoren, Leonard Rose (Cello) und Oscar Shumsky (Violine).
Gould festigt seinen Ruf als Fernsehkommentator und Interpret mit der CBC-Fernsehsendung *The Subject is Beethoven*, in der Leonard Rose mitwirkt.
Umzug in ein Penthouse in der St. Clair Avenue West Nr. 110.

1962 Gould startet seine schriftstellerische Laufbahn mit »Let's Ban Applause!« in *Musical America* (Februar) und »An Argument for Richard Strauss« in *High Fidelity* (März).
Spielt mit dem New York Philharmonic Orchestra das *Klavierkonzert Nr. 1* von Brahms. Der Dirigent, Leonard Bernstein, distanziert sich von Goulds Interpretation (6., 8. April).

Goulds erste Musikdokumentation für den Rundfunk der CBC: *Arnold Schoenberg: The Man Who Changed Music* (8. August).

1963 Goulds Interpretation der sechs Partiten von Bach erscheint bei Columbia Records.

In der CBC-Fernsehsendung *The Anatomy of Fugue* erklingt Goulds Komposition *So You Want to Write a Fugue*.

Vortrag *Arnold Schoenberg: A Perspective* an der University of Cincinnati, Ohio (22. April), und Vorlesungen an der University of Toronto (Juli).

1964 Erhält die Ehrendoktorwürde (in Jura) der University of Toronto.

Gould gibt in Los Angeles sein letztes öffentliches Konzert (10. April).

Abschied von der Konzertbühne.

1965 CBC-Rundfunksendung *The Prospects of Recording* (10. Januar), später als Artikel für *High Fidelity* umgearbeitet (April 1966).

1966 *Conversations with Glenn Gould*, vier Gespräche mit dem BBC-Fernsehproduzenten Humphrey Burton, in Toronto aufgenommen.

Spielt mit Leopold Stokowski Beethovens *Klavierkonzert Nr. 5* op. 73 ein.

CBC-Fernsehsendung *Duo* mit Gould und Yehudi Menuhin (18. Mai).

1967 CBC-Fernsehsendung *To Every Man His Own Bach* (29. März).

Einspielungen von Musik der kanadischen Komponisten Istvan Anhalt, Jacques Hétu und Oskar Morawetz zur Einhundertjahrfeier Kanadas.

Ausstrahlung von *The Idea of North*, der ersten der drei Rundfunkreportagen der »Einsamkeits-Trilogie« (28. Dezember).

1969 Erhält den mit 15 000 Dollar dotierten Molson Prize des Canada Council.

Produziert die Rundfunkdokumentation *The Latecomers*

(12. November), Teil zwei der »Einsamkeits-Trilogie«.

In der *New York Times* erscheint der Artikel »Should We Dig Up the Rare Romantics?... No, They're Only a Fad« (23. November).

1970 Fernsehsendung *The Well-Tempered Listener*: Gould im Gespräch mit Curtis Davis. Gould spielt Klavier, Cembalo und Orgel (18. Februar).

CBC-Rundfunk-Recital in der Reihe »CBC Thursday Music« mit untypischem Repertoire: *Sonate Nr. 3 h-Moll* op. 58 von Chopin und einige *Lieder ohne Worte* von Mendelssohn Bartholdy (23. Juli).

CBC-Fernsehversion von *The Idea of North* (5. August).

CBC-Fernsehsendung *Glenn Gould Plays Beethoven* zu Beethovens 200. Geburtstag, unter anderem mit dem *Konzert Nr. 5 Es-Dur* op. 73 mit dem Toronto Symphony Orchestra unter Karel Ančerl (9. Dezember).

1971 Schreibt und produziert die Rundfunkdokumentation *Stokowski: A Portrait for Radio* (2. Februar).

Radiosendung für die Union Europäischer Rundfunkanstalten (UER), die in ganz Europa und über die CBC in Kanada ausgestrahlt wird.

Spielt Werke von Bach, Bizet, Byrd, Grieg und Schönberg für Columbia Records ein.

1972 Liefert die Musik zu dem amerikanischen Film *Slaughterhouse Five* von George Roy Hill.

1973 Kauft den Steinway CD 318.

1974 Vierteilige Fernsehserie *Chemins de la musique* für den französischen Sender ORTF.

CBC-Radiofeature *Casals: A Portrait for Radio* (15. Januar).

CBC-Fernsehsendung *The Age of Ecstasy*, die erste Folge einer vierteiligen Serie mit dem Titel *Music in Our Time* (20. Februar).

CBC-Radiodokumentation *Arnold Schoenberg: The First Hundred Years: A Documentary/Fantasy* (19. November).

1975    CBC-Fernsehsendung *The Flight from Order, 1910–1920*, weitere Folge von *Music in Our Time* (5. Februar). Florence Gould stirbt (26. Juli).

Produktion des Videos *Radio as Music* für die Konferenz »International Exhibition of Music for Broadcasting« in Toronto. In dem Video geht es um Goulds innovative Ansätze bei der Kreation von Radiosendungen.

CBC-Fernsehsendung *New Faces. Old Forms, 1920–1930*, dritte Folge von *Music in Our Time* (26. November).

1977    Spielt die *Englischen Suiten* von Johann Sebastian Bach für CBS Records ein.

CBC-Radiodokumentation *The Quiet in the Land*, dritter Teil der »Einsamkeits-Trilogie« (25. März).

CBC-Fernsehsendung *The Artist as Artisan, 1930–1940*, vierte Folge von *Music in Our Time* (14. Dezember).

1978    Artikel »In Praise of Maestro Stokowski« im Magazin der *New York Times* (14. Mai). Derselbe Text war unter dem Titel »Stokowski in Six Scenes« im selben Jahr in *The Piano Quarterly* erschienen.

1979    Zweiteilige CBC-Radiodokumentation *Richard Strauss: The Bourgeois Hero* (2., 9. April).

Der CLASART-Film *Glenn Gould Plays Bach, No. 1: The Question of Instrument* erscheint.

1980    *Glenn Gould Silver Jubilee Album* (Doppelalbum) bei CBS Records, unter anderem mit den Ophelia-Liedern op. 67, gesungen von Elisabeth Schwarzkopf, begleitet von Gould, und einer »Glenn Gould Fantasy«.

Der Film *Glenn Gould Plays Bach, No. 2: An Art of Fugue* erscheint bei CLASART.

1981    *Glenn Gould Plays Bach, No. 3: Goldberg Variations* erscheint bei CLASART. Regisseur der Bach-Serie ist Bruno Monsaingeon.

1982    Die zweite Einspielung der *Goldberg-Variationen* von Bach erscheint bei CBS Records.

Im August beginnt Gould, als Dirigent Einspielungen zu machen, und leitet eine Aufführung der Kammermusikversion von Wagners *Siegfried-Idyll* mit Musikern aus Toronto.

Am 27. September erleidet er den ersten von mehreren Schlaganfällen.

Gould stirbt am 4. Oktober um 11.30 Uhr im Toronto General Hospital.

Ökumenische Trauerfeier mit mehreren tausend Trauernden in der St. Paul's Anglican Church in Toronto (15. Oktober). Führende kanadische Musiker würdigen Gould mit ihren Werken.

# Register

355

358

363

Zusammengestellt von Uwe Steffen